부동산
경매
절차와
권리 분석

머리말

부동산경매는 채무자의 부동산을 강제로 매각하여 채권자의 변제에 충당하는 절차이다. 모든 환가경매(실질적 경매)는 현금화를 통한 채권자 배당에 초점이 맞추어져 있다.

'배당으로 달려가는 열차'가 경매 절차이고 그 종착역인 배당기일에 채권자를 위하여 열리는 '빚잔치'가 바로 '배당'이다. 일반적으로 먹을 것이 많은 '잔치'는 아니지만 공평하게 배당순위에 따라 채권자를 만족시키는 것으로 '열차'의 운행은 마무리된다.

따라서 '배당'이 경매의 '종착역'이라는 것을 항상 염두에 둔다면 경매 절차와 권리 분석 과정에서 이해의 폭이 넓어질 것이다. 저당권이나, 가압류, 압류 등의 말소기준등기의 권리들이 모두 배당에서 돈을 받고 소멸되는 이유, 선순위 가처분이나 가등기 권리가 인수되는 이유, 확정일자가 배당에서만 작동하는 이유 등 경매의 모든 절차는 배당과 깊은 관련이 있다. 배당요구 종기까지 배당요구를 하지 못하면 배당으로 가는 열차에 탑승할 수 없기 때문에 배당요구 종기가 지나면 '열차'는 출발해 버린다.

부동산경매! 그 배당으로 가는 열차의 탑승 준비와 티켓팅, 운행방식 및 종착역과 그 이후의 AS까지 달려가 보기로 한다.

2024년 5월

박상준

법원경매 사이트

www.courtauction.go.kr

전국 법원에서 진행 중인 법원경매 사건내역(타경)과 물건내역을 확인할 수 있다. 지역별, 법원별, 기간별 낙찰가율 통계를 참고할 수 있으며, 다수조회물건과 다수관심등록물건 상위 50건을 보여준다.

경매사건 외의 일반 사건 검색

www.scourt.go.kr/portal/main.jsp

대국민서비스 > 정보 > 사건검색 > 나의 사건검색

전국 법원에서 진행 중인 모든 사건을 확인할 수 있다. 경매물건의 권리 분석 과정에서 특정 사건번호를 조회하여야 할 경우에 해당 사건의 진행 상황 및 종국 결과, 당사자 등을 확인할 수 있다.

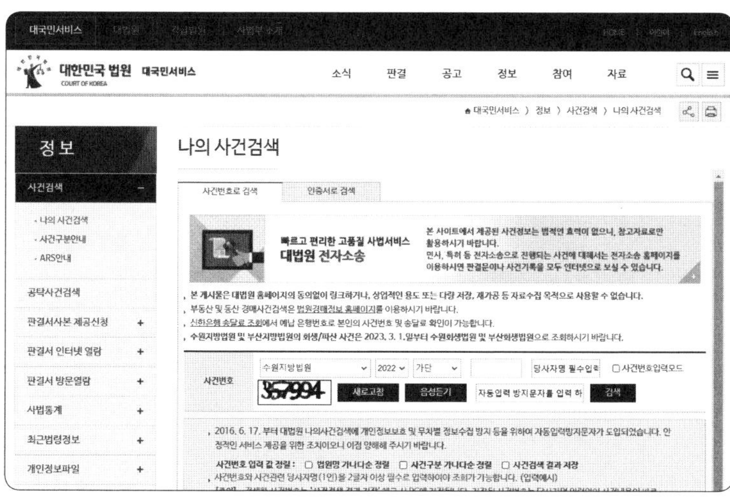

권리 분석에 필요한 사이트

인터넷 등기소

www.iros.go.kr

부동산등기 및 법인등기 기록을 열람 및 발급받을 수 있다. 부동산 권리관계의 기초가 되는 등기기록은 수시로 변동이 되고 있으므로 입찰 직전에 한 번 더 확인하여야 한다.

토지이음

www.eum.go.kr

토지이용계획과 고시를 확인할 수 있고, 지방자치단체별 도시계획 등 부동산의 규제와 개발계획에 관한 공공정보가 공시되며, 이음지도를 이용하여 용도지역을 시각적으로 확인할 수 있다.

권리 분석에 필요한 사이트

정부24

www.gov.kr

토지대장, 건축물대장을 무료로 열람 및 발급받을 수 있다.

브이월드

www.vworld.kr

국토의 지리정보와 공간정보를 시각적으로 확인할 수 있으며, 브이월드지도를 활용하면 임장을 통하여 파악할 수 없는 정보를 용이하게 확인할 수 있다.

국토교통부 실거래가 공개시스템

www.rt.molit.go.kr

각종 부동산의 실거래가 정보를 확인할 수 있다. 연도별 거래가액을 확인하여 입찰 매물이 감정평가액과 어느 정도 차이가 나는지 확인하고 판단하는 기초 자료로 활용할 수 있다.

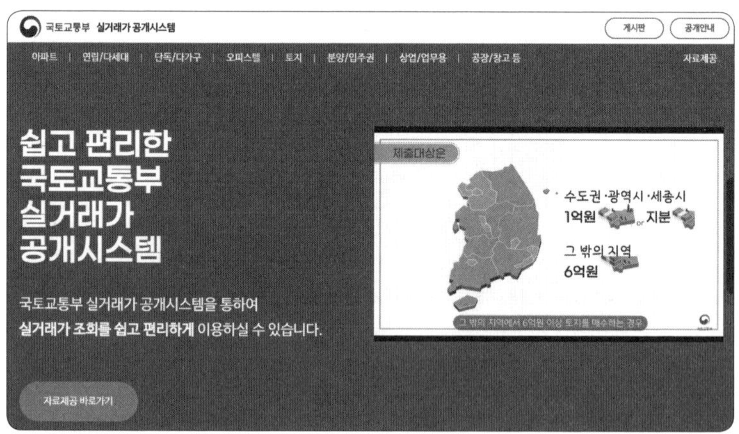

공매 사이트

www.onbid.co.kr

국유재산, 압류재산의 매각 절차를 진행하고, 전자입찰 및 낙찰받을 수 있는 한국자산관리공사(캠코)의 공매 시스템이다.

상권 정보 및 상권 분석

www.sg.sbiz.or.kr

전국 모든 지역의 상권 정보를 보유하고 있으며, 관심 지역의 활성 상권과 비활성 상권을 파악할 수 있고, 업종, 매출 등의 정보를 분석하여 보고서 형태로 제공한다.

일사편리

www.kras.go.kr

부동산과 관련된 각종 민원과 지적측량 등의 행정 처리업무를 서비스하는 곳이다.

권리 분석에 필요한 사이트

농지은행 · 농지연금

www.fbo.or.kr

농지가격 정보와 농지연금에 관한 정보를 제공한다.

임업정보 다드림

www.gis.kofpi.or.kr

브이월드 기반의 지도에 산지에 관한 경사도, 거리 재기, 탄소흡수량 등의 다양한 지리 정보를 제공한다.

유료 경매 정보 사이트

지지옥션
ggi.co.kr

옥션원
www.auction1.co.kr

스피드옥션
www.speedauction.co.kr

사건검색 연도 타경
SPEED auction
로그인 회원가입 원격지원 요금결제 삭제요청 (구)스피드옥션
경매검색 예정 공매 동산 동영상강좌 경매연구실 커뮤니티 경매자료실 고객센터
정보제공을 넘어 차별화된 토털 경매 서비스
경매검색
종합검색
관심지역 검색
역세권 검색
지도검색
맞춤검색
지역검색
종합검색
경매검색 > 종합검색
종합검색 차량/선박검색 집합 주거용 85㎡↓ 용도검색 금액별검색 신건검색 유찰횟수검색 매각공고물건
법원 본원전체 지원전체
사건번호 연도 타경
소재지 전체 구/군 동/읍
명칭검색 소재지 또는 건물명칭 입력
경매종류 전체 임의경매 강제경매
매각기일 2024-04-04 ~ 2024-07-05
현황용도 복수검색해제 전체
주거용 아파트 주택 전원주택 다세대(빌라)

무료 경매 정보 사이트

e-옥션

eauctions.co.kr

마이옥션

my-auction.co.kr

CONTENTS

CONTENTS

Chapter 3 배당 절차

부록 1 경매 실전

CONTENTS

CHAPTER 1

경매 일반

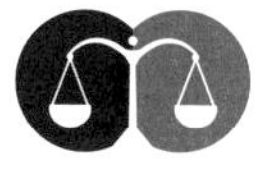

경매 기초 용어

- **경매** : 법원이 「민사집행법」에 의하여 채무자의 재산을 경쟁입찰방식으로 강제 매각하여 채권자에게 배당하는 절차
- **공매** : 국세청의 위탁을 받은 한국자산관리공사(KAMCO)가 「국세징수법」에 의하여 체납자의 재산을 경쟁입찰방식으로 강제 매각하여 체납 세금을 회수하는 절차
- **강제경매** : 일반 채권자가 집행권원을 확보하여 집행법원에 신청하는 경매
- **임의경매** : 담보권을 가진 채권자가 담보권의 공적 실행을 위하여 집행법원에 신청하는 경매
- **이중경매** : 이미 경매 개시된 동일 채무자의 동일 매각물건에 다른 채권자가 중복하여 신청하는 경매
- **입찰** : 매각기일에 최저가 이상으로 매각물건에 매수신청을 하는 행위(=응찰=매수신청)
- **낙찰** : 입찰자 중에서 1인을 정하는 행위
- **패찰** : 입찰하였으나 낙찰받지 못함
- **유찰** : 매각기일에 입찰자가 아무도 없어서 다음 기일로 연기
- **감정가** : 법원의 평가명령에 따라 감정인이 산정한 매각물건의 객관적인 가격(일반적으로 1회 기일의 최저가로 정함)

- **최저매각가** : 매각기일 각 회차마다 매수신청인들이 입찰할 수 있는 최소한의 매각금액
- **매수신청보증** : 최저매각가격의 10%에 해당하는 입찰보증금(입찰금액의 10%가 아님을 주의)
- **현황조사보고서** : 법원의 현황조사명령에 따라 집행관이 매각물건의 위치와 외관 상태, 점유상태 등을 조사하여 법원에 제출한 보고서
- **감정평가서** : 법원의 평가명령에 따라 감정인(감정평가사)이 매각물건의 객관적인 가액을 산정한 보고서
- **매각물건명세서** : 현황조사보고서와 감정평가서의 내용을 기초로 하여 매각물건에 관한 권리 사항 등을 요약한 문서
- **배당요구 종기** : 배당이 필요한 채권자들이 배당요구를 할 수 있는 마지막 날짜
- **매각기일** : 관할 경매법원이 공고한 일시와 장소에서 매각이 실시되는 날
- **매각결정기일** : 낙찰자가 선정된 경우 일주일 뒤에 허가 또는 불허가를 결정하고 선고하는 날
- **최고가매수신고인** : 매각기일에 가장 높은 금액으로 선정된 낙찰자
- **차순위매수신고인** : 두 번째로 높은 금액을 적어 낸 사람 중에서 '최고가매수신고 금액'에서 '입찰보증금'을 뺀 금액보다 높은 금액에 해당하는 사람(차순위 신고하지 않으면 패찰 처리)
- **매수인** : 낙찰자로서 매각허가 결정을 받은 자

- **새 매각** : 매각기일에 유찰되어 다음 기일에 실시되는 매각 절차
- **재매각** : 매수인이 대금납부기한까지 잔금을 미납한 경우에 다시 매각기일을 정하여 실시하는 매각 절차
- **이해관계인** : 경매 절차에서 이의신청 및 각종 통지를 받을 권리를 가진 사람(「민사집행법」 제90조)
- **당연배당채권자** : 배당요구를 하지 않아도 배당에 참가할 수 있는 권리자
- **배당받을 채권자** : 배당요구 종기까지 배당요구를 한 권리자 및 당연배당채권자
- **배당요구가 필요한 채권자** : 배당요구 종기까지 배당요구를 해야만 배당에 참가할 수 있는 권리자
- **사건번호** : 매각물건에 법원이 부여한 번호(예 2023타경 1234)
- **물건번호** : 동일한 사건에 매각물건이 여러 개 있을 때 개별매각을 위하여 각각을 구분(특정)하기 위하여 사건번호 뒤에 연속하여 표시하는 숫자(예 2023타경 1234(1), 2023타경 1234(2), 2023타경 1234(3))
- **개별매각** : 채무자가 보유한 여러 개의 부동산을 분리하여 따로따로 매각하는 방식(=분할매각)
- **일괄매각** : 채무자가 보유한 여러 개의 부동산을 분리하지 않고 한꺼번에 매각하는 방식
- **법정매각 조건** : 법률로 미리 정해 놓은 원칙적인 매각 조건
- **특별매각 조건** : 이해관계인의 합의 또는 법원의 직권으로 정해지는 예외적인 매각 조건

- **지분경매** : 토지 또는 건물의 공유지분이나 지분의 일부가 매각의 대상인 경우
- **공유자우선매수권** : 지분경매에서 매각 대상 공유지분 외의 다른 공유자가 타인보다 먼저 그 지분을 매수할 수 있는 권리
- **우선 채권** : 후순위 일반 채권보다 앞서는 권리
- **남을 가망** : 경매신청인에게 배당이 될 가능성(잉여)
- **경매취소** : 남을 가망이 없거나 집행정지 사유 등으로 경매 절차가 중단되는 것
- **취하** : 경매신청인이 스스로 경매 절차를 포기하는 행위
- **인도명령** : 대금납부일로부터 6개월 이내에 매수인의 신청이 있으면 별도의 소송 절차를 거치지 않고 집행관 등의 공권력을 이용하여 계고 및 퇴거 절차를 집행할 수 있도록 법원이 발령하는 간이 구제 절차
- **명도소송** : 불법점유자를 강제로 퇴거시키기 위하여 권리자가 정식으로 변론을 거쳐 법원의 판결을 받는 절차
- **계고** : 인도명령에 따라 집행관이 불법점유자에게 사전에 미리 강제집행 일정을 알려 주는 절차
- **대금지급기한** : 낙찰받은 후 매각허가결정이 확정된 매수인이 잔금을 납부해야 하는 최종 기한
- **촉탁등기** : 등기의무자의 협조 없이도 법원의 촉탁서만으로 경매 매수인이 단독으로 등기신청을 할 수 있는 제도
- **순위배당** : 권리 우선순위에 따라 순차적으로 배분하는 방식
- **안분배당** : 우선순위와 무관하게 균등하게 배분하는 방식

- **흡수배당** : 우선변제권이 있는 선순위 권리자에게 후순위 권리자의 안분배당액을 흡수하여 먼저 지급하는 방식
- **당해세** : 경매 대상인 매각물건 자체에 부과된 국세 또는 지방세
- **말소기준등기** : 배당으로 소멸되는 권리들 중 최선순위의 등기

경매의 종류

'법원경매'는 압류채권자의 신청에 따라 국가기관인 법원이 채무자의 재산 또는 담보로 제공된 물건을 채무자 또는 소유자의 의사와 관계없이 강제로 공개매각(현금화)하여 채권자들에게 나누어(배당하여) 주는 절차이고, '공매'는 국가기관인 국세청 등의 조세당국[1]으로부터 업무위탁을 받은 한국자산관리공사(KAMCO, 캠코)가 세금체납자의 재산을 강제로 매각하여 체납된 세금(조세채권)을 회수하는 절차이다.

이러한 매각 절차는 불특정다수에게 공개적으로 입찰할 수 있도록 하여 입찰자들(매수신청인들) 간의 경쟁에 의하여 가장 높은 금액을 제시하는 1인(최고가매수신고인=낙찰자)에게 해당 물건을 취득할 수 있도록 국가가 개입하여 처리하는 과정을 말한다.

'공매'는 대체로 '법원경매' 절차와 유사하지만 온라인 전자입찰 시스템(www.onbid.or.kr)을 이용한다는 점에서 차이가 있고, 매각물건이 주택일 경우 불법점유자를 내보내야 할 때 별도의 명도소송을 통하여 처리하여야 한다는 단점이 있다. 그러나 '법원경

---

1 조세채권자, 즉 국세청 산하의 각 세무서, 지방자치단체의 조세과, 국민건강보험공단 등 국세 체납의 예에 준하는 기관들을 말한다.

매'의 경우에는 명도소송 절차를 거치지 않고 매각대금 납부일로부터 6개월 이내에 인도명령을 신청하여 불법점유자를 강제로 퇴거조치할 수 있다는 점에서는 '공매'보다 시간과 비용을 절약할 수 있다.

'법원경매'는 통상 '실직적 경매'가 주류를 이루고 있는데, 궁극적인 목적은 채무자의 재산을 현금화하여 채권자에게 이를 공평하게 배분하는 것이다. 즉, 법원이 채권자의 금전채권을 회수할 수 있도록 공권력을 이용하여 지원해 주는 절차인 것이다. 그래서 '환가경매' 또는 '현금화경매'라고도 부른다. 이러한 '환가경매'는 '강제경매'와 '임의경매'로 크게 나누어진다.

'강제경매'는 채무자로부터 금전을 회수하지 못한 채권자가 '그 권리를 공식적으로 인정받은 서류(집행권원[2])'를 증명하여 집행법원에 '채무자 소유의 특정 재산'에 대해 강제 매각해 줄 것을 신청하는 것이다. 따라서 '집행권원'이 없는 채권자는 법원을 통하여 지급명령이나 판결문 등을 받아야 하므로 강제경매 개시결정을 받기까지 짧게는 수개월에서 길게는 수년을 소비해야 한다. 즉, 채무자의 채무불이행이 채권자에게는 기나긴 소송의 터널을 통과해야 하도록 만드는 것이다. 따라서 누군가에게 돈을 빌려줄 때에는 미리 강제집행이 가능한 공증을 받아 두는 것이 좋다. 그러나 판결문이나 공증을 수백 장 받아 두었다 하더라도 채무자 명의로

2 강제집행을 신청할 수 있는 권리의 원천, 즉 대표적으로 판결문이나 결정문을 말하며, 조정조서, 화해조서, 강제집행이 가능한 공정증서 등도 집행권원이 된다.

된 재산이 하나도 없고 채무자의 일정한 수입도 없다면 이러한 집행권원들은 휴지조각에 불과하다. 빌려주는 금액이 클수록 채무자가 미래의 '빈털터리'가 될 경우에 대비하여 채권자는 처음부터 채권 회수를 위한 안전 조치가 필요한데, 그러한 조치가 바로 채무자의 재산이나 권리에 대하여 '담보(擔保)'를 설정해 두는 것이다. 이러한 현명한 채권자를 우리는 '담보권자'라고 하며 여차하면 담보물을 처분하여 채권 변제에 충당할 수 있게 되는 물권자의 지위가 부여된다.

'임의경매'란 바로 이렇게 현명하게 미리 담보 설정 조치를 해놓은 담보권자가 집행법원에 담보권 실행을 공적으로 의뢰하는 절차이다. 즉, 담보권은 채권채무관계 발생 당시부터 채무자가 나중에 빚을 갚지 못하면 처분해도 좋다고 허락하고 내놓은 특정 물건(담보물)을 채무불이행 시에 채권자(담보권자)가 일방적으로 적법하게 처분하여 현금화할 수 있도록 약속(설정)받은 권리이므로, 집행법원은 담보권자의 권리가 적법하고 유효하게 공시되어 있다면 2~3일 내에 임의경매 개시결정을 내려준다. 기나긴 소송의 터널을 돌고 돌아 시간과 비용을 낭비할 필요가 없다. 채무자가 제공한 담보물이 부동산인 경우에는 부동산등기기록에 그 권리가 공시되어 있으므로, 담보권자가 담보권 실행을 위한 임의경매를 집행법원에 신청할 때에는 별도의 판결문이나 집행권원은 제출할 필요가 없고, 담보권이 표시된 부동산등기사항 증명서만 첨부해서 제출하면 된다.

이와 같이 강제경매와 임의경매는 경매신청인의 입장에서는 큰 차이가 있지만 정작 경매에 입찰하는 매수신청인의 입장에서는 동일한 매각물건일 뿐이므로 물건 분석과 권리 분석에 있어 현실적인 차이는 없다. 다만, 법리적으로 강제경매를 통한 낙찰은 공신력이 인정되므로 매각대금을 납부하면 집행권원이 공정증서가 아닌 이상 매수인(낙찰자)은 온전한 소유권자가 된다. 반면에 임의경매의 경우에는 공신력이 일부 제한되는 경우가 있다. 예를 들면, 부동산을 담보로 제공하고 대출을 받은 소유자가 피담보채무(=담보를 제공하고 빌린 돈)를 모두 갚았음에도 불구하고 근저당권자가 등기부에 근저당권설정등기가 말소되지 않은 상태를 이용하여 법원에 임의경매를 신청하였다면 법원으로서는 이를 실질적으로 심사하여 가려내어야 하는데, 그렇지 못하고 임의경매가 진행되어 낙찰자가 대금까지 납부하였다 하더라도 이 경매는 원천적으로 무효이므로 낙찰자는 소유권을 상실하게 된다. 이 때문에 임의경매의 공신력이 '제한'될 수 있다는 것이다.

'법원경매'에는 위와 같이 강제경매와 임의경매, 즉 '실질적 경매'로 분류하는 것 이외에도 '형식적 경매'로 분류되는 영역이 있다. 매각물건을 검색하면 자주 볼 수 있는 '공유물분할경매'와 '유치권자에 의한 경매'가 대표적인 형식적 경매이다. 실질적 경매는 채권자들의 금전채권 회수를 위하여 '압류'와 '현금화' 단계를 거쳐 '배당'이라는 종착역을 향하여 달려가는 것인데, 형식적 경매는 채권자 배당이 목적이 아니라는 점이 다르며, 특수한 목적을 위하여 '현금화' 단계까지만 진행된다. 한편, '공유물분할경매'는 그 신청 자체를 채권자가 아닌 소유자(공유자)가 하는 것이고 낙찰자가 납부한 대금을 공유자들에게 그 지분비율로 현금분할하여 나누어 주는 것을 목적으로 하는 것이므로 실질적 경매와 차이가 있고 이 경우에는 공유자가 우선매수권을 행사할 수도 없다.

공적 주체인 법원이 매각 절차를 진행하는 '법원경매'와 국세청이 한국자산관리공사를 통하여 매각 절차를 진행하는 '공매'를 통틀어 '공(公)경매'라 하며 민간이 주체가 되어 실행되는 경매를 '사(私)경매'라 한다. 민간에서 진행되는 미술품경매와 농산물이나 수산물에 대한 도매시장에서의 호가경매 등이 사경매의 예이다.

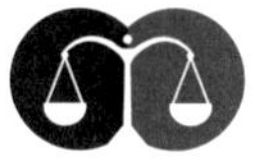

왜 부동산경매에 입찰하려고 하는가?

사람들이 부동산경매에 입찰하려고 하는 이유는 시세보다 저렴하게 낙찰을 받을 수 있기 때문이다. 법원경매의 경우에는 매도인의 자발적인 의사로 그 재산권을 이전하는 것이 아니라 채권자의 청구에 의하여 강제적으로 법원이 매도인의 부동산을 불특정 다수의 입찰자에게 공개적으로 매각하는 절차이다.

따라서 입찰자들은 매각 대상 부동산이 시세보다 저렴한 가격으로 유찰되기를 기다렸다가 경쟁적으로 응찰하여 시세보다 싼 가격으로 낙찰받을 수 있는 '시스템 거래'에 의하여 매도인의 호가를 차단하고 매수인에게 유리하게 운영되는 「민사집행법」상의 절차적 이득을 누릴 수 있는 장점이 있다.

'시세'란 무엇인가? 일반 거래, 즉 매매시장에서 매도인이 부르는(희망하는) 호가에 매수인이 응답하는 과정에서 형성되는 시장가격을 말한다. 즉, 매수인은 가격을 흥정하고 깎아 달라고 요청할 수 있지만 매도인이 거절하면 거래는 성립되지 않는다.

그래서 '부르는 게 값이다'라는 말이 있지만 실제 거래시장에서는 매도인이 지나치게 높게 가격을 부르면 매수인이 응답하지 않을 확률이 높다. 법률적으로는 부동산 거래 당사자 간에 시장가격보다 더 높게 또는 더 싸게 합의하여 매매계약을 체결하고 거래하는 것이 가능하고 유효하다. 예외적으로 일정한 지역에 지정된 토지거래허가구역에서는 지나치게 싸게 또는 비싸게 거래되어 투기를 조장하는 것을 방지 및 통제하기 위하여 정부가 개입하여 허가를 받고 거래하도록 제한하고 있지만, 대한민국에서는 '사적자치의 원칙'에 따라 소유권의 자유로운 거래가 원칙적으로 보장된다. 법원경매를 통하여 소유권을 취득하는 경우에는 토지거래허가를 받지 않아도 된다. 따라서 토지거래허가구역으로 지정되어 자유로운 거래가 제한되고 있는 부동산은 '언젠가' 지정 해제가 될 때 가격 상승 가능성이 있으므로 경매 매물 중에서 이러한 매물이 있는 경우에는 관심을 두고 검토하면 좋을 것이다.

부동산을 취득하는 가장 일반적인 방법이 당사자 간의 '매매', 즉 사고 파는 당사자 간의 '의사표시의 합치(합의)'에 따라 대금을 지급하고 소유권이전등기를 마침으로써 부동산의 이전적 승계가 이루어지도록 하는 것이다. 그 외에도 무상으로 '증여'를 받을 수도 있고, '상속'으로 부동산을 취득하거나, 건물의 경우에는 스스로 건축하여 최초의 소유자로서 원시취득할 수도 있다. 공짜로 부동산을 취득하는 상속과 증여를 제외하면 다른 사람 소유의 부동산을 돈 주고 사는 매매가 가장 일반적인 현상인데, 매매의 경우에는 실거래가 신고를 하여야 하므로 시장의 호가에 의하여 형성된 가격이 국토교통부의 실거래가 데이터로 누적되어 일정한 패턴의 통계를 파악할 수 있는 것이다.

법원경매에서 저렴하게 낙찰을 받고 싶다면 입찰하기 전에 미리 법원이 공고한 감정평가액과 국토교통부 실거래가 데이터를 비교하여 입찰하려는 금액을 대략 추정해 내야 하고, 더 나아가 실거래가 통계에 나타나는 면적과 층수 등도 함께 고려하면서 현재 호가와도 비교를 하여야 한다. 이러한 시세 분석이 먼저 되어야만 입찰자가 얻고자 하는 기대수익을 반영한 예상 입찰가격이 도출되는 것이다. 예상 입찰가격을 산정하고 나서 매각 물건이 몇 회 정도 유찰되는 시점에 응찰을 할 것인지 관찰하면서 타이밍에 맞게 잘 결정하면 시세보다 저렴하게 부동산을 취득할 수 있다.

다시 정리하면, 부동산경매의 가장 큰 장점은 유찰의 매력, 즉 시세보다 저렴한 부동산의 취득이다. 그리고 부동산 규제에 있어서 토지거래허가 없이 취득할 수 있다는 점과 매수인에게 유리하게 작동하는 시스템 거래이고, 법원이 주체가 되어 매각 절차를 진행하므로 절차상의 안정성이 있다는 점 또한 장점이라 할 수 있다. 아울러 저가 낙찰 시에 취등록세의 절감도 일시적인 장점이라 하겠다.

부동산의 개념 정리

부동산은 물리적으로 동산과 반대 개념으로서 문자 그대로 동산이 아닌 재산, 즉 이동하지 않고 고정된 유형의 물체(물건)이다.

법률적 개념으로는 「민법」 제99조 제1항에서 '토지와 그 정착물'이라고 정의하고 있다. 같은 조 제2항에서 부동산 이외의 물건은 모두 동산으로 분류한다. 다만, 동산 중에서도 그 규모와 가격이 부동산에 맞먹고 공시방법을 갖추고 있는 동산이 있는데, 이를 '준부동산'[3]으로 다루고 있다.

경제적 개념으로 부동산을 바라보면 자산이자 자본이다. 거래의 대상인 하나의 상품으로서도 가치를 가지고 있으며, 수요와 공급의 대상이 되기도 한다.

우리는 이미 부동산이 어떠한 특성을 가지고 있는지 경험상으로 잘 알고 있지만 일반적으로 인정되는 부동산의 특성을 크게 네 가지 정도로 나누어 볼 수 있다. 즉, 부동산은 부동(不動), 영속(永續), 부증(不增), 개별(個別)성을 가진다.

---

3 자동차, 건설기계, 소형선박, 항공기, 선박 등은 동산이지만 등록 또는 등기의 대상으로서 공시제도를 갖추고 있으므로 부동산처럼 취급되어 '준부동산'이라고 한다.

- **부동성** : 부동산은 움직이지 않는다. 특히, 토지는 움직이지 않는 국지성을 가지고 있으므로 지역화되어 있고 그에 따라 지역별로 그 가치가 다르게 반영되어 있다. 우리가 임장(현장조사)을 해야 하는 이유도 이 때문이다.
- **영속성** : 부동산은 영원하다. 건물의 경우에는 노후불량이 발생하지만 토지는 물리적인 소모가 발생하지 않기 때문에 영속적인 가치 보존이 가능하다는 것이 장기 투자의 대상으로서 특징이라 할 것이다.
- **부증성** : 부동산은 증가하지 않는다. 물론 건물의 경우에는 인위적으로 신축하여 생산 및 공급이 가능하지만 부동산의 원형인 토지는 인간이 생산할 수 없다. 따라서 유한한 희소가치를 보유하고 있기 때문에 수요자 경쟁적이고, 유한한 땅을 더 많이 차지하기 위하여 인류는 오랜 세월 동안 치열한 경쟁(전쟁)을 반복하고 있다. 공급부족과 수요과잉이 부동산 경제의 출발점인 것이다.
- **개별성** : 부동산에는 일물일가의 원칙이 적용되지 않는다. 즉, 똑같은 가치를 가진 부동산은 없다는 말이다. 같은 지번의 같은 동에 있는 아파트조차도 똑같은 면적과 형태를 가지고 있지만 층별로 가치가 다르고 방향에 따라 가격이 달라진다. 이러한 정보의 비대칭성이 부동산경매시장의 낙찰가율과 거래시장의 시세 변동을 초래하게 되는 이유이다.

Ⅰ 토지의 개념

토지란 일정한 범위의 지표면을 일컫는다. 따라서 토지에 대한 소유권은 지표면의 상하에 미친다(「민법」 제212조). 다만, 소유자의 정당한 이익이 미치는 범위에 한하여 소유권을 행사할 수 있다. 소유권이 미치는 토지의 암석, 모래와 흙 등 토지의 구성부분과 온천수에도 토지소유자의 권리가 인정되지만, 채굴되지 않은 광물은 광업권의 객체가 되므로 토지소유자의 소유권 행사가 제한된다. 대한민국 영토 내의 하천과 바다는 개인이 소유할 수 없고 국가의 소유로 하고 있으며, 개인이 국가로부터 공유수면 점용허가를 얻어 사용할 수 있다.

토지의 소유권 분쟁이 잦은 이유 중 하나는 토지가 연속되어 있어서 육안으로는 경계를 파악하기가 쉽지 않기 때문이다. 건물은 육안으로도 그 외형과 대상이 명확하게 구분되지만, 토지는 지적공부(토지대장, 임야대장 등)상의 지적도에 선을 그어 구분하고 있으므로, 실제 구분하여 사용하고 있는 면적과 불일치하는 경우가 많이 발생한다. 이러한 경우에는 정밀한 측량을 통하여 분쟁을 해결하는 수밖에 없다. 지적공부상의 등록단위는 '필'을 기준으로 하는데, 토지의 최소 구분단위이다. 즉, 토지의 개수를 1필지의 덩어리 개념으로 사용하고 있으며, 1필은 그 면적이 100m^2일 수도 있고, 1만m^2가 1필지인 경우도 있다. 따라서 하나의 필지를 여러 필지로 분할하거나, 여러 개의 필지를 하나로 합병하는 것이 가능하다. 이때 먼저 토지대장이 정리가 되어 분필 또는 합필의 등록 절차를 거쳐야만 분필등기 또는 합필등기를 할 수 있다.

2 건물의 개념

토지에 정착되어 있는 물건도 부동산에 해당하는데, 토지의 정착물 중에서 특히 '건물'은 '독립한 별개의 부동산'으로 다루어지고 별도의 등기기록을 구성하고 있다. 흔히 건물이라고 하면 건물등기부가 당연히 존재하는 것이지만, 판례는 미등기의 건물이라고 하더라도 일정한 기준에 해당된다면 등기 여부를 불문하고 건물로 인정하고 있다.

그렇다면 새롭게 건축 중인 건물은 언제부터 독립성을 가진 건물로 인정되고, 철거되고 있는 건물은 언제까지 그 독립성을 유지한다고 볼 수 있을까? 신축 건물은 동산인 건축 자재들이 건물의 구성부분으로 만들어져 건물로서의 독립성을 갖추는 시점에 건축주가 소유권을 취득하게 될 것이고, 철거 건물은 기존의 구성부분인 건축 자재들이 해체되면서 독립된 동산으로 떨어져 나가 건물로서의 독립성을 잃어버리게 되는 시점에 그 소유권을 상실하게 된다.

그 시점이 언제인가의 판단기준에 대하여 판례는 등기 시점을 기준으로 하지 않고 '거래관념'에 의하여 판단한다. 즉, 건물로서의 독립성을 갖추었다고 보려면 최소한 기둥, 지붕, 주벽이 갖추어진 시점에 동산이 아닌 독립된 건물로서의 부동산이 된다는 것이다.[4] 쉽게 말해서 비바람을 막을 수 있는 정도가 되어야 기능적으로 건물에 해당한다는 것이다.

여기서 중요하게 개념을 가져야 하는 대목은 '등기'를 기준으로 하지 않는다는 것이다. 따라서 미등기의 건물이나 심지어 무허가의 건물[5]이라 할지라도 거래관념상의 독립성을 갖추었다면 건물로서 법정지상권의 보호 대상이 될 수 있다는 점이다.[6]

건물은 '동'을 최소 구분단위[7]로 하며, 건물의 개수는 건물의 물리적인 구조뿐만 아니라 거래관념을 고려하여 결정한다. 특히, 1동의 건물에 '구조상' 그리고 '이용상' 독립성을 갖춘 물리적 공간이 있는 경우에는 그 전유부분을 별도의 독립성을 가진 구분건물로 인정하여 소유권의 대상으로 등기할 수 있다. 따라서 아파트 '한 채'라고 흔히 표현하는 경우에는 아파트 1동을 의미하는 것이 아님을 우리는 모두 알고 있다.

---

4 대법원 2000다51872 "경락 당시 미완성 상태였더라도 경락대금 납부 당시 이미 지하 1층부터 지하 3층까지 기둥, 주벽 및 천장 슬래브 공사가 완료된 상태였을뿐만 아니라 지하 1층의 일부 점포가 일반에 분양되기까지 하였다면, 미완성 상태이지만 독립된 건물의 요건을 갖추었다."

5 인간에 의하여 만들어진 물건을 통틀어서 '공작물'이라고 하고 이러한 공작물 중에서 「건축법」상 일정한 요건을 갖춘 경우 이를 '건축물'로서 사용 승인 후에 '건축물 대장'을 작성하게 된다. 그러한 건축물 중에서 「부동산등기법」상의 요건을 충족하는 건축물은 건축물대장을 기준으로 하여 '건물등기부(등기기록)'를 작성하는 것이다.

6 권리 분석을 할 때 토지등기기록상 근저당이 설정된 날짜와 그 토지 위에 신축된 건물의 등기기록상 갑구의 보존등기 날짜만을 단순 비교하는 경우에는 법정지상권의 성립 여부를 잘못 판단하는 실수를 범할 수 있으므로 주의하여야 한다.

7 통상적으로 일반건물의 경우에는 '집 한 채'를 1동의 건물로 인식한다. 그러나 아파트와 같은 집합건물의 경우에는 '아파트 한 동'의 개념과 '아파트 한 채'의 개념은 다르다.

3 건물 외의 토지 정착물

토지에 정착된 물건으로서 독립성을 가진 건물 외에 다른 정착물도 모두 부동산에 해당한다. 따라서 토지 소유권은 그 땅에 심겨져 생육하고 있는 나무(입목)에까지 그 권리가 미친다. 나무는 토지에서 분리되면 독립한 동산으로 취급되지만, 땅에 뿌리를 내리고 자라는 나무는 토지의 일부로서 토지와 함께 부동산으로 취급된다. 즉, 땅에 심겨진 나무는 독립성을 가지지 않는다는 말이다.

타인의 토지에 무단으로 허락 없이 누군가 나무를 심었다면 그 나무는 토지 소유자의 것이 된다. 다만, 토지 소유자의 동의를 받아 토지 임대차 계약을 체결하고 나무를 심었다거나, 입목등기 또는 명인방법(소유권 표시)에 의하여 나무의 소유자가 누구인지 명확하게 알 수 있다면 독립한 물건으로서 부동산이 아닌 동산으로 취급되므로 토지 소유자에게 귀속되지 않는다.

나무와 달리 농작물의 경우에는 토지 소유자의 동의 여부나 소유권 표시 여부를 묻지 않고 독립한 물건(동산)으로 보기 때문에 경작자의 소유물이지 토지의 일부로 보지 않는 것이 대법원 판례의 입장이다. 그리고 나무에 열린 과실(열매)의 경우에도 부동산으로 취급되지만 1개월 이내에 수확할 수 있는 과실은 나무에 붙어 있어도 부동산이 아닌 동산으로 취급된다.

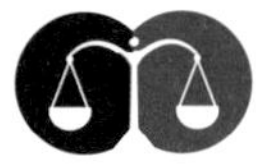

어떤 매물에 입찰할 것인가? 테마 선정

부동산도 그 종류가 세부적으로 다양하므로 자신의 주된 관심 매물을 한두 가지 정하여야 선택과 집중을 할 수 있다.

나만의 주력 테마를 정하기 위해 고려할 사항은 다음과 같다.

첫째, 선호도와 정보파악의 용이성이다. 저자의 수업을 듣는 수강생들 상당수가 주택, 특히 아파트에 관심이 많은데, 처음 시작은 내가 관심 있는 매물부터 그리고 내가 가장 잘 알고 있는 우리 동네 주변의 장소부터 매물 검색을 시작하는 것이 바람직하다. 그 이유는 자신이 좋아하고 평소에 관심이 많았고 또한 소유하고 싶었던 매물과 그 매물에 대하여 익숙하고 접근이 용이한 정보를 기반으로 경매의 첫 발을 내딛는 것이 상대적으로 리스크를 줄이고 자신감을 가질 수 있기 때문이다. 사업이나 장사에 관심이 많은 이들이라면 우리 동네 근린상가 매물부터 검색하는 것이 상대적으로 타 지역보다는 상권에 대한 정보가 많기 때문에 보다 수월하게 권리 분석이 가능하다는 장점이 있는 것이다.

둘째, 경매에 얼마를 투자할 것인지를 정해야 한다. 즉, 투입할 자금인 투자 예산을 얼마로 할 것인지에 따라 테마 선정이 달라질 수 있다. 투자 예산을 정할 때에는 자신의 대출 가능성을 함께 고려해야 한다. 자신의 DSR[8]을 미리 파악하여 보유하고 있는 예산과 경락잔금 대출 가능 한도를 반영하여 경매입찰에 투입할 수 있는 자신의 총예산 규모를 보수적으로 가늠해 두어야만 목표 매물 선정이 보다 현실적으로 선명해질 것이다. 경락잔금 대출 금액을 미리 파악하지 않으면 대금지급기한까지 대금을 납부하지 못하는 사태가 발생하게 되고 이는 낙찰받은 물건을 놓치는 결과로까지 이어져 입찰보증금까지 날리는 경우가 많다. 따라서 대출 가능 한도와 예산이 부족하다면 타깃을 하향 조정할 수밖에 없다.

셋째, 보유기간에 대한 계획을 세워야 한다. 소유권 취득 후 2년 이내에 매도할 경우에는 양도소득세가 중과세(1년 이내 77%, 2년 이내 66%)된다는 점을 감안하여 2년 이상 보유할 것인지, 단기 매도할 것인지를 미리 정하여야 하고, 다주택자인 경우에는 취득세가 중과세되는 금액도 절감할 수 있도록 하기 위해 주택 수를 줄이거나 주택 수에 포함되지 않는 소형주택의 특례조항을 파악하는 등 절세를 위한 정보에도 관심을 두어야 한다. 시세보다 매우 낮은 가격에 낙찰받은 매물을 어느 시점에 매도하는가에 따라 과세비율이 대폭 달라지고 기대 수익도 크게 달라지게 되므로 처음 입찰할 때부터 기대수익률을 낮게 또는 높게 설정함에 있어서 보유기간

---

8 DSR은 총부채원리금상환비율(Debt Service Ratio)을 말하는데, 개인이 연간 벌어들이는 소득 중에서 갚아야 할 부채, 즉 모든 대출(담보대출과 신용대출 등 모두 포함)의 원금과 이자 총액이 몇 퍼센트를 차지하는가를 판단하여 대출한도를 제한하는 제도이다. 현재 DSR은 40% 규제가 시행 중인데, 연소득 총액 중에서 총부채원리금의 합계가 40%를 넘어서는 안 된다는 뜻이다. 단, 전세보증금 반환 목적 등 특수한 경우에는 적용이 배제되며, 매매사업자로 등록하는 경우에는 DSR 규제를 받지 않는다.

전략은 매도차익을 노릴 것인가 아니면 임대수익을 노릴 것인가를 결정하는 중요한 변수가 된다.

넷째, 일반 투자이론에서 강조되는 바와 같이 부동산경매투자에서도 역시 포트폴리오 구성을 하여 '분산투자'를 하는 것이 바람직하다. 특히, 주택의 경우에는 보유주택이 많아질수록 엄청난 세금 압박을 받게 되므로, 주력 테마를 주택으로 정했다고 하더라도 보유 주택이 한 채 두 채 늘어나면 일부 주택은 매각하여 토지 매입에 투자를 하고, 일부는 배우자 공제한도 내에서 증여를 하거나 장기 투자가치가 있는 매물의 경우에는 자녀 명의로 대리입찰을 하여 향후 상속세의 부담도 경감시키는 장기적인 절세 전략이 필요하다.

매매사업자 등록을 할 것이 아니라면 가급적 3주택 이상을 보유하지 않도록 보유기간(2~3년)을 정하여 매도하면서 보유 주택 수를 유지함과 동시에 주택의 규모를 키워 나가는 것이 바람직하다.[9] 물론 1주택이라도 일정 금액(12억 원) 이상의 규모로 커지면 종합부동산세를 고려해야 하지만 이는 불가피한 것이므로 낼 것은 당당히 내고, 보유기간과 부동산의 종류를 분산하여 투자함으로써 중과세의 압박을 완화시키는 계획이 필요하다.

---

9 예를 들어, 10평짜리 주택 2개를 낙찰받았다면, 2년 뒤에 매도하면서 그 매도 차익을 경매에 재투자하여 15평짜리 2개를 낙찰받아 보유 주택수를 유지하면서 규모를 키우고, 다시 2년 뒤에 양도세 중과대상에서 벗어나는 주택부터 매도하면서 각 20평짜리 주택을 낙찰받는 식으로 평수는 늘리되 보유 개수는 늘어나지 않도록 하여 다주택 중과세의 폭탄을 완화시키는 전략을 가져야 한다. 그러나 평수를 무한대로 늘릴 수는 없으니 어느 정도 규모가 커지면 주택이 아닌 미래가치가 높은 토지에 입찰을 하면서 분산투자를 시작하여야 한다.

매물을 어떻게 찾을 것인가?

매물을 찾는 방법은 각자 다양하기 때문에 특별히 정해진 방법이 있는 것은 아니다. 그러나 주력 테마를 정하였다면 자신이 거주하고 있는 지역이나 과거에 자라거나 생활하였던 곳을 중심으로 시작하는 것이 유리할 것이다. 왜냐하면 그 지역에 대하여 상대적으로 다른 입찰자보다 더 많은 정보를 가지고 있을 것이기 때문이다.

또는 법원경매 사이트에서 다수조회물건이나 다수관심물건을 우선 검토 대상으로 찾아보는 것도 한 방법이다. 상위 50개 매물을 랭크(Rank)하여 주는데, 특히 다수관심물건은 여러 사람들이 지켜보고 있는 물건이므로 함께 관심을 가져 보는 것도 의미가 있을 것이다.

Q 다수관심물건

대한민국 법원 법원경매정보

경매공고 | 경매물건 | 매각통계 | 경매지식 | 이용안내 | 나의경매

매각통계
- 연도별매각통계
- 법원별매각통계
- 지역별매각통계
- 용도별매각통계

HOME > 매각통계 > 법원별매각통계

법원별매각통계

기간 2024 1 ~ 2024 3 검색

2024년 03월 03일 기준

2024/01 ~ 2024/03 사이의 법원별 매각 통계

그래프보기 엑셀다운로드 인쇄

법원	경매건수	매각건수	감정가▲ (단위:원)	매각가▲ (단위:원)	매각율▲	매각가율▲
서울중앙지방법원	712	170	168,328,037,020	131,074,597,278	23.9%	77.9%
서울동부지방법원	201	64	58,243,620,956	43,327,662,712	31.8%	74.4%
서울서부지방법원	417	102	79,065,285,630	65,194,859,040	24.5%	82.4%
서울남부지방법원	2,383	308	129,370,367,466	93,254,936,036	12.9%	72.1%
서울북부지방법원	544	154	91,149,941,155	71,743,300,218	28.3%	78.7%
의정부지방법원	636	177	56,640,889,353	31,788,089,489	27.8%	56.1%
고양지원	593	152	76,300,402,866	50,588,894,273	25.6%	66.3%
남양주지원	246	84	36,383,082,300	27,242,014,941	34.1%	[illegible]

법원별 매각통계

나아가 법원 사이트에서는 전국 법원별 낙찰가율 통계도 기간을 특정하여 조회할 수 있으므로, 관심 지역의 일정 시점 낙찰가율이

'노후 계획 도시 특별법' 적용 지역

수도권 1기 신도시

경제효과 26조 … 부산 북항 2단계

분당·일산 용적률 최대 500%
재건축 안전진단 문턱 낮아져

1기 신도시 재정비 특별법, 이르면 연내 통과

與 이어 野도 전국 51개 노후 계획도시 규제 완화 등 추진
재건축초과이익 환수·실거주 의무 폐지는 野 반대로 난항

부동산 개발 관련 보도자료

어떻게 변동되어 왔는지를 살펴보는 것만으로도 매물 검색을 위한 다양한 실마리를 얻을 수 있다.

주력 테마를 정하였고, 자신만의 기대수익률과 엑시트 플랜(Exit Plan, 매도전략)을 세웠다면 이제는 넘쳐나는 정보의 바다에서 그동안 나와는 무관했다고 생각했던 '부동산'에 관한 계획과 발표에 관한 보도자료 및 정부/지방자치단체의 배포 자료를 살펴보기 바란다. 자신의 머릿속 채널을 지금부터 부동산 관련 정보에 맞추어 놓으면 언제든지 부동산에 관한 뉴스가 흘러나왔을 때 자동반사적으로 귀를 기울이게 될 것이다.

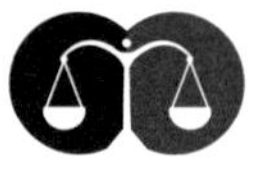

권리 분석 일반 공식

개별 물건마다 상황에 따라 우선적으로 검토해야 할 사항들이 있을 수 있지만, 관심매물을 선정한 이후에 일반적으로는 ① 가치 분석, ② 권리관계 분석, ③ 배당 분석, ④ 변수 분석, ⑤ 물건 분석의 순서로 관심매물에 대한 분석을 진행한다.

1 가치 분석

관심 물건을 분석할 때 가장 먼저 검토해야 할 것은 그 물건의 '현재가치'이고, 아울러 낙찰을 받은 이후에 매도차익 또는 임대수익을 어느 정도 기대할 수 있을지, 즉 '미래가치'에 대한 예측 또한 선행되어야 한다. 미래가치의 정확한 결괏값을 산출해 낼 수는 없어도, 과거 거래현황 및 실거래가 변동 그래프와 같은 간단한 통계를 기반으로 추세(시계열상의 흐름)를 파악하면 향후 오름세일지 내림세일지에 관한 방향성과 최소한의 예측이 가능해진다. 이러한 추세 파악만으로도 해당 매물에 입찰할 것인지에 대한 선택의 의사결정을 매우 신속하게 할 수 있다. 즉, 매물의 시세가 하락 추세라면 해당 매물에 대한 불필요한 다음 단계의 권리 분석을 하지 않고 시간과 노력을 아껴 다른 매물 검색과 분석에 에너지를 투입할 수 있게 된다.

법원에 보고된 감정평가금액은 매각이 실시될 당시의 실제 시세와 일치하지 않을 수 있으므로, 특히 주의할 것은 감정가와 현재 시세가 불일치하는데, '시세가 감정가보다 낮을 경우' 감정가를 입찰의 기준으로 착각하여서는 안 된다는 점이다. 이때는 유찰 저감되어 최저매각가격이 시세보다 낮아질 때까지 기다리는 것이 상식이다. 즉, 입찰 타이밍 및 유찰 대기 타이밍의 기준은 '감정가'가 아니라 '시세'라는 것을 잊어서는 안 된다. 시세보다 낮게 낙찰을 받아야 수익이 발생할 것이 아닌가. 당연한 말이지만 법원 감정가의 착시에 빠져서 낙찰가율 50%에 싸게 낙찰받았다고 기뻐하다가 현장의 시세와 별 차이가 없는 것을 확인하고 실망하는 경우도 많다.

아래의 매물은 감정평가액이 8억 3,000만 원인데, 1회 기일에서 유찰되었다. 국토교통부의 실거래가 표를 확인해 보면 2023년 10월에 8억 5,000만 원에서 다음 달인 11월에는 7억 5,000만 원

수원8계 2023타경 57359 수원지방법원 경매8계 ((031)210-1268)

소재지(지번)	경기도 용인시 수지구 상현동 843 상현마을 성우5차아파트 102동 4층404호				
소재지(도로명)	경기도 용인시 수지구 상현로 119-6, 상현마을 성우5차아파트 102동 4층404호				
물건종별	아파트	사건접수	2023-03-22	경매구분	임의경매
대지권	68.85㎡	건물면적	138.85㎡		
소유자		채무자		채권자	
배당종기일	2023-06-01	감정가	830,000,000	최저가	(70%)581,000,000
보증금	58,100,000	매각조건			

구분	입찰기일	최저매각가격	결과
	2023-11-08	830,000,000	변경
2차	2023-12-08	581,000,000	매각

1등 낙찰금액 733,699,999원 (88%)
매수인: 입찰인원 15명
2등 입찰가 725,000,000원
매각결정기일 : 2023-12-15 허가
대금납부 2024.01.09 / 배당기일 2024-02-07

기대수익률에 따른 분석과 어긋난 낙찰 결과

으로 시세가 하락하였다. 따라서 1회 매각기일에 입찰한 사람이 아무도 없는 것이다. '감정가보다 시세가 낮은 경우'이므로 '시세' 기준으로 판단하여 입찰을 하지 않는 것은 당연하다. 매매시장에서 감정가격보다 더 싸게 거래가 되고 있는데, 굳이 법원에서 1회 기일의 최저매각가인 8억 3,000만 원 이상으로 낙찰을 받는 것은 비정상적인 것이다. 나아가 추세를 보면 하락 추세임을 확인할 수 있으므로 2회 매각기일에 5억 8,000만 원대에 낙찰을 받는다 하더라도 시세의 추가 하락이라는 리스크를 고려한다면 만족할 만한 기대수익과 미래가치를 부여하기 어려울 수 있어 한 번 더 유찰될 가능성도 많아 보이는 매물이라 하겠다. 즉, 이 매물은 실수요자이거나 자신의 기대수익률이 낮은 투자자의 경우에는 입찰할 가능성이 있겠지만, 기대수익률이 높은 투자자는 한 번 더 유찰되기를 기다릴 것이다.[10]

10 그러나 위 사건 매물은 7억 3,000만 원대에 낙찰되었고 2등 입찰자도 7억 2,000만 원대에 응찰하였다. 저자의 예측과는 전혀 다른 결과가 나온 것이다. 여러분의 경매 입찰 목적은 실수요인가? 아니면 투자 목적인가? 투자 목적이라면 자신만의 기대수익률(낙찰받아서 매도할 때 투입된 자금 대비 세후 수익금의 비율) 기준을 정해 두고 기준 수익률로부터 ±10% 범위 내에서 입찰금액을 결정하겠다는 다소 기계적인 원칙을 세워 둔다면 입찰 여부를 판단하는 데 도움이 될 것이다. 낙폭이 큰 매물을 보면 많은 사람들이 관심을 가지기 마련이고 법원 통계에서도 다수 조회물건 조회수가 높은 매물은 상당수가 많이 유찰되어 최저매각가격이 24% 이하로 내려온 것들인데, 가격은 매력적이지만 왜 유찰되고 왜 재매각되었는지를 생각해보아야 한다. 그만큼 권리의 치명적인 하자가 있거나 인수해야 할 금액이 높기 때문이다. 기준 수익률이 정해져 있지 않으면 저감된 가격에 덥석 낙찰받았다가 일반 매매시장에서 구입하는 것보다 돈이 더 들어가는 결과에 봉착하게 될 수도 있다. 실수요 목적이 아닌 한 경매 '투자자'인 여러분은 저감된 금액과 인수할 권리 및 금액을 합산하여 기대수익률이 너무 낮을 경우에는 과감하게 입찰을 포기하고 다른 매물을 검색하는 기계적 사고가 필요하다.

2 권리관계 분석

시세를 기준으로 투자할 만한 미래가치가 있다고 판단한 경우에는 이제 매물의 하자와 위험에 대한 분석을 하여야 한다. 공적 장부인 등기사항증명서와 매각물건명세서를 기초 자료로 하여 '인수되는 권리'와 '인수하지 않는 권리(소멸권리)'를 찾아내는 과정이다. 낙찰자가 인수해야 하는 권리임이 분명하다면 감당할 수 있는 권리인지와 인수하게 될 경우에 낙찰자가 원하는 기대수익이 실현가능한지를 검토하고 추가적인 비용지출 항목까지 고려하여 입찰가격을 결정하기 바란다.

권리관계를 분석함에 있어서 가장 기초가 되는 것이 '말소기준'을 찾아내는 것이다. 말소기준은 등기상에 나타나는 권리들 중에서 배당으로 소멸시킬 수 있는 권리들을 찾아내어 시점별로 재배열하였을 때 가장 먼저 등기된 권리를 말한다. 다시 말하면, 소멸되는 권리들 중에서 가장 빨리 등기된 권리를 찾아내면 되는 것이다.

말소의 기준이 될 수 있는 권리인지 아닌지를 무엇으로 판단하는가? 그것은 등기상의 권리가 경매 절차에서 배당에 참가하여 만족을 얻을 수 있는지 여부를 따져 보면 된다. 다음에서 말소할 수 있는 권리들을 살펴보기로 한다.

1) (근)저당권설정등기, 담보가등기

'저당권'과 '근저당권'은 담보물권으로서 대표적인 말소권리이다. (근)저당권자는 부동산을 담보로 잡고 채무자에게 돈을 빌려준 채권자이다. 즉, 물권자로서 소유권을 제한하고 있지만 궁극적으로는 '돈'을 돌려받는 것이 목적인 채권자이다. 돈 주면 해결되는 권리인 것이다. 그러니 배당으로 달려가는 '열차'인 경매의 종착역에서 배당(돈)을 받았다면 다 받았든 못 받았든 간에 더 이상 등기부에 존재할 이유가 없으므로 '말소'시켜 버리는 것이다.

'가등기'는 기본적으로 돈을 받을 목적이 아니고 본등기를 목적으로 하는 권리이지만, 채권자가 담보를 확보하는 방편으로 가등기를 변칙담보로 활용하는 경우가 있는데, 이처럼 가등기가 담보 목적으로 이용된 것이 확인된 경우, 즉 가등기권자가 집행법원에 '돈 받을 사람(채권자)'이라고 정체를 밝히고 '권리신고 및 배당요구'를 하게 되면 담보가등기로서 저당권과 같이 취급된다. 「가등기담보 등에 관한 법률」에서도 담보가등기를 저당권으로 본다는 간주규정을 명문으로 두고 있다. 따라서 등기상의 '가등기'가 담보 목적인 '담보가등기'인 경우에도 배당(돈)받으면 등기부에서 '말소'할 수 있으므로 선순위 가등기라 하더라도 본등기의 위험이 사라지며 낙찰자에게 인수되지 않고 말소기준등기로 소멸된다.

2) 압류등기

등기부에서 '압류'등기가 보인다면 모두 국세 또는 지방세와 같은 세금체납에 따른 조세채권이다. 압류등기는 국가(중앙정부와 지방자치단체 그리고 국세체납처분의 예에 따르는 건강보험공단 등)가 국민에게 부과한 세금이 체납된 경우에 법원의 집행권원을 받는 절차를 거칠 필요 없이 행정기관 스스로가 공권력의 주체로서 조세 채무자인 체납자의 재산을 직접 강제매각(공매)을 할 수 있다. 압류권자인 과세당국이 일반 채권자가 아니라는 점이 다르지만 결론적으로는 조세채권자로서 법원경매 절차에서 배당에 참가하여 '돈(체납세금)'을 받으면 해당 부동산등기에서 '말소'된다는 작동원리는 동일하다.

3) 가압류등기, (강제/임의)경매개시결정등기

등기부에 '가압류'등기가 되어 있다면 '권리자 및 기타 사항란'에 가압류채권자가 요구하는 금액이 얼마인지 청구금액을 확인할 수 있다. 이는 다시 말하면 받을 '돈'이 있는 사람이라는 것이고, 배당절차에서 순위에 따라 배당받으면 등기부에서 소멸시킬 수 있는 권리등기이다. 가압류는 그 권리가 확정되지 않았으나 채권자의 긴급성과 보전의 필요성을 법원이 일부 인정하여 임시로 부여한 권리이다. 따라서 본안 소송에서 가압류권자가 승소할지 패소할지 알 수 없는 상태이므로 배당표가 확정되더라도 배당금을 즉시 지급받을 수 없다. 법원은 가압류권자 몫의 배당금을 공탁소에 공탁해 두었다가 가압류권자가 승소한 경우에만 공탁금을 출급청구하여 받아갈 수 있도록 처리한다.

경매가 진행되기 전이나 진행 중에 가압류권자가 본안소송에서 승소하여 확정판결을 받거나 1심에 승소하여 가집행의 허가를 받은 경우에는 판결문을 집행권원으로 하여 강제경매 신청을 할 수 있고, 개시결정이 내려지면, 가압류가 본압류로 이행되는 절차로서 '강제경매개시결정등기'가 이루어진다. 가압류권자나 강제경매신청인은 모두 채무자에게 '받을 돈이 있는 사람(금전 채권자)'이다. 채무자 소유의 부동산에 가압류등기 또는 강제경매개시결정등기를 한 권리자는 배당에 참가하여 돈(배당)을 받으면 해당 부동산 등기에서 말소되는 권리이다.

한편, 집행권원 없이도 경매를 신청할 수 있는 담보권자(저당권, 근저당권)가 법원을 통하여 담보권을 공적으로 실행하는 것을 임의경매라고 하는데, 담보권자가 경매를 신청하였다는 것 자체가 담보물인 부동산을 처분하여 대여한 금전채권을 회수하겠다는 것이므로 '임의경매개시결정등기' 또한 배당이 이루어지면 해당 부동산등기에서 말소되는 권리인 것이다.

4) 전세권설정등기(배당요구한 경우에만)

전세권자는 기본적으로 존속기간이 계속되는 동안에는 용익물권자로서 부동산을 사용 · 수익하는 권리를 보장받은 것이므로 선순위 전세권설정등기는 경매로 매각이 되더라도 낙찰자가 인수하

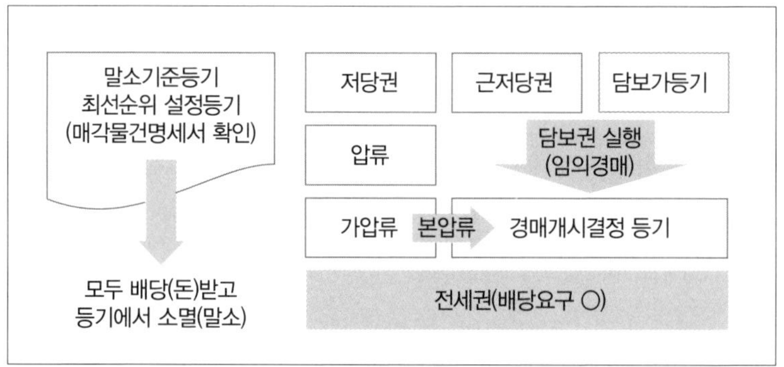

말소기준권리

여야 하는 권리이다. 물론 존속기간이 만료되면 전세금을 돌려받아야 하므로 전세금 반환 채권(돈 받을 권리)을 함께 보유하고 있기도 하다. 선순위 전세권자는 낙찰자에게 대항하여 전세권자로서의 사용 · 수익권을 계속 주장할 수도 있고, 경매가 진행되는 과정에서 사용 · 수익권을 포기하고 배당요구 종기까지 배당요구를 하여 전세금을 돌려받는 선택을 할 수도 있다.

전세권자가 잔여 존속기간을 포기하고 전세금을 돌려받기로 하는 선택을 하여 '배당요구'를 한 경우에는 '돈(전세금)'을 배당받고 등기에서 '말소'시킬 수 있게 된다.

이상에서 살펴본 바와 같이 경매 절차에서 배당으로 소멸되는 권리에는 '저당권, 근저당권, 담보가등기, 압류, 가압류, 경매개시결정등기와 배당요구한 전세권'을 포함하여 총 7개의 권리가 있다. 이들 권리 중에서 접수번호가 가장 빠른 등기가 '말소기준등기'가 되는 것이고, 말소기준등기 이후의 모든 권리[11]는 매각으로 인하여 소멸된다.

인천지방법원 부천지원

2019타경2389

매각물건명세서

사 건	2019타경2389 부동산임의경매	매각 물건번호	1	작성 일자	2024.02.06	담임법관 (사법보좌관)	박인진
부동산 및 감정평가액 최저매각가격의 표시	별지기재와 같음	최선순위 설정	2011.02.09.가압류			배당요구종기	2019.06.07

부동산의 점유자와 점유의 권원, 점유할 수 있는 기간, 차임 또는 보증금에 관한 관계인의 진술 및 임차인이 있는 경우 배당요구 여부와 그 일자, 전입신고일자 또는 사업자등록신청일자와 확정일자의 유무와 그 일자

점유자의 성 명	점유부분	정보출처 구 분	점유의 권 원	임대차기간 (점유기간)	보 증 금	차 임	전입신고일자·외국인등록(체류지변경신고)일자·사업자등록신청일자	확정일자	배당요구여부 (배당요구일자)

최선순위설정권리와 말소기준

11 소멸되는 금전채권들뿐만 아니라, 말소기준 이후의 후순위 가등기, 가처분, 전세권, 지상권 등 배당(돈)을 목적으로 하지 않는 권리들도 모두 말소된다.

말소의 기준이 되는 등기는 등기부의 갑구와 을구를 시간대별로 재배열하여 찾을 수 있는데, 이러한 과정이 번거롭다면 매각물건명세서를 활용하면 한번에 말소기준등기를 확인할 수 있다. 매각물건명세서 상단에 '최선순위 설정권리'가 바로 말소기준이다.

한편, 배당으로 보낼 수 없는 권리(돈으로 해결되지 않는 비금전채권)은 말소기준보다 선순위인 경우 매각으로 소멸되지 않고 낙찰자에게 인수된다. 이러한 권리에는 가처분등기, 전세권, 지상권, 지역권, 소유권이전청구권보전가등기, 환매권 등이 있다. 또한 말소기준보다 후순위임에도 소멸되지 않고 낙찰자에게 인수되는 권리가 있는데, 법정지상권, 유치권과 같은 특수 물권과 피보전권리가 소유권이전등기말소청구 또는 진정명의회복을 목적으로 하는 가처분과, 건물철거 및 토지인도청구를 피보전권리로 하는 가처분, 그리고 말소기준이 되는 근저당권설정등기의 말소를 청구하는 가처분이 등기되어 있는 경우에는 비록 후순위 가처분일지라도 소멸되지 않고 낙찰자에게 인수되므로 주의하여야 한다. 이에 관하여는 뒤에서 다시 설명하기로 한다.

3 배당 분석

낙찰자의 경우에는 대금을 납부함과 동시에 등기 없이도 소유권을 취득하게 되므로 권리이전(물권변동)의 효력이 즉시 발생한다. 법원은 대금이 완납되면 낙찰자에게는 촉탁서를 발급하여 등기 절차를 간편하게 할 수 있도록 도와주고, 납부된 대금으로 배당표를 작성하여 배당 절차를 마무리하게 된다. 기본적으로 낙찰자는 배당에 관여할 일이 없고, 배당 절차에 신경을 쓸 필요가 없는 것이다.

그러나 입찰 시부터 배당 분석을 해야 하는 경우가 있다. 말소기준등기보다 앞서는 선순위의 '대항력 있는 임차인'이 '배당요구'를 한 경우이다. 이 경우에는 임차인이 임대차보증금 전액을 배당받지 못하면 낙찰자가 나머지 보증금액을 인수하여야 한다. 따라서 입찰 당시에 임차인의 보증금 전액을 배당받을 수 있는 금액으로 입찰가격을 정하여 낙찰을 받았다고 하더라도 배당 절차에서 최우선변제 대상인 '임금채권'이 배당순위에 존재하거나 임차인의 전입신고일보다 '법정기일이 빠른 당해세'[12]가 존재하는 경우에는 임대차보증금의 배당순위보다 앞서서 배당을 받아가게 된다. 그러면 임차인은 한정된 배당재원에서 근로채권(3개월분)과 당해세에 먼저 배당된 금액만큼 줄어든 배당잔액으로부터 보증금 전부를 배당받지 못하는 사태가 발생하게 된다.

이때 대항력 없는 후순위 임차인이라면 일부만 배당되었더라도 낙찰자에게 대항할 권리가 없으나, 선순위인 임차인은 낙찰자에게

12 기존에는 당해세 우선의 원칙에 의하여 법정기일이 늦더라도 당해세는 대항력 있는 임차인 기타 담보권에 우선하여 배당을 먼저 받아가는 '순위 깡패'로서의 지위를 보유하고 있었으나, 개정된 「국세기본법」과 「지방세기본법」이 2023년 4월 1일자로 시행됨에 따라 시행일 이후에 매각허가결정을 받은 주택의 임차인은(상가임차인은 제외) 당해세보다 법정기일이 빠른 경우 당해세보다 먼저 보증금을 배당받을 수 있게 되었다. 이에 따라 낙찰자의 리스크도 절반은 줄어든 셈이다. 그러나 당해세가 임차인의 전입신고보다 법정기일이 빠른 경우에는 여전히 '순위 깡패'의 지위를 가지고 있기 때문에 입찰자들은 낙찰받은 후에 반드시 사건기록을 열람하여 조세채권의 금액과 법정기일, 당해세 여부를 파악하여 사후적으로나마 대응책을 마련해야 할 것이다.

대항(권리주장)하면서 배당받지 못한 나머지 보증금을 지급받을 때까지 주택을 낙찰자에게 인도하지 아니하고 계속 적법한 점유를 하게 되는 것이다. 즉, 임차인은 당해세에게 '뺨'맞고 낙찰자에게 '화'내는 격이 되어버리는 것이다. 낙찰자로서는 나름대로 전부 배당될 것으로 예상한 금액을 경매대금으로 이미 지출하였음에도 불구하고 낙찰받은 주택을 넘겨 받기 위하여 어쩔 수 없이 임차인에게 추가 지출을 해야 하는 '날벼락'을 맞게 된다.

이와 같은 사후적인 변수가 발생할 수 있기 때문에 입찰할 당시 권리 분석 단계에서 '대항력 있는 임차인'이 발견되는 경우에는 배당요구를 하였는지를 확인해야 하고, 배당요구를 하였다면[13] 임차인이 배당 절차에서 임대차보증금 전액을 배당받을 수 있도록 예상 입찰가격을 산정하면서 배당순위에 대한 검토도 함께 하여야 하는 것이다. 그러나 배당 분석을 한다고 해도 낙찰을 받기 전에는 세금의 압류금액이 얼마인지와 그 세금이 당해세인지 여부를 알 수 있는 방법은 없다.[14] 이는 법원경매에 입찰하는 모든 매수신청인들에게 공통된 위험이라 할 수 있다.

13 대항력 있는 임차인이 존재하는 것으로 확인은 되지만 배당요구를 하지 않았다면 입찰자는 낙찰 후에 배당 절차에 관하여 신경 쓸 필요가 전혀 없다. 임차인이 배당에 참가하지 않기 때문에 낙찰자도 배당 결과와 무관하게 경매 절차 밖에서 새로운 소유자로서 임차인을 상대하면 되는 것이다.

14 해당 매물의 사건 내역에서 '문건처리내역'을 확인해 보면 세무서나 지방자치단체에서 '교부청구'를 제출한 내역들을 볼 수 있는데, 교부청구 건수가 지나치게 많은 경우에는 그중에 당해세가 포함되어 있을 확률이 높지 않을까 라는 정도의 위험 추측이 가능할 뿐이다. 해당 물건이 마침 공매에서도 매각이 진행 중이라면 공매 물건번호를 조회하여 재산명세서를 열람할 수 있으므로 압류금액과 법정기일 등을 확인할 수 있다.

4 변수 분석

가치 분석과 권리관계 분석만으로도 매각물건에 대한 대체적인 리스크 파악이 가능하다. 가치 분석은 단순히 시세와 추세 파악에 그치는 것이 아니라 물건 분석과 변수 분석이 병행됨으로써 보다 더 선명한 미래가치를 도출할 수 있다. 앞서 살펴본 배당 분석은 권리관계 분석의 연장선상에서 발생할 수 있는 권리상의 변수를 분석하는 과정이라 하겠다. 이제 좀 더 넓은 시야로 매각물건에 대한 다양한 변수가 존재하는지에 관하여 분석이 필요한데, 신이 아닌 이상 미래의 변수를 완벽하게 파악한다는 것은 불가능하다. 만약 미리 알 수 있는 변수가 존재한다면 그것은 이미 변수가 아니다.

일반 거래시장이나 법원경매시장에서 공통적으로 숨겨진 함정은 있기 마련이다. 그래서 경매에 입찰할 때에는 항상 마음의 여유를 가지고 충분한 시간을 확보하여 권리 분석을 하면 미처 발견하지 못했던 변수와 함정들을 피해갈 수 있다. 급하게 서두르는 마음이 앞서면 반드시 실수가 있기 마련이다. 내 마음이 조바심을 낸다고 하여 외부세계가 협조해 주지는 않는다. 부동산경매를 투자자로서 접근하는 우리들은 제3자적 관점에서 메타인지적 사고를 가지고 절대적 평정심을 유지해야 객관적인 권리 분석이 가능해진다는 점을 명심하면 좋겠다.

변수 분석이라는 방대함과 예측불가능성을 얘기하고자 하는 것이다. 경매 투자는 시세보다 낮은 가격에 낙찰받아서 시세 수준의

가격에 매도함으로써 매도차익[15]을 볼 수 있다는 장점 때문에 부동산 재테크의 수단으로 각광받아왔다. 현재 시세가 앞으로 어떻게 오르고 내릴지에 대하여는 알 수 없더라도 최소한 현재 특정 매물의 시장가격은 명확하고 그 가격보다 낮은 가격에 그것도 수도권 평균낙찰가율 기준으로 20~30% 낮게 낙찰받아서 즉시 시세대로만 팔아도 매도차익의 약 20% 수익실현은 가능하다. 낙찰받고 2년 이후에 매도할 경우에는 양도세 중과에서 벗어나므로 매도차익에서 더 많은 수익을 거둘 수 있다.

그런데 2년 이후의 시세가 지금과 똑같을 것인지, 더 오를 것인지, 내려갈 것인지에 대한 '변수'가 존재한다. 이 변수를 잘 예측하여 떨어지지는 않을 것이라고 판단하면 2년간 보유하는 투자전략을 짜게 될 것이고, 시세가 떨어질 것으로 예측하는 경우에는 입찰을 하지 않거나 더 낮은 가격에 입찰하여 낙찰 후 즉시 매도하는 전략을 선택할 수도 있다. 이렇게 향후의 시세와 가치를 예측하기 위해서는 개별 매각물건이 위치하는 지역의 호재 또는 악재 등의 '정보'가 필요하다. 즉, 변수 분석은 지역기반의 규제나 개발계획 등 정책적 요소를 다각도로 검토하여 개별 매각물건에 미치는 영향을 판단하는 거시적 분석이다.

---

15 이러한 차익이 작으면 갭투자가 되는 것이지만, 충분한 차익을 낼 수 있는 저가 낙찰을 받으면 돈을 '불리는' 과정이 구현되고, 돈이 돈을 벌게 하는 단계적 복리 증식의 차원으로 이동하게 될 것이다.

5 물건 분석

물건 분석은 개별 매각물건에 대한 미시적 분석이다. 우리가 일반적으로 집을 보러 다닐 때 체크하는 여러 가지 사항들을 분석하는 것이다. 부동산중개업자가 확인설명의무에 따라 설명해 주는 입지 여건과 물건의 하자 여부 등을 경매 매각물건에 대해서도 분석을 해야 한다. 다만, 법원경매의 입찰자는 매각물건의 내부를 미리 볼 수는 없으므로 외부 형태, 층, 향, 주차장, 경사도 등과 교통, 입지여건 등을 파악하면서 미래가치에 대한 판단을 종합적으로 고려하게 된다.

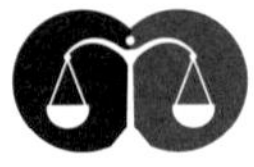

물권과 채권의 개념 비교

앞에서 권리 분석의 일반 공식을 통해 권리 '분석'의 방법에 관하여 간단히 살펴보았다. 이제 '권리' 분석의 대상인 '권리'가 무엇인지에 관하여 알아야 한다. '권리'가 무엇인지 알아야 '분석'을 할 것이 아닌가. 미술품경매에 있어서도 입찰하려면 매각물건인 그림을 누가 그렸고 진품 여부를 누가 보증해 주는지 정도는 알고 입찰을 하게 되는데, 부동산경매에서 부동산의 소유자와 채권자 간의 관계가 어떻게 얽혀 있고 그 관계가 낙찰자에게 어떤 영향을 미치는지, 또 권리의 하자는 누가 보증해 주는지를 알고 입찰해야 하는 것은 당연한 것이다.

그런데 놀라운 점은 꽤 많은 경매 투자자들이 물권과 채권의 개념을 정확하게 알지 못한다는 점이다. 낙찰 잘 받는 방법은 궁금해 하지만 물권과 채권에 대한 공부는 어렵고 또 변호사가 될 것도 아닌데, 왜 법률공부를 해야 하냐는 반응이 많다. '낙찰받는 방법'은 간단하다. 남들이 따라 올 수 없는 높은 금액을 써 내면 최고가매수신고인이 될 수 있다. 우리는 낙찰을 '잘' 받는 방법이 궁금하다. 그것은 저렴하고 안전하게 낙찰을 받는다는 의미인데, 법원경매는 3회만 유찰되어도 감정가의 절반 수준으로 최저매각가격이 떨어진다. 일단 저렴하게 낙찰받을 수 있는 특수한 시장임이 분명하다.

그러나 싸다고 안전한 것은 아니다. 8회 이상 유찰되어 시중에서는 살 수 없는 수준의 최저가로 떨어진 매물들이 추천매물로 경매 사이트에 많이 올라온다. 그런 매물들은 왜 유찰이 반복되고 있는지 의심해 봐야 한다. 분명 문제가 있기 때문이다. 권리상의 하자나 사실상의 하자가 존재한다는 것을 아는 사람은 응찰하지 않는다. 그 와중에 권리상의 하자를 분석하여 극복할 수 있는 방법을 찾은 사람은 저가(低價) 낙찰의 주인공이 될 수 있는 것이다.

법원경매를 통하여 부동산 재테크를 하려면, 부동산에 관한 법률지식과 세금지식을 기초적으로 공부해야 한다. 법률전문가나 세무전문가가 되라는 것은 아니지만 권리 분석의 기초가 되는 물권과 채권의 개념은 명확하게 구분하고 있어야 한다.

권리(權利)란 무엇인가?

권리란 문자 그대로 '이익을 누리다'라는 의미를 담고 있다. 이익을 누리는 주체는 당연히 '사람'이다. 이 사람은 '권리자'로서의 힘을 행사할 수 있다. 권리는 바로 '힘(力=에너지)'이고 그 힘은 '법(法)'으로부터 부여된 것이다.

부동산을 소유하기 위하여 우리는 직접 건물을 신축(원시취득)하여 소유권자로서의 권리를 행사할 수도 있고, 타인으로부터 상속, 증여, 매매, 낙찰 등의 방식으로 이전(승계취득)받아 소유권자가 될 수도 있다.

이처럼 권리는 하나의 '힘'으로 발생(취득)되고 '에너지'로서 흘러 이동(이전, 변경)하다가 소멸(상실)되는 유기적 특성을 가지고 있다. 이러한 권리는 다양한 법률에 의하여 형성되는데, 사람 간의 관계를 규율하는 대표적인 법률인 「민법」에서는 권리를 크게 재산법과 가족법으로 나누어 규정하고 있다. 물권과 채권이 바로 재산권의 영역에서 다루어지는 권리이고, 가족법은 부모, 형제, 부부 등 특수한 관계를 다루는 친족법과 친족 간의 권리의무의 이동을 다루는 상속법으로 나누어진다. 다음에서 재산권에 포함되는 물권과 채권에 관하여 살펴보기로 한다.

2 물권(物權)[16]

물권과 채권은 법률효과에 있어서 큰 차이가 있기 때문에 구분이 되어야 한다. 물권은 '대세효'라는 법률효과를 뿜어 내지만, 채권은 대세효를 가지지 못한다. 대세효란 불특정다수의 누구에게라도 권리를 주장하고 행사할 수 있는 힘을 말하는 것이다. '대항력'이라는 것도 물권의 법률효과인 대세효의 다른 표현이다. 물권이 이러한 대세효를 가질 수 있는 것은 채권과는 달리 '공시방법'을 갖추고 있기 때문이다. 부동산 물권의 경우에는 '등기'라는 공시방법에 의하여 객관적으로 외부에 그 권리를 널리 알리고 있기 때문

16 물(物)자를 한자로 풀어보면 소 우(牛) + 말 물(勿) = 소를 없애다로, 즉 소를 다른 물건으로 바꾸어 물물교환을 한다는 의미를 담고 있다.

에 특정인에게 권리의 내용을 일일이 알리지 않아도 제3자 누구에게든지 배타적으로 권리를 주장(대항)할 수 있는 것이 물권의 가장 중요한 특징이다.

물권은 '물건'을 직접 지배하는 지배권이므로 배타적으로 권리를 행사할 수 있지만, 채권은 당사자끼리의 상대적인 약속만으로 즉시 효력이 발생한 것이므로 채무자를 통하여 간접적으로 그 권리가 실현되기 때문에 채무자가 '이행'을 하지 않으면 채권자는 법적 강제수단을 동원하지 않는 한 사실상 무기력해진다. 채권자 간의 권리 충돌이 발생하게 되면 대외적으로 우열을 가릴 수 있는 시스템이 없기 때문에 칼자루는 채무자가 쥐게 된다. 채무자의 선택에 따라 누구에게 먼저 채무를 이행할 것인지는 채무자의 마음에 달려 있는 것이다. 그러나 물권은 우열이 명확하다. 등기된 순서에 따라 선순위 물권자가 후순위 권리자에 앞서서 배타적으로 권리를 누리고 행사할 수 있도록 설계되어 있다.

물권은 법률에 정해진 체계적인 내용으로 정형화되어 있고, 법에서 정하지 않은 형태를 임의로 만들지 못하도록 법이 막고 있다(물권법정주의). 하나의 물건에는 하나의 권리만이 인정되므로(일물일권주의) 하나의 물건에 두 개의 물권이 중복하여 양립할 수 없도록 강행규정으로 명확하게 통제하고 있다. 이에 따라 부동산등기도 하나의 물건에 하나의 등기부만을 허용하는 것이다. 절대적인 지배력을 가진 물권자는 누구에 대해서도 권리를 주장할 수 있고, 어떠한 침해자로부터도 법적으로 보호받을 수 있는 강력한 구제수단17을 확보하고 있는 것이다. 물권자는 누구의 허락이나 눈치를 보지 않고 자유롭게 자신의 권리를 직접 또는 간접으로 사용하거나 타인에게 이전(양도, 담보제공 등)할 수 있다.

우리 「민법」에서는 점유권, 소유권, 지상권, 지역권, 전세권, 유치권, 질권, 저당권의 총 8종류의 물권을 규정하고 있으며, 다음에서 간단한 개요를 살펴보기로 한다. 이러한 물권 외에 다른 형태의 물권은 다른 법률이나 관습법18이 없는 한 인정되지 않는다.

1) 점유권

점유권은 '있는 그대로의 상태'를 보호한다는 측면에서 사실상의 지배 상태를 가지고 타인에게 배타적으로 권리를 주장할 수 있는 힘을 가지는 권리이다. 점유권 외에 나머지 7개의 물권을 합쳐서 '본권'이라고 부르는데, 이는 각 권리마다의 특성이 부여되어 있고 그 특성대로 '있어야 할 권리'를 말한다.

2) 소유권

물권으로서의 가장 완벽한 권리이다. 동산이든 부동산이든 모든

---

17 물권의 배타성에 따른 '물권적 청구권'을 법이 보장하고 있다. 물건을 직접 지배하지 못하도록 방해하는 자 누구에게든지 목적물의 반환을 청구하거나, 권리의 방해 상태를 제거할 것을 요구할 수 있고, 권리침해의 우려가 있을 때에도 방해예방 및 손해배상의 담보를 청구할 수 있다.

18 「민법」에 정한 8종의 물권 외에 관습법에 의하여 인정되는 법정지상권, 분묘기지권 등이 있고, 「상법」의 상사유치권이나 선박우선특권, 「가등기담보 등에 관한 법률」에 따른 담보가등기, 「동산 · 채권 등의 담보에 관한 법률」에 물권에 관한 예외적인 형태들이 존재한다.

물건에 대하여 사용, 수익, 처분을 자유롭게 할 수 있는 무제한적인 권리이다. 소유권에는 스스로 권리를 제한할 수 있는 처분권한도 함께 포함되기 때문에 소유권자가 사용, 수익, 처분이라는 권리의 기능 일부를 타인에게 일정한 조건으로 제한하는 것이 가능하다. 소유자의 처분권한에 따라 소유권의 기능을 제한하는 권리를 '제한물권'이라고 하는데, 사용과 수익을 제한하는 형태의 제한물권을 용익물권이라 하고, 처분 권능을 제한하는 형태의 제한물권을 담보물권(처분물권)이라고 한다. 용익물권자들은 주로 물건의 사용가치에 중점을 두는 반면에 담보물권자들은 물건의 교환가치에 중점을 둔다.

3) 지상권

지상권은 타인의 토지에 '건물 기타 공작물 또는 수목'을 소유하기 위하여 토지 소유자의 사용을 제한하고 지상권자가 배타적으로 사용 · 수익하는 용익물권이다. 토지소유자와 지상권자 간의 지상권설정계약(물권적 합의)과 '등기'를 함으로써 성립한다. 다만, 법정지상권의 경우에는 법률에 정한 요건이 갖추어지면 등기 없이도 성립한다. 법정지상권이 문제되는 매각물건은 법원경매 과정에서 특수 물건으로서 다양한 매물의 권리 분석과 판례의 확인이 필요한 영역이다. 그 밖에 구분지상권과 담보지상권도 권리 분석 과정에서 자주 접하게 된다.

사람들은 일반적으로 남의 땅을 빌리기보다는 내 땅을 사서 건물을 짓는 것을 선호하기 때문에 지상권설정등기는 주로 구분지

순위번호	등 기 목 적	접 수	등 기 원 인	권리자 및 기타사항
				괴산군 청안면 읍내리 근저당권자 새마을금고 1544 괴산군 증평읍 중동 공동담보목록 제2003-74호
2 (전 2)	지상권설정	2003년4월11일 제6215호	2003년4월10일 설정계약	목 적 철근콘크리트조 건물의 전부 범 위 토지의 전부 존속기간 2003년 4월 8일부터 만30년 지상권자 새마을금고 154 괴산군 증평읍 중동

담보지상권의 부종성에 의한 소멸

상권이나 담보지상권19으로 많이 활용되고 있으며, 경매에서는 토지와 건물의 소유권이 분리되는 경우에 법정지상권의 성립 여부와 지료에 관한 분쟁이 주로 다투어진다.

4) 지역권

지역권은 토지와 토지와의 관계에서 발생하는 권리로서 타인의 토지를 자기 토지의 편익20에 이용하기 위하여 일정한 약속(설정계약)을 하고 등기를 갖추어 물권을 발생시키는 용익물권이다. 편익을 위하여 제공되는 타인의 토지를 '승역지'라 하고, 편익을 위하여 타인의 토지를 필요로 하는 자기 토지를 '요역지'라 한다. 지역권은 지역권자인 요역지의 소유자보다는 요역지 자체가 승역지에 대하여 어떠한 편익을 설정하였는가에 대한 '땅과 땅'의 관계가 더

19 지상권은 부종성이 인정되지 않지만, 담보지상권의 경우에는 부종성이 인정되기 때문에 저당권이 소멸되거나 담보권 실행되어 소멸되는 경우에는 담보지 상권도 당연 소멸된다.

20 편익의 종류에는 승역지를 통행할 수 있는 편익(통행지역권)이나, 승역지를 통하여 물을 끌어오는 편익(인수지역권) 또는 승역지를 통하여 조망이나 관망을 할 수 있는 편익(관망지역권) 등 요역지의 사용에 필요한 다양한 니즈(Needs)가 편익이 될 수 있다.

부각되는 물권이다.

용익물권 중에서 지상권과 지역권은 지료를 필수 요건으로 하지 않고 있는데, 지상권의 경우에는 지료를 약정한 경우에 이를 등기하지 않으면 제3자에게 대항할 수 없고, 지역권의 경우에는 편익의 대가를 유상이나 무상으로 정할 수 있지만 유상으로 약정하여도 등기를 할 수 없기 때문에 제3자에게 대항할 수 없다는 차이가 있다. 또 다른 차이점으로는 지상권에 있어서 존속기간을 정하여 등기할 수 있고, 법은 최단기간(30년, 15년, 5년)의 제한을 두어 기간에 대한 기준이 있지만, 지역권은 존속기간을 약정하더라도 등기할 수 없기 때문에 사실상 존속기간의 제한이 없는 것과 같다.

5) 전세권

전세권은 채권적 전세로부터 물권으로 편입[21]된 용익물권이다. 채권적 전세와 사용 · 수익의 형태가 유사하므로, 특히 '대항요건을 갖춘 임차권'과 '물권인 전세권'의 법적인 본질의 차이를 구분할 수 있어야 한다.

---

21 임대차의 원형은 매월 차임(월세)을 지급하는 월세 임대차이지만, 현실에서는 매월 지급하는 월세의 번거로움과 연체의 위험을 방지하기 위하여, 임대인은 일정한 기간 동안 건물을 제공하고 임차인은 일정한 기간 동안 목돈을 제공하여 사용수익의 대가(차임)를 임차인이 제공한 목돈(보증금)의 이자와 상계하는 방식의 전세 임대차가 국민들 사이에 널리 관습화되자 이를 물권인 전세권으로 입법화하게 되었다. 그 후에 목돈을 들고 사라져 버리는 소유자 때문에 세입자인 전세권자의 피해가 자주 발생하게 되어 1984년에 전세권자의 우선변제권이 「민법」 조항(제303조 제1항 후단)으로 신설되었다. 이로 인하여 전세권자는 용익물권자로서의 지위뿐만 아니라 담보물권자로서의 지위도 함께 가지게 된 것이다.

전세권은 '전세금'을 지급하고 타인의 부동산을 점유하여 용도를 좇아 사용 · 수익하는 용익물권이고, 전세권이 소멸된 이후에는 전세금의 반환을 위하여 그 부동산 전부에 대하여 우선변제권을 행사할 수 있는 담보물권의 기능도 함께 가진다. 물권이므로 전세권 설정의 합의와 '등기'를 갖추어야 성립되며, 전세금은 전세권의 필수요소이므로 금액이 등기에 기재되어야 한다. 임대차의 경우에는 임차인이 대항요건의 성립을 위하여 전입과 인도를 갖추어야 하지만, 전세권자는 '등기'만 마쳐도 대항력이 발생하므로 전입신고나 실거주를 하지 않아도 전세권의 성립에는 아무런 영향이 없다. 전세권자의 '전세금 지급의무'와 전세권설정자(소유자)의 '전세권설정등기 및 부동산의 인도 의무'는 동시이행의 관계를 가진다.

전세권자는 스스로 목적물을 유지하고 수선할 의무를 부담하기 때문에 임차인과 달리 필요비의 청구를 할 수 없다. 오히려 유지수선의 의무를 게을리하여 소유자에게 손해가 발생하면 전세권자가 배상책임을 지게 된다.

임차인은 대항요건을 갖추고 확정일자를 받아서 우선변제권을 행사할 수 있지만 근본적으로 채권자에 불과하므로, 물권자인 전세권자처럼 경매신청권이 인정되지 않는다. 부동산 소유자가 전세권의 존속기간이 만료되었는데도 전세금을 반환하지 않는 경우에 전세권자는 목적물을 경매에 붙일 수 있다. 즉, 담보물권자로서의 지위가 작동되어 담보권실행 경매를 신청할 수 있는 것이다. 이때 전세권자는 '전세금의 반환'을 청구하기 위하여 전세권설정자(소유자)에게 '목적부동산의 반환 및 전세권말소등기에 필요한 서류 제공'을 동시이행하여야 하는데, 말소서류를 소유자에게 먼저 준다면 소유자가 전세권설정등기를 말소해 버리게 되어 경매신청 자체를 할 수 없게 된다. 말소에 필요한 서류의 '제공'이란 서류 자체를 넘겨주는 것이 아니라 언제든지 전세금을 반환하면 즉시 반대 의무를 이행할 준비가 되어 있다는 '통지'[22]만으로도 상대방을 이행지체에 빠뜨리게 되므로 경매를 신청함에 있어서 문제될 것이 없다.

최근 몇 년 사이에는 전세권자가 임차인의 지위를 함께 보유함으로써 두 권리의 취약점을 보완하여 전세금(보증금)의 보호를 더 두텁게 하고자 하는 경향이 확산되고 있다. 법원도 이러한 경우 전세권자 겸 임차인에게 유리한 방향으로 사법적 해석[23]을 내리고 있다.

---

22 집행법원은 전세권자가 경매신청을 하는 경우에 동시이행할 반대의무를 전세권자가 이행하였는지를 확인할 수 있는 서류를 제출하라고 보정명령을 내릴 수 있는데, 이행의 '제공'을 하였음을 증명할 수 있는 송달된 '내용증명' 우편 사본을 경매신청서에 첨부하거나 보정서에 첨부하여 제출하면 된다.

23 주택에 관하여 최선순위로 전세권설정등기를 마치고 등기부상 새로운 이해관계인이 없는 상태에서 전세권설정계약과 계약당사자, 계약목적물 및 보증금(전 세금액) 등에 있어서 동일성이 인정되는 임대차계약을 체결하여 「주택임대차보호법」상 대항요건을 갖추었다면, 전세권자로서의 지위와 「주택임대차보호법」상 대항력을 갖춘 임차인으로서의 지위를 함께 가지게 된다. 이러한 경우 전세권과 더불어 「주택임대차보호법」상의 대항력을 갖추는 것은 자신의 지위를 강화하기 위한 것이지 원래 가졌던 권리를 포기하고 다른 권리로 대체하려는 것은 아니라는 점, 자신의 지위를 강화하기 위하여 설정한 전세권으로 인하여 오히려 「주택임대차보호법」상의 대항력이 소멸된다는 것은 부당하다는 점, 동일인이 같은 주택에 대하여 전세권과 대항력을 함께 가지므로 대항력으로 인하여 전세권 설정 당시 확보한 담보가치가 훼손되는 문제는 발생하지 않는다는 점 등을 고려하면, 최선순위 전세권자로서 배당요구를 하여 전세권이 매각으로 소멸되었다 하더라도 변제받지 못한 나머지 보증금에 기하여 대항력을 행사할 수 있고, 그 범위 내에서 임차주택의 매수인은 임대인의 지위를 승계한 것으로 보아야 한다(대법원 2010. 7. 26. 자 2010마900 결정).

6) 유치권 : 법정담보물권

앞에서 용익물권으로서 지상권과 지역권 및 전세권을 살펴보았다. 이제는 담보물권으로서 유치권, 질권, 저당권을 살펴보고자 한다. 담보물권은 법정담보물권과 약정담보물권으로 나누어진다. 유치권은 유치권자가 일정한 요건을 갖추기만 하면 일방적으로 담보물권자로 인정을 해주는 법정담보물권이고, 질권과 저당권은 당사자 간에 약속(설정계약)에 의하여 스스로 채무자가 담보를 제공하여야 인정되는 약정담보물권이다.

사실상 유치권자는 도급계약상의 단순한 채권자에 불과하기 때문에 물권자로서의 지위를 부여받을 근거가 없다. 그러나 도급계약에 있어서 상대적 약자인 수급인의 지위를 보강하고자 하는 측면과 수급인의 투하자본(재화와 노력, 피와 땀)이 목적물에 녹아 있는데, 이를 정당한 대가도 없이 건축주 소유라는 이유만으로 공사업자로부터 즉시 빼앗아 버리는 것은 수급인에게 가혹하고 공평하지 않다는 법익의 균형적 차원에서 인정되는 특수한 담보물권이 바로 유치권이다.

공사업자는 '공사도급계약'에 따른 공사대금채권 밖에는 따로 담보를 받아둔 것이 없기 때문에 공사업자가 완성한 목적물 자체를 '사실상 지배(점유)'할 수 있게 함으로써 담보물권자로서의 지위를 법이 인정하여 주는 것이다. 한편, 근저당권자인 은행은 '대출계약'에 따른 대여금채권 밖에도 따로 담보를 받기로 '물권적 합의(근저당권설정계약)'를 하여 '등기'까지 완료한 것이므로 당사자 간의 약정된 담보에 법이 개입할 여지가 없다.

유치권자는 등기상에 설정된 물권자가 아니므로 사실상의 지배 상태를 통하여 물적 담보권을 인정받음으로써 합법적으로 자력구제를 허용받은 셈이다. 따라서 등기상의 우열과 무관하게 선순위 근저당권자가 있더라도 유치권자는 '시간에 앞선 자'보다 더 강력한 담보권을 행사하게 된다. 그러나 유치권자는 경매를 통하여 우선변제권을 가지지 않고 낙찰자에게 직접적으로 대금의 청구를 할 수는 없다. 오직 인도를 거절할 권리만을 보유한 채 소극적 협상권[24]을 가진 것이다.

7) 질권

당사자의 약정(설정계약)에 의하여 성립되는 담보물권에는 질권과 저당권이 있는데, 질권은 동산과 권리를 담보의 대상으로 하고, 저당권은 부동산과 권리를 담보의 대상으로 한다. 질권은 담보물권이므로 저당권과 같이 우선변제권을 가질뿐만 아니라, 담보물(질물)을 채권자(질권자)가 유치(점유)한다는 점에서 저당권과 차이가 있다. 질권은 우선변제적 효력과 유치적 효력을 모두 가지고 있다. 그런데 질권의 유치적 효력이 특히 동산질권의 활용성 측면에서는 별로 인기가 없다.

저당권은 채무자가 담보로 제공한 부동산을 계속 점유하고 사

24 유치권자는 채무자 외의 제3자에게는 적극적으로 돈을 내놓으라고 요구할 권리가 없고, 돈이 해결되지 않으면 누구에게도 점유를 이전하지 않겠다는 거절권을 협상의 카드로 사용할 수 있을 뿐이다. 낙찰자의 입장에서는 공사대금채권에 대하여 인적 채무를 부담하는 것이 아니라, 유치권이라고 하는 물적인 책임(하자)을 인수하는 것이다.

용 · 수익하면서 자금도 융통할 수 있는 장점을 가지는데, 질권은 자금을 융통하는 대신 담보물인 동산을 채무자가 사용 · 수익할 수 없으며 채권자가 점유하고 보관하기 때문에 동산을 계속 사용하고자 하는 채무자에게는 사용가치가 봉쇄되어 버리는 치명적인 단점을 지니고 있는 것이다. 이 때문에 동산을 담보로 돈을 빌리고자 하는 채무자는 형식적으로 소유권을 채권자에게 이전(양도)하고 담보물을 계속 사용하는 '양도담보'의 방식으로 거래가 활성화되었고, 이러한 변칙담보가 채권자의 폭리 수단으로 악용됨에 따라 이를 규제하는 법[25]이 제정되었다.

동산질권의 경우에는 공시방법을 가지고 있지 않기 때문에 위와 같은 비효율성이 발생하지만, 동산 중에서 준부동산에 해당하는 자동차, 건설기계, 소형선박, 선박, 항공기 등은 등기나 등록이 가능하므로 동산저당이 인정된다. 그 외에도 특별법으로 인정되는 저당권으로는 입목저당, 「공장 및 광업재단 저당법」에 따른 재단저당 등이 특수한 물권으로서 존재한다.

8) 저당권

저당권은 부동산의 사용과 수익을 그대로 유지한 채로 교환가치만을 담보로 잡히면서 자금을 융통할 수 있다는 점에서 매우 넓게 이용되고 있으며, 채권자의 입장에서는 채무불이행을 사전에 방어

25 양도담보는 동산뿐만 아니라 부동산에도 활용되면서 내부적으로는 채무자의 소유이지만 외부적으로는 채권자의 소유라는 신탁적 구조를 가지고 있기 때문에 '담보를 위한 소유권 이전'이라는 측면에서 「가등기담보 등에 관한 법률」에 의하여 규제되고 있다.

할 수 있는 효과적인 수단으로서 채무자 또는 물상보증인의 부동산을 처분하지 못하도록 배타적으로 지배할 수 있는 유용한 수단이다. 채무자로서도 부동산의 소유권과 점유를 채권자에게 이전하지 않고 목돈을 활용할 수 있으니 효율성이 높아지는 것이다.

저당권은 이중의 계약구조를 가지고 있다. 주된 계약은 채권자와 채무자 간의 대출계약(금전소비대차계약)이고, 주된 계약의 확실한 이행을 담보하기 위하여 채권자와 채무자 간에 별도의 종속된 계약을 체결하게 되는데, 이것이 저당권설정계약(물권적 합의)이다. 저당권설정계약은 처분권한이 있는 소유자가 스스로 처분권한을 제한하는 데 동의하는 것이므로 처분권한이 없는 사람은 저당권을 설정할 수 없다. 즉, 채권자는 저당권설정계약에 있어서 저당권자가 되는 것이고, 채무자는 자기 소유의 부동산을 담보로 제공하는 경우에는 처분권한이 있으므로 저당권설정자가 된다.

그런데 채무자가 아닌 제3자 소유의 부동산을 담보로 제공하는 경우에는 그 제3자가 처분권한이 있으므로 제3자가 저당권설정자가 된다. 이처럼 타인의 채무를 위하여 자기 소유의 부동산을 담보로 제공하는 사람을 '물상보증인'이라고 한다. 물상보증인 소유의 부동산이 담보권 실행으로 인한 임의경매의 매물로 나온 때에는 강제경매와 달리 채무자와 소유자가 동일인이 아닌 경우를 보게 되는 것이다. 물상보증인은 채무자의 탓으로 인하여 부동산의 소유권을 상실하였기 때문에 채무자를 상대로 구상권을 행사할 수 있다. 물상보증인이 구상권으로 채무자에게 요구할 수 있는 금액은 낙찰자의 대금납부 시점의 부동산 '시가'에 해당하는 금액을 청구할 수 있다.

저당권설정등기를 말소하기 위해서는 피담보채무, 즉 대출금을 전부 변제해야 한다. 피담보채무의 변제와 저당권등기의 말소는 동시이행의 관계가 아니므로 저당권설정자는 먼저 채무를 변제하여야만 저당권의 말소를 청구할 수 있다.

현실 거래에서는 저당권보다 '근저당권'을 훨씬 더 많이 이용하고 있는데, 이는 채권자에게 더 유리한 점이 많기 때문이다. 실제로 대출한 금액보다 더 높은 금액을 채권최고액으로 정하여 근저당권설정등기를 해놓고 채권액을 불확정인 상태로 거래하다가 미래의 일정한 시점에 근저당권자가 채권금액을 확정함으로써 장래의 증감변동하는 불특정의 채권(원리금 외에 손해배상도 포함)에까지 담보력을 뻗어 우선변제 받을 수 있으므로 채권자가 선호할 수밖에 없다.

3 물권과 채권의 비교

「민법」상 물권은 물권법정주의에 따라 위에서 살펴본 8종의 권리를 중심으로 정형화되어 있지만, 채권은 '사적자치'의 원칙에 따라 정형화되지 않고 자유롭게 마음대로 당사자 간에 계약을 체결할 수 있다. 사회질서에 위반되지 않는 한 어떠한 계약도 당사자 간에는 유효하다. 「민법」에서는 사람들이 주로 많이 활용하는 채권 계약의 형태 15가지를 법률로 규정하고 있지만 다른 형태의 계약도 얼마든지 창설하고 만들 수 있다. 「민법」전에 규정되어 있는 15종

물권과 채권의 비교

구분	물권	채권
대상	물건	급부(특정인의 행위)
권리	지배권, 절대권	청구권, 상대권
성격	배타성, 대항력 O, 1 : N	비배타성, 대항력 X, 1 : 1
원칙	물권법정주의, 강행규정	사적자치, 계약자유, 임의규정
양도	양도 자유	양도 제한
공시	공시 O, 우열차등	공시 X, 채권자 평등

의 계약을 '전형계약'이라고 하고, 법전에 없는 모든 형태의 계약은 비전형계약으로 분류된다. 이처럼 채권은 정형화되지 않아서 그 범위가 방대하기 때문에 채권의 발생과 변경, 소멸을 채권 총칙에서 규정하고, 계약의 일반적인 성립과 효력요건을 계약 총칙에서 규정하고 있다.

물권과 채권의 가장 큰 차이점은 '대항력' 유무이다. 물권은 물건을 지배함에 있어서 타인의 간섭을 배제할 수 있는 배타성을 가지고 있으므로 '제3자 누구에게든지 권리를 주장(대항)'할 수 있다. 그러나 채권은 계약 당사자인 상대방에게만 권리를 주장할 수 있을 뿐이고 배타성을 가지지 못하므로 당사자 외의 다른 사람에 대하여는 대항력을 가지지 못한다.

물권의 이러한 '대항력'은 '등기'에 공시됨으로 인하여 배당 절차에 참가하면 '우선변제권'이 주어진다. 즉, 순위배당의 '빗잔치'에서 후순위 권리자보다 더 배불리 만족을 얻을 수 있는 '흡수배당'의 원천이 되는 것이다. 이에 반해 채권은 채권자 평등주의에 따라 동순위로서 채권금액에 따른 '안분배당'을 받을 수 있을 뿐 우선변제권을 행사하지 못한다. 다만, 임차권은 채권이지만 특별법(「주택임대차보호법」 등)에 의하여 '대항요건(전입과 인도)'을 갖추면 물권처럼 대항력을 가질 수 있고, 보증금채권을 확인할 수 있는 계약서에 '확정일자'를 받아 '시점확인'이 되는 경우에는 배당에 참가하여 '우선변제권'을 행사할 수 있다. 이를 '채권의 물권화' 경향이라고 한다.

부동산의 권리 분석에 있어서 유일하게 입찰자가 배당 절차에 관하여 미리 분석하여야 하는 경우가 있는데, 바로 선순위 대항력 있는 임차인이 확정일자를 갖추고 '배당요구'를 하였을 때에는 임차인이 배당에서 전부 배당받지 못할 경우 낙찰자가 배당 절차 이후에도 임차인의 미배당 보증금을 인수하여야 하므로 주의를 기울여야 한다.

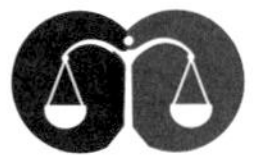

약정담보물권과 법정담보물권

소유권을 제한하는 물권에는 사용가치를 제한하는 용익물권(지상권, 지역권, 전세권)과 교환가치를 제한하는 담보물권(유치권, 질권, 저당권)이 있다. 담보물권 중에서 유치권은 법정담보물권이고, 질권과 저당권은 약정담보물권이다.

약정담보물권은 당사자 간의 의사표시에 기한 법률행위로서 '설정의 합의(물권적 합의)'에 따라 담보권의 설정자가 자발적으로 담보를 제공한 것인 데 반하여, 법정담보물권은 법률에서 정한 요건을 충족하는 경우에 당사자 간의 설정 합의가 없이도 채권자가 담보물권자로서의 지위를 취득하는 것이다.

약정담보물권인 저당권과 법정담보물권인 유치권을 비교하여 그 차이를 살펴보기로 한다.

저당권은 당사자 간의 합의에 의하여 2중의 계약구조를 가지고 있다. 즉, 주된 계약 채권채무를 발생시키는 '채권적 합의'이고 종된 계약은 그 채권을 보호하기 위하여 담보를 제공하고 제공받기로 하는 '물권적 합의'이다. 주된 계약은 소위 대출계약서, 차용증서, 지불각서 등 그 명칭을 불문하고 금전소비대차를 목적으로 하는 '채권계약'으로서 채권자는 궁극적으로 빌려준 돈을 돌려받는 것이 목적이다. 일반 채권에 담보(부동산)를 붙여 '피담보채권'으로서 보호를 두텁게 하고자 하는 것이다. 약정담보물권은 채무자가 채무의 이행을 보다 확실하게 보증하기 위하여 인적 보증이 아니라 채권액 상당의 교환가치가 있는 물건(토지, 건물 등)의 처분을 변제할 때까지 채권자의 처분 아래에 두겠다는 강력한 의지의 표시이자 채무불이행 시에는 채권자가 담보물을 강제로 매각 처분하더라도 감수하겠다는 담보설정자의 자발적 결단이 담보부동산에 등기로 공시됨으로써 채권자를 물권자의 지위에 등극시키는 것이다.

따라서 부동산을 담보로 저당권을 설정하고 자금을 대여받는 채무자 또는 타인의 채무를 위하여 자신의 부동산을 담보로 제공하는 물상보증인은 소유자권자로서 부동산을 점유하고 사용 · 수익할 수는 있지만 스스로 처분권을 제한해 두었기 때문에 제한물권자인 저당권자의 동의 없이 담보 부동산을 마음대로 처분할 수 없다. 이러한 물권적 '합의'가 동반되기 때문에 저당권을 '약정' 담보물권이라고 한다.

한편, 유치권은 등기로서 공시되는 권리가 아니다. 민사상 유치권자는 채권자인데, 금전소비대차의 일반 채권자가 아니라 주로 도급계약과 같이 특정한 물건에 재화와 용역이 투입되어 완성물을 제공하고 그 대가로서의 대금채권을 가지는 특수한 채권자이다. 법률은 일반 채권자와 달리 계약의 목적물에 특별한 관계(견련관계)를 가진 채권자는 사전에 당사자 간에 물권적 합의로서 대금에 대한 담보를 설정하는 합의나 등기가 없더라도 '일정한 요건'을 갖추면 담보물권자로서 그 목적물을 담보물로 사실상 지배(유치)할 수 있도록 법률상의 힘을 부여한 것이다.

공사도급계약의 수급인은 공사의 완성에 따른 공사대금채권을 가지는데, 일의 완성이 되었음에도 불구하고 대가가 지급되지 않는다면 그 결과물인 부동산을 「민법」 제320조[26]에 근거하여 별도의 공권력을 동원하지 않고도 자력으로 장악하고 지배하여 채권이 회수될 때까지 점유를 이전하지 않고 '인도를 거절(유치)'할 수 있다. 즉, 유치권자는 주된 계약인 공사도급계약에 따른 채권의 보호를 위하여 별도의 물권적 합의나 등기가 없어도 '점유'라는 사실상의 공시방법을 통하여 제3자 누구에게든지 법정담보물권자로서 권리를 주장하고 대항할 수 있는 것이다.

이를 정리해 보면 다음과 같다.

- 저당권 = 채권계약(주된 계약) + 저당권설정계약(종된 계약 → 약정담보)
- 유치권 = 채권계약 + 목적물 점유(「민법」 제320조 → 법정담보)

26 「민법」 제320조(유치권의 내용) ① 타인의 물건 또는 유가증권을 점유한 자는 그 물건이나 유가증권에 관하여 생긴 채권이 변제기에 있는 경우에는 변제를 받을 때까지 그 물건 또는 유가증권을 유치할 권리가 있다.

법정지상권으로 건물주 되기

거래시장에서 단독주택(다중주택, 다가구용 단독주택 등)을 구입한다면 주택과 그 아래 깔려 있는 토지를 함께 거래하는 것이 일반적이다. 집합건물인 다세대주택과 아파트도 땅 위에 지어진 건물이므로 토지에 대한 권리인 대지권 비율이 포함되어 전유부분을 거래하는 것이 당연하다.

그런데 부동산경매시장에서는 건물 밑에 깔려 있는 토지만 매각되거나 건물만 매각 또는 건물과 토지 지분 일부가 일괄매각되기도 하고, 건물이나 토지의 일부 지분만 매각되는 등의 다양한 형태의 '쪼개진 권리'와 '분리된 물건'이 강제로 매각되는 경우가 흔하다. 이는 나대지 상태에서 토지에만 저당권을 설정하고 자금을 조달하여 건물을 신축한 경우이거나, 하나의 부동산을 여러 사람이 상속을 받아 지분을 매각하는 등의 다양한 사정들이 있기 때문이다.

지상권이란 용익물권으로서 '타인의 토지', 즉 '남의 땅'에 건물 기타 공작물을 소유할 목적으로 장기간의 지상권 설정계약을 체결하고 이를 등기하여 소유권을 제한하는 기능을 하는 것이다. 한국인의 정서상 100년을 계약하더라도 '남의 땅'에 '내 집'을 지어서 산다는 것은 왠지 '찝찝'하고 불편하다. 그래서 가급적이면 '내 땅'을 구매해서 '내 집'을 짓고 사는 것이 속 편하다. 따라서 개인 간의 지상권설정등기는 그 활용도가 높지 않고 일반적으로 금융기관 등의 채권자가 담보권을 강화하기 위하여 담보지상권의 모습으로 등기에서 자주 접하게 된다.

나대지인 토지는 마치 하얀 도화지와 같다. 무엇이든지 그릴 수 있으므로 이미 색칠된 종이보다는 그 가치가 높은 것이다. 따라서 나대지에 담보대출을 하는 금융기관은 토지소유자가 담보가치를 훼손하지 못하도록 담보지상권을 설정하여 저당권자이자 지상권자로서 나대지에 건물을 신축하는 행위를 통제하고자 한다. 즉, 지상권자의 동의서가 없으면 토지소유자는 건축허가를 받을 수가 없기 때문에 행정 절차상의 장애를 일으킴으로써 담보지상권이 저당권자의 담보력을 강화하는 기능을 하는 것이다.

살다보면 인생이 언제나 '내 뜻'대로만 잘 풀리지는 않는다. 소유권이란 절대적이어서 내가 처분할 의사가 없는 한 영원히 대대손손 물려 줄 수 있는 권리이지만, 급하게 돈이 필요해서 담보대출을 받았다가 이것을 갚지 못해 강제로 경매로 넘어가기도 하고, 20년 넘게 신경쓰지 않았던 땅을 갑자기 자기 땅이라고 우기면서 점유취득시효를 주장하는 '날벼락'이 터지기도 하고, 또 공공의 이익을 위해서 국가가 내 땅에 도로를 내거나 개발을 한다며 시세보다 낮은 현금청산으로 토지수용보상금을 내밀고 하루 아침에 내 땅을 '강탈'해 가기도 한다.

법원경매에 매각 부동산으로 끌려나온 매물들 중에는 온전한 물건도 많지만 갖가지 다양한 사연을 가진 상처받은 조각난 매물들도 넘쳐난다. 일반 거래시장에서는 볼 수 없는 몇만 원, 몇십만 원,

몇백만 원짜리 토지와 공유지분들이 수두룩하다. 바로 이런 '깨진 권리들'이 부동산경매 투자자들에게는 '기회'가 되는 것이다. 그중에 하나가 '법정지상권' 매물이다.

 법정지상권 성립요건

지상권은 '토지소유자'와 '남의 땅을 사용하고자 하는 자' 사이에 물권적 합의가 성립함에 따라 토지등기부에 '지상권설정등기'를 공시함으로써 대항력이 발생하는 것인데, 법정지상권은 토지소유자와 지상권에 관한 '합의'가 없음에도 불구하고 법률상 일정한 요건을 갖춘 경우에 등기 없이도 지상권이 성립된 것으로 인정하는 것이다.

제366조(법정지상권)
저당물의 경매로 인하여 토지와 그 지상건물이 다른 소유자에 속한 경우에는 토지소유자는 건물소유자에 대하여 지상권을 설정한 것으로 본다. 그러나 지료는 당사자의 청구에 의하여 법원이 이를 정한다.

「민법」 제366조의 법정지상권은 동일인의 소유에 속하였던 토지와 지상물(건물이나 수목 등)이 담보권실행경매(임의경매)를 통하여 토지소유자와 지상물의 소유자가 달라지는 경우[27]에 지상물을

27 토지 또는 건물 등 지상물이 분리되어 경매로 나온 경우에는 토지소유자가 방해제거청구권으로서 철거를 요구할 수 있기 때문에 상대적 약자인 건물 등의 지상물 소유자를 보호하고 건물의 경제적 효용가치도 보존하는 것이 거시적으로 유익하다는 취지에서 법정지상권을 인정하는 것이다.

철거당할 위기에서 보호하고자 마련된 제도이다.

1)「민법」제366조의 법정지상권 성립요건

① 저당권설정 당시 토지와 건물이 존재할 것

저당권설정 당시에 토지 위에 거래관념상 독립성을 가지는 건물[28]이 존재하지 않았다면 그 이후에 신축된 건물은 법정지상권의 보호를 받지 못하고 철거를 당하게 된다. 이는 저당권자가 '나대지' 상태인 토지의 담보가치를 기준으로 하여 교환가치를 측정하였으므로 담보가치를 떨어뜨리는 건물이 사후에 건축되었다면 '건물의 보호가치'보다는 '저당권자의 불측의 피해'를 더 우선하여 보호해야 하므로 건물에 대한 법정지상권 성립을 인정하지 않는 것이다. 다시 말하면, 저당권자에게 불측의 피해를 감수하도록 강요할 수 없다는 말이다. 법정지상권으로 건물이 보호되지 않는다면 토지의 경매에 있어서 매수희망자들은 법정지상권을 인수하는 부담이 없어져 보다 높은 가격으로 입찰할 것이므로 저당권자에게 유리하게 매각 절차가 진행될 수 있다. 따라서 저당권자가 보호되는 결론에 이른다.

매각 부동산의 법정지상권 성립 여부를 검토하는 단계에서 저

---

28 대판 2000다51872 "경락 당시 미완성 상태였더라도 경락대금 납부 당시 이미 지하 1층부터 지하 3층까지 기둥, 주벽 및 천장 슬래브공사가 완료된 상태였을 뿐만 아니라 지하 1층의 일부 점포가 일반에 분양되기까지 하였다면, 미완성 상태이지만 독립된 건물의 요건을 갖추었다." 즉, 미등기 건물이라 하더라도 법정지상권의 보호 대상이 된다는 것이다. 심지어 독립성을 갖춘 건물이라면 무허가 건물이라도 법정지상권의 보호 대상이 된다.

당권설정 당시에 토지 위에 건물이 존재하였는지를 확인할 수 있는 방법은 '토지등기부'와 '건물등기부'를 비교해 보는 것이다. 토지등기부에 저당권설정등기 접수일자와 건물등기부에 소유권보존등기 시점을 단순비교하면 토지와 건물이 동일 시점에 존재하였는지 확인할 수 있다. 그러나 저당권설정등기 시점과 건물보존등기 시점이 몇 개월 차이가 나지 않는 경우 보존등기가 늦었다는 사정만으로 저당권설정 시 건물이 없었다고 단정 지을 수 없다. 비록 미등기인 상태라 하더라도 건물이 저당권설정 당시에 독립된 건물[29]로서 형태를 갖추고 있었다면 '존재'한 것이다. 이를 명확하게 확인하려면 '건축물대장'의 사용승인된 날짜와 대장상의 소유자를 토지등기부와 비교하면 뚜렷해진다. 그런데 사용승인을 받지 않은 상태라면 '건축허가서' 확인을 통하여 건물의 존재 여부를 파악할 수 있고, 건축허가나 신고 여부도 존재하지 않는다면, 이는 무허가 건축물이므로 공적인 장부를 통하여 건물의 존재를 파악하기는 어렵다. 그렇다면 '위성사진'[30]을 통하여 그 시점의 건물 존재 여부를 파악하는 것이 마지막 대안이 될 것이다.

---

29 「민법」 제366조 소정의 법정지상권은 저당권설정 당시 동일인의 소유에 속하던 토지와 건물이 경매로 인하여 양자의 소유자가 다르게 된 때에 건물의 소유자를 위하여 발생하는 것으로서, 토지에 관하여 저당권이 설정될 당시 그 지상에 건물이 위 토지 소유자에 의하여 건축 중이었고, 그것이 사회관념상 독립된 건물로 볼 수 있는 정도에 이르지 않았다 하더라도 건물의 규모, 종류가 외형상 예상할 수 있는 정도까지 건축이 진전되어 있는 경우에는, 저당권자는 완성될 건물을 예상할 수 있으므로 법정지상권을 인정하여도 불측의 손해를 입는 것이 아니며 사회경제적으로도 건물을 유지할 필요가 인정되기 때문에 법정지상권의 성립을 인정함이 상당하다(대법원 1992. 6. 12. 선고 92다7221판결).

30 네이버 지도나 카카오 지도의 스카이뷰에는 과거 연도별 위성사진을 보여주는 기능이 있다.

② 저당권설정 당시 토지와 건물의 소유자가 동일인일 것

저당권설정 당시에 토지와 건물이 존재하는 것으로 판명되었어도 소유자가 동일인이 아니라면 법정지상권의 성립은 인정되지 않는다. 왜냐하면 저당권설정 당시에 토지와 건물이 다른 사람의 소유였다면 저당권자는 등기부를 통하여 충분히 소유관계와 담보가치의 평가를 할 수 있는 상태였고, 토지소유자와 건물소유자 간의 지상권설정 여부나 토지임대차 관계를 확인할 수 있었을 것으로 짐작할 수 있기 때문이다. 따라서 그만큼의 저평가된 담보물로 대출을 진행하였을 것이기에 저당권자에게 불측의 피해가 발생할 우려가 없는 것이다.

반면에 토지와 건물의 소유자가 동일인이었다면 저당권자는 '토지와 건물을 공동 담보물로 공동저당' 잡고자 하는 것이 당연한 이치이므로 이런 경우에는 토지의 담보가치 하락 부분을 건물이 담보로서 보충해 줌으로써 저당권자에게 불측의 피해를 발생시키지 않는다.[31] 그리고 저당권실행 경매를 진행할 때에는 토지와 건물이 '일괄매각'되어 동일인에게 낙찰되므로 소유자의 분리가 발생하지 않아서 법정지상권을 따질 필요가 없어진다.

그런데 '토지와 건물에 공동저당을 설정하였는데, 기존 건물이 멸실되고 새로운 건물이 신축된 경우'에는 문제가 생긴다. 저당권자의 담보물인 구건물이 사라진 것이므로 토지소유자가 신축한 새 건물에 새로이 공동저당을 설정해 주지 않으면 저당권자는 토지의

31 공동저당권자는 토지뿐만 아니라 건물의 매각대금으로부터도 우선변제를 받기 때문이다.

담보가치 하락을 보상받을 길이 없어지는 것이다.[32] 따라서 이런 경우에는 다시 저당권자의 불측의 피해[33]를 보호하기 위하여 신축 건물에 대한 법정지상권을 부정하게 되는 것이다.

한편, 저당권설정 당시에 토지와 건물이 동일인 소유였는데, 저당권자가 토지와 건물에 공동저당을 잡지 않고 '토지에만 단독으로 저당권을 설정한 경우'에는 저당권의 실행으로 토지소유자가 달라지면 건물의 보호를 위하여 법정지상권의 성립을 인정한다. 왜냐하면 처음부터 지상 건물로 인하여 토지의 이용이 제한받는 것을 저당권자가 용인하고 토지에 대하여만 저당권을 설정하여 법정지

32 공동저당권자는 구건물의 멸실로 인하여 신건물에는 저당권이 미치지 않아서 신건물의 매각대금에 대하여 우선변제나 배당을 기대할 수 없게 된다.

33 동일인의 소유에 속하는 토지 및 그 지상 건물에 관하여 공동저당권이 설정된 후 그 지상 건물이 철거되고 새로 건물이 신축된 경우에는 그 신축건물의 소유자가 토지의 소유자와 동일하고 토지의 저당권자에게 신축건물에 관하여 토지의 저당권과 동일한 순위의 공동저당권을 설정해 주는 등 특별한 사정이 없는 한 저당물의 경매로 인하여 토지와 그 신축건물이 다른 소유자에 속하게 되더라도 그 신축건물을 위한 법정지상권은 성립하지 않는다고 해석하여야 한다. 그 이유는 동일인의 소유에 속하는 토지 및 그 지상 건물에 관하여 공동저당권이 설정된 경우에는, 처음부터 지상 건물로 인하여 토지의 이용이 제한받는 것을 용인하고 토지에 대하여만 저당권을 설정하여 법정지상권의 가치만큼 감소된 토지의 교환가치를 담보로 취득한 경우와는 달리, 공동저당권자는 토지 및 건물 각각의 교환가치 전부를 담보로 취득한 것으로서, 저당권의 목적이 된 건물이 그대로 존속하는 이상은 건물을 위한 법정지상권이 성립해도 그로 인하여 토지의 교환가치에서 제외된 법정지상권의 가액 상당 가치는 법정지상권이 성립하는 건물의 교환가치에서 되찾을 수 있어 궁극적으로 토지에 관하여 아무런 제한이 없는 나대지로서의 교환가치 전체를 실현시킬 수 있다고 기대하지만, 건물이 철거된 후 신축된 건물에 토지와 동순위의 공동저당권이 설정되지 아니 하였는데도 그 신축건물을 위한 법정지상권이 성립한다고 해석하게 되면, 공동저당권자가 법정지상권이 성립하는 신축건물의 교환가치를 취득할 수 없게 되는 결과 법정지상권의 가액 상당 가치를 되찾을 길이 막혀 위와 같이 당초 나대지로서의 토지의 교환가치 전체를 기대하여 담보를 취득한 공동저당권자에게 불측의 손해를 입게 하기 때문이다(대법원2003. 12. 18. 선고 98다43601 전원합의체 판결).

상권의 가치만큼 감소된 토지의 교환가치를 담보로 취득한 것이므로 저당권자에게 '불측의 손해'가 아니기 때문이다.

더 나아가 토지에만 단독저당을 설정할 당시에 존재하던 건물이 이후에 멸실되어 토지소유자가 새 건물을 신축한 경우에도 저당권자는 처음부터 토지의 담보가치를 저평가하였고 건물에 대한 기대가치를 가지지 않았으므로 신축건물에 대하여 법정지상권을 인정하여도 저당권자에게 불측의 손해가 생기는 것이 아니다. 다만, 법정지상권의 존속기간이나 범위에 관하여는 구건물을 기준으로 인정한다.[34]

토지와 건물이 동일인 소유여야 한다는 요건은 그 판단시점이 '저당권설정 당시'이다. 「민법」 제366조의 법정지상권 외에 관습법상의 법정지상권은 임의경매가 아닌 강제경매로 인하여 소유자가 분리되는 경우에도 법정지상권을 인정하는데, 이 경우에는 동일인 요건의 판단시점이 '압류의 효력이 발생한 때'이다. 즉, '강제경매개시결정의 채무자 송달 또는 기입등기' 시점까지는 토지와 건물이 동일인 소유여야 한다. 강제경매 개시결정 전에 가압류등기가 되었다가 본압류로 강제경매가 진행된 경우에는 '압류의 효력'이 '가압류등기가 된 때'에 발생하므로 가압류등기 시점까지는 토지와 건

34 「민법」 제366조 소정의 법정지상권이 성립하려면 저당권설정 당시 저당권의 목적이 되는 토지 위에 건물이 존재하여야 하는데, 저당권설정 당시의 건물을 그 후 개축 · 증축한 경우는 물론이고 그 건물이 멸실되거나 철거된 후 재건축 · 신축한 경우에도 법정지상권이 성립하며, 이 경우 신건물과 구건물 사이에 동일성이 있거나 소유자가 동일할 것을 요하는 것은 아니라 할 것이지만, 그 법정지상권의 내용인 존속기간 · 범위 등은 구건물을 기준으로 하여야 할 것이다(대법원 2001. 3. 13. 선고 2000다48517,48524,48531 판결).

물이 동일인 소유이면 된다. 그리고 매매로 인하여 소유자가 분리되는 경우에는 매수인의 '대금납부 시'까지는 동일인 소유의 요건을 갖추어야 한다.

③ 저당물의 경매로 토지와 건물의 소유자가 분리될 것

동일인의 소유였던 토지와 건물이 경매로 인하여 분리되지 않고 동일인에게 낙찰이 되는 경우에는 건물 철거의 문제가 발생하지 않는다. 자기 땅 위에 있는 자기 소유의 건물을 스스로 철거하거나 증축, 재건축 등을 하더라도 누가 뭐라할 것인가? 내 땅에 남의 건물이 있을 때 소유권 침해와 건물 철거의 문제가 발생하는 것이다. 따라서 소유자가 분리될 것이라는 요건은 법정지상권의 작동을 위한 당연한 요건이다.

④ 철거특약의 배제

이상과 같이 법정지상권의 성립을 위해서는 위 세 가지 요건을 갖추어야 하고, 관습법상 법정지상권을 검토함에 있어, 특히 매매로 인한 소유자 분리 시에 '건물 철거의 특약이 없었을 것'을 요한다. 당사자 간에 건물 철거의 특약이 있었다면 법정지상권의 성립은 배제되는 것이다.

2) 「민법」 제366조의 법정지상권 성립 여부

앞서 살펴본 법정지상권의 성립요건과 함께 '토지에 담보권을 설정한 저당권자의 '예측가능성'이라는 기대가치(담보가치)의 보호'와 '건물의 사회경제적 효용가치(공공이익)의 보호' 중에서 어느 쪽의 가치를 더 우선시할 것인가에 따라 법정지상권의 인정 여부가 달라지게 되는데, 이를 세분화해서 살펴보기로 한다.

① 나대지에 저당권을 설정한 경우

이 경우에는 저당권설정 당시에 건물이 존재하지 않으므로 '토지와 건물이 존재해야 한다는 요건'에 위반되어 법정지상권을 인정하지 않는다. 그리고 저당권자는 나대지 상태의 담보가치를 기대하고 저당권을 설정한 것인데, 그 담보물인 토지 위에 후발적으로 건물이 신축되는 경우에는 저당권자의 담보물인 나대지의 가치를 하락시키게 되어 저당권자에게 '불측의 손해'를 일으키므로 건물의 사회경제적 효용이나 공익성보다는 토지저당권자의 예측 가능성과 법적 안정성을 우선시하여야 한다.

따라서 이 경우에는 법정지상권을 부정하여야 저당토지의 경매에 있어서 매수희망자들이 법정지상권 인수 부담 없이 입찰하여 저당권자의 배당금을 높여 줄 것이다.

한편, 토지저당권자가 건물신축에 동의하였다면 법정지상권을

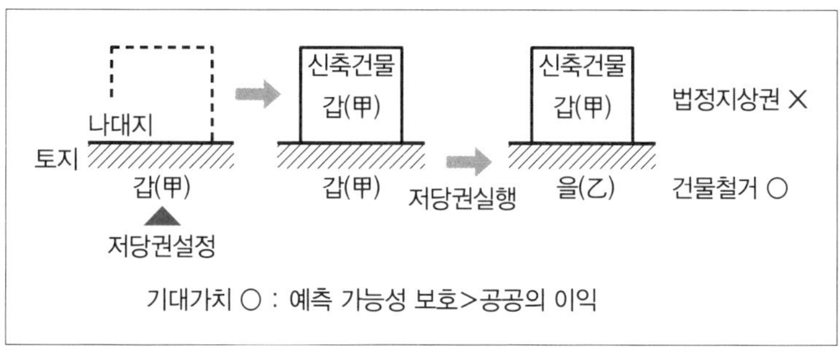

나대지에 저당권설정

인정해도 되는 것인가? 토지저당권자가 동의하였다면 불측의 피해가 발생하는 것은 아니지 않은가? 판례는 저당권자의 동의에도 불구하고 제3자인 낙찰자의 법적 안정성도 고려하였다.

대법원 2003. 9. 5. 선고 2003다26051 판결

「민법」 제366조의 법정지상권은 저당권설정 당시부터 저당권의 목적이 되는 토지 위에 건물이 존재할 경우에 한하여 인정되며, 토지에 관하여 저당권이 설정될 당시 그 지상에 토지소유자에 의한 건물의 건축이 개시되기 이전이었다면, 건물이 없는 토지에 관하여 저당권이 설정될 당시 근저당권자가 토지소유자에 의한 건물의 건축에 동의하였다고 하더라도 그러한 사정은 주관적 사항이고 공시할 수도 없는 것이어서 토지를 낙찰받는 제3자로서는 알 수 없는 것이므로 그와 같은 사정을 들어 법정지상권의 성립을 인정한다면 토지 소유권을 취득하려는 제3자의 법적 안정성을 해하는 등 법률관계가 매우 불명확하게 되므로 법정지상권이 성립되지 않는다.

② 건물이 존재하는 토지에 저당권을 설정한 경우

이 경우 이미 토지 위에 건물이 존재하므로 저당권자는 나대지

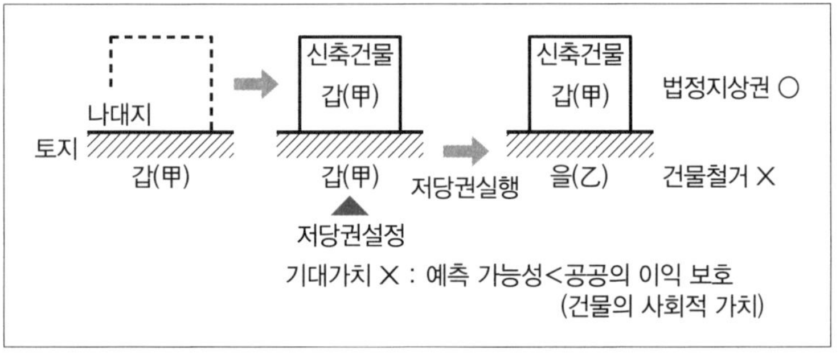

건물이 존재하는 토지에 저당권설정

로서의 담보가치를 기대하지 않고 저평가된 담보로서 토지저당을 잡은 것이다. 따라서 토지저당권자의 예측 가능성을 침해하거나 불측의 피해를 발생시킨 것이 아니므로 법정지상권을 인정하여 건물의 사회적 효용가치와 공익성을 도모하는 것이 바람직하다.

③ 토지 단독저당 이후 기존 건물 멸실과 새 건물 신축

저당권설정 당시부터 기존 건물로 인하여 토지의 이용을 제한받는 것을 저당권자가 용인하고 토지에 대하여만 저당권을 설정하여 법정지상권의 가치만큼 감소된 토지의 교환가치를 담보로 취득한 경우이다.

「민법」 제366조 소정의 법정지상권이 성립하려면 저당권설정 당시 저당권의 목적이 되는 토지 위에 건물이 존재하여야 하는데, 저당권설정 당시의 건물을 그 후 개축·증축한 경우는 물론이고 그 건물이 멸실되거나 철거된 후 재건축·신축한 경우에도 법정지상권이 성립하며, 이 경우 신건물과 구건물 사이에 동일성이 있거나 소유자가 동일할 것을 요하는 것은 아니지만 그 법정지상권의 내

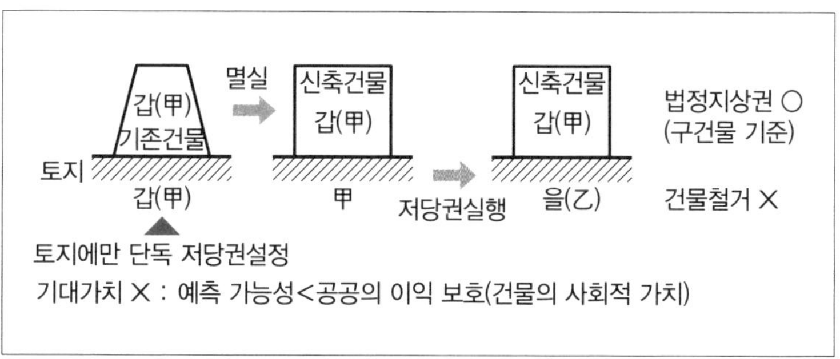

토지에만 단독 저당권설정

용인 존속기간 · 범위 등은 구건물을 기준으로 하여야 한다(대법원 2001. 3. 13. 선고 2000다48517,48524,48531 판결).

④ 토지 · 건물 공동저당 이후 기존 건물 멸실과 새 건물 신축

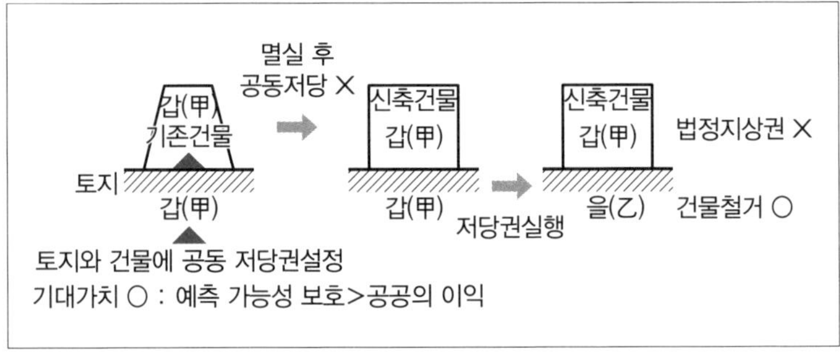

토지와 건물에 공동저당권설정

대법원 2003. 12. 18. 선고 98다43601 전원합의체 판결

동일인의 소유에 속하는 토지 및 그 지상 건물에 관하여 공동저당권이 설정된 후 그 지상 건물이 철거되고 새로 건물이 신축된 경우에는 그 신축건물의 소유자가 토지의 소유자와 동일하고 토지의 저당권자에게 신축건물에 관하여 토지의 저당권과 동일한 순위의 공동저당권을 설정해 주는 등 특별한 사정이 없는 한 저당물의 경매로 인하여 토지와 그 신축건물이 다른 소유자에 속하게 되더라도 그 신축건물을 위한 법정지상권은 성립하지 않는다고 해석하여야 하는바, 그 이유는 동일인의 소유에 속하는 토지 및 그 지상 건물에 관하여 공동저당권이 설정된 경우에는, 처음부터 지상 건물로 인하여 토지의 이용이 제한받는 것을 용인하고 토지에 대하여만 저당권을 설정하여 법정지상권의 가치만큼 감소된 토지의 교환가치를 담보로 취득한 경우와는 달리, 공동저당권자는 토지 및 건물 각각의 교환가치 전부를 담보로 취득한 것으로서, 저당권의 목적이 된 건물이 그대로 존속하는 이상은 건물을 위한 법정지상권이 성립해도 그로 인하여 토지의 교환가치에서 제외된 법정지상권의 가액 상당 가치는 법정지상권이 성립하는 건물의 교환가치에서 되찾을 수 있어 궁극적으로 토지에 관하여 아무런 제한이 없는 나대지로서의 교환가치 전체를 실현시킬 수 있다고 기대하지만, 건물이 철거된 후 신축된 건물에 토지와 동순위의 공동저당권이 설정되지 아니하였는데도 그 신축건물을 위한 법정지상권이 성립한다고 해석하게 되면, 공동저당권자가 법정지상권이 성립하는 신축건물의 교환가치를 취득할 수 없게 되는 결과 법정지상권의 가액 상당가치를 되찾을 길이 막혀 위와 같이 당초 나대지로서의 토지의 교환가치 전체를 기대하여 담보를 취득한 공동저당권자에게 불측의 손해를 입게 하기 때문이다.

⑤ 토지 저당권설정 당시 건축 중인 건물 또는 미등기 건물 존재

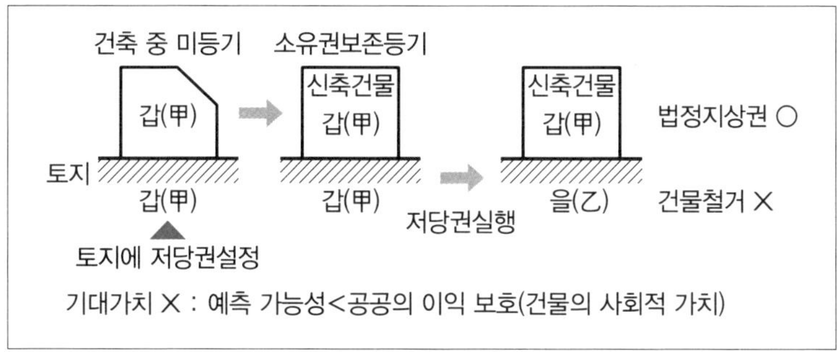

건축 중인 건물 또는 미등기 건물 존재

대법원 2004. 6. 11. 선고 2004다13533 판결

「민법」 제366조의 법정지상권은 저당권설정 당시 동일인의 소유에 속하던 토지와 건물이 경매로 인하여 양자의 소유자가 다르게 된 때에 건물의 소유자를 위하여 발생하는 것으로서, 토지에 관하여 저당권이 설정될 당시 토지 소유자에 의하여 그 지상에 건물을 건축 중이었던 경우 그것이 사회관념상 독립된 건물로 볼 수 있는 정도에 이르지 않았다 하더라도 건물의 규모 · 종류가 외형상 예상할 수 있는 정도까지 건축이 진전되어 있었고, 그 후 경매 절차에서 매수인이 매각대금을 다 낸 때까지 최소한의 기둥과 지붕 그리고 주벽이 이루어지는 등 독립된 부동산으로서 건물의 요건을 갖추면 법정지상권이 성립하며, 그 건물이 미등기라 하더라도 법정지상권의 성립에는 아무런 지장이 없는 것이다.

⑥ 미등기건물의 상속

갑(甲)이 건축주로서 건물에 대한 보존등기를 하기 전에 사망한 경우에는 등기 없이도 물권변동이 발생하므로 상속인 미등기건물의 소유자이고 또한 「부동산등기법」에 따라 상속인에 의한 보존등기신청을 할 수 있으므로, 비록 건물이 미등기 또는 사용승인 이전의 상태에 있다고 하더라도 상속인에게 을(乙)의 소유권이 인정된다. 따라서 건물 미등기 상태에서 토지저당권을 설정하였다면 토지와 건물의 소유자는 을(乙)로서 동일인 요건을 충족하게 되므로 이후 저당권실행으로 소유자가 분리되는 경우에는 법정지상권이 성립한다.

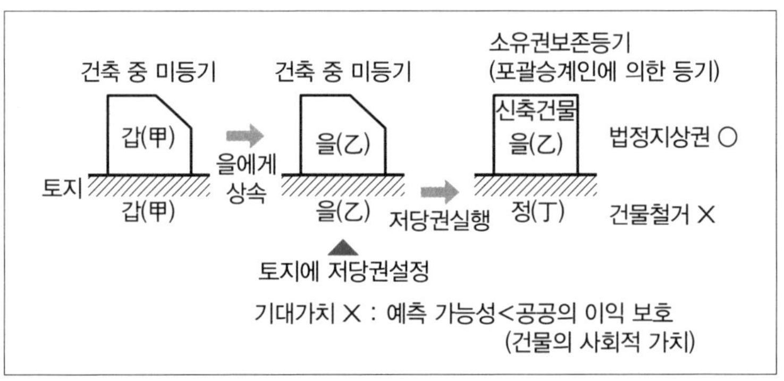

미등기건물의 상속

부동산등기법

제27조(포괄승계인에 의한 등기신청)
등기원인이 발생한 후에 등기권리자 또는 등기의무자에 대하여 상속이나 그 밖의 포괄승계가 있는 경우에는 상속인이나 그 밖의 포괄승계인이 그 등기를 신청할 수 있다.

⑦ 미등기건물의 양도(매매)

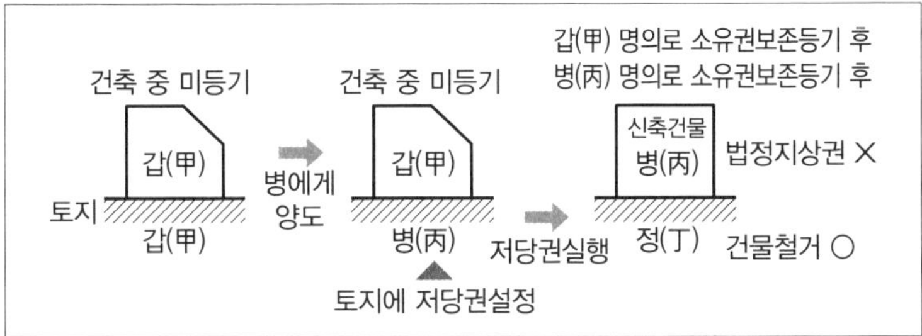

미등기건물의 양도

이 경우 건물의 미등기 매수인 병(丙)이 건물의 소유권을 이전등기 받지 않은 상태에서 토지에 저당권을 설정하게 된다면 토지와 건물의 동일인 요건을 갖추지 못하게 되어 법정지상권의 성립이 인정되지 않는다.

대법원 1998. 4. 24. 선고 98다4798 판결

[1] 미등기 건물을 그 대지와 함께 양수한 사람이 그 대지에 관하여서만 소유권 이전등기를 넘겨받고 건물에 대하여는 그 등기를 이전받지 못하고 있는 상태에서 그 대지가 경매되어 소유자가 달라지게 된 경우에는, 미등기 의 양수인은 미등기 건물을 처분할 수 있는 권리는 있을지언정 소유권은 가지고 있지 아니하므로 대지와 건물이 동일인의 소유에 속한 것이라고 볼 수 없어 법정지상권이 발생할 수 없다.

[2] 원소유자로부터 대지와 건물이 한 사람에게 매도되었으나 대지에 관하여만 그 소유권이전등기가 경료되고 건물의 소유 명의가 매도인 명의로 남아 있게 되어 형식적으로 대지와 건물이 그 소유 명의자를 달리하게 된 경우에 있어서는, 그 대지의 점유 · 사용 문제는 매매계약 당사자 사이의 계약에 따라 해결할 수 있는 것이므로 양자 사이에 관습에 의한 법정지상권을 인정할 필요는 없다.

⑧ 건물의 다른 공유자 보호

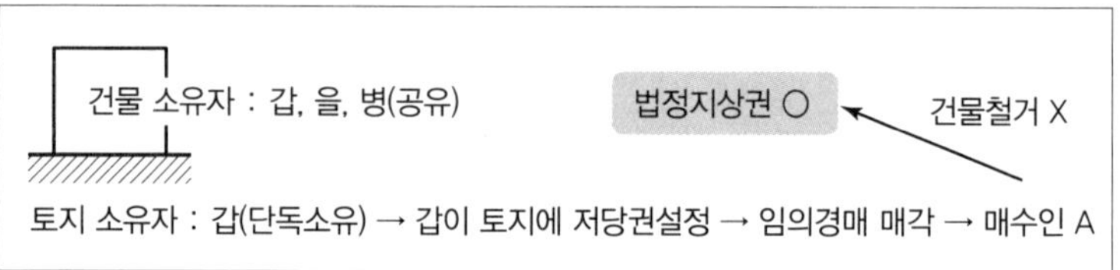

건물공유자 1인의 단독소유 토지 매각

대법원 2011. 1. 13. 선고 2010다67159 판결

건물공유자의 1인이 그 건물의 부지인 토지를 단독으로 소유하면서 그 토지에 관하여만 저당권을 설정하였다가 위 저당권에 의한 경매로 인하여 토지의 소유자가 달라진 경우에도, 위 토지 소유자는 자기뿐만 아니라 다른 건물공유자들을 위하여도 위 토지의 이용을 인정하고 있었다고 할 것인 점, 저당권자로서도 저당권설정 당시 법정지상권의 부담을 예상할 수 있었으므로 불측의 손해를 입는 것이 아닌 점, 건물의 철거로 인한 사회경제적 손실을 방지할 공익상의 필요성도 인정되는 점 등에 비추어 위 건물공유자들은 「민법」 제366조에 의하여 토지 전부에 관하여 건물의 존속을 위한 법정지상권을 취득한다고 보아야 한다.

⑨ 토지의 다른 공유자 보호

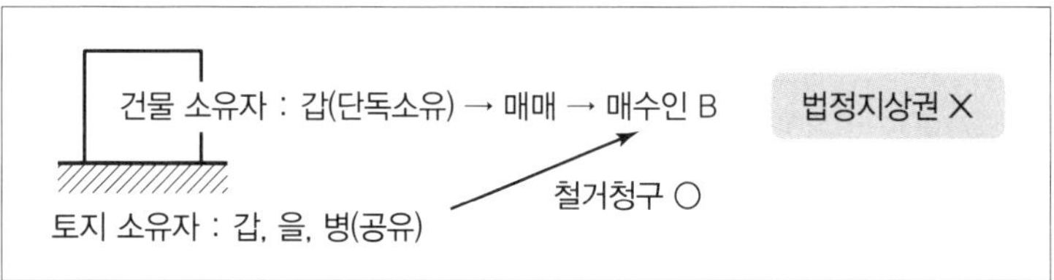

토지공유자 1인의 단독소유 건물 매각

대법원 2014. 9. 4. 선고 2011다73038,73045 판결

[1] 토지공유자의 한 사람이 다른 공유자의 지분 과반수의 동의를 얻어 건물을 건축한 후 토지와 건물의 소유자가 달라진 경우 토지에 관하여 관습법상의 법정지상권이 성립되는 것으로 보게 되면 이는 토지공유자의 1인으로 하여금 자신의 지분을 제외한 다른 공유자의 지분에 대하여서까지 지상권설정의 처분행위를 허용하는 셈이 되어 부당하다. 그리고 이러한 법리는 「민법」 제366조의 법정지상권의 경우에도 마찬가지로 적용되고, 나아가 토지와 건물 모두가 각각 공유에 속한 경우에 토지에 관한 공유자 일부의 지분만을 목적으로 하는 근저당권이 설정되었다가 경매로 인하여 그 지분을 제3자가 취득하게 된 경우에도 마찬가지로 적용된다.

[2] 동일인의 소유에 속하는 토지 및 그 지상건물에 관하여 공동저당권이 설정된 후 지상 건물이 철거되고 새로 건물이 신축된 경우에, 신축건물의 소유자가 토지의 소유자와 동일하고 토지의 저당권자에게 신축건물에 관하여 토지의 저당권과 동일한 순위의 공동저당권을 설정해 주는 등 특별한 사정이 없는 한, 저당물의 경매로 인하여 토지와 신축건물이 다른 소유자에 속하게 되더라도 신축건물을 위한 법정지상권은 성립하지 않는다. 이는 건물이 철거된 후 신축된 건물에 토지와 동순위의 공동저당권이 설정되지 아니하였는데도 신축건물을 위한 법정지상권이 성립한다고 해석하게 되면, 공동저당권자가 법정지상권이 성립하는 신축건물의 교환가치를 취득할 수 없게 되

는 결과 법정지상권의 가액 상당 가치를 되찾을 길이 막혀 당초 토지에 관하여 아무런 제한이 없는 나대지로서의 교환가치 전체를 실현시킬 수 있다고 기대하고 담보를 취득한 공동저당권자에게 불측의 손해를 입게 하기 때문으로서, 이러한 법리는 집합건물의 전부 또는 일부 전유부분과 대지 지분에 관하여 공동저당권이 설정된 후 그 지상 집합건물이 철거되고 새로운 집합건물이 신축된 경우에도 마찬가지로 보아야 한다.

2 지상권의 지료에 관하여

지상권의 '지료'는 지상권 성립의 필수사항은 아니지만, 지료의 약정을 하였다면 반드시 등기하여야만 제3자에게 대항할 수 있다. 특히, 법정지상권이 성립하는 경우에 토지소유자는 건물소유자와 지료에 관한 협의를 하고 반드시 지료의 지급방식과 금액을 등기에 남겨두어야 건물소유자가 변경되어도 대항할 수 있고, 지료연체의 기산점도 확인할 수 있다. 지료에 관한 협의가 되지 않는다면 '지료결정재판'을 통하여 결정문을 받아 두어야 지료지급에 관한 기산점과 대항력 발생시점을 확인할 수 있게 된다.

대법원 2001. 3. 13. 선고 99다17142 판결

[1] 법정지상권의 경우 당사자 사이에 지료에 관한 협의가 있었다거나 법원에 의하여 지료가 결정되었다는 아무런 입증이 없다면, 법정지상권자가 지료를 지급하지 않았다고 하더라도 지료 지급을 지체한 것으로는 볼 수 없으므로 법정지상권자가 2년 이상의 지료를 지급하지 아니하였음을 이유로 하는 토지소유자의 지상권소멸청구는 이유가 없고, 지료액 또는 그 지급시기 등

「지료에 관한 약정」은 이를 등기하여야만 제3자에게 대항할 수 있는 것이고, 「법원에 의한 지료의 결정」은 당사자의 지료결정청구에 의하여 형식적 형성소송인 지료결정판결로 이루어져야 제3자에게도 그 효력이 미친다.

[2] 「민법」 제287조가 토지소유자에게 지상권소멸청구권을 부여하고 있는 이유는 지상권은 성질상 그 존속기간 동안은 당연히 존속하는 것을 원칙으로 하는 것이나, 지상권자가 2년 이상의 지료를 연체하는 때에는 토지소유자로 하여금 지상권의 소멸을 청구할 수 있도록 함으로써 토지소유자의 이익을 보호하려는 취지에서 나온 것이라고 할 것이므로, 지상권자가 그 권리의 목적이 된 토지의 특정한 소유자에 대하여 2년분 이상의 지료를 지불하지 아니한 경우에 그 특정의 소유자는 선택에 따라 지상권의 소멸을 청구할 수 있으나, 지상권자의 지료 지급 연체가 토지소유권의 양도 전후에 걸쳐 이루어진 경우 토지양수인에 대한 연체기간이 2년이 되지 않는다면 양수인은 지상권소멸청구를 할 수 없다.

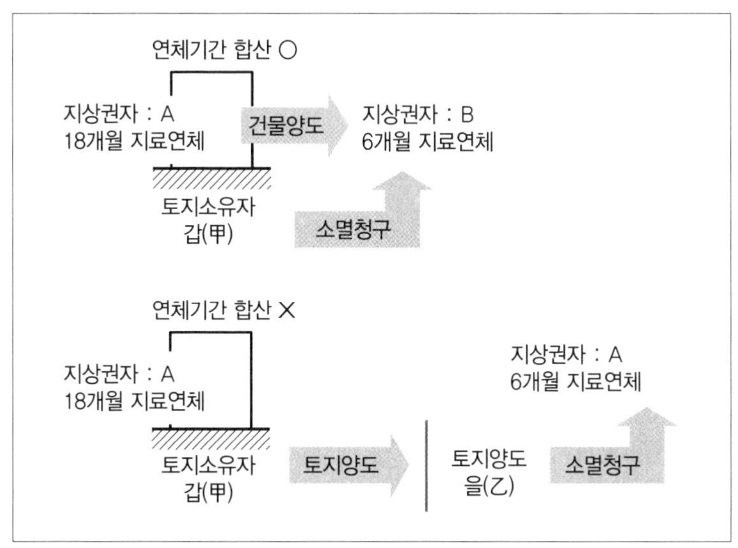

지료연체기간의 합산 여부

3 법정지상권 매물로 어떻게 수익을 내는가?

부동산경매에 매각 대상으로 진행되고 있는 매물 중에는 토지와 건물이 일괄매각되는 경우가 있고, 토지는 매각에서 제외되고 건물만 매각으로 진행되거나 건물은 매각에서 제외되고 토지만 매각하는 경우, 또는 건물 전부와 토지 지분 일부가 일괄매각되는 경우 등 다양하게 쪼개진 권리와 물건이 매각의 대상이 된다.

일반적인 부동산시장에서는 토지를 구매해서 실제로 사용하거나 그 위에 건축을 하려는 실수요자들 간의 거래가 상식적이다. 따라서 건물 밑에 깔려 있는 땅을 사려는 사람은 상식적이지도 않고 이상하거나 미친 사람 취급을 당할 수도 있겠지만, 부동산경매시장에는 실사용자도 있지만 부동산을 이용한 투자자들이 대거 참여하기 때문에 건물 밑에 깔려 있는 땅도 교환가치 또는 투자가치가 있다면 입찰을 하게 된다. 심지어 실사용자의 눈에는 사용가치가 낮으므로 외면당하기 때문에 투자자의 입장에서는 더 낮은 금액으로 낙찰받을 수 있다는 매력을 가진 토지가 건물 밑에 깔려서 손짓을 하고 있는 것이다.

1) 법정지상권이 성립하지 않는 경우

토지만 매각되는 경우 그 토지 위에 건물이 법정지상권으로 보호를 받는지 여부를 먼저 검토하여야 한다. 법정지상권이 성립된다면 낙찰자가 건물을 철거하라고 할 수는 없으므로 지료를 협의하거나 결정하여 일정기간 동안은 지료지급청구권으로 건물소유자를 압박할 수 있다.

법정지상권이 성립되지 않는다면 토지를 낙찰받아서 건물 소유자에게 토지소유권의 방해제거청구권을 행사하면서 건물의 철거를 요구하면 된다. 건물이 노후불량된 건물이 아니고 장기적으로 사용할 수 있는 것이라면 건물소유자는 건물을 지키고 철거당하지 않을 방법을 고민하게 될 것이다. 즉, 건물소유자가 낙찰받은 땅을 가장 필요로 하는 매수인이 1순위인 것이다.

낙찰자가 협의를 제안할 때 대화를 거부하거나 적대적인 경우에는 내용증명을 통하여 건물철거 및 토지인도 청구소송에 착수할 것임과 부당이득 및 손해배상에 관한 청구금액도 함께 요구할 것임을 통보하면 협상 테이블로 나올 수밖에 없다.

일단 협상이 시작되면 토지를 시가로 매수하라고 제안한다. 건물소유자가 자금 부족 등을 호소하면 토지와 건물을 공동담보로 제공하여 대출을 받아 토지매매대금을 치루도록 방안을 제시한다. 건물주는 원하는 땅을 얻고, 토지 낙찰자는 시가로 매각대금을 받아서 빠르게 수익실현을 하는 가장 이상적인 방법이다. 그 외에도 다양한 방법이 존재한다. 최후의 결말은 '건물철거'라는 것이 명확하기 때문에 이 협상의 칼자루는 낙찰자인 토지소유자가 쥐고 있는 것이다. 그러므로 조급할 필요도, 빠르게 엑시트(Exit, 수익실현)하려고 조바심 낼 이유도 없다. 시간이 지날수록 불리한 것은 건물소유자이다.

2) 법정지상권이 성립하는 경우

토지만 매각되는 땅 위에 건물이 법정지상권으로 보호되는 경우에는 말소기준권리와 관계없이 법정지상권은 낙찰자가 무조건 인수해야 하는 물건의 하자로 인식된다.

그러나 단기투자의 마인드를 버리고 중장기적인 전략적 사고로 접근한다면 법정지상권으로 보호받는 건물이라 할지라도 당장 철거를 구하지는 못하지만 2년간 지료가 연체되면 법정지상권이 소멸되므로 토지소유자는 '두 개의 무기'를 가지게 된다. 그 하나는 법정지상권의 방어막이 사라진 건물에 대하여 '철거'를 청구하는 것이고, 다른 하나는 연체된 지료채권을 기초로 하여 집행권원(판결이나 지급명령 등)을 받아 건물에 '강제경매'를 신청하는 것이다.

그리고 마지막 회심의 일격인 '부동산처분금지가처분'[35]을 건물등기부에 선명하게 쐐기를 남겨 주면 이 게임은 이미 승리한 것이다. 건물소유자는 토지소유자로부터 2중, 3중의 압박을 받게 된다. 연체된 지료채권의 변제도 해야 하고, 건물도 철거당하게 되는 진퇴양난의 지경에 처하고 매각 부동산은 끝없이 유찰을 거듭[36]하게 되어 배당의 빚잔치로 채무를 일부라도 감소시키려는 최후의

35 위 건물이 강제경매로 매각되는 경우에 말소기준등기 이후에 '부동산처분금지가처분'이 등기되어도 그 피보전권리가 '건물철거 및 토지인도청구'인 경우에는 매각으로 소멸되지 않는다는 것을 입찰자들은 모두 다 알고 있다. 따라서 이 강제경매의 결말은 토지소유자의 손에 달린 것이다.

36 말소기준권리보다 후순위임에도 소멸되지 않는 토지소유자의 '가처분'이 있는데, 감히 누가 입찰을 하겠는가? 설사 낙찰받는다 하더라도 법정지상권도 소멸된 마당에 건물철거에 직면하게 될 것이 뻔한데도 말이다.

희망과 기대도 할 수 없게 된다.

상황이 이쯤되면 현명한 건물소유자는 건물이 통째로 토지소유자에게 넘어가게 된다는 것을 알게 되고, 갚지 못한 지료채권조차도 계속 지연이자가 붙어서 다 갚을 때까지 빚이 불어나게 된다는 것을 깨닫는다. 그러면 더 악화되기 전에 건물을 토지소유자에게 헐값으로 넘기면서 지료채권을 상계처리하는 것만으로도 안도의 한숨을 쉬게 된다.

만약 건물소유자가 끝까지 버티면 강제경매신청을 한 토지소유자가 채권자로서 바닥까지 떨어진 매각 건물을 단독으로 낙찰받고, 매각대금은 지료채권과 상계 처리하면 최소한의 비용으로 토지소유자가 건물주가 될 수 있다. 따라서 건물소유자가 이러한 결말을 방치할 정도로 미련하지 않다면 지료채무도 없애고 매매대금으로 몇 푼이라도 건지는 방법을 선택하지 않을 수 없을 것이다.

건물소유자가 법정지상권의 보호를 받기 위하여 지료를 연체하지 않고 꼬박꼬박 너무 잘 내면 어떻게 하느냐는 걱정을 하는 이도 있다. 그러면 건물주가 되는 시간이 한참 뒤로 미루어지기는 하겠지만 뭐 어떤가? 매달 연체 없이 지료가 들어오면 그 돈을 모으면 되는 것이고, 지료가 안 들어오면 24개월 24장의 스티커를 하나씩 붙여가면서 법정지상권 소멸의 날을 기다리면 된다. 어느 쪽이든 토지소유자가 불리한 것은 없지 않은가.

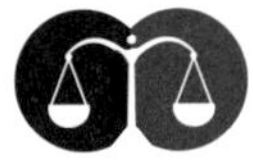

대지를 낙찰받아 건물주 되다

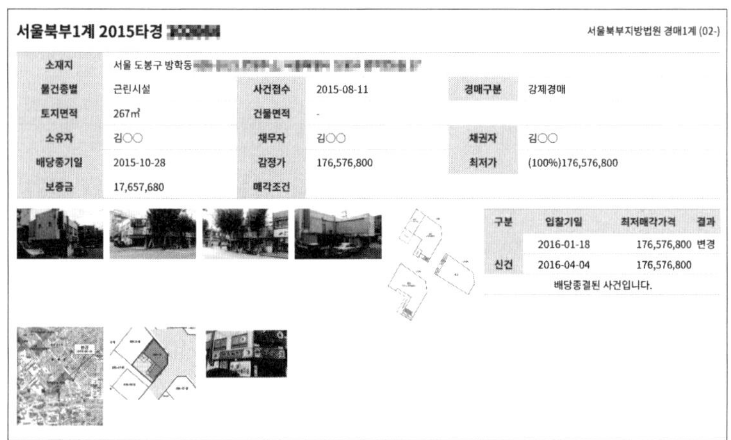

서울북부1계 2015타경 서울북부지방법원 경매1계 (02-)

소재지	서울 도봉구 방학동				
물건종별	근린시설	사건접수	2015-08-11	경매구분	강제경매
토지면적	267㎡	건물면적	-		
소유자	김○○	채무자	김○○	채권자	김○○
배당종기일	2015-10-28	감정가	176,576,800	최저가	(100%)176,576,800
보증금	17,657,680	매각조건			

구분	입찰기일	최저매각가격	결과
	2016-01-18	176,576,800	변경
신건	2016-04-04	176,576,800	
	배당종결된 사건입니다.		

토지소유자의 건물 강제경매

위 사건은 2005년 1월에 건물 아래 깔린 토지만 경매에 끌려 나온 법정지상권 인수 조건의 감정가 7억 9,100만 원인 대지를 2006년 3월에 감정가의 절반 가격인 4억 2,111만 원에 낙찰받은 김은○ 씨의 사례이다.

낙찰받은 후 약 9년 뒤에 낙찰자는 건물을 강제경매로 넘기고 다음 해인 2016년에 소유권이전등기를 받아 건물의 소유자가 되었다. 그 사이에 무슨 일이 있었던 것일까?

15	소유권이전	2006년3월16일 제17523호	2006년3월14일 강제경매로 인한 매각	소유자 김
15-1	15번등기명의인표시 변경	2010년5월28일 제30965호	2010년3월23일 전거	김 의 주소
15-2	15번등기명의인표시 변경	2016년4월6일 제19891호	2011년10월31일 도로명주소	김 의 주소
15-3	15번등기명의인표시 변경	2019년8월23일 제75610호	2018년9월27일 전거	김 의 주소
16	12번강제경매개시결 정, 13번압류, 14번압류 등기말소	2006년3월16일 제17523호	2006년3월14일 강제경매로 인한 매각	
17	11번가등기말소	2006년3월16일 제17523호	2006년3월14일 강제경매로 인한 매각	

【 을 구 】 (소유권 이외의 권리에 관한 사항)				
순위번호	등 기 목 적	접 수	등 기 원 인	권리자 및 기타사항
1	지상권설정	2010년5월28일 제30966호	2010년3월26일 조정	목 적 철근콘크리트구조 및 벽돌구조 평슬래브지붕 2층 제2종근린생활시설 지하1층 지상2층 건물의소유 범 위 토지의전부 존속기간 1987년9월4일부터 2017년9월3일까지 지 료 2009년8월7일부터 2010년6월30일까지 월280만원, 2010년7월1일부터 원고가 소유권을 상실하는날 또는 지상권을 상실하는날 중 먼저 도래하는 날까지 월308만원의 비율에 의한 금원 지급시기 매 익월15일까지 지상권자 김

토지등기부의 예

[건물] 서울특별시 도봉구

순위번호	등 기 목 적	접 수	등 기 원 인	권리자 및 기타사항
			원의 강제경매개시결 정(2015타경102 064)	
				등기기록 과다로 인하여 부동산등기법 제33조의 규정에 의하여 순위 제1번부터 3번까지 등기를 이기 2015년12월8일
4	소유권이전	2016년3월15일 제14802호	2016년2월26일 매매	소유자 김

건물등기부의 예

• 건물등기부 (채권액합계 : 181,000,000원)

No	접수	권리종류	권리자	채권금액	비고	소멸여부
1(갑1)	2009.08.07	소유권이전(매각)	김경		임의경매로 인한 매각	
2(을1)	2009.08.07	근저당	고창군수협	91,000,000원	말소기준등기	소멸
3(갑2)	2009.10.27	가압류	김은	90,000,000원	2009카단	소멸
4(갑3)	2015.08.13	강제경매	김은	청구금액: 64,840,000원	2015타경	소멸
5(갑4)	2016.03.15	소유권이전(매매)	김은			

• 토지등기부

No	접수	※주의 : 토지는 매각제외		채권금액	비고	소멸여부
1(갑1)	1976.08.24	분할에인한전사소유권이전	김수		매매	
2(갑3)	1984.03.28	소유권이전	김문		1987년9월4일 가등기에 기한 본등기이행	
3(갑4)	1987.09.04	소유권이전(매매)	권		1989년6월1일 가등기에 기한 본등기이행	
4(갑6)	1989.06.15	소유권이전(매매)	이			
5(갑15)	2006.03.16	소유권이전(매각)	김은	강제경매로 인한 매각	2005타경	
6(을1)	2010.05.28	지상권(토지의전부)	김경		존속기간: 1987.09.04~2017.09.03 30년	
주의사항	[관련사건] 지료결정, 지급 및 지상권설정등기 - 서울중앙지법 2009가합					

토지와 건물의 권리변동

2009년 8월에 위 대지상 건물은 임의경매로 매각되어 김경○ 씨가 낙찰받아 건물소유자가 된다. 토지소유자는 건물소유자를 상대로 지료결정재판을 받아 조정된 금액으로 다음과 같이 지상권설정등기를 한다.

- 존속기간 : … 2017년 9월 3일까지
- 지료 : … 매월 308만 원
- 지급시기 : 매 익월 15일까지

토지소유자는 2009년 8월부터 건물소유권을 이전받는 2016년 3월까지 대략 2억 4,000만 원의 지료수입이 발생한다. 건물소유자가 지료의 지급을 합산하여 24개월(2년) 이상 연체한 경우에 토지소유자는 건물소유자에게 지상권의 소멸을 청구할 수 있고, '건물

철거 및 토지인도청구'와 이를 피보전권리로 하는 '부동산처분금지가처분'의 조치를 통하여 배수진을 칠 수 있다. 위 사건의 경우에는 지료연체된 금액을 집행권원으로 하여 토지소유자가 지료채무를 불이행한 지상권자 소유의 건물에 대해 강제경매를 붙인 것이다. 건물소유자는 건물에 대한 강제경매가 속행된다 하더라도 지료채무가 소멸될 여지가 없음을 알았기 때문에 건물을 토지소유자에게 넘기면서 지료채무와 매매대금을 상계처리하는 방법으로 상황을 종료하였다. 따라서 토지소유자는 건물소유권을 이전받으면서 지료채권의 만족을 얻었으므로 강제경매를 취하하였다.

토지를 반값에 낙찰받은 김은○ 씨는 지료채권을 기반으로 하여 건물주가 된 것이다. 그 후에 토지와 건물을 공동담보로 하여 은행으로부터 6억 원의 자금을 유동화시켰다. 노동의 대가가 아니라 자산의 증식이다.

지분경매는 투자가치가 있는가?

지분경매란 부동산의 소유권을 공유지분으로 보유하고 있는 공유자가 채무자로서 빚을 갚지 못하거나, 지분을 담보로 대출을 받고 채무불이행이 발생하게 되면 채권자가 담보물인 해당 공유지분을 강제매각하여 변제에 충당하고자 하는 절차이다.

일반 거래시장에서는 토지나 건물의 지분만을 거래하는 경우는 특수관계를 가지는 가족 간에 증여나 매매를 통하여 이전이 되기도 하지만, 일면식도 없는 제3자가 타인의 공유지분만을 매입하는 경우는 특별한 경우가 아니면 일어나지 않는다. 공유자 간에는 합유나 총유 수준의 강력한 목적이나 집단성을 가지는 것은 아니더라도 일정한 유대관계가 형성되어 있으므로 일부 공유자의 이탈이 발생하는 경우에 다른 공유자가 우선적으로 흡수할 수 있도록 하는 것이 바람직하다.

이러한 취지에서 지분경매로 인한 지분의 이탈에 있어서는 공유자에게 '우선매수'할 수 있는 특권을 부여하고 있다. 즉, 공유자가 매각 대상 지분에 대하여 일반인보다 우선하여 매수할 수 있는 '공유자 우선매수권'을 행사하면, 매각기일에 지분을 낙찰받은 최고가매수신고인은 공유자에게 그 자리를 양보해야 하고 자동으로 차순위매수신고인의 지위가 된다.

지분경매에 있어서 다른 공유자는 이러한 특권을 이용하여 매각기일 이전에 미리 공유자우선매수 '신고'를 하여 일반 입찰자들의 응찰 의지를 꺾어버리고 아무도 입찰하지 않으면 '입찰보증금'을 납부하지 않음으로써 '유찰'이 되도록 한다. 그리고 다음 기일에도 우선매수 신고를 하고 입찰자가 아무도 없으면 입찰보증금을 내지 않고 유찰시켜서 가격을 떨어뜨리는 패턴을 반복하는 것이다. 이러한 방식으로 공유자는 우선매수신고만을 반복하면서 매각지분을 매우 헐값에 낙찰받는 '특혜'를 누려왔다.

따라서 지분경매를 통하여 공유지분을 낙찰받으면 낙찰자도 공유자로서 위와 같은 '특혜'를 누릴 수 있기 때문에 소액투자자들이 지분경매에 몰리는 현상이 발생하였다. 지분을 낙찰받은 낙찰자는 다른 공유자와는 일면식도 없는 사람이므로, 특히 아파트와 같은 주택의 공유지분을 낙찰받은 경우에는 함께 주거공간을 사용하는 것이 현실적으로는 불가능하다.

낙찰자는 공유자로서 건물을 전부 사용하고 있는 다른 공유자에게 지분 비율에 따른 사용료를 청구하지만 제대로 지급하지 않을 것을 알고 있다. 미지급 사용료가 매달 누적되어 금액이 일정액에 도달되면 낙찰자는 미지급 사용료를 채권화하여 집행권원(지급명령 또는 판결문 등)을 확보한다. 즉, 공유자인 낙찰자가 다른 공유자에게 받아야 할 사용료 채권으로 다른 공유자가 소유한 공유지분을 강제경매 절차로 끌고오는 것이다. 그러면 이 강제경매 사건에서 낙찰자는 '공유자우선매수신고'를 하여 해당 지분의 최저매각가격을 반복적으로 저감시키면서 결국에는 다른 공유자의 지분을 헐값에 낙찰받아 해당 주택의 단독소유자가 되어 마침내 그 건물을 독차지하게 된다.

민사집행법

제140조(공유자의 우선매수권)

① 공유자는 매각기일까지 제113조에 따른 보증을 제공하고 최고매수신고가격과 같은 가격으로 채무자의 지분을 우선매수하겠다는 신고를 할 수 있다.

② 제1항의 경우에 법원은 최고가매수신고가 있더라도 그 공유자에게 매각을 허가하여야 한다.

③ 여러 사람의 공유자가 우선매수하겠다는 신고를 하고 제2항의 절차를 마친 때에는 특별한 협의가 없으면 공유지분의 비율에 따라 채무자의 지분을 매수하게 한다.

④ 제1항의 규정에 따라 공유자가 우선매수신고를 한 경우에는 최고가매수신고인을 제114조의 차순위매수신고인으로 본다.

대법원 2011. 8. 26. 자 2008마637 결정

공유자우선매수제도의 취지, 관련 규정 등에 비추어 보면, 공유자가 매각기일 전에 우선매수신고를 하였으나 다른 매수신고인이 없는 경우 공유자는 그 매각기일이 종결되기 전까지 보증을 제공하고 우선매수권행사의 효력을 발생시킬 수 있으나, 다른 한편 보증을 제공하지 아니하여 우선매수권행사의 효력을 발생시키지 아니하는 것을 선택할 수도 있다고 봄이 상당하고, 다른 특별한 사정이 없는 한 공유자가 우선매수신고를 하고도 그 매각기일에 보증을 제공하지 아니한 것만으로 우선매수권을 행사할 법적 지위를 포기하거나 상실하는 것으로 볼 수는 없는 것이다.

공유자가 「민사집행법」 제140조의 우선매수권제도를 이용하여 채무자의 지분을 저가에 매수하기 위하여 여러 차례에 걸쳐 우선매수신고만 하여 일반인들이 매수신고를 꺼릴 만한 상황을 만들어 놓은 뒤, 다른 매수신고인이 없는 때에는 매수신청보증금을 납부하지 아니하는 방법으로 유찰이 되게 하였다가 최저매각가격이 그와 같이 하여 저감된 매각기일에 다른 매수신고인이 나타나면 그때 비로소 매수신청보증금을 납부하여 법원으로 하여금 공유자에게 매각을 허가하도록 하는 것에는 「민사집행법」 제121조, 제108조 제2호의 "최고가매수신고인이 매각의 적정한 실시를 방해한 사람"에 해당되는 매각불허가사유가 있다고 할 것이다.

위와 같은 공유자우선매수제도의 부작용을 개선하기 위하여 지분경매 사건에 있어서 공유자우선매수신고를 1회에 한하여만 허용하는 '특별매각 조건'을 채택하는 집행법원이 점차 늘어나고 있다. 따라서 이제는 공유자의 상습적인 '가격감소행위'가 상당 부분 차단되고 있으며 그만큼 지분경매에 대한 투자 열기도 사그라들게 되었다.

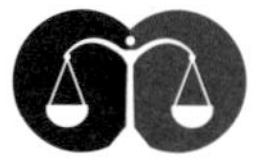

공유자우선매수권 행사 불가

공유자들 중에서 일부가 그 지분에 대하여 강제매각을 당하게 되는 경우에 다른 공유자에게 인정되는 것이 공유자우선매수권이다. 그러나 공유자가 언제나 공유자우선매수권을 행사할 수 있는 것은 아니다. 다음에서는 공유자우선매수권을 행사하지 못하는 경우를 살펴본다.

 공유물분할경매

공유자는 '공유물분할청구권'을 행사하여 언제든지 공유관계에서 벗어날 수 있다. 토지의 경우에는 공유자의 지분비율만큼의 면적을 단독소유로 전환하기로 하는 '분할협의'가 성립한다면 분할절차를 거쳐 분필등기를 함으로써 공유관계를 청산하고 단독소유권자가 될 수 있다. 건물의 경우에는 현물분할이 용이하지 않으므로 '현금분할'의 협의를 통하여 다른 공유자에게 공유지분을 넘기고 현금을 받아 나오는 것도 가능하다. 그러나 '분할협의'가 원만하게 성립되지 않는 경우에는 '공유물분할청구소송'을 거쳐 법원의 판단에 따라 현물분할 또는 현금분할을 할 수 있다. 법원이 '현금분할'을 하기로 하는 경우에는 공유물 전부를 환가할 수 있는 경매 절차를 개시하게 되고 이를 통하여 공유물을 매각하고 확보된 대금으로 공유자의 지분비율에 따라 현금을 나누어 주게 된다. 이러한 경매를 '공유물분할경매'라고 한다.

공유물분할경매는 형식적 경매에 포함되는데, 이는 실질적 경매가 채권자 배당이 종착역임에 비해, 공유물분할경매는 현금화 절차 이후에 채권자 배당이 아닌 공유자 현금분할이 그 종착지가 된다는 점에서 차이가 있는 것이다. 따라서 공유물분할경매에서는 공유자들의 소유물인 공유물 자체가 매각되는 과정이므로 당사자인 공유자의 우선매수권이 허용되지 아니하지만, 공유자가 우선권 없이 입찰을 하는 것은 가능하다.

2 여러 개 부동산 중에서 일부에 대한 공유자

여러 개의 부동산이 일괄매각되는데, 그중 일부 부동산의 공유지분이 포함되어 일괄매각되는 경우에 다른 공유자는 일괄매각되는 부동산 전부에 대하여 공유자우선매수권을 행사할 수 없다는 것이 판례의 입장이다.

집행법원이 여러 개의 부동산을 일괄매각하기로 결정한 경우, 집행법원이 일괄매각결정을 유지하는 이상 매각 대상 부동산 중 일부에 대한 공유자는 특별한 사정이 없는 한 매각 대상 부동산 전체에 대하여 공유자의 우선매수권을 행사할 수 없다(대법원 2006. 3. 13.자 2005마1078 결정).

3 구분소유적 공유(상호명의신탁)

등기상으로는 공유지분의 형태로 공시가 되어 있으나, 사실상의 사용관계는 구분소유와 같은 외관을 가지고 있는 경우에는 공유자 간의 상호 명의신탁을 한 것으로 간주하며, 「부동산실명법」에서도 구분소유적 공유관계를 예외적으로 유효한 것으로 인정하고 있다. 이러한 경우에는 지분경매로 보이지만 지분의 낙찰자는 기존의 구분소유적 공유관계를 그대로 승계하여 사실상의 사용이 가능하다. 그러므로 지분의 매각 시에 다른 공유자는 공유자우선매수권을 행사하지 못한다.

4 채무자의 지분을 상속한 공유자

공유자 중 1인이 그 공유지분에 담보권을 설정한 이후에 사망한 경우에 상속인들에게 이전되는 공유지분은 우선매수권을 행사하지 못한다. 상속인은 적극재산과 소극재산을 모두 포괄승계하므로 공유자의 지위와 채무자의 지위가 함께 승계되어 입찰이 제한될 뿐만 아니라 매각 대상 지분의 소유자이므로 공유자우선매수권을 행사할 수 없다.

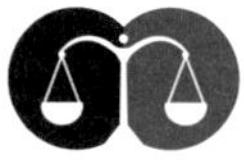

선순위 주거임차인의 보증금 알아내기

임차인은 등기상에 나타나는 권리자가 아니므로 집행관이 현황조사를 통하여 그 점유현황과 권리관계를 파악하지 못한 경우에는 입찰자도 매각물건명세서만으로는 임차인의 정확한 정체를 확신하기 어렵다.

그러나 집행관의 현황조사에 따라 확인된 전입세대열람기록에 소유자가 아닌 사람이 발견된 경우에는 주거임차인으로 추정하여 매각물건명세서에 그 성명과 전입신고일자를 기재한다. 입찰자로서는 말소기준(최선순위설정등기)과 전입일자를 비교하여 선순위 임차인인지 여부를 파악할 수 있다. 이때 전입일자가 말소기준보다 느리다면 대항력 없는 임차인이므로 소멸되는 권리로 분석하면 되지만, 전입일자가 말소기준보다 빠르다면 대항력 있는 임차인이므로 낙찰자가 인수해야 한다.

선순위 임차인이 권리신고와 배당요구를 하였다면 매각물건명세서에 보증금이 얼마인지 확인할 수 있다. 입찰자는 확인된 보증금액을 끌어안고 얼마에 입찰할 것인지를 결정하게 된다. 선순위 임차인이 배당에서 전부 배당받지 못할 경우에는 낙찰자가 나머지 미배당 보증금을 대금납부 이후에 경매 절차 밖에서 별도로 지급

하여야 하는 인수 부담이 변수로 작동한다.[37]

한편, 현황조사 전입일자상으로 선순위 임차인이 존재하는데, 아무런 대응을 하지 않는 경우에는 입찰자로서는 대항력 있는 임차인을 인수해야 한다는 사실은 명확하지만, 그 임차인의 정확한 임대차보증금이 얼마인지는 알 길이 없다. 권리신고를 하지 않았으므로 낙찰받은 뒤에 사건기록을 열람하더라도 선순위 임차인의 보증금은 확인할 수 없다. 다행이 채권자가 담보조사할 당시에 임차인에 관한 사실확인서 또는 무상임차확인서 등을 법원에 제출한 경우에는 임차인의 보증금이나 대항력에 관한 정보를 파악할 수 있겠지만 그 외에는 공식적으로 확인할 방법은 없다.

유일한 방법은 입찰 전에 임차인을 직접 찾아가서 보증금을 확인하는 것이 가장 확실한 방법이다. 임차인이 순순히 보증금을 알려준다면 좋겠지만 만나기가 어렵고 잘 알려주지 않는 경우에는 그만큼 입찰하기에 부담스러운 매각 부동산이 되는 것이다. 따라서 임대차보증금 정보를 일단 파악하기만 한다면 정보비대칭성에 따른 상대적 우위를 점하면서 입찰가격의 경쟁력과 정확성을 높일 수 있게 될 것이다.

37 이 경우에 선순위 임차인의 보증금을 전부 배당받지 못하게 하는 대표적인 요인이 '당해세'와 '최우선변제 근로채권'이다. 이에 대하여는 배당 절차에서 다루기로 한다.

선순위 가등기권자의 정체를 밝혀라

선순위의 가등기가 '소유권이전청구권보전가등기'인 경우에는 낙찰자가 인수하는 권리, 즉 매각으로 소멸되지 않는 등기이다. 따라서 이러한 가등기에 기한 '본등기'가 경료되면 낙찰자는 대금을 납부하였더라도 그의 소유권은 등기관이 일방적으로 '직권말소'하고 소유권이 상실되었다는 사실을 사후 통지하고 만다.[38]

선순위 가등기가 '담보가등기'라면 매각으로 소멸되는 등기이므로 입찰을 고려해 볼 수 있다. 그렇다면 선순위 가등기의 정체를 판단하는 기준은 무엇인가? 가등기의 등기원인이 '매매예약'이면 보전가등기이고, '대물반환예약'이면 담보가등기로 구분하는 형식적인 판단기준을 대법원은 부정하였다. 따라서 가등기권자가 스스로 집행법원에 권리신고를 하여 정체를 밝히지 않았는데, 섣불리 담보가등기로 판단하여서는 절대 안 된다. 대법원도 담보가등기 여부가 명확하지 않은 경우에는 보전가등기로 취급하도록 지침을 내리고 있다. 따라서 채권신고의 최고 이후에 배당요구 종기까

38 다만, 낙찰자가 아직 대금납부 이전에 본등기가 경료되는 경우에는 '권리이전불능사유'에 해당되어 매각불허가결정이나 취소사유로서 취소신청을 하는 것이 가능하므로 매수신청보증금을 돌려 받고 구제될 기회가 있다. 그러나 대금납부 후에 배당까지 종결된 경우에는 집행법원이 낙찰자를 위하여 할 수 있는 것은 아무것도 없다. 낙찰자가 배당받은 자들을 상대로 일일이 부당이득반환청구를 하여 '추급'하는 방법만이 있을 뿐이다.

지 가등기권자가 아무런 문서도 제출하지 않았다면 해당 가등기는 위험할 수 있으니 입찰을 보류해야 한다.

매각 부동산의 사건내역 중에서 '문건처리내역'에 표시되는 사항들은 집행법원으로 각종 이해관계인들이 문서를 제출하는 시점과 문서의 제목이 표시되므로 입찰자에게 가등기의 정체를 파악할 수 있는 실마리를 제공한다. 문건처리내역에 가등기권자가 '권리신고' 또는 '권리신고 및 배당요구'라고 표시되어 있으면 가등기권자가 자신의 정체를 밝힌 것이다. '권리신고 및 배당요구'라는 문건이 배당요구 종기일 이전에 법원에 제출되었다면 이는 담보가등기라는 확신을 가져도 된다. 그러나 '권리신고'라고만 표시된 경우에는 90%는 담보가등기로 추정되지만 '확신'을 할 수는 없으므로 해당

법원문건접수

문건처리내역

접수일	접수내역
2022.05.10	기타 주OOO OOOO 접수증명
2022.05.10	채권자 주OOO OOOO 보정서 제출
2022.05.12	채권자 주OOO OOOO 취하서 제출
2022.05.12	기타 주OOO OOOO 접수증명
2022.05.13	채권자 주OOO OOOO 보정서 제출
2022.05.17	등기소 대OOOOO OOO 등기필증 제출
2022.05.30	채권자 주OOO OOOO 주소보정서(대OOOOOOOOOO) 제출
2022.06.15	채권자 주OOO OOOO 주소보정서(대OOOOOOOOOO) 제출
2022.06.24	집행관 김OO 현황조사보고서 제출
2022.06.29	채권자 주OOO OOOO 보정서 제출
2022.07.14	교부권자 대OOOO OO 교부청구서 제출
2022.07.18	가압류권자 이OO 권리신고 및 배당요구신청서 제출
2022.07.20	교부권자 국OOOOOOO OOOOOO 교부청구서 제출
2022.07.26	가등기권자 주OOOOOO 권리신고서 제출
2022.08.04	채권자 주OOO OOOO 의견서 제출

경매사건 문건 처리 내역

경매계에 전화하여 정체를 명확히 확인하고 담보가등기라는 100% 확신과 확인이 된 경우에만 입찰을 하기 바란다.

가압류와 가처분 구분하기

가압류와 가처분은 모두 '임시의' 조치로서 「민사집행법」상 보전처분에 해당한다. 본안 소송의 장기화에 따른 채권자의 권리보호 기회의 상실을 방지하기 위하여 '미리' 채무자의 재산이나 권리에 '처분제한'의 조치를 할 수 있도록 법원의 신속한 결정을 받는 것이다.

가압류와 가처분의 가장 큰 차이는 채권자가 '원하는 것'이 다르다는 점이다. 가압류 채권자가 '원하는 것'은 '돈'을 돌려받는 것이다. 즉, 금전채권의 변제가 목적인 것이다. 한편, 가처분 채권자가 '원하는 것'은 '돈'이 아니다. 즉, 비금전채권이 목적인데, 크게 '특정 물건'과 '특정의 권리'로 나누어진다. 이를 통틀어서 '피보전권리'라고 한다. 쉽게 말하면, 가처분채권자가 본안 소송에서 얻고자 하는 것을 '피보전권리'라고 이해하면 된다.

가압류는 원하는 것이 '돈'이기 때문에, 부동산가압류 결정에 따라 가압류등기가 되면 등기부에 '청구금액'이 기재가 된다. 부동산에 대한 가처분은 '계쟁물(분쟁이 계속 중인 물건 = 다툼의 대상)'인 부동산에 대하여 '양도, 담보권설정 기타 일체의 처분행위의 금지'를 명하는 금지사항이 등기부에 표시되고 '피보전권리'가 무엇인지 등기부에 명확하게 밝혀서 제3자가 가처분권자의 원하는 것

가처분 총정리

구분	다툼의 대상(계쟁물)	집행방법	다툼 있는 권리관계(임시의 지위)	집행방법
부동산	처분금지가처분(대법원수입증지 제출 필요)	등기촉탁	수인의무를 명하는 가처분	고지나 송달로 효력
	점유이전금지 가처분	집행위임	적극적 행위 금지 가처분	고지나 송달로 효력
			(인도,명도,철거, 수거)단행가처분	집행위임
자동차, 건설기계, 소형선박	처분금지가처분	등록촉탁	–	
	점유이전금지 가처분	집행위임		
유체동산	점유이전금지 가처분	집행위임		
채권	추심 및 처분금지 가처분	결정문 제3채무자 송달	금전지급가처분	집행위임
지식재산권	처분금지가처분	등록촉탁	침해금지가처분	집행위임
상사사건	• 이사행위금지가처분 – 피보전권리 : 행위금지유지청구권 – 신청권자 : 감사, 주주, 이사 • 신주발행금지가처분 – 피보권권리 : 주식발행금지유지청구권 – 신청권자 : 감사, 발행주식의 1% 이상 지분 보유한 주주)		이사직무집행정지 가처분	등기촉탁
			이사행위금지 가처분	집행위임
			주주총회(개최/결의 금지, 효력정지)	집행위임
			의결권행사 금지/허용 가처분	집행위임
	주식처분금지 가처분	고지 송달	신주발행금지	등기촉탁
기타 재산권	(유가증권, 근저당권 등) 처분금지 가처분	등기등록 기타 방법	–	
절차/비용	신청서 1부		신청서 2부 이상	
	서면심리		변론 또는 심문	
	인지액 1만 원		본안 소가 인지액의 1/2(상한액 50만 원)	
	송달료 3회분 예납		송달료 8회분 예납	
피보전권리	비금전 특정물(계쟁물)에 관한 이행청구권		다툼이 있는 권리관계	
보전의 필요성	현 상태 변경 시 권리실현 곤란/불가		현저한 손해, 급박한 위험, 기타 금전보상 불가능한 회복할 수 없는 손해 발생	

과 소송의 대상이 무엇인지 미리 가늠할 수 있도록 공시하고 있는 것이다.

계쟁물 가처분과 달리 다툼 있는 권리관계에 있어서 임시의 지위를 구하는 가처분은 밀행성을 배제하고 소송에서 승소한 자의 지위를 인정받을 수 있다는 측면에서 그 결과가 상대방에게 매우 치명적일 수 있으므로 반드시 심문을 통하여 양측의 주장을 확인하고 결정하여야 한다. 계쟁물 가처분과 임시지위 가처분을 앞의 표를 통하여 비교해 본다.

후순위인데 소멸하지 않는 가처분?

원칙적으로 매각으로 인하여 소멸되는 권리는 말소기준이 되는 최선순위설정등기 이후에 등기된 모든 '후순위' 권리가 해당된다. 그러나 후순위 권리임에도 불구하고 인수되는 대표적인 권리에는 등기에 나타나지 않는 유치권이나 법정지상권이 있고, 후순위의 가처분 중에서 예외적으로 소멸되지 않는 가처분이 있는데, 반드시 '피보전권리'가 무엇인지를 등기부에서 확인하여 권리 분석에 있어서 치명적인 실수가 없도록 하여야 한다.

1 피보전권리 : 소유권이전등기 말소청구, 진정명의회복

가처분의 피보전권리가 소유권이전등기의 '말소'를 구하는 경우에는 후순위 가처분이라 할지라도 매각으로 소멸하지 않는다. 왜냐하면 이 가처분권자는 '진짜' 소유자이기 때문이다. 부동산등기는 '공신력'을 부정하고 있으므로 '진정한 소유자'가 소송을 통하여 그 소유권자임을 입증한 경우에는 등기상 '소유권이전등기'가 일단 완료되어 있다고 하더라도 진정한 소유자는 소유권의 방해제거청구의 일환으로 그 말소를 구할 수 있다. 따라서 이러한 가처분권자가 본안소송에서 승소하면 말소되는 소유권이전등기를 기초로 성립된 모든 권리들이 무효가 되므로 낙찰자가 취득한 소유권도 상실되는 것이다.

2 피보전권리 : 건물철거 및 토지인도 청구

가처분의 피보전권리가 '건물의 철거와 토지의 인도'를 구하는 경우에도 비록 후순위의 가처분이지만 매각으로 소멸시킬 수 없다. 이 가처분권자는 토지등기부상의 토지소유자이기 때문이다. 건물의 소유자와 각종 권리들이 모두 적법하다고 하더라도 건물이 공중에 떠 있지 않는 이상 토지를 딛고 서 있어야 하므로 토지소유자와의 적법한 권리관계가 형성되어 있지 않다면 그 건물은 토지소유자에 의하여 제거될 운명에 처할 수밖에 없다. 따라서 건물소유자가 법정지상권이나 지상권 또는 토지임대차 등의 적법한 법률상의 권원 없이 남의 땅에 건축되어 있다면 본안 소송에서 패소하게 될 것이고 이러한 건물을 매각으로 인하여 낙찰받는다 하더라도 건물이 철거당하는 현장을 보게 될 것이다. 부동산이 멸실되면 등기부는 결국 폐쇄된다. 건물의 소유권도 더 이상 존재하지 않게 되는 것이다.

3 피보전권리 : 근저당권설정등기말소청구

가처분의 피보전권리가 말소의 기준이 되는 근저당권설정등기의 '말소'를 구하는 경우, 후순위 가처분이지만 매각으로 소멸하지 않는다. 왜냐하면 권리 분석을 함에 있어서 '말소의 기준'이 되는 근저당권설정등기가 본안소송의 결과 없어져야 하는 등기임이 판명되는 경우에는 인수와 소멸의 기준이 달라지므로 매각으로 소멸되는 후순위 권리가 선순위로서 인수하는 권리가 되는 등 권리관계가 전반적으로 뒤바뀌는 효과가 발생하게 되므로 낙찰자에게 새로운 인수부담이 생기거나, 임의경매일 경우에 공신력이 없으므로 매각 절차 전체가 무효화될 수도 있다.

경매투자의 본질

경매의 본질은 그 종착역인 채권자 '배당'이라 할 것이다. 법원이 경매 절차를 진행하는 궁극의 목적이 금전채권자의 변제를 충당하기 위한 '배당'이므로 배당이 종결되면 집행법원의 임무는 일단 완수된 것이다.

한편, 경매 '투자'의 본질은 배당과는 무관하다. 부동산경매를 투자의 수단으로 접근하는 경매투자자의 관점에서 궁극의 목적은 '수익 실현'이다. 따라서 경매투자의 본질은 시세보다 낮은 '저가 낙찰'과 '단기 매도'를 통한 '매도 차익'을 노리는 것이다.

일반적인 부동산투자는 대부분 '미래 가치'를 파악하여 현재의 시세보다 높은 가격에 매도하여 '매도 차익'을 기대하는 것이 일반적이다. 그러나 미래의 특정 시점에 부동산의 시세가 상승할 것인지 하락할 것인지는 '예측'의 영역이므로 하락의 위험(Risk)을 내포한 '기대 수익'이라는 한계를 가진다. 부동산경매에 있어서도 2년 이상의 중장기적인 투자는 언제나 '기대 수익'에 대한 변수 분석이 필수적으로 동반되어야 한다. 강남 3구의 법원경매 매각 부동산 중에서 상당수의 아파트는 낙찰가율이 90% 이상 100%를 넘어가는 경우들이 많은데, 이는 강남불패라는 미래가치가 투영되어 있기 때문에 '저가낙찰'이라는 법원경매의 본질과는 다른 현상이 일반화 되어 있는 것이다.

그러나 부동산의 '현재 시세'가 대형 악재에 휘둘리지 않는 한 초단기인 3~6개월 이내에 '현재 시세'는 크게 변하지 않는다. 따라서 입찰하는 시점에 매각 부동산의 '현재 가격'을 정확하게 확인하는 것은 매우 중요하다. 국토교통부 실거래가 외에 임장을 통한 확실한 현재 거래 가격을 파악해야 한다. 이렇게 확인된 현재의 '호가'가 바로 낙찰을 받은 직후에 '매도 가격'이 되기 때문이다. 입찰할 당시에 확인한 현재 시세는 낙찰 후 대금납부까지 대략 2~3개월 이내에 이변이 없는 한 유지되므로 입찰자가 얼마에 입찰할 것인지를 결정하면 '매도 차익'은 명확하게 눈에 보인다. 즉, 단기 매도할 '매도 가격'인 '현재 시세'는 미래가치가 아니므로 '예측'의 위험을 최소화시킨 '확신'의 영역이다.

다시 말하자면, 내가 낙찰받은 부동산을 얼마에 팔 수 있는지(현재 시세)를 명백하게 확인하고 현재 시세보다 낮은 가격으로 입찰을 하여 '저가 낙찰'을 받으면 그 차액만큼을 정확하게 수익(세전 매도수익)으로 구현할 수 있다는 말이다. 물론 단기 매도에 있어서 양도세 중과로 인한 세후 수익률은 각자가 매매사업자 등의 방법으로 극복해야 할 문제이지만, 양도세 중과를 감수하더라도 의미 있는 수익실현이 가능한 구조를 단기 매도자는 계산해 낼 수 있다.

그 핵심은 단기간 내에 '현재 시세가 변하지 않는다'는 사실이고 얼마 만큼 낮게 입찰가격을 정할지 그 수익률의 선택이 입찰자에게 달려 있다는 것이다.

단기 매도의 차익을 구현하고자 하는 경매투자자는 전국 법원의 평균 낙찰가율을 분석하여 법원별로 형성되어 있는 각 물건 종류별 낙찰가율 통계를 세심하게 살펴 입찰가격 결정에 활용한다면 대략적인 입찰 타이밍을 찾아낼 수 있을 것이다. 또한 자신만의 기대수익률을 정하여 반복적으로 패찰하더라도 계속 입찰을 하게 되면 '낙찰'의 기회는 반드시 온다.

법원경매에 있어서 단기 매도는 적을 알고 싸우는 '확신'의 '시스템 거래' 그 자체이다. 불확실한 미래가치에 '기대'를 거는 것이 아니라 확실한 현재가치를 '확신'하고 '확인'한 뒤에 매도 차익을 구현할 수 있는 '입찰가격'을 결정하고 추구하는 '이겨 놓고 싸우는' 투자이다.

법원경매나 공매를 통하지 않고 '현재 시세'보다 싸게 부동산을 취득할 수 있는 방법이 있는가? 급매로 시세보다 저렴하게 나온 매물이 아니라면 현재 시세보다 저렴하게 나오는 부동산 매물은 없다. 그런데 '급매물'은 법원경매와 같이 절차적 안정성이 보장되는 시스템 거래가 아니고 권리의 하자나 물건의 하자를 매도인이 숨기고 파는 경우에 그 하자를 매수인이 떠안게 될 수 있는 보이지 않는 '위험'이 있다. 이에 반해 법원경매의 매각 부동산은 상대적으로 노출된 위험을 용이하게 분석하여 피할 수 있고 다수의 매각 부동산 중에서 선택을 할 수 있다는 점에서 '급매'와 같은 '시간압박'을 당할 필요도 없는 것이다.

앞서 권리관계의 분석 외에 변수 분석을 언급하기는 하였으나 이는 양도세 중과의 '허들'을 제거하고 2년 이상의 일정한 기간 동안 보유하면서 가격 상승 요인인 개발 호재나 정책적 변수를 고려하는 '미래가치'에 의존한다는 측면에서는 일반적인 부동산 투자나 주식 등의 투자와 같이 언제나 '위험'이라는 변수를 고려하지 않을 수 없다.

법원경매의 진정한 매력은 '유찰'이라는 '자동 저감 장치'가 있어서 현재 시세보다 '싸게' 낙찰받아서 바로 그 '현재 시세'에 팔 수 있다는 것이다. 그러기 위해서는 현재 시세가 변하지 않는 동안에 '단기 매도'하는 것이 가장 확실한 수익 실현의 방법인 것이다.

혹자는 낙찰이 그렇게 쉬울까 라는 의문을 던질 수도 있다. 낙찰은 쉽지 않다. 아니 최고가를 높게 적어내면 누구나 낙찰을 받을 수 있다. 그러나 '저가 낙찰'은 쉽지 않다. 왜냐하면 모두가 저가에 낙찰받고 싶어하기 때문이다. 이는 당연하다. 경매란 경쟁입찰 방식이 아닌가? 경쟁을 해야 한다. 저가 낙찰을 받기 위해 누군가는 매달, 매주, 매일 경매정보 사이트를 검색하면서 매각 부동산을 찾아 권리 분석하고 자신만의 수익률을 반영한 입찰가격을 기재하여 입찰과 패찰을 반복하고 있다. 그 가운데 누군가는 지금도 '저가 낙찰'을 받고 있고, 단기매도하여 자신이 결정한 수익을 실현하고 있다.

CHAPTER 2

매각 절차

부동산경매 절차의 흐름

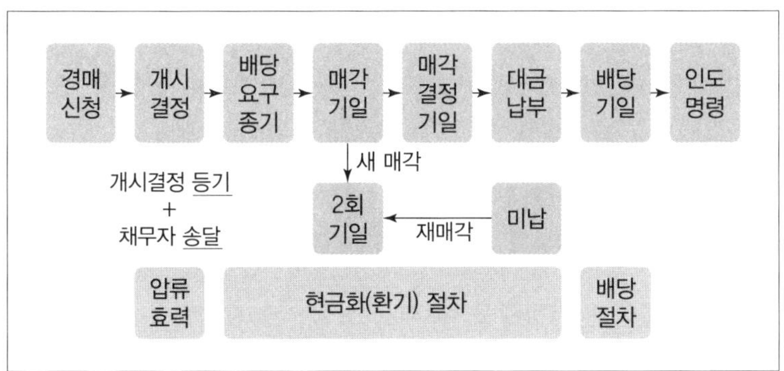

부동산경매 절차도

「민사집행법」상의 부동산 강제경매는 금전채권에 기초한 강제집행으로서 채무자의 부동산을 강제매각하여 채권자의 금전채권을 만족시키는 강제적인 변제 절차이다. 모든 금전채권의 집행은 공통적으로 ① 압류, ② 현금화, ③ 배당의 3단계로 구분된다. 다음에서 대략적인 절차의 흐름과 개요를 먼저 파악해 보기로 한다.

압류

경매신청에 대하여 법원이 경매개시결정을 하면 관할 등기소에 경매개시결정 '등기'를 촉탁하고, 채무자에게는 결정문 정본을 '송달'한다. 기입등기나 송달 중 먼저 실행된 때에 목적 부동산에 대한 '압류'의 효력이 발생한다. 즉, '처분을 금지하는 효력'이 발생한다.

2 현금화

부동산 강제경매는 다른 금전채권의 집행에 비하여 현금화 절차가 가장 길고 오래 걸린다. 압류의 효력이 발생되면 법원이 매각을 위한 여러 가지 준비를 하게 되는데, 우선 집행관에게 부동산의 외부 상태 및 점유 상태 등을 확인하도록 현황조사명령을 내리고, 감정인에게는 부동산을 얼마에 매각하여야 할 것인지 객관적인 가격을 정하도록 평가명령을 내린다. 집행관과 감정인은 2주 이내에 현황조사보고서와 감정평가서를 법원에 제출하여야 한다. 법원은 이 보고서를 기초로 하여 제1회 매각기일의 최저매각가격을 정하고, 매각물건명세서를 작성한다.

법원은 매각기일, 매각결정기일 및 배당요구 종기일을 지정 및 공고하고, 법원이 알고 있는 채권자에게 배당요구 종기일까지 채권신고를 하도록 최고서를 보내 경매진행을 알린다.

배당요구 종기까지 신고된 우선채권을 모두 합산한 금액이 감정평가금액보다 높은 경우에는 남을 가망이 없음을 압류채권자에게 통지(무잉여 통지)하고 경매 절차를 취소하게 된다. 남을 가망이 있거나 압류채권자가 매수신청보증을 제공하는 경우에는 경매를 속행하게 된다.

매각기일은 일단 4회 기일을 우선 지정하고 최고가매수신고인이 나온 경우에는 7일 뒤에 매각결정기일을 진행한다. 매각기일에 매각의 실시는 집행관이 진행하며 매각기일에 입찰자가 아무도 없는 경우에는 최저매각가격을 저감하여 다음 매각기일에 새 매각을 실시한다.

매각결정기일에 불허가 사유가 없으면 매각허가결정을 내리고 7일의 즉시항고 기간 동안 아무런 이의가 접수되지 않으면 허가결정을 확정하고 대금지급기한을 정하여 대금지급명령과 대금납부통지서를 최고가매수신고인에 통지한다.

대금납부기한까지 매수인이 납부를 하지 않으면, 입찰보증금을 반환하지 않고 재매각기일을 지정하여 재매각 절차를 진행한다. 대금납부기한까지 납부가 완료되면 매수인은 즉시 소유권을 취득하고 현금화 절차는 마무리된다.

3 배당

매각대금이 완납되면 경매의 종착역인 배당 절차가 진행된다. 매각대금만으로 채권을 모두 변제할 수 있다면 배당하고 남은 금액은 채무자에게 돌려주게 된다. 하지만 통상적으로 다수의 채권자들이 배당 절차에서 눈이 빠지게 기다리고 있고 매각대금만으로 모든 채권자들이 만족하는 경우는 많지가 않다. 따라서 법원은 배당순위를 정하여 배당표 원안을 만들고 배당기일을 지정하여 배당 절차를 실시한다.

4 후속 절차

법원의 금전집행은 배당의 종결로써 끝이 나지만, 매수인에게는 아직 후속 조치를 해야 할 일이 남아 있다. 대금납부 즉시 물권자로서의 소유권을 취득하였으나, 사실상의 점유를 이전받지 못한 경우에는 인도대상자를 내보내야 하는 명도의 과정이 남아 있다. 대금납부 이후 6개월 이내에는 인도명령을 신청하여 법원의 도움을 받을 수 있다.

부동산경매의 대상

앞서 부동산의 개념을 설명하였지만, 강제경매의 대상이 되는 부동산의 범위가 어디까지인지 살펴볼 필요가 있다. 기본적으로는 토지와 그 정착물이 부동산이므로 경매의 목적으로 할 수 있고, 광업권, 어업권과 같이 부동산과 동일시되는 권리도 집행의 대상이 될 수 있다. 부동산의 범주에 포함된다고 하여도 독립하여 매각의 대상이 될 수 있는 것만을 집행대상으로 하기 때문에 부동산의 물리적 일부나 구성부분에 대해서만 따로 분리하여 경매를 진행할 수는 없다.

부동산은 기본적으로 '등기'가 되어 있으므로 강제매각 절차를 집행하는 데 문제가 없다. 그러나 '미등기' 부동산은 어떻게 해야 하는가? 경매개시결정을 받아도 기입할 등기부가 없지 않은가? 미등기의 부동산이라고 하더라도 채무자의 명의로 등기할 수 있다는 것을 증명할 서류[39]를 낼 수 있다면 등기관이 직권으로 등기부를 개설하여 소유권보전등기를 하고 경매개시결정등기를 기입하도록 할 수 있다.

토지에 정착되어 있는 건물, 입목등기된 입목, 명인방법을 갖춘

39 토지대장, 소유권 확인 판결문, 토지수용증명서, 상속인 입증서류 등이 있다.

수목, 정당한 권원에 의하여 식재한 수목은 독립적인 부동산으로 취급되므로 경매의 대상이 될 수 있다. 따라서 토지가 경매로 매각되더라도 독립적인 정착물은 낙찰자가 소유권을 취득할 수 없는 것이다. 그러나 토지에 종속된 정착물이나 미등기의 수목은 토지와 일체를 이루므로 낙찰자에게 귀속된다.

환지계획에서 정해진 환지는 '환지처분공고가 있는 날의 다음날'부터 종전의 토지로 보기 때문에 종전 토지와 환지토지는 법적으로 동일한 것으로 인정된다. 따라서 토지소유자는 환지등기 없이도 환지에 대한 소유권을 원시적으로 취득하게 되는 것이다. 종전 토지에 대하여 부동산경매가 진행되던 중에 환지처분공고가 있을 경우에는 '환지토지'가 경매의 대상이 되는 것이다. 이러한 경우 집행법원은 매각물건명세서에 환지 절차에 관한 사항을 기재하여 입찰자들이 알 수 있도록 한다.

건물의 경우에는 통상적으로 등기부를 기준으로 경매의 대상으로 판단하지만, 건물이 독립성을 가진 부동산인가를 판단하는 기준은 등기부나 대장이 아니라 '사회통념(거래관념)'을 기준으로 한다. 기존의 건물이 증축이나 개축된 경우에 증 · 개축된 부분을 독립된 구분건물로 볼 수 없는 경우에는 기존 건물의 부합물이나 종물에 불과하므로 독립하여 집행의 대상이 될 수 없다.

미등기의 건물에도 공사단계별로 경매의 대상 여부가 다르다. 미등기 건물이 「건축법」상 건축신고나 건축허가를 얻지 않고 지어진 '무허가 건물'인 경우에는 경매의 대상이 될 수 없다. 그러나 미등기 건물이지만 사용승인을 받아 건축물대장이 있거나, 미승인 건물이지만 건축허가나 신고를 마친 경우에는 그 소유자를 확인할 수 있는 서류를 첨부하여 경매 신청을 할 수 있다.

부동산과 동일시되는 권리도 경매의 대상이 될 수 있는데, 부동산의 공유자가 가지고 있는 공유지분도 독립적으로 경매의 대상이 된다. 다만, 집합건물에서 대지사용권으로서의 토지 공유지분은 규약상 분리처분이 가능하도록 정해져 있지 않은 한 구분건물과 독립적으로 경매의 대상이 될 수 없다. 구분소유적 공유(상호명의신탁)관계의 공유지분도 부동산경매의 대상이 될 수 있는데, 이러한 지분을 낙찰받으면 기존의 구분소유적 공유관계가 그대로 승계되어 특정부분만을 배타적으로 사용수익할 수 있다.

어업권, 광업권, 자동차, 건설기계, 선박, 항공기는 모두 부동산 강제경매의 절차를 따라 매각이 이루어진다. 그리고 공장재단과 광업재단은 하나의 부동산으로 취급되어 부동산경매의 대상이 된다.

저당권이라는 권리 자체는 피담보채권에 부종하는 것이므로 저당권만을 분리하여 강제집행의 대상이 될 수 없다. 지역권 또한 요역지의 소유권에 부종하기 때문에 지역권만을 분리하여 부동산 집행의 대상이 될 수 없다. 그러나 지상권과 지상권의 공유지분은 부동산으로 간주되기 때문에 경매의 대상이 된다. 또한 전세권 자체도 강제경매의 대상이 될 수 있고, 전세권에 설정된 전세권부저당권의 실행으로 인한 임의경매가 가능하다.

매각 부동산이 법률의 규정에 의하여 압류가 금지되어 있다면 경매를 할 수 없다. 학교법인이 학교교육에 직접 사용하는 교지나 교사는 강제집행의 대상이 될 수 없으며, 사립학교 경영자가 사립

학교의 교지로 사용하기 위하여 출연한 토지의 명의가 경영자 개인 명의인 경우라도 강제집행의 대상이 될 수 없다. 단, 유치권건물의 소유자와 유치권경영자가 다른 경우에 건물의 소유자는 사립학교 경영자가 아니기 때문에 그 건물은 압류 금지 대상이 아니다. 즉, 건물소유자가 매각할 수 있다. 그리고 신탁재산에 대해서도 원칙적으로 강제집행이 금지된다.

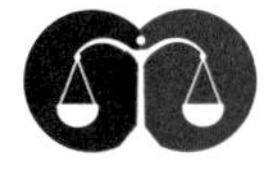

부동산의 표시

경매를 신청할 때에는 경매의 대상이 되는 부동산을 '특정'하여 표시하여야 한다. 「도시개발법」에 의하여 목적 토지가 환지예정지가 된 경우에는 종전의 토지를 표시하여야 하고, 환지예정지도 함께 표시하여야 한다. 미등기 부동산의 경우에는 등기부를 통하여 부동산을 확인할 수 없으므로 소유자를 증명하는 서류(건축물대장, 토지대장, 건축허가서 등)의 부동산 표시와 일치하도록 경매신청서에 기재하여야 한다. 특히, 공장재단이나 광업재단의 경우 그 재단을 구성하는 저당목록의 모든 물건을 표시하여야 한다.

부동산의 표시

2023타경

[물건 7]
7. 1동의 건물의 표시
경기도 오산시 오산동
[도로명주소] 경기도 오산시 오산로

철근콘크리트구조 (철근)콘크리트지붕 6층 공동주택
1층 23.56㎡
2층 191.81㎡
3층 162.21㎡
4층 162.21㎡
5층 162.21㎡
6층 161.28㎡

전유부분의 건물의 표시
4층401호
철근콘크리트구조 46.87㎡

대지권의 목적인 토지의 표시
토지의 표시 : 1. 경기도 오산시 오산동
대 435.2㎡
대지권의종류 : 1. 소유권
대지권의비율 : 1. 435.2분의 29.31

부동산 표시의 예

경매개시결정

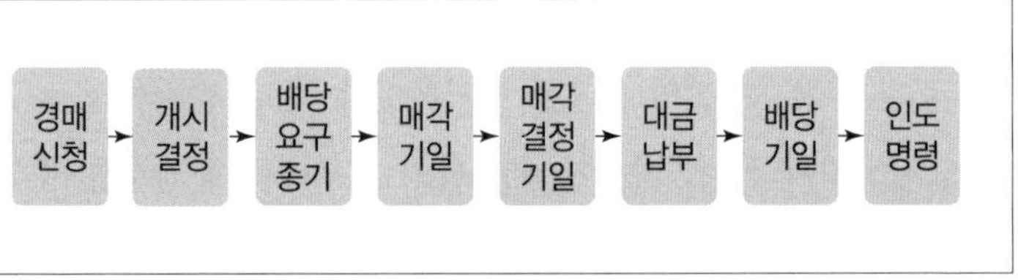

경매개시결정

경매신청의 내용이 적법하고 흠결이 없으면 법원은 경매개시결정의 재판을 하고, 부적법하거나 부당하면 각하 또는 기각의 결정을 한다. 이러한 재판을 위하여 집행법원은 강제경매의 경우에는 '형식적 심사'를 하고 임의경매의 경우에는 '실질적 심사'를 한다. 법원은 경매개시결정을 하는 동시에 그 부동산의 '압류'를 명하여야 한다. 이러한 압류의 효력은 채무자에게 그 결정이 송달된 때 또는 개시결정의 등기가 된 때에 효력이 발생한다. '압류의 효력'이 발생되면 처분금지의 효과가 발생하지만 채무자에게 소유권이 존속하는 한 제3자에게 매각을 하더라도 당사자 사이에는 유효하다. 다만, 매수인은 경매가 진행된다는 것을 알면서도 거래를 한 것이므로 뒷일은 거래 당사자들이 감당해야 한다. 압류의 효력이 발생하였다 하더라도 부동산에 대한 채무자의 관리와 이용에는 전혀

영향을 미치지 않는다.[40]

법원이 강제경매의 대상 부동산을 심사할 때에는 채무자 소유의 부동산인지, 압류가 금지된 부동산은 아닌지, 공장재단, 광업재단의 일부만 신청된 것은 아닌지 등을 심사하여야 한다. 그리고 이미 경매개시결정이 있는 부동산에 대해서도 다른 경매신청이 들어오면 법원은 적법한 신청이라면 중복하여 개시결정을 내릴 수 있다. 중복 사건의 개시결정등기를 한 후 경매의 진행은 앞서 결정한 경매의 집행 절차에 따라 진행하게 된다.

또한 법원은 경매개시결정 당시에 부동산의 등기상 선순위의 '처분금지가처분'이나 '소유권이전등기청구권 보전 가등기' 또는 체납 '압류등기'가 있다고 하더라도 경매를 기각해야 하는 사유는 아니므로 경매 절차를 속행할 수 있다. 다만, 부동산에 파산이나 (개인)회생 절차의 개시결정등기가 되어 있는 경우에는 개별적인 강제집행이 금지되므로 경매신청을 각하한다.[41]

경매개시결정은 경매신청 접수일부터 2일 이내에 하여야 하고, 결정문에는 "별지 기재 부동산에 대한 경매 절차를 개시하고 채권자를 위하여 이를 압류한다"라는 명령문이 기재된다. 이러한 결정이 내려지면 법원사무관 등은 등기부에 기입등기를 하도록 등기관에게 촉탁을 하게 되고 등기관은 경매개시결정사유를 기입하여 등

---

40 부동산 강제관리의 경우에는 부동산의 수익을 징수하여 채권자의 변제에 충당하는 절차이므로 강제관리개시결정에 의한 압류의 효력이 발생하면 채무자는 부동산을 사용하거나 수익할 수 없게 된다.

41 임의경매의 경우에는 별제권을 가지므로 중단되지 않고 경매가 속행된다.

기한다.

경매개시결정등기는 압류등기와 같으므로 제3자에 대한 효력이 발생하고, 경매신청 시 소급하여 채권의 소멸시효 중단의 효과가 발생한다.

경매개시결정등기와 별도로 결정문을 반드시 채무자와 소유자에게 송달하여야 한다. 실무상 강제경매의 경우 등기필증 접수일부터 3일 이내에, 임의경매의 경우 개시결정일부터 3일 이내에 송달한다. 특히, 채무자가 주소불명이거나 외국에 있는 경우라 하더라도 '반드시' 송달이 이루어져야 한다. 채무자 송달 없이 집행된 경매는 낙찰자가 대금을 완납하였다고 하더라도 무효이므로 소유권자가 될 수 없다.

압류의 효력

압류의 효력은 경매개시결정의 등기가 된 시점과 결정문이 채무자에게 송달된 시점 중에서 먼저 된 시점에 발생한다. 그런데 압류의 처분금지 효력이 발생하였음에도 불구하고 채무자가 이를 무시하고 처분행위를 해버린 경우에 그 부동산과 관련된 여러 이해관계인들 사이의 법적인 효력은 어떻게 되는 것일까? 법원의 명령을 어겼으므로 무조건 전부 다 무효[42]라고 해야 하는가?

결론부터 말하자면 우리 판례는 채무자의 처분행위는 압류채권자(경매신청인)에 대해서만 무효[43]이고 채무자와 거래한 당사자 사이에는 유효하다고 본다. 더 나아가 우리 판례는 상대적 효력의 범위도 매우 좁게 보는 개별상대효의 입장이다. 즉, 부동산 압류의 효력은 압류채권자를 위하여 생기는 것이지 경매 절차에 참가하려는 모든 채권자에 대하여 효력이 생기는 것은 아니므로 압류 등기 후에 행해진 채무자의 처분행위는 압류채권자에 대해서는 무효이지만, 경매 절차에 참가하는 다른 모든 채권자에 대하여는 유효하다는 것이다.

---

42 절대적 효력

43 상대적 효력

이에 따르면 압류의 효력이 발생한 이후에 부동산이 제3자에게 팔리게 되면 채무자의 다른 채권자들은 소유권이 이미 제3자(신 소유자)에게 넘어갔기 때문에 이제는 채무자(전 소유자)의 소유가 아닌 부동산에 경매신청을 하거나 배당요구를 할 수 없게 된다. 즉, 이미 경매개시결정을 받은 압류채권자만이 개별적으로 보호가 되어 제3자에게 소유권이 넘어갔든 말든 해당 부동산의 매각으로부터 압류채권자는 안전하게 배당을 받을 수 있다는 것이다.

그런데 이 와중에 제3자(신 소유자)의 채권자들이 돈을 받겠다고 부동산경매에 뛰어 들어오면 어떻게 되는가? 역시 압류채권자는 걱정할 것이 없다. 전 소유자의 채권자인 압류채권자는 이미 이 부동산에 대하여 압류의 효력으로 개별적 보호를 받고 있기 때문에 신 소유자의 채권자 100만 명이 배당에 참가하더라도 압류채권자가 배당받아야 할 금액[44]에는 손도 댈 수 없고, 압류채권자가 먹고 남는 게 있을 때까지 배당에 참가하지 못하고 기다려야 한다.

따라서 부동산 권리 분석을 할 때 부동산등기상 전 소유자의 가압류권자가 있을 때에는 매각물건명세서의 특별매각 조건을 잘 살펴서 낙찰자가 전 소유자의 가압류를 인수하는 조건인지 아닌지를 반드시 확인하여야 할 것이다.

44 채무자(전 소유자)의 처분행위는 압류채권자의 압류채권액에 해당하는 범위 내에서만 무효이다.

경매개시결정에 대한 불복

경매개시결정에 대하여 채무자를 포함한 이해관계인은 개시결정을 내린 집행법원을 상대로 이의신청을 할 수 있다. 경매 집행절차와 관련하여 하자가 있다는 이유로 이의신청을 하는 것은 강제경매와 임의경매 모두 가능하다.

그러나 강제경매의 경우에는 실체상의 하자를 이유로 이의신청을 하는 것은 받아들여지지 않는다. 판결을 받은 이후에 돈을 다 갚아서 집행채권이 소멸되었다거나 집행권원이 문제가 있다는 등의 사유는 집행법원에서 따질 문제가 아니고 판결을 내린 법원에 청구이의소송을 제기하여 다시 승패를 판가름내고 와야 한다.[45]

반면, 임의경매의 경우에는 절차적 하자는 물론 실체적 하자를 이유로 하여 집행법원에 이의신청을 할 수 있다. 「민사집행법」 제265조에 근거하여 담보권이 존재하지 않거나 소멸되었다는 사유를 주장하여 임의경매개시결정에 대한 불복을 할 수 있다. 이러한 실체적 하자는 매각대금납부 시까지 언제든지 이의신청의 사유가 될 수 있다. 이러한 이의신청이 있다고 하여 경매의 집행이 즉시 정지되는 효력이 있는 것은 아니지만, 집행법원이 직권으로 잠정처분을 하여 집행이 중단될 수 있다.

---

45 임의경매의 경우에는 집행권원이 없으므로 청구이의소로 다툴 수가 없다.

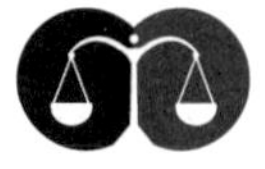

경매신청의 취하

압류채권자는 경매신청을 하였어도 채무자가 변제를 한다면 신청을 취하할 수 있다. 채권을 회수하는 것이 목적인데, 채무자가 스스로 변제를 하겠다면 집행을 계속할 이유가 없기 때문이다. 법원도 압류채권자가 집행을 원하지 않으면 경매개시결정을 한 이후라도 처분권주의에 의하여 집행을 속행하지 못한다. 경매신청이 취하될 경우 '압류의 효력'은 소멸되고 경매개시결정등기도 말소되어 채무자는 소유권을 자유롭게 처분할 수 있게 된다.

그런데 이미 매각이 실시되어 최고가매수신고인이 정해진 경우에는 상황이 다르다. 적법한 매수신고가 있는 경우에는 임의로 취하할 수가 없고, 최고가매수신고인(허가결정을 받은 경우 매수인)과 차순위매수신고인의 동의를 받아야만 취하할 수 있다(「민사집행법」 제93조 제2항). 이때에는 최고가매수신고인 등의 '동의서'[46]가 반드시 필요하다.

낙찰자는 취하에 동의해 주는 조건으로 기회비용의 상실에 대한 적정한 대가를 요구할 수도 있고, 동의하지 않고 대금납부하여 소유권을 취득할 수도 있다.

---

46 동의서에 인감날인과 인감증명서가 첨부되어야 한다.

다만, 이중경매의 경우에는 선행사건의 채권자는 최고가매수신고인 등의 동의를 받을 필요 없이 자유롭게 취하를 할 수 있다. 선행사건이 취하되더라도 다음 사건의 경매개시결정의 압류 효력이 소멸되지 않았으므로 집행 절차는 속행되기 때문에 낙찰자에게 손해가 발생하지 않기 때문이다.

경매 절차의 취소

경매가 진행되는 중에 집행법원이 집행 절차를 취소해야 하는 사유들(「민사집행법」 제96조 제1항)을 살펴보면 다음과 같다.

1 부동산의 멸실

경매의 대상인 부동산이 화재나 홍수, 철거 등의 사유로 멸실되어 존재하지 않게 되는 경우에는 매각할 대상이 없으므로 경매를 당연히 취소하여야 한다. 법원이 어떠한 방법으로든지 멸실의 사실을 알게 되었다면 매각 절차를 취소하여야 한다.

2 권리이전불능(권리를 이전할 수 없는 사정이 명백하게 된 때)

낙찰자가 대금을 납부하기 이전에 채무자가 소유권을 상실하게 되어서 낙찰자가 대금을 완납하더라도 소유권을 취득할 수 없는 사정이 발생한 경우에 법원은 경매를 취소하고 낙찰자에게 매수신청보증금을 반환해 준다. 권리이전불능 사유에는 '선순위 가등기의 본등기'와 '선순위 가처분권자의 승소판결에 기한 소유권이전등기'

가 대금납부 이전에 발생한 경우이다.

- 가등기에 기한 본등기가 '매수신고 이전'에 이루어졌다면 집행을 취소하면 된다. 채권자에게는 아쉽겠지만 입찰하려 했던 사람에게는 다행이다.
- 가등기에 기한 본등기가 '낙찰받은 직후 매각허가 결정 전'에 경료되어 법원이 등기관으로부터 경매개시결정등기 직권말소의 통지를 받은 경우에는 권리이전불능사유가 발생한 것이므로 법원은 '매각불허가결정'을 함으로써 낙찰자에게 매수신청보증금을 반환하고 집행을 취소한다.
- 가등기에 기한 본등기가 '매각허가결정을 한 이후 대금납부 전'에 경료되어 법원이 통지를 받으면 권리이전불능을 이유로 경매절차를 취소하게 되므로 역시 낙찰자는 입찰보증금을 돌려 받게 되고 위기를 모면하게 된다.
- 가등기에 기한 본등기가 '대금납부 이후'에 경료된 경우는 대금납부 즉시 낙찰자가 소유권을 취득(권리이전)하게 된 것이므로, 가등기에 기한 본등기로 인하여 낙찰자가 소유권을 직권말소 당하게 된다고 하여도 권리이전불능사유를 이유로 경매 절차의 취소결정을 받을 수 없게 된다(대결 96그64 참조). 권리 분석을 잘못하여 발생한 피해는 입찰자가 감수해야 하므로, 법원으로서도 대금납부 이후의 낙찰자의 손해를 도와줄 수가 없다. 따라서 낙찰자가 「민법」상의 매도담보책임의 법리에 따라 배당을 받아간 채권자들을 상대로 부당이득반환을 청구(추급)하는 수밖에 없다.

다만, 아직 '배당이 실시되기 전'이라면 집행법원을 상대로 낙찰대금의 반환을 청구할 수 있다.[47]

- 가처분권자의 본안 승소판결에 기한 소유권이전등기가 경료되면 권리이전 불능사유가 발생한 것이므로 집행법원은 「민사집행법」 제96조 제1항에 따라 경매 절차를 취소하여야 한다.

3 기타 법령상의 사유

경매의 목적물이 공장재단 또는 광업재단의 일부만 집행이 된 경우에는 개별적 집행이 허용되지 아니하므로 집행법원은 경매를 취소하여야 한다.

채무자가 파산선고를 받으면 집행 중인 강제경매와 가압류, 가처분은 효력을 상실하므로 강제경매는 취소하여야 한다. 단, 임의경매는 별제권을 가지므로 취소되지 않고 속행된다.

47 대법원 1997. 11. 11.자 96그64 결정 : 소유권에 관한 가등기의 목적이 된 부동산을 낙찰받아 낙찰대금까지 납부하여 소유권을 취득한 낙찰인이 그 뒤 가등기에 기한 본등기가 경료됨으로써 일단 취득한 소유권을 상실하게 된 때에는 매각으로 인하여 소유권의 이전이 불가능하였던 것이 아니므로, 「민사소송법」 제613조(현행 「민사집행법」 제96조)에 따라 집행법원으로부터 그 경매 절차의 취소결정을 받아 납부한 낙찰대금을 반환받을 수는 없다고 할 것이나, 이는 매매의 목적 부동산에 설정된 저당권 또는 전세권의 행사로 인하여 매수인이 취득한 소유권을 상실한 경우와 유사하므로, 「민법」 제578조, 제576조를 유추적용하여 담보책임을 추급할 수는 있다고 할 것인바, 이러한 담보책임은 낙찰인이 경매 절차 밖에서 별소에 의하여 채무자 또는 채권자를 상대로 추급하는 것이 원칙이라고 할 것이나, 아직 배당이 실시되기 전이라면, 이러한 때에도 낙찰인으로 하여금 배당이 실시되는 것을 기다렸다가 경매 절차 밖에서 별소에 의하여 담보책임을 추급하게 하는 것은 가혹하므로, 이 경우 낙찰인은 「민사소송법」 제613조를 유추적용하여 집행법원에 대하여 경매에 의한 매매계약을 해제하고 납부한 낙찰대금의 반환을 청구하는 방법으로 담보책임을 추급할 수 있다.

채무자가 회생개시결정을 받으면 강제경매, 가압류, 가처분, 임의경매 절차는 모두 금지 또는 중지되고, 회생인가결정을 받으면 중지된 모든 강제경매, 가압류, 가처분, 임의경매 절차는 효력을 잃게 된다. 이 경우에 채무자가 개인회생 절차의 개시결정을 받은 후 변제계획인가결정이 내려진 때에는 강제집행, 가압류, 가처분은 모두 효력을 상실하게 되나, 집행이 중단되는 것이지 취소결정을 해야 하는 것은 아니다. 담보권은 별제권을 가지므로 담보권자의 임의경매는 별도의 절차로 집행 가능하다.

이중경매(중복사건)

법원이 이중경매신청을 중복하여 받아 주는 이유는 채권자 평등주의 때문이다. 채권자들이 부동산경매에 참가하는 방법으로는 권리신고 및 배당요구를 통해서도 가능하지만 직접 경매신청을 함으로써도 경매 절차에 참가할 수 있는 것이다. 채무자에게는 한 명의 채권자만 있을 수도 있지만 여러 명의 채권자들이 다수 존재하는 경우가 많기 때문에 법원은 채권자를 위하여 공평하게 기회를 주고자 하는 것이다.

이중경매는 동일한 채무자의 동일한 부동산에 관하여 이미 강제경매나 임의경매 개시결정이 되어 있는데도 다른 경매신청이 들어오면 다시 중복하여 사건번호를 부여하고 경매개시결정 및 기입등기를 한 뒤에 먼저 개시결정된 집행 절차에 따라 진행을 하게 된다.

이중경매신청은 언제까지 받아 주는 것일까? 경매사건은 진행 중이다가도 취하되거나 변경, 취소되는 경우들이 많기 때문에 후속 경매신청은 낙찰자가 대금을 완납하기 전까지는 언제라도 이중경매신청을 할 수 있다. 그러나 배당요구 종기일 이전에 접수가 되어야 배당에 참가할 수 있으므로, 배당요구 종기 이후에 접수된 이중경매신청은 앞선 경매가 취소되지 않는 한 배당에 참가할 수 없다.

원칙적으로 이중경매와 같이 중복하여 압류가 경합되는 경우라 하더라도 앞서 진행되는 경매 절차에 따라 진행하는 것이 원칙이다. 이해관계인의 범위를 정하는 것도 앞선 경매를 기준으로 판단한다. 따라서 배당요구 종기 이후에 이중경매신청을 한 채권자는 이해관계인에 해당하지 않는다.

배당요구 종기 이후에 접수된 이중경매에 의하여 매각을 실시하려면 집행법원이 새로이 배당요구 종기를 정하여야 한다. 그리고 배당요구 종기 이전에 접수된 이중경매라 하더라도 낙찰자에게 인수의 부담이 생기는 경우에는 매각물건명세서를 재작성하고 낙찰자에게 매각불허가결정을 내려 새 매각기일을 지정하여야 한다.

중복사건의 경우에는 무잉여를 판단할 때에 이중경매신청인 전부를 포함하여 경매개시결정을 받은 채권자 중에서 최선순위의 권리금액을 기준으로 남을 가망을 판단하여야 한다(대결 2001마2094).

중복경매의 선행 사건이 취하되거나 취소되는 경우 후행 경매사건이 현황조사나 감정평가 이후에 접수된 것이라면 현황조사나 감정평가를 다시 하게 되고, 최저매각가격이 달라질 수도 있다.

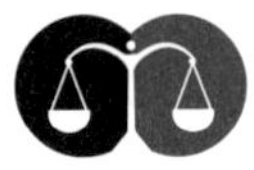

당연배당채권자와 배당요구채권자

금전채권에 기초한 경매는 모두 '배당'에 초점이 맞추어져 있다. 결국 금전채권자가 원하는 금전(돈)을 나누어 주기 위하여 '배당으로 달려가는 열차'가 바로 실질적 경매(환가경매)이기 때문이다.

따라서 경매에 참여하는 모든 채권자는 '배당요구'를 해야만 종착역인 배당 절차에 참가하여 '돈'을 배분받을 수 있다. 그리고 배당요구는 반드시 '배당요구 종기'까지 하여야 한다.

그런데 배당요구를 따로 하지 않더라도 당연히 배당에 참가할 수 있는 채권자가 있는데, 이들을 '당연배당채권자'라고 한다. 당연배당채권자를 제외한 나머지 모든 채권자들은 '배당요구채권자'로서 배당요구 종기까지 배당요구를 해야만 배당에 참가할 수 있는 사람들이다.

I 당연배당채권자[48]

- 배당요구 종기까지 경매신청을 한 압류채권자(이중경매신청인)
- 첫 경매개시결정등기 전에 등기된 가압류채권자
- 첫 경매개시결정등기 전에 등기된 우선변제권자 : 저당권자, 근

48 「민사집행법」 제148조 제1호, 제3호, 제4호

저당권자, 전세권자, 채권신고를 한 담보가등기권자, 배당요구를 한 최선순위 전세권자, 임차권등기된 임차인, 체납처분에 의한 압류권자

2 배당요구채권자(배당요구가 필요한 채권자)[49]

- 집행력 있는 정본을 가진 채권자
- 경매개시결정등기 후에 가압류를 한 채권자
- 법률에 의하여 우선변제청구권이 있는 채권자 : 경매개시결정등기 이후에 등기된 저당권, 전세권, 임차권, 주택임대차보증금채권, 상가임대차보증금채권, 소액임차인, 임금채권
- 경매개시결정 전에 체납압류 등기를 하지 못한 조세채권 및 공과금채권(압류, 참가압류, 교부청구 필요)
- 대위변제자

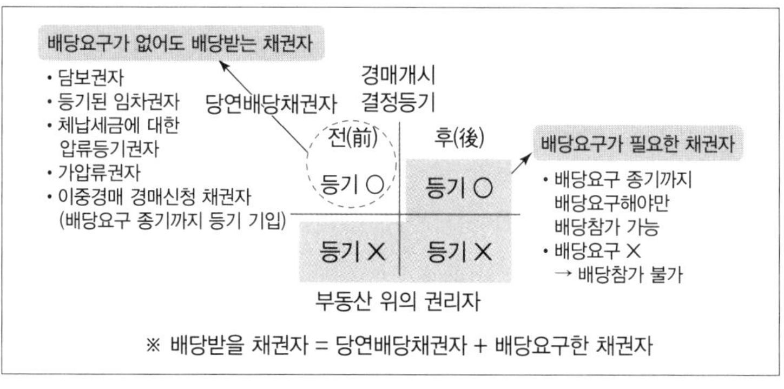

당연배당채권자와 배당요구가 필요한 채권자 구분

49 「민사집행법」 제88조 제1항

3 청구금액의 확장

채권자가 채권액 중에서 일부만 청구한 경우에, '강제경매'에서는 배당요구 종기까지 채권계산서를 제출하는 방법으로 배당요구를 하여 청구금액을 확장할 수 있다. 즉, 채권 일부는 압류채권으로, 나머지 채권은 배당요구채권으로 배당받을 수 있다.[50]

그러나 '임의경매'에서는 채권계산서를 제출하는 방법으로 청구금액을 확장할 수 없다. 따라서 청구하지 않은 나머지 금액에 대해서도 배당을 받으려면 배당요구 종기까지 이중경매신청을 하거나 별도의 집행권원을 얻어 배당요구를 하여야 한다.[51]

담보권의 실행을 위한 경매 절차에서 경매신청채권자에 우선하는 근저당권자는 배당요구를 하지 아니하더라도 당연히 등기부상 기재된 채권최고액의 범위 내에서 그 순위에 따른 배당을 받을 수 있으므로, 그러한 근저당권자가 채권계산서를 제출하지 않았다고 하더라도 배당에서 제외할 수 없고, 또한 위 근저당권자는 경락기일 전에 일단 피담보채권액을 기재한 채권계산서를 제출하였다고 하더라도 그 후 배당표가 작성될 때까지 피담보채권액을 보정하는 채권계산서를 다시 제출할 수 있다. 이 경우 배당법원으로서는 특단의 사정이 없는 한 배당표 작성 당시까지 제출한 채권계산서와 증빙 등에 의하여 위 근저당권자가 등기부상 기재된 채권최고액의

50 대법원 83마393

51 대법원 98다46938

범위 내에서 배당받을 채권액을 산정하여야 한다(대법원 1999. 1. 26. 선고 98다21946 판결). 즉, 임의경매에서 경매신청채권자에 우선하는 근저당권자는 당연배당채권자로서 배당표 작성 시까지는 채권계산서를 제출하는 방법으로 청구금액을 확장할 수 있다는 말이다. 임의경매를 신청한 채권자와 임의경매를 신청한 채권자보다 선순위의 근저당권자를 구별하여 분석하여야 한다. 경매신청채권자는 채권계산서 추가 제출만으로는 청구금액을 확장할 수 없지만, 당연배당채권자인 선순위 근저당권자(경매신청채권자에 우선하는 근저당권자)는 배당표 작성 시에 채권액을 확정[52]하게 되므로 채권계산서를 추가 제출하여 청구금액을 확장할 수 있다.

52 근저당권자가 경매를 신청한 경우에는 신청 시에 채권액이 확정된다.

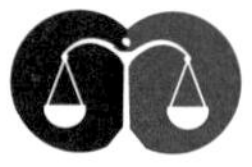

경매 절차의 이해관계인

이해관계인(利害關係人)이란 '이익과 손해에 관련된 사람'을 말하는데, 특정 부동산의 경매 절차로 인하여 이익을 보는 사람과 손해를 보는 사람이 생기기 마련이다. 그러나 어느 범위까지 이해관계인으로 인정할 것인가는 개별적인 사건마다 다를 수 있다. 다양한 이해관계를 가지는 모든 사람을 다 보호하면 좋겠지만 그중에서 특별히 더 보호해야 할 사람을 정하여 '경매 절차 이해관계인'의 범위를 「민사집행법」 제90조에서 '제한적'으로 열거하고 있다.

민사집행법

제90조

경매 절차의 이해관계인은 다음 각 호의 사람으로 한다.

1. 압류채권자와 집행력 있는 정본에 의하여 배당을 요구한 채권자
2. 채무자 및 소유자
3. 등기부에 기입된 부동산 위의 권리자
4. 부동산 위의 권리자로서 그 권리를 증명한 사람

압류채권자

압류채권자는 경매를 신청한 경매신청인을 말한다. '집행채권자'라고도 한다. 이중경매신청이 된 경우 이중경매신청인도 이해관계인에 포함된다.

2 집행력 있는 정본에 의하여 배당을 요구한 채권자

여기서 집행력 있는 정본이라 함은 판결과 같이 집행문이 필요한 집행권원에 있어서는 집행문이 붙어 있는 집행권원의 정본을 말하는 것이므로 집행문이 붙어 있지 아니한 집행권원 또는 집행권원의 정본 자체가 아닌 정본의 사본에 의하여 배당을 요구한 채권자는 이해관계인에 해당하지 않는다.[53]

경매 절차에 관하여 사실상 이해관계를 가진 자라 하더라도, 「민사집행법」 제90조에서 열거한 자에 해당하지 아니한 경우에는 경매 절차에 있어서의 이해관계인이라고 할 수 없으므로, 배당요구를 한 임금채권자는 위 조항(제90조)에서 말하는 이해관계인이라 할 수 없다.[54]

3 채무자 및 소유자

채무자[55]는 압류채권자에 의하여 부동산의 강제집행을 당하는 압류채무자(집행채무자)를 말하고, 소유자는 경매개시결정등기 당시의 매각 부동산의 소유명의인[56]을 말한다. 즉, 가압류 등기 경매가

53 대법원 2002. 09. 05. 2002마2812 결정

54 대법원 2003. 02. 19. 2002마785 결정

55 물상보증인 소유의 부동산이 임의경매로 매각되는 경우에 등기상 표시된 채무자(피담보채권의 채무자)는 이해관계인이 아니다. 또한 여러 명이 공동으로 채무를 부담함에도 불구하고 저당권설정등기에 '채무자'로 표시되지 않은 다른 공동채무자도 이해관계인이 아니다.

56 채무자와 소유자가 동일인일 수도 있고, 소유자가 채무자가 아닌 물상보증인일 수도 있다. 물상보증인도 소유자로서 이해관계인에 포함된다.

들어오기 전[57]에 소유권이전등기를 받은 사람(매수인=제3취득자)도 소유자로서 이해관계인이 되는 것이다. 따라서 소유권을 양도한 앞의 소유자(전 소유자)가 채무자가 아니라면 경매 절차의 이해관계인에 해당하지 않는다. 부동산에 관한 소유권의 상실과 동시에 이해관계인의 지위도 사라졌기 때문이다. 한편, 부동산의 신탁계약에 의하여 위탁자로부터 수탁자에게 소유권이전등기가 되어 있는 경우 이해관계인은 위탁자가 아니라 소유명의인인 수탁자가 된다.

4 등기부에 기입된 부동산 위의 권리자

'등기부에 기입된 부동산 위의 권리자'는 경매개시결정 '등기' 당시[58]에 이미 등기가 되어 있는 권리자를 의미한다. 즉, 등기되어 있는 공유자, 담보권자, 용익권자, 가등기권자(담보가등기 포함)를 말한다. 다만, 등기되어 있다고 하더라도 가압류권자[59]와 가처

57 경매개시결정등기 '후'에 소유권이전등기를 받은 사람은 여기서 말하는 이해관계인으로서의 소유자가 아니다. 제3취득자로서 소유명의인이기는 하므로 '부동산 위의 권리자'로서 그 권리를 증명하면 이해관계인이 될 수 있다(「민사집행법」 제90조 제4호에 의한 이해관계인).

58 경매개시결정 당시가 아니라 경매개시결정 '등기' 당시를 기준으로 한다.

59 법원은 경매기일과 경락기일을 이해관계인에게 통지하여야 하는바(「민사소송법」 제617조 제2항 현행 「민사집행법」 제104조 제3항), 여기서 이해관계인이라 함은 압류채권자와 집행력 있는 정본에 의하여 배당을 요구한 채권자, 채무자 및 소유자, 등기부에 기입된 부동산 위의 권리자, 부동산 위의 권리자로서 그 권리를 증명한 자(같은 법 제607조 현행 「민사집행법」 제90조)를 말하는 것이고, 경매 절차에 관하여 사실상의 이해관계를 가진 자라 하더라도, 동 조항에서 열거한 자에 해당하지 아니한 경우에는 경매 절차에 있어서의 이해관계인이라고 할 수 없으므로, 가압류를 한 자는 위 조항에서 말하는 이해관계인이라고 할 수 없고, 배당을 요구하지 않은 집행력 있는 정본을 가진 채권자도 역시 위 조항에서 말하는 이해관계인이 아님은 문언상 명백하다(대법원 1999. 4. 9. 선고 98다53240 판결).

분권자는 이해관계인이 아님에 주의하여야 한다. 가압류권자와 가처분권자는 아직까지 판결 등 집행권원에 의하여 확정된 권리자가 아니기 때문이다.

5 부동산 위의 권리자로서 그 권리를 증명한 자

'부동산 위의 권리자'는 경매개시결정등기 이전부터 그 부동산에 대하여 등기 없이도 대항력을 갖추고 있는 사람을 말한다. 대표적인 예로는 유치권자, 점유권자, 건물등기를 갖추고 있는 토지의 임차인, 전입과 인도를 마친 주택임차인, 사업자등록과 인도를 마친 상가건물(점포)임차인, 법정지상권자 등이 이에 해당하는데, 이들은 늦어도 매각허가결정이 있을 때까지는 집행법원에 그 권리를 '증명'하여야 이해관계인이 될 수 있다.

그리고 경매개시결정등기 이후에 부동산 위의 권리를 얻게 된 사람들도 보호해야 할 필요가 있기 때문에 그 권리를 '증명'하면 이해관계인에 포함된다. 경매개시결정등기 이후의 제3취득자, 담보권자, 용익권자, 임차권등기한 임차인 등은 등기사항증명서나 주민등록등본을 증빙서류로 하여 그 권리를 증명하여야 한다.

대법원 2008. 11. 13. 선고 2008다43976 판결

경매 절차에서 부동산 현황조사는 매각 대상 부동산의 현황을 정확히 파악하여 일반인에게 그 부동산의 현황과 권리관계를 공시함으로써 매수 희망자가 필요한 정보를 쉽게 얻을 수 있게 하여 예상 밖의 손해를 입는 것을 방지하고자 함에 있는 것이고, 매각 절차의 법령상 이해관계인에게는 매각기일에 출석하여 의견진술을 할 수 있는 권리의 행사를 위해 매각기일 등 절차의 진행을 통지하여 주도록 되어 있는 반면, 「주택임대차보호법」상의 대항요건을 갖춘 임차인이라고 하더라도 매각허가결정 이전에 경매법원에 스스로 그 권리를 증명하여 신고하지 않는 한 집행관의 현황조사결과 임차인으로 조사·보고되어 있는지 여부와 관계없이 이해관계인이 될 수 없으며, 대법원 예규에 따른 경매 절차 진행 사실의 주택임차인에 대한 통지는 법률상 규정된 의무가 아니라 당사자의 편의를 위하여 경매 절차와 배당제도에 관한 내용을 안내하여 주는 것에 불과하므로, 이해관계인 아닌 임차인은 위와 같은 통지를 받지 못하였다고 하여 경매 절차가 위법하다고 다툴 수 없다.

그러면 이해관계인에게는 어떤 권리와 혜택이 있는 것일까? 기본적으로 이해관계인에게는 경매 절차에 있어서 각종 진행상 '통지를 받을 권리'가 있고, '이의신청을 할 권리'가 있다. 다음은 「민사집행법」의 각 조문에 해당하는 이해관계인의 권리이다.

경매 절차상 이해관계인에게 인정되는 권리

- 제16조 : 집행에 관한 이의신청권
- 제83조 제3항 : 부동산에 대한 침해방지신청권
- 제86조 : 경매개시결정에 대한 이의신청권
- 제89조 : 배당요구신청 또는 이중경매신청 시 통지받을 권리
- 제104조 제2항 : 매각기일과 매각결정기일의 통지받을 권리
- 제110조 : 최저매각가격 외의 매각 조건의 변경에 관한 합의권
- 제116조 제2항 : 매각기일에 출석하여 매각기일조서에 서명날인
- 제120조 : 매각결정기일에 매각허가에 대한 의견진술권
- 제129조 : 매각허가 여부 결정에 대한 즉시항고권

- 제146조 : 배당기일의 통지받을 권리
- 제149조 : 배당기일 출석 및 배당표에 대한 의견진술권
- 제150조 제2항 : 배당기일 출석 및 배당표에 대한 합의권

경매 절차에서 매수신청을 하는 입찰자의 경우에는 이해관계인이 아니므로 위와 같은 권리를 주장할 수 없다. 입찰자가 「민사집행법」상의 이해관계인에 해당하려면, 최고가매수신고인으로 정해지고 매각허가결정을 받은 후 그 허가결정이 '확정'되는 때에 이해관계인이 된다.

따라서 낙찰자가 되었다는 것만으로는 어떠한 권리도 발생하지 않는다. 그저 합격자에 불과할 뿐 부동산에 관한 공식적인 권리가 발생하는 것이 아니다. 다만, 절차상 취하동의권이나 사건기록의 열람 · 등사에 관한 권리는 행사할 수 있다.

부동산 등에 대한 경매 절차 처리지침(재민 2004-3)
개정 2023. 6. 29. [재판예규 제1853호, 시행 2023. 6. 29.]

제53조 (경매기록의 열람 · 복사)

① 경매 절차상의 이해관계인(「민사집행법」 제90조, 제268조) 외의 사람으로서 경매기록에 대한 열람 · 복사를 신청할 수 있는 이해관계인의 범위는 다음과 같다.

1. 파산관재인이 집행당사자가 된 경우의 파산자인 채무자와 소유자
2. 최고가매수신고인과 차순위매수신고인, 매수인, 자기가 적법한 최고가 매수신고인 또는 차순위매수신고인임을 주장하는 사람으로서 매수신고 시 제공한 보증을 찾아가지 아니한 매수신고인
3. 「민법」 · 상법, 그 밖의 법률에 의하여 우선변제청구권이 있는 배당요구채

권자

4. 대항요건을 구비하지 못한 임차인으로서 현황조사보고서에 표시되어 있는 사람
5. 건물을 매각하는 경우의 그 대지 소유자, 대지를 매각하는 경우의 그 지상 건물 소유자
6. 가압류채권자, 가처분채권자(점유이전금지가처분 채권자를 포함한다)
7. 「부도공공건설임대주택 임차인 보호를 위한 특별법」의 규정에 의하여 부도임대주택의 임차인대표회의 또는 임차인 등으로부터 부도임대주택의 매입을 요청받은 주택매입사업시행자

② 경매기록에 대한 열람 · 복사를 신청하는 사람은 제1항 각호에 규정된 이해관계인에 해당된다는 사실을 소명하여야 한다. 다만, 이해관계인에 해당한다는 사실이 기록상 분명한 때에는 그러하지 아니하다.

③ 경매기록에 대한 복사청구를 하는 때에는 경매기록 전체에 대한 복사청구를 하여서는 아니되고 경매기록 중 복사할 부분을 특정하여야 한다.

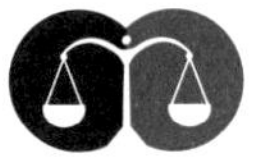

배당요구 종기와 채권신고의 최고

배당요구 '종기(終期)'는 경매 절차상 배당요구를 할 수 있는 '마감일'을 의미한다. 배당으로 가는 열차의 티켓을 예약할 수 있는 데드라인인 것이다. 배당요구 종기일까지 배당요구를 하지 않으면 채권자가 아무리 완벽한 권리를 가지고 있다고 하더라도 해당 부동산의 배당 절차에서는 단 한 푼도 받아갈 수 없다.

법원으로서는 채무자의 모든 채권자들을 확인할 수 없으므로 집행 절차의 안정성을 보장하기 위하여 법원이 파악할 수 있는 채권자들에게 특정한 날을 지정하여 그날까지 배당요구를 하지 않으면 배당에 참가하지 못하도록 기준을 정하고 있는 것이다.

배당요구 종기가 정해지면 모든 채권자들에게 널리 알린다는 차원에서 압류의 효력이 생기는 때(경매개시결정등기일 또는 채무자에게 송달된 때)부터 7일 이내에 배당요구 종기를 '공고'하여야 한다. 그리고 법원에 알려진 채권자[60](「민사집행법」 제88조 제1항)들에게는 배당요구 종기를 개별적으로 '고지'하여야 한다. 등기상 최선순위 전세권자에게도 배당요구를 할 수 있는 기회를 주기 위하

60 집행력 있는 정본을 가진 채권자, 경매개시결정이 등기된 뒤에 가압류를 한 채권자, 「민법」·「상법」, 그 밖의 법률에 의하여 우선변제청구권이 있는 채권자

여 배당요구 종기를 개별적으로 '고지'하여야 하는 것이다.

배당요구 종기는 특별한 사정이 없는 한 배당요구 종기를 결정한 날부터 두 달 이상 세 달 이내에 정하여야 하고, 배당요구 종기가 정해진 때에는 특별한 사정[61]이 없는 한 새로 정하거나 연기할 수 없다. 특별한 사정으로 배당요구 종기를 연기하더라도 6월 이후로 연기하여서는 안 된다.

배당요구 종기는 경매 절차에 있어서 채권자들에게는 매우 중요한 터닝포인트가 된다. 이 날까지 배당요구를 하지 않으면 해당 경매에서는 우선변제권이 있는 채권자라고 하더라도 배당에 참가할 수 없기 때문이다.

한편, '배당요구'와는 별도의 절차로 '채권신고' 절차를 따로 마련하고 있는데, 법원은 당연배당채권자와 조세 기타 공과금 주관기관에게 채권에 관한 사항(채권계산서)을 배당요구 종기까지 법원에 신고하도록 '채권신고 최고서'를 발송한다.

당연배당채권자는 배당요구를 하지 않아도 배당에 참가할 수 있지만 채권계산서를 제출하게 함으로써 법원이 우선채권의 규모를 정확하게 파악하기 위한 수단이기도 하다. 당연배당채권자는 채권신고를 하지 않아도 불이익이 없지만, 신고하지 않으면 등기사항증명서를 통하여 법원이 확인한 금액을 채권액으로 파악한다.

그리고 공공기관에는 조세징수의 절차적 편의를 제공하기 위하

61 현황조사나 감정평가가 늦어지는 경우, 절차상 하자로 인하여 절차를 다시 진행해야 하는 경우 등이다.

여 국가기관 간의 협조적 차원에서 채권신고의 최고를 하는데, 국세는 채무자 주소지 관할 세무서, 지방세는 부동산 소재지 관할 지방자치단체(시, 구, 읍, 면)를 대상으로 한다. 압류등기를 하지 않은 공공기관은 배당요구 종기까지 '교부청구'를 하여야 배당을 받을 수 있다. 공공기관이 채권신고서만 제출하고 교부청구를 하지 않은 경우에도 채권액을 특정하기에 충분한 내용을 채권신고서에 기재하여 배당요구 종기까지 제출하였다면 배당요구를 한 것으로 본다.

또한 경매개시결정 당시 등기부상 가등기권자가 있는 경우에는 담보가등기인지 보전가등기인지에 따라 그 내용을 법원에 신고하도록 최고하여야 한다.

현황조사서와 감정평가서

법원은 경매개시결정을 내린 후에는 매각을 위한 준비 절차에 돌입하게 된다. 채무자의 부동산을 강제로 매각하기 위해서는 무엇보다도 물건(부동산)의 현재 상태를 파악해야 하고, 물건의 객관적인 가치가 얼마나 하는지를 확인해야 한다.

 현황조사

실무상 경매개시결정등기를 촉탁하면서 동시에 집행관에게 '현황조사명령'을 내리는데, 부동산의 등기사항만으로는 파악할 수 없는 전반적인 사항을 조사하도록 직무명령을 내리는 것이다. 조사할 사항은 부동산의 현상, 점유관계, 차임 또는 보증금의 액수, 그 밖의 현황을 「민사집행법」 제85조 제1항에서 예시하고 있으며, 그 외에도 부동산과 공적장부와의 불일치 사항이나 물리적인 공간의 확인, 부동산의 위치 등 사실관계와 점유자가 누구인지, 주민등록이나 사업자등록의 조회 기타 권리관계 전반에 관하여 주관적인 의견을 배제하고 있는 그대로 현황조사보고서를 작성하여 2주 이내에 제출하도록 되어 있다.

매각 부동산을 점유하고 있는 임차인(또는 임차인으로 추정되는 자)에 대하여는 법률상의 권리와 의무 및 경매 절차상의 배당 및 우선변제에 관한 사항을 고지하고 통지서 양식을 송부하는 등 권리행사에 관한 안내 및 고지를 하여야 한다.

특히, 농지에 대한 현황조사를 할 때에는 「농지법」상의 농지에 해당하는지 여부를 공부상의 지목을 불문하고 사실상 농지로 사용되고 있는지에 관한 현재 상태를 보고하여야 한다. 집행관이 농지인지 여부를 판단하기 어려운 경우에는 집행법원에 보고하고, 집행법원은 관할 시, 군, 구에 사실조회를 한 후 감정인에게도 사실조회 중임을 통지한다.

2 감정평가

집행법원은 부동산의 객관적인 가치 파악을 위하여 감정인을 선임하고 '평가명령'을 내린다. 평가의 대상은 매각 부동산이며, 그 외에 낙찰자가 함께 취득할 모든 물건과 권리(구성부분, 종물, 부속물, 부합물 등)에 대하여도 평가에 포함할 수 있다. 즉, 압류의 효력이 미치는 부동산의 물적인 범위 전부가 평가의 범위이다. 평가 시점은 평가할 '당시'의 현황을 기준으로 지목, 지적, 구조, 면적 등이 등기부나 대장과 차이가 있을 경우에는 현황을 토대로 하여 평가서를 작성하여야 한다.

매각 부동산 자체에 대한 평가 외에도 부합물, 종물, 종된 권리, 대지권, 공장저당의 목적인 토지와 건물, 공장저당권이 설정된 경우 기계 · 기구목록, 미분리의 천연과실, 부동산 공유지분, 구분소유적 공유지분, 매각 부동산의 가격을 감소시키는 부동산 위의 부담(법정지상권 등)이 평가의 대상이 된다.

객관적인 감정평가액이 보고되면 법원은 감정인의 평가액을 참작하여 최저매각가격을 정하는데, 통상적으로 감정평가액이 최저매각가격으로 결정된다.

매각물건명세서

현황조사보고서와 감정평가서가 보고되면 이를 토대로 하여 매각 부동산의 전반적인 사실관계와 권리에 관한 사항을 요약 정리하여 명세서를 작성하는데, 이를 '매각물건명세서'라고 한다. 법원이 가망고객인 매수희망자들에게 제공하는 '부동산 요약 보고서'라고 생각하면 된다.

대법원 2008. 1. 31. 선고 2006다913 판결

「민사집행법」이 제105조에서 집행법원은 매각물건명세서를 작성하여 현황조사보고서 및 평가서의 사본과 함께 법원에 비치하여 누구든지 볼 수 있도록 하여야 한다고 규정하고 있는 취지는 경매 절차에 있어서 매각 대상 부동산의 현황을 되도록 정확히 파악하여 일반인에게 그 현황과 권리관계를 공시함으로써 매수 희망자가 매각 대상 부동산에 필요한 정보를 쉽게 얻을 수 있도록 하여 예측하지 못한 손해를 입는 것을 방지하고자 함에 있다. 따라서 집행법원으로서는 매각 대상 부동산에 관한 이해관계인이나 그 현황조사를 실시한 집행관 등으로부터 제출된 자료를 기초로 매각 대상 부동산의 현황과 권리관계를 되도록 정확히 파악하여 이를 매각물건명세서에 기재하여야 하고, 만일 경매 절차의 특성이나 집행법원이 가지는 기능의 한계 등으로 인하여 매각 대상 부동산의 현황이나 관리관계를 정확히 파악하는 것이 곤란한 경우에는 그 부동산의 현황이나 권리관계가 불분명하다는 취지를 매각물건명세서에 그대로 기재함으로써 매수신청인 스스로의 판단과 책임하에 매각 대상 부동산의 매수신고가격이 결정될 수 있도록 하여야 할 것이다. 그럼에도 집행법원이나 경매담당 공무원이 위와 같은 직무상의 의무를 위반하여 매각물건명세서에 매각 대상 부동산의 현황과 권리관계에 관한 사항을 제출된 자료와 다르게 작성하거나 불분명한 사항에 관하여 잘못된 정보를 제공함으로써 매수인의 매수신고가격 결정에 영향을 미쳐 매수인으로 하여금 불측의 손해를 입게 하였다면, 국가는 이로 인하여 매수인에게 발생한 손해에 대한 배상책임을 진다고 할 것이다.

매각물건명세서에는 '부동산의 표시, 부동산의 점유자와 점유의 권원, 점유할 수 있는 기간, 차임 또는 보증금에 관한 관계인의 진술, 등기된 부동산에 대한 권리 또는 가처분으로서 매각으로 효력을 잃지 아니하는 것(인수되는 권리), 매각에 따라 설정되는 것으로 보게 되는 지상권의 개요(법정지상권)'를 기재하여 작성한다.

매각물건명세서

사 건	2023타경 부동산임의경매	매각 물건번호	1	작성 일자	2024.01.25	담임법관 (사법보좌관)	박
부동산 및 감정평가액 최저매각가격의 표시	별지기재와 같음	최선순위 설정	2020. 5. 22. 근저당권			배당요구종기	2023.06.12

부동산의 점유자와 점유의 권원, 점유할 수 있는 기간, 차임 또는 보증금에 관한 관계인의 진술 및 임차인이 있는 경우 배당요구 여부와 그 일자, 전입신고일자 또는 사업자등록신청일자와 확정일자의 유무와 그 일자

점유자 성 명	점유 부분	정보출처 구 분	점유의 권 원	임대차기간 (점유기간)	보 증 금	차 임	전입신고 일자·외국인 등록(체류지 변경신고)일자·사업자등록신청일자	확정일자	배당 요구여부 (배당요구일자)
조합		현황조사	알수없음 임차인				2022.05.23		

<비고>

※ 최선순위 설정일자보다 대항요건을 먼저 갖춘 주택·상가건물 임차인의 임차보증금은 매수인에게 인수되는 경우가 발생 할 수 있고, 대항력과 우선변제권이 있는 주택·상가건물 임차인이 배당요구를 하였으나 보증금 전액에 관하여 배당을 받지 아니한 경우에는 배당받지 못한 잔액이 매수인에게 인수되게 됨을 주의하시기 바랍니다.

등기된 부동산에 관한 권리 또는 가처분으로 매각으로 그 효력이 소멸되지 아니하는 것

매각에 따라 설정된 것으로 보는 지상권의 개요

비고란

- 일괄매각, 제시외 건물과 본건 지상에 식재된 수목 및 조경석 매각에 포함.
- 본건 지상에 소재한 이동가능한 컨테이너는 매각에서 제외.
- 목록 9. 토지 지상에 인접지번(296번지)의 건물 일부가 과재된 것으로 추정되나 정확한 사항은 측량을 요함.

주1 : 매각목적물에서 제외되는 미등기건물 등이 있을 경우에는 그 취지를 명확히 기재한다.

매각물건명세서의 예

매각물건명세서는 입찰하려는 사람들에게 매각 부동산에 관한 기본적이고 중요한 정보를 요약하여 알려주는 일종의 '홍보' 역할을 하는 사실문서이므로 공신력이 인정되지 않는다. 즉, 소멸되거나 인수되는 권리 또는 실체법상의 권리관계가 잘못 기재된 경우에 매각물건명세서의 기재를 근거로 하여 권리를 주장하는 것은 법적인 효력이 없다.[62]

경매 절차에 있어서 매각물건명세서의 작성은 입찰 대상 부동산의 현황을 되도록 정확히 파악하여 일반인에게 그 현황과 권리관계를 공시함으로써 매수 희망자가 입찰 대상 물건에 필요한 정보를 쉽게 얻을 수 있게 하여 예측하지 못한 손해를 입는 것을 방지하고자 하는 데 그 취지가 있다(대법원 2010. 11. 30.자 2010마1291 결정).

「민사집행법」 제105조 제2항은 "법원은 매각물건명세서 · 현황조사보고서 및 평가서의 사본을 법원에 비치하여 누구든지 볼 수 있도록 하여야 한다."고 규정하고, 「민사집행규칙」 제55조는 "매각물건명세서 · 현황조사보고서 및 평가서의 사본은 매각기일(기간입찰의 방법으로 진행하는 경우에는 입찰기간의 개시일)마다 그 1주 전까지 법원에 비치하여야 한다. 다만, 법원은 상당하다고 인정하는 때에는 매각물건명세서 · 현황조사보고서 및 평가서의 기재내용을 전자통신매체로 공시함으로써 그 사본의 비치에 갈음할 수 있다."

62 매각물건명세서의 작성행위는 사실행위에 불과하므로, 재판이나 집행행위에 대하여 이의신청을 할 수 있는 것과는 달리, 이의신청을 할 수 없다.

물건상세검색

검색조건 법원 : 인천지방법원 | 사건번호 : 2020타경509081

물건기본정보

인쇄 | < 이전

사건번호	2020타경509081	물건번호	2	물건종류	대지
감정평가액	4,896,000원	최저매각가격	3,427,000원	입찰방법	기일입찰
매각기일	2024.04.09 10:00 219호 법정				
물건비고	- 제시외 건물 제외함. 제시외 건물 소재로 인하여 제한 받는 가격은 4,158,000원임. - 맹지임				
목록3 소재지	(대지) 인천광역시 강화군 선원면 창리 365-3				
담당	인천지방법원 | 경매2계				

사건접수	2020.04.08	경매개시일	2020.04.09
배당요구종기	2020.07.02	청구금액	125,998,916원

위치도<3>
개황도<1>
전경도<8>
관련사진<8>
지적도<1>

매각물건명세서 | 현황조사서 | 감정평가서 | 사건상세조회 | 관심물건등록

: 등기기록 열람 : 전자지도 보기 : 씨:리얼(토지이용계획)

법원경매 매각물건 내역

고 규정하고 있다.

매각물건명세서의 작성에 있어서 '중대한 하자'가 있는 경우 또는 '비치하지 않은 경우'에는 '매각허가에 대한 이의'와 '매각허가결정에 대한 즉시항고'를 할 수 있는 '사유'로 인정된다.

- 집행법원이 매각기일 1주 전까지 매각물건명세서 사본을 비치하지 아니하였거나 혹은 중대한 하자가 있는 매각물건명세서 사본을 비치하였다가 매각기일 5일 전에 이를 정정하였음에도 매각기일을 변경하지 아니한 채 그대로 매각 절차를 진행하면서 그 정정내용을 일반 매수희망자들에게 따로 고지하지도 아니한 것은 이해관계인의 이익이 침해되거나 매각 절차의 공정성을 해칠

우려가 있는 중대한 절차 위반으로서 직권에 의한 매각불허가사유에 해당한다(대법원 2010. 11. 30.자 2010마1291 결정).

- 근저당권자가 담보로 제공된 건물에 대한 담보가치를 조사할 당시 대항력을 갖춘 임차인이 임대차 사실을 부인하고 건물에 관하여 임차인으로서의 권리를 주장하지 않겠다는 내용의 무상임대차 확인서를 작성해 주었고, 그 후 개시된 경매 절차에 무상임대차 확인서가 제출되어 매수인이 확인서의 내용을 신뢰하여 매수신청금액을 결정하는 경우와 같이, 임차인이 작성한 무상임대차 확인서에서 비롯된 매수인의 신뢰가 매각 절차에 반영되었다고 볼 수 있는 사정이 존재하는 경우에는, 비록 매각물건명세서 등에 건물에 대항력 있는 임대차 관계가 존재한다는 취지로 기재되었더라도 임차인이 제3자인 매수인의 건물인도청구에 대하여 대항력 있는 임대차를 주장하여 임차보증금반환과의 동시이행의 항변을 하는 것은 금반언 또는 신의성실의 원칙에 반하여 허용될 수 없다(대법원 2016. 12. 1. 선고 2016다228215 판결).
- 주택임차인이 주택에 관하여 개시된 경매 절차에서 임차보증금액수, 주택인도일, 주민등록일(전입신고일), 임대차계약서상 확정일자 등 대항력 및 우선변제권 관련 사항을 밝히고 권리신고 및 배당요구를 한 경우 그 내용은 매각물건명세서에 기재되어 공시되므로, 매수희망자는 보통 이를 기초로 매각기일에 신고할 매수가격을 정하게 된다. 따라서 주택경매 절차의 매수인이 권리신고 및 배당요구를 한 주택임차인의 배당순위가 1순위 근저당권자보다 우선한다고 신뢰하여 임차보증금 전액이 매각대

금에서 배당되어 임차보증금반환채무를 인수하지 않는다는 전제 아래 매수가격을 정하여 낙찰을 받아 주택에 관한 소유권을 취득하였다면, 설령 주택임차인이 1순위 근저당권자에게 무상거주확인서를 작성해 준 사실이 있어 임차보증금을 배당받지 못하게 되었다고 하더라도, 그러한 사정을 들어 주택의 인도를 구하는 매수인에게 「주택임대차보호법」상 대항력을 주장하는 것은 신의칙에 위반되어 허용될 수 없다(대법원 2017. 4. 7. 선고 2016다248431 판결).

- 집행법원으로서는 매각 대상 부동산에 관한 이해관계인이나 그 현황조사를 실시한 집행관 등으로부터 제출된 자료를 기초로 매각 대상 부동산의 현황과 권리관계를 되도록 정확히 파악하여 이를 매각물건명세서에 기재하여야 하고, 만일 경매 절차의 특성이나 집행법원이 가지는 기능의 한계 등으로 인하여 매각 대상 부동산의 현황이나 관리관계를 정확히 파악하는 것이 곤란한 경우에는 그 부동산의 현황이나 권리관계가 불분명하다는 취지를 매각물건명세서에 그대로 기재함으로써 매수신청인 스스로의 판단과 책임하에 매각 대상 부동산의 매수신고가격이 결정될 수 있도록 하여야 할 것이다. 그럼에도 집행법원이나 경매담당 공무원이 위와 같은 직무상의 의무를 위반하여 매각물건명세서에 매각 대상 부동산의 현황과 권리관계에 관한 사항을 제출된 자료와 다르게 작성하거나 불분명한 사항에 관하여 잘못된 정보를 제공함으로써 매수인의 매수신고가격 결정에 영향을 미쳐 매수인으로 하여금 불측의 손해를 입게 하였다면, 국가는 이로 인

하여 매수인에게 발생한 손해에 대한 배상책임을 진다고 할 것이다(대법원 2008. 1. 31. 선고 2006다913 판결).[63]

63 그러나 사안에 따라 국가의 배상책임은 제한된다. 서울고등법원 2009. 5. 7.선고 2008나94990 판결은 "매각물건명세서에 소외인(임차인)이 전세권자로서 배당요구한 사실이 기재되어 있지 아니하였으므로 원고(낙찰자)로서도 조금만 주의를 기울여 관련 법령을 살펴보고 이 사건 부동산에 관한 등기부등본 등을 검토하였더라면 이 사건 전세권이 소멸하지 않을 수 있음을 쉽게 알 수 있었다고 할 것임에도 이를 소홀히 하였고, 또한 신청채권자인 근로복지공단과 임차인인 소외인 중 누가 우선하여 배당을 받을 것인지 여부를 제대로 살펴보지 아니한 잘못이 있으며, 이와 같은 잘못과 이 사건 매각물건명세서의 전체적인 내용 등 제반 사정을 종합하여 보면, 피고의 원고에 대한 손해배상책임은 손해액의 20%로 제한함이 상당하다"고 하여 입찰자에게도 권리 분석을 주의 깊게 하여야 할 책임이 있다는 점을 강조하였다.

매각기일 및 매각결정기일의 공고와 통지

서 울 중 앙 지 방 법 원
매각기일공고

사 건 2023타경 부동산임의경매
채 권 자 주식회사 은행의 승계인 대부주식회사
채 무 자 이
소 유 자 채무자와 같음

다음 기재와 같이 이 사건(별지 기재) 부동산을 기일입찰의 방법으로 매각합니다.
등기부에 기입할 필요가 없는 부동산에 대한 권리를 가진 사람은 그 채권을 신고하여야 하며, 이해관계인은 매각기일에 출석할수 있습니다. 매각물건명세서, 현황조사보고서, 평가서의 사본이 매각기일 1주일전부터 법원에 비치되어 일반인의 열람에 제공됩니다.

1. 매각 및 매각결정기일
   가. 제 1회
   매각기일 2024.04.16. 10:00
   매각결정기일 2024.04.23. 14:00
   나. 제 2회
   매각기일 2024.05.21. 10:00
   매각결정기일 2024.05.28. 14:00
   다. 제 3회
   매각기일 2024.06.18. 10:00
   매각결정기일 2024.06.25. 14:00
   라. 제 4회
   매각기일 2024.07.23. 10:00
   매각결정기일 2024.07.30. 14:00

2. 매각 및 매각결정장소 서 울 중 앙 지 방 법 원 (매각)경매법정 (제4별관 211호) (매각결정) 제4별관 3층 7호 법정
3. 매각담당 집행관의 성명 대표집행관
4. 부동산의 점유자, 점유의 근원,점유 사용할 수 있는 기간, 차임 또는 보증금의 약정유무와 그 액수 및 최저매각가격 기타 : 민사집행과 사무실에 비치되어 있는 매각물건명세서와 같음
5. 매수신청보증방법 : 현금, 자기앞수표, 지급보증위탁체결문서

주의: 제2회 이후의 매각기일은 선행매각기일에서 허가할 매수가격의 신고가 없이 매각기일이 최종적으로 마감된 때에 실시된다는 사실을 유의하시기 바랍니다.

2024. 4. 1.

법원사무관 

매각기일공고문의 예

1 공고

매각기일의 공고는 법원게시판 게시, 관보 · 공보 또는 신문 게재, 전자통신매체를 이용할 수 있으며, 매각기일로부터 반드시 2주 전까지 '공고'하여야 한다. 이를 위반하면 '매각불허가 사유'가 된다. 매각기일 공고 위반으로 매각을 불허가 한 뒤 다시 매각을 하는 경우, 최저매각가격은 당초의 최저가격에 의하여야 하고 위법한 절차에 의하여 저감된 가격에 의할 수는 없다.[64]

2 통지

법원은 매각기일과 매각결정기일을 이해관계인에게 통지하여야 한다(「민사집행법」 제104조 제2항). 즉, 공고만으로 그치는 것이 아니라 이해관계인들에게는 개별적으로 통지를 하도록 하고 있는 것이다.

입찰 절차(매각 절차)의 이해관계인은 입찰기일(매각기일)에 출석하여 목적 부동산이 지나치게 저렴하게 매각되는 것을 방지하기 위하여 필요한 조치를 취할 수도 있고, 채무자를 제외하고는 스스로 매수신청을 하는 등 누구에게 얼마에 매각되느냐에 대하여 직접적인 이해관계를 가지고 있을 뿐 아니라, 입찰기일(매각기일)에 출석하여 의견진술을 할 수 있는 권리가 있는 이해관계를 가진 사

64 대법원 1994. 11. 30. 94마1673 결정

람들이므로, 입찰기일(매각기일)과 낙찰기일(매각결정기일)을 공고만으로 고지하는 것은 충분하지 못하다는 점을 고려하여, 개별적으로 이러한 기일에 관하여 통지를 함으로써 입찰 절차(매각 절차)에 참여할 기회를 주기 위한 것이다(대법원 1999. 7. 22.자 99마2906 결정).

통지의 방법은 등기우편으로 발송함으로써 효력이 발생한다. 이해관계인에 대한 기일 통지를 누락한 경우에는 '매각허가에 대한 이의사유'이므로 이해관계인은 매각허가결정에 대하여 즉시항고를 할 수 있다.

매각의 실시

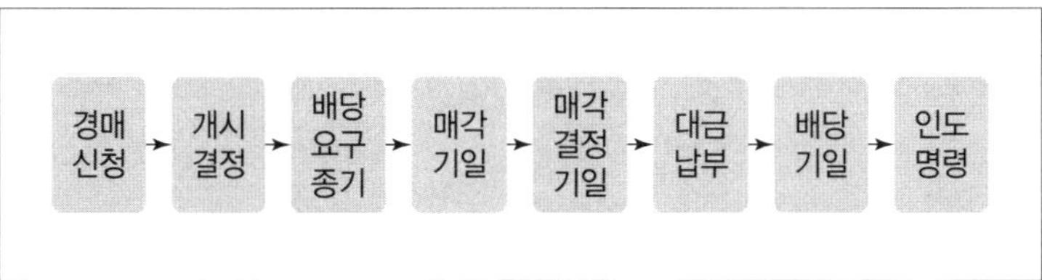

매각의 실시

매각기일에 매각의 실시는 집행관의 '개시 선언'으로 시작된다. 개시를 알리는 종을 울리고 집행관이 입찰표를 제출하라고 '최고' 한 후 입찰마감시간과 개찰시각을 '고지'함으로써 입찰 절차가 시작된다.

경매법정에서도 매각물건명세서, 현황조사보고서, 감정평가서의 사본을 매수신청하려는 사람과 이해관계인들이 열람할 수 있도록 비치하여야 하고, 매각기일마다 1주일 전까지는 법원에 비치하여야 한다.

특별매각 조건이 있는 경우에 집행관은 매수신청의 최고를 하기 전에 특별매각 조건의 내용을 명확하게 '고지'하여야 한다. 특별매각 조건이 매각기일 공고에 기재되어 있다고 하더라도 '고지'하여야 하고 생략할 수 없다.

낙찰의 조건

경매 신청	→	개시 결정	→	배당 요구 종기	→	매각 기일	→	매각 결정 기일	→	대금 납부	→	배당 기일	→	인도 명령

매각의 실시

부동산의 매매 계약은 사적자치(계약자유)의 원칙이 지배하므로, 매도인과 매수인이 임의로 계약 내용을 정하면 되지만, 법원경매에서 부동산을 낙찰받기 위해서는 마음대로 아무렇게나 계약조건을 정하는 것이 아니라「민사집행법」이 정해 놓은 조건에 따라야 한다. 이를 '법정매각 조건'이라고 한다.

부동산경매도 본질적으로는 '매매'의 성질을 가지고 있지만, 매각의 대가가 매도인(채무자 또는 물상보증인)에게 지급되는 것이 아니라 매도인의 채권자에게 강제로 배분된다는 점에서 사적자치에 의한 매매와 법률의 규정에 의한 경매는 다르다.

「민사집행법」의 규정에 미리 정해 놓은 '법정매각 조건'은 집행법원이나 집행관이 따로 매각물건명세서에 알려주지 않더라도 입찰자 모두에게 공통적으로 적용되는 '룰(Rule)'이다. 여기에는 잉여

주의, 소멸주의, 인수주의, 입찰보증금(매수신청보증)의 제공, 최저매각가격 이상의 입찰, 소유권의 이전(물권변동) 시점, 대금미납의 효과, 공유자우선매수권의 행사, 입찰자격의 제한, 법정지상권 등 법률상 구체적으로 정해져 있는 일반적인 조건들이 해당된다.

반면에 법정매각 조건 중에서 '공공의 이익'이나 '경매의 본질'과 무관한 부분에 있어서는 법원이 '직권'으로 변경할 수 있고, 이해관계인들이 '전원 합의'[65]를 하는 경우에도 변경이 가능하다. 이렇게 변경된 조건을 '특별매각 조건'이라고 한다. 이렇게 특별매각 조건이 있는 경우에는 집행관이 매각기일을 개시할 때 입찰자들에게 고지하여야 한다.[66] 그리고 매각허가결정에 특별매각 조건을 기재하여야 한다.[67]

65 최저매각가격은 이해관계인들의 전원 합의가 있다고 해도 변경할 수 없다.

66 「민사집행법」 제112조(매각기일의 진행) : 집행관은 기일입찰 또는 호가경매의 방법에 의한 매각기일에는 매각물건명세서 · 현황조사보고서 및 평가서의 사본을 볼 수 있게 하고, 특별한 매각 조건이 있는 때에는 이를 고지하며, 법원이 정한 매각방법에 따라 매수가격을 신고하도록 최고하여야 한다.

67 「민사집행법」 제128조(매각허가결정) : ① 매각허가결정에는 매각한 부동산, 매수인과 매각가격을 적고 특별한 매각 조건으로 매각한 때에는 그 조건을 적어야 한다.

인수, 소멸, 잉여, 무잉여

현금화 절차인 부동산 강제경매는 금전채권자에게 초점이 맞추어져 있는 '배당으로 달려가는 열차'라고 앞서 언급한 바 있다. 부동산을 낙찰받은 자에게 기존의 이해관계가 있는 권리가 '인수되느냐 소멸되느냐의 문제'와 '남을 가망이 있느냐 없느냐의 문제' 모두가 바로 이 '배당'이라는 '(빚)잔치'와 관련되어 있다.

배당으로 인하여 소멸되는 권리보다 앞서거나 대항력을 가진 권리는 매수인(낙찰자)이 떠안아야 하고, 경매를 진행하기 전이나 진행하는 도중에도 우선채권[68]이 보호되지 않는다면 '잔치'를 벌여서 '샴페인'을 터뜨리지 못하도록 「민사집행법」이 규정하고 있다.

민사집행법

제91조(인수주의와 잉여주의의 선택 등)

① 압류채권자의 채권에 우선하는 채권에 관한 부동산의 부담을 매수인에게 인수하게 하거나, 매각대금으로 그 부담을 변제하는 데 부족하지 아니하다는 것이 인정된 경우가 아니면 그 부동산을 매각하지 못한다. [→제102조 경매취소]

② 매각 부동산 위의 모든 저당권은 매각으로 소멸된다.

③ 지상권 · 지역권 · 전세권 및 등기된 임차권은 저당권 · 압류채권 · 가압류채권에 대항할 수 없는 경우에는 매각으로 소멸된다.

68 「민사집행법」 제128조(매각허가결정) : ① 매각허가결정에는 매각한 부동산, 매수인과 매각가격을 적고 특별한 매각 조건으로 매각한 때에는 그 조건을 적어야 한다.

④ 제3항의 경우 외의 지상권 · 지역권 · 전세권 및 등기된 임차권은 매수인이 인수한다. 다만, 그중 전세권의 경우에는 전세권자가 제88조에 따라 배당요구를 하면 매각으로 소멸된다.
⑤ 매수인은 유치권자에게 그 유치권으로 담보하는 채권을 변제할 책임이 있다.

'남을 가망이 있느냐 없느냐의 문제', 즉 잉여와 무잉여는 경매를 계속 속행할 수 있느냐 없느냐의 문제이다. 다시 말해, 배당 '잔치'까지 이 사건 경매를 끌고 갈 만큼의 '동력(배당재원)'이 확보되지 않는다면 채권자 모두에게 무익하고 시간낭비만을 초래하는 '열차(경매 절차)'의 운행을 멈추어야 한다.

한편, '인수되느냐 소멸되느냐의 문제'는 배당을 받음으로써 이 사건 부동산에서는 말소(소멸)되느냐, 배당을 넘어 새로운 부동산의 소유자인 낙찰자에게 계속하여 대항(권리주장)할 수 있느냐의 문제이다. 낙찰자가 납부한 대금으로 법원이 차려 놓은 배당의 '잔칫상(경매대가)'에서 많든 적든 조용히 먹고 떨어져야 하는 권리자들(「민사집행법」 제91조 제2항, 제3항, 제4항 단서)은 '매각으로 소멸',[69] 즉 해당 부동산의 등기부에서 말소된다. 이것이 '말소기준등기' 이후에 법률상 이해관계를 맺은 자들의 최후이다.

그러나 '동법 제91조 제4항 본문과 제5항의 권리자들'은 그냥 죽지 않는다. 왜냐하면 '말소기준등기'보다 앞서서 미리 자기 권리에

69 이들은 더 이상 해당 경매 부동산과는 관계없는 사람이 되고, 낙찰자에게도 권리를 주장할 수 없다. 더 받을 게 남아 있다면 채무자와 끝장을 봐야 한다. 채무자의 다른 재산을 찾아내어 채권의 만족을 얻어야 하는 것이다. 낙찰자의 부동산에는 더 이상 기웃거리지 못한다.

대한 적절한 유비무환의 조치(등기 또는 대항요건)를 해두었거나 아니면 법률이 정하는 일정한 요건(법정지상권 또는 유치권)을 갖추어 놓았기 때문에 그냥 '잔칫상'만 받고 물러서지 않는다. 이들은 배당의 '잔칫상'에서 만족을 얻지 못하면 '새 주인'인 낙찰자에게도 "나는 아직 죽지(소멸되지) 않았다"고 큰소리를 치면서 채무자의 남은 빚을 낙찰자가 '인수(감당)'하라고 적법하고 당당하게 요구할 수 있다.

경매에 나온 부동산에 입찰할 때 가장 신경써야 할 것이 낙찰자가 인수해야 하는 권리를 파악하는 것이고, 이것이 경매 절차에 있어서의 '권리(관계) 분석'이다. 시장이나 마트에서 흠이 있는 물건은 싸게 살 수 있듯이, 경매시장에서도 흠이 있는 부동산은 싸다. 그러나 이것은 바로 '권리의 하자'가 붙어서 나온 물건을 의미하므로 싸다고 그냥 사도 되는 것인지, '배(낙찰가)'보다 '배꼽(인수금액)'이 더 큰 것은 아닌지를 따져보고 입찰에 임해야 하는 것이다.

무잉여의 통지와 처리 절차

민사집행법

제102조(남을 가망이 없을 경우의 경매취소)

① 법원은 최저매각가격으로 압류채권자의 채권에 우선하는 부동산의 모든 부담과 절차비용을 변제하면 남을 것이 없겠다고 인정한 때에는 압류채권자에게 이를 통지하여야 한다. [무잉여 통지 = 매수통지]

② 압류채권자가 제1항의 통지를 받은 날부터 1주 이내에 제1항의 부담과 비용을 변제하고 남을 만한 가격을 정하여 그 가격에 맞는 매수신고가 없을 때에는 자기가 그 가격으로 '매수하겠다고 신청'하면서 '충분한 보증을 제공'하지 아니하면, 법원은 경매 절차를 취소하여야 한다.

③ 제2항의 취소 결정에 대하여는 즉시항고를 할 수 있다.

법이 남을 가망(잉여) 여부를 따지는 이유는 우선채권자뿐만 아니라 경매를 신청한 압류채권자까지도 보호하고자 하는 취지이다. 남을 가망이 없는 경우에는 압류채권자가 배당의 '잔칫상'에서 아무것도 먹을 것이 없는데도 집행비용만 계속 추가 부담하면서 경매를 진행할 이유가 없는 것이고, 우선채권자들은 이중경매를 신청하지 않은 이상 원하지 않는 경매가 진행되어 채권의 조기상환을 강요당하는 결과가 되므로 채권자 누구에게도 도움이 되지 않기 때문에 경매를 취소하도록 규정한 것이다.

경매가 무잉여로 취소된다면, 채무자 입장에서는 다행히 부동산의 강제매각이 되지 않아서 소유권 상실의 위기를 모면하게 된다.

그러나 무잉여에 의한 경매 취소는 채무자를 보호하기 위한 제도가 아니므로 채무자나 소유자가 적극적으로 나서서 무잉여를 다툴 자격은 없다.

집행법원은 경매의 준비단계에서나 매각이 실시되는 과정에서 남을 가망이 없다고 판단되면 압류채권자(경매신청인)에게 '무잉여의 통지'를 하여야 한다. 실무에서 법원이 압류채권자에게 발송하는 통지는 '매수통지서'로 표시된다.

무잉여의 통지를 받은 압류채권자가 통지를 받은 날부터 7일 이내에 매수신청과 보증을 제공하지 아니하면 법원은 경매 절차를 취소하고 기각결정정본을 압류채권자에게 발송 후 해당 경매사건

서울중앙10계 2023타경 105083 서울중앙지방법원 경매10계 (02-530-2714)

소재지(지번)	서울특별시 관악구 신림동 610-213 난향 혜렌하우스				
소재지(도로명)	서울특별시 관악구 법원단지10길 26, 난향 혜렌하우스				
물건종별	다세대(빌라)	사건접수	2023-04-19	경매구분	강제경매
대지권	18.10㎡	건물면적	29.90㎡		
소유자	김OO	채무자	김OO	채권자	신OOOOO
배당종기일	2023-07-06	감정가	238,000,000	최저가	(80%)190,400,000
보증금	19,040,000	매각조건	대항력있는임차인		

구분	입찰기일	최저매각가격	결과
신건	2023-11-01	238,000,000	유찰
	2023-12-06	190,400,000	변경
기각된 사건입니다.			

2024.01.21	배당요구권자 최OO 매각및 매각결정기일통지서 발송	2024.01.22 송달간주
2024.01.21	배당요구권자 양OO 매각및 매각결정기일통지서 발송	2024.01.22 송달간주
2024.01.21	채권자 주OOO OOOOOOOOO 매각및 매각결정기일통지서 발송	2024.01.21 도달
2024.02.22	채권자 주OOO OOOOOOOOO 매수통지서 발송	2024.02.22 도달

무잉여 통지

등기된 부동산에 관한 권리 또는 가처분으로 매각으로 그 효력이 소멸되지 아니하는 것
매각에 따라 설정된 것으로 보는 지상권의 개요
비고란
1. 목록1.토지는 지분매각이고, 토지 및 건물 일괄매각임. 2. 본건 건물은 지하1층~지상4층, 옥탑1층의 근린생활시설 및 다가구주택으로 이용중임. 3. 채권자 주식회사 [illegible]자산관리대부가 2024. 2. 23.자 매수신청서(매수신청보증금 : 202,383,000원) 제출하였음.

2023.09.26	채무자겸소유자 오OO 의견서 제출	
2023.12.05	채권자 주OOO OOOOOOOOO 기일지정 신청서 제출	
2023.12.27	채권자 주OOO OOOOOOOOO 보정서 제출	
2024.02.05	집행관 최OO 기일입찰조서 제출	
2024.02.07	채권자 주OOO OOOOOOOOO 경매절차진행에 관한 의견서 제출	
2024.02.21	압류권자 송OOOO 교부청구서 제출	
2024.02.23	채권자 주OOO OOOOOOOOO 경매부동산 매수신청 제출	
2024.03.11	집행관 최OO 기일입찰조서 제출	
2024.03.12	채권자 주OOO OOOOOOOOO 보정서 제출	
2024.03.26	채권자 주OOO OOOOOOOOO 법원보관금 환급 신청서 제출	
2024.04.03	이해관계인 소송대리인 김OO 채권계산서 제출	
2024.04.08	가압류권자 주OOO OOOOOOO 채권계산서 제출	
2024.04.08	임금채권자 근OOOOO 채권계산서 제출	

채권자 매수신청

을 기각 종결처리한다. 압류채권자는 무잉여의 통지를 받은 날부터 1주가 지났더라도 취소의 결정이 있기 전에는 매수신청 및 보증제공을 하여 경매를 속행하게 할 수 있다.

일반적으로 개인인 소액의 압류채권자로서는 우선채권을 변제할 만한 금액을 담보하면서 경매의 속행을 진행하지는 않지만, 고액의 채권을 보유한 금융기관이 압류채권자인 경우에는 매수신청 및 보증을 제공하고 경매를 속행하는 경우가 있다.

입찰의 자격

법원경매에 있어서 행위능력에 제한(미성년자, 피성년후견인 등)[70]이 없다면 일반적으로 입찰자의 매수신청 자격을 까다롭게 제한하지는 않는다. 법원으로서는 가급적 많이 응찰하여 높은 금액을 써내는 사람이 많을수록 채권자에게는 이익이기 때문이다.

그러나 집행 절차의 특성 또는 부동산의 성질에 따라 부득이하게 입찰자격을 제한하여야 할 경우가 있으며, 이때에는 매각불허가결정을 하게 된다.

집행 절차의 공정성을 위하여 경매를 진행하는 법원의 판사나 법원공무원, 집행관이나 감정인 및 그 가족은 입찰을 제한한다. 그리고 재매각 절차에서는 앞서 낙찰받고 대금을 납부하지 않은 전 매수인은 입찰을 제한한다. 또한 채무자가 입찰하는 것은 신의성실의 원칙 위반으로서 입찰의 제한을 받는다. 채무자는 경매가 진행되게 만든 원인제공자인데, 입찰하여 대금납부할 돈이 있다면 채권자에게 변제를 하는 것이 당연한 도리가 아니겠는가. 다만, 채무자가 아닌 소유자(물상보증인 또는 제3취득자)는 자기 부동산의 경매에 입찰하는 것이 허용된다. 이는 직접 채무자가 아닌 소유자

70 법정대리인에 의하여 입찰하는 것은 허용된다.

에게 자기 부동산을 지킬 기회를 주는 것이다.

부동산의 성질에 따른 입찰 자격의 제한으로는 매각 대상 부동산이 '농지'인 경우이다. 지목이 농지(전, 답, 과)인 경우뿐만 아니라 현황이 농지로 사용되고 있는 경우에도 농지취득자격을 가진 사람에게만 입찰 자격을 부여한다. 우리 헌법상의 '경자유전'의 원칙이 작동하기 때문이다. 따라서 농지의 경매에는 특별매각 조건으로서 '농지취득자격증명 제출'을 매각허가요건으로 하여 매각공고를 한다. 매각결정기일까지 요건을 갖추지 못하면 매각 불허가 결정을 받을뿐만 아니라 입찰보증금도 반환받지 못한다.

농지 외에도 「사립학교법」에 따른 학교법인의 기본재산인 부동산이 경매에 나온 경우에는 관할 관청의 허가를 받아야 하는 특별매각 조건이 붙을 수 있다. 주무관청의 허가가 매각허가결정의 요건이 되는 것이다.

입찰의 방법

입찰의 방법은 호가방식, 기간입찰, 기일입찰의 세 가지를 「민사집행법」에서 규정하고 있다. 호가방식은 입찰자들이 공개적으로 희망하는 매수가격을 말로 표현하면서 경쟁적으로 최고가를 정하는 방식이다. 기간입찰은 7~30일 내에서 일정한 기간을 정하여 입찰자들이 우편 접수를 이용하여 입찰하는 방식이다. 유체동산경매의 경우에는 호가방식을 선택하고 있으며, 부동산경매는 주로 '기간입찰'로서 특정일을 정하여 특정 시간에 매각을 실시하고 있다.

기일입찰의 경우 매각장소는 법원 안에서 집행관이 진행하여야 한다. 단, 법원의 허가를 얻어 다른 장소에서 진행할 수도 있다. 입찰을 하고자 하는 사람은 기일입찰표를 작성하여 본인이나 대리인이 직접 경매법정에 출석하여 집행관에게 제출하여야 한다. 입찰표를 제출하는 행위가 바로 '매수신고'이다.

매각기일에 매각하여야 할 부동산이 여러 건이거나 사건이 여러 건인 경우에는 동시에 매각을 실시하여야 한다. 이를 '동시입찰의 원칙'이라 하고, 입찰자 간의 담합을 방지하기 위한 고려이다.

일단 제출된 입찰표는 변경이나 취소, 교환이 불가하다.

기일입찰표의 작성

매각기일에 입찰을 하기 위해서는 '기일입찰표'를 작성하여야 한다. 기일입찰표에는 사건번호, 물건번호, 입찰자 본인의 성명(주민등록번호, 전화번호)과 주소, 대리입찰의 경우에는 본인과의 관계, 대리인의 성명(주민등록번호, 전화번호)과 주소, 입찰금액, 입찰보증금액을 기재하여야 한다.

[전산양식 A3360] 기일입찰표(흰색) 용지규격 210mm×297mm(A4용지)

(앞면)

기 일 입 찰 표

지방법원 집행관 귀하 입찰기일 : 년 월 일

사건번호	타경 호	물건번호	*물건번호가 여러개 있는 경우에는 꼭 기재

입찰자					
본인	성명	㊞	전화번호		
	주민(사업자)등록번호		법인등록번호		
	주소				
대리인	성명	㊞	본인과의 관계		
	주민등록번호		전화번호	-	
	주소				

입찰가격	천억	백억	십억	억	천만	백만	십만	만	천	백	십	일	
													원

보증금액	백억	십억	억	천만	백만	십만	만	천	백	십	일	
												원

보증의 제공방법	보증을 반환 받았습니다.
□ 현금·자기앞수표 □ 보증서	입찰자 ㊞

기일입찰표 서식

본인이 직접 입찰하는 경우에는 신분증을 지참하여 본인 확인이 가능하므로 인감도장이 아닌 막도장으로 날인하여도 무방하나, 대리입찰의 경우에는 반드시 본인의 인감도장 날인 및 인감증명서가 첨부되어야 한다.

주의사항

- 입찰표는 물건마다 별도의 용지를 사용하십시오. 다만, 일괄입찰 시에는 1매의 용지를 사용하십시오.
- 한 사건에서 입찰물건이 여러 개 있고 그 물건들이 개별적으로 입찰에 부쳐진 경우에는 사건번호 외에 물건번호를 기재하십시오.
- 입찰자가 법인인 경우에는 본인의 성명란에 법인의 명칭과 대표자의 지위 및 성명을, 주민등록란에는 입찰자가 개인인 경우에는 주민등록번호를, 법인인 경우에는 사업자등록번호를 기재하고, 대표자의 자격을 증명하는 서면(법인의 등기사항증명서)을 제출하여야 합니다.
- 주소는 주민등록상의 주소를, 법인은 등기부상의 본점소재지를 기재하시고, 신분확인상 필요하오니 주민등록증을 꼭 지참하십시오.
- 입찰가격은 수정할 수 없으므로, 수정을 요하는 때에는 새 용지를 사용하십시오.
- 대리인이 입찰하는 때에는 입찰자란에 본인과 대리인의 인적사항 및 본인과의 관계 등을 모두 기재하는 외에 본인의 위임장(입찰표 뒷면을 사용)과 인감증명을 제출하십시오.
- 위임장, 인감증명 및 자격증명서는 이 입찰표에 첨부하십시오.
- 일단 제출된 입찰표는 취소, 변경이나 교환이 불가능합니다.
- 공동으로 입찰하는 경우에는 공동입찰신고서를 입찰표와 함께 제출하되, 입찰표의 본인란에는"별첨 공동입찰자목록 기재와 같음"이라고 기재한 다음, 입찰표와 공동입찰신고서 사이에는 공동입찰자 전원이 간인하십시오.
- 입찰자 본인 또는 대리인 누구나 보증을 반환받을 수 있습니다.
- 보증의 제공방법(현금 · 자기앞수표 또는 보증서) 중 하나를 선택하여 ☑표를 기재하십시오.

기일입찰표 작성 시 주의사항

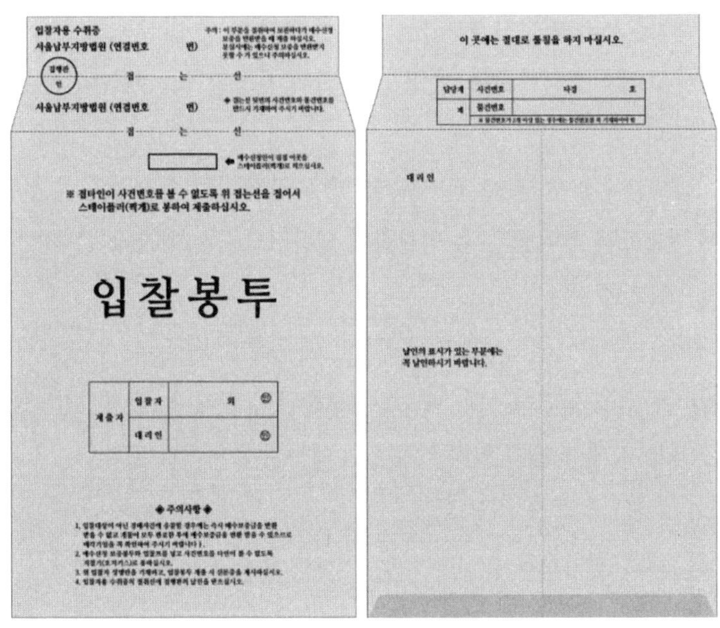

입찰자용 수취증
서울남부지방법원 (연결번호 번)

접 는 선

서울남부지방법원 (연결번호 번)

접 는 선

※ 입찰자가 사건번호를 볼 수 없도록 위 접는선을 접어서 스테이플러(찍개)로 봉하여 제출하십시오.

입찰봉투

제출자	입찰자	인
	대리인	인

◈ 주의사항 ◈

이 곳에는 절대로 풀칠을 하지 마십시오.

담당계	사건번호	타경 호
계	물건번호	

대리인

날인의 표시가 있는 부분에는 꼭 날인하시기 바랍니다.

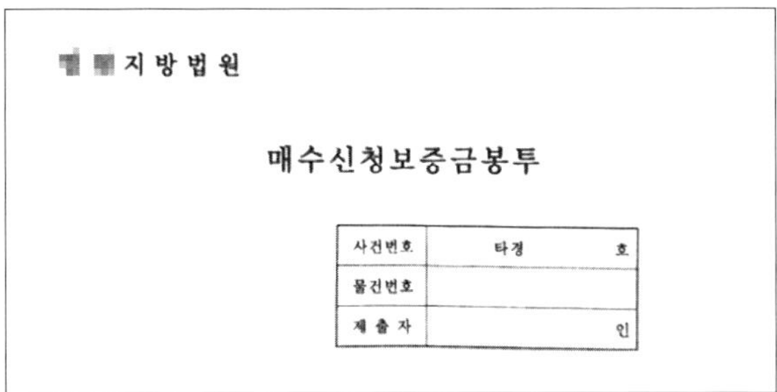

지 방 법 원

매수신청보증금봉투

사건번호	타경 호
물건번호	
제 출 자	인

기일입찰 봉투 · 입찰보증금봉투

기일입찰표를 작성한 후에는, 매수신청보증금 봉투에 최저매각가격의 10%(재매각인 경우에는 20% 또는 30%)에 해당하는 금액을 가급적 자기앞수표로 준비하여 넣고 봉인 및 날인한 후

기일입찰표와 매수신청보증금 봉투를 황색의 큰 입찰봉투에 함께 넣어 스테이플러로 찍어서 봉인한 뒤에 지정된 위치에 날인을 하면 된다.

집행관에게 입찰봉투를 제출할 때에 입찰자용 수취증을 절단하여 번호표를 부여받은 후 입찰함에 넣음으로써 집행관에게 제출한 것으로 간주된다.

개찰 후에는 최고가매수신고인의 매수신청보증금 봉투만을 열어서 금액을 확인하는데, 매수신청보증금이 없거나, 매수신청보증금 봉투 자체가 들어 있지 않은 경우에는 무효처리가 된다.

차순위매수신고인제도

매각 부동산은 매각기일에 입찰금액을 가장 높게 적어 낸 사람에게 낙찰되고 이때 '낙찰자'를 '최고가매수신고인'이라 한다. 두 명 이상이 동일한 매각 부동산에 입찰한 경우에 2등의 경우 모두 차순위가 되는 것일까? 그렇지 않다. 2등이라고 무조건 차순위매수신고인의 지위를 가지는 것은 아니다.

「민사집행법」 제114조 제1항에서 '최고가매수신고인 외의 매수신고인은 매각기일을 마칠 때까지 집행관에게 최고가매수신고인이 대금지급기한까지 그 의무를 이행하지 아니하면 자기의 매수신고에 대하여 매각을 허가하여 달라는 취지의 신고'를 할 수 있도록 규정하고 있다. 그리고 동조 제2항에서 차순위매수신고인의 요건으로 '그 신고액이 최고가매수신고액에서 그 보증액을 뺀 금액을 넘는 때에만' 차순위매수신고를 할 수 있도록 제한하고 있다.

예를 들면, 최저매각가격이 1억 원인 매각 부동산에 최고가매수신고인이 1억 4,000만 원을 기재하여 낙찰받은 경우, 최고가 1억 4,000만 원에서 매수신청보증금 1,000만 원을 뺀 금액인 1억 3,000만 원을 넘어야 차순위매수신고를 할 수 있다. 집행법원으로서는 최고가매수신고인 이외의 매수신고인 중에서 이와 같은 요건을 갖춘 사람을 예비적으로 정해 놓은 후에, 만약 최고가매수신고인이 대금지급기한까지 대금을 납부하지 못하는 경우에는 재매각 절차로 시간을 낭비하지 않고 대기하고 있던 차순위매수신고인에게 매각허가결정을 내려 집행 절차의 지연을 방지하고 채권자들에게는 대금미납한 매수인(최고가매수신고인)의 입찰보증금을 더하여 배당재원을 부족하지 않도록 보호하는 기능을 하는 제도이다.

차순위매수신고를 한 사람이 둘 이상일 때에는 금액이 높은 사람을 차순위로 정하고, 동일한 금액일 경우에는 추첨에 의하여 차순위매수신고인을 정한다.

차순위매수신고인에게는 최고가매수신고인과 같이 입찰보증금을 반환하지 아니하고 법원이 보관하다가 최고가매수신고인이 대금을 완납한 경우에 입찰보증금을 반환받게 된다.

차순위매수신고인에게 매각허가결정을 하였는데, 차순위매수신고인도 대금지급기한까지 대금을 미납한 경우에는 어떻게 될까? 이 경우에는 결국 재매각 절차를 진행하게 되는데, 재매각기일 3일 전까지 최고가매수신고인과 차순위매수신고인 중에서 먼저 매각대금을 납부한 사람에게 부동산의 소유권 취득을 인정한다.

한편, 주의해야 할 점은 최고가매수신고인에 대하여 매각결정기일에 법원이 매각불허가결정을 내린 경우에는, 차순위매수신고인이 있다고 하더라도 차순위매수신고인에게 매각허가결정을 내리는 것이 아니라 '새 매각' 절차를 진행하게 된다는 것이다. 왜냐하면 최고가매수신고인에 대하여 매각불허가결정이 되면 입찰보증금을 반환하게 되므로 법원으로서는 최고가보다 낮은 금액의 배당재원으로 진행하기보다는 새 매각 절차를 통하여 다시 최고가의 매수신청인이 들어 올 수 있는 기회를 가지는 것이 채권자들에게 더 유리할 것이라는 입법적인 고려가 작용한 것이다. 다시 말하면, 대금미납 시에는 최고가매수신고인의 입찰보증금을 배당재원으로 활용할 수 있지만, 매각불허가의 경우에는 최고가매수신고인의 입찰보증금을 배당재원으로 활용할 수 없기 때문에 새 매각을 실시하는 것이다.

공유자와 낙찰자

매각 부동산의 일부 지분이 경매로 매각되는 경우에는 채무자인 공유자 외의 다른 공유자도 매각 지분에 입찰을 할 수 있을 뿐만 아니라, 우선권도 가진다. 공유자는 일면식도 없는 다른 입찰자보다는 최초의 투자관계나 상속지분 등의 사유로 연관(유대관계)이 있기 때문에 입법적으로 우선권을 부여받는다. 따라서 등기상 부동산의 공유자가 있는 경우에는 이해관계인에 해당하고, 나아가 '공유자'로서 '우선매수권'을 행사할 수 있는 기회를 「민사집행법」 제140조에서 보장하고 있는 것이다.

공유자는 '매각기일'까지 최저매각가의 10%에 해당하는 매수신청보증을 제공하고, 해당 매각기일에 낙찰받은 사람이 써낸 '최고가'와 같은 가격으로 지분을 우선매수할 것을 신고할 수 있다. 여기서 '매각기일까지'라 함은 집행관이 매각기일을 종결한다는 '종결고지를 하기 전까지'를 말한다.[71] 즉, 매각기일의 종결고지 '전'까지 공유자는 우선매수신고와 매수신청보증금을 제공하면 낙찰자

71 공유자의 우선매수권은 일단 최고가매수신고인이 결정된 후에 공유자에게 그 가격으로 경락내지 낙찰을 받을 수 있는 기회를 부여하는 제도이므로, 입찰의 경우에도 공유자의 우선매수신고 및 보증의 제공은 집행관이 입찰의 종결을 선언하기 전까지이면 되고 입찰마감시각까지로 제한할 것은 아니다(대법원2002. 6. 17.자 2002마234 결정).

를 밀어내고 최고가매수신고인의 지위를 차지할 수 있는 '특권'을 가지게 된다.

이 경우에 공유자의 우선매수에 밀려나는 낙찰자는 자동으로 차순위매수신고인이 된다. 즉, 별도의 차순위매수신고 절차를 거칠 필요가 없는 것이다. 오히려 '들러리'가 되어버린 낙찰자는 자동 차순위가 됨으로 인하여 입찰보증금을 대금납부기한까지 반환받지 못하게 되므로, '매각기일 종결고지 전까지' 차순위매수신고인의 지위를 포기하여야만 입찰보증금을 반환받을 수 있다.

공유자는 매각기일 이전에도 우선매수권을 행사하겠다는 신고를 법원에 미리 할 수 있다. 이때 매수신청보증금은 신고와 동시에 제출할 필요는 없고[72] 매각기일의 종결고지 전까지만 보증을 제공하면 된다. 만약 종결고지까지 보증을 제공하지 않으면 우선매수권의 효력은 발생하지 않는다.

공유자가 우선매수신고를 한 경우에는 위와 같이 최고가 낙찰을 받더라도 1위의 자리를 공유자에게 내어 주게 되므로 매수신청을 하려는 사람들은 우선매수신고가 되어 있으면 아무도 입찰을 하지

---

72 공유자가 입찰기일 이전에 집행법원 또는 집행관에게 공유자우선매수신고서를 제출하는 방식으로 우선매수신고를 한 경우에도 반드시 이와 동시에 입찰보증금(최고가입찰자가 제공하게 될 입찰보증금 이상의 금액)을 집행관에게 제공하여야만 적법한 우선매수신고를 한 것으로 볼 것은 아니고, 우선매수신고서만을 제출하거나 최고가입찰자가 제공한 입찰보증금에 미달하는 금액의 보증금을 제공한 경우에도 입찰기일에 입찰법정에서 집행관은 최고가입찰자와 그 입찰가격을 호창하고 입찰의 종결선언을 하기 전에 그 우선매수신고자의 출석 여부를 확인한 다음, 최고가입찰자의 입찰가격으로 매수할 의사가 있는지 여부를 확인하여 즉시 입찰보증금을 제공 또는 추가제공하도록 하는 등으로 그 최고입찰가격으로 매수할 기회를 주어야 한다(대법원 2002. 6. 17.자2002마234 결정).

않게 된다. 응찰자가 아무도 없는 경우에는 우선매수를 신고한 공유자에게 해당 매각기일의 최저매각가격으로 매각허가결정을 하게 된다. 그러나 공유자가 종결고지까지 보증을 제공하지 아니하면 유찰되어 저감된 최저매각가격으로 새 매각이 진행된다. 그러면 공유자는 다시 우선매수신고를 하게 되고, 아무도 입찰하지 않으면 보증금을 내지 않음으로써 또 유찰되게 만들어서 매각 지분의 가치를 매우 낮게 떨어지게 만들 수 있다.

대법원은 공유자의 이러한 우선매수권의 반복적인 행사에 대하여 인정하고 있으며,[73] 다만 집행법원이 경매의 실시를 방해하는 자로서 매각불허가 사유로 조치할 수 있다는 입장이다.[74]

이러한 공유자 우선매수권의 사전 신고와 고의적인 보증금 미제공으로 인하여 경매 절차가 무한 유찰되고 채권자에게 손해가 발

---

73 공유자우선매수제도의 취지, 관련 규정 등에 비추어 보면, 공유자가 매각기일 전에 우선매수신고를 하였으나 다른 매수신고인이 없는 경우 공유자는 그 매각기일이 종결되기 전까지 보증을 제공하고 우선매수권행사의 효력을 발생시킬 수 있으나, 다른 한편 보증을 제공하지 아니하여 우선매수권행사의 효력을 발생시키지 아니하는 것을 선택할 수도 있다고 봄이 상당하고, 다른 특별한 사정이 없는 한 공유자가 우선매수신고를 하고도 그 매각기일에 보증을 제공하지 아니한 것만으로 우선매수권을 행사할 법적 지위를 포기하거나 상실하는 것으로 볼 수는 없는 것이다(대법원 2011. 8. 26.자 2008마637 결정).

74 한편, 관계 법령 및 「민사집행법」상의 공유자우선매수권제도의 취지 내지 한계, 경매제도의 입법 취지 등에 비추어 보면, 공유자가 「민사집행법」 제140조의 우선매수권제도를 이용하여 채무자의 지분을 저가에 매수하기 위하여 여러 차례에 걸쳐 우선매수신고만 하여 일반인들이 매수신고를 꺼릴 만한 상황을 만들어 놓은 뒤, 다른 매수신고인이 없는 때에는 매수신청보증금을 납부하지 아니하는 방법으로 유찰이 되게 하였다가 최저매각가격이 그와 같이 하여 저감된 매각기일에 다른 매수신고인이 나타나면 그때 비로소 매수신청보증금을 납부하여 법원으로 하여금 공유자에게 매각을 허가하도록 하는 것에는 「민사집행법」 제121조, 제108조 제2호의 "최고가매수신고인이 매각의 적정한 실시를 방해한 사람"에 해당되는 매각불허가사유가 있다고 할 것이다(대법원 2011. 8. 26.자 2008마637 결정).

생하는 부작용이 빈번해짐에 따라 집행법원이 이를 방지하기 위하여 특별매각 조건을 붙이게 되었다. 특별매각 조건으로 공유자우선매수권은 1회만 행사하도록 제한하는 조치이다. 즉, 공유자가 보증금의 제공 없이 공유자우선매수권을 신고만 해놓은 경우에 매각기일의 종결고지까지 매수신청보증금을 제공하지 않으면 다음번 새 매각 절차에서는 공유자우선매수권을 행사하지 못한다는 것이다.

새 매각 절차

매각기일에 매각을 실시하였으나, 아무도 입찰(응찰)하지 않은 경우에는, 1기일 2회 실시를 하지 않는 한, 최저매각가격을 일정 비율로 저감하여 다음 매각기일에 '새 매각'을 진행하게 된다.[75] 새 매각 절차에서 저감비율은 각 법원에 따라 20% 또는 30%의 비율이 지역별로 달리 적용되므로 일률적이지는 않다. 통상 입찰자가 많고 시세가 높은 서울지역은 20% 저감률이 적용되고 기타 지방의 경우에는 30% 저감률이 적용되고 있다. 이는 법원의 자유재량 사항이다. 다만, 법원이 적법한 매각기일의 공고 없이 직권으로 매각기일을 변경한 경우에는 최저매각가격을 저감할 수 없다.

그 밖에 새 매각 절차가 진행되는 경우로는 최고가매수신고인이 정해졌으나 매각불허가결정을 받은 경우,[76] 매각허가결정에 대하여 이해관계인의 즉시항고로 취소결정이 내려진 경우, 매각 부동

---

75 입찰자가 1인 이상 응찰하여 최고가매수신고인이 매각허가결정을 받아 대금지급명령을 받았음에도 불구하고 대금지급기한까지 대금을 미납한 경우에 다시 매각을 실시하는 '재매각'과 구별하여야 한다.

76 부동산에 대한 강제경매 절차에 있어서 최고가매수신고인에 대한 매각이 불허된 경우에는 「민사집행법」 제114조 소정의 차순위매수신고제도에 의한 차순위 매수신고인이 있다고 하더라도 그에 대하여 매각허가결정을 하여서는 안 되고, 새로 매각을 실시하여야 한다. 매수인이 대금을 지급하지 아니한 경우에 차순위매수신고인에 대하여 매각을 허가할 것인지를 결정하도록 규정한 같은 법 제137조 제1항의 취지는, 매수인이 대금을 지급하지 않음으로

산이 불가항력의 사유로 훼손 또는 중대한 권리관계 변동 등의 사유로 인하여 매각허가결정이 취소되는 경우가 있다. 이러한 경우에는 최저매각가격을 저감하지 않고 새 매각기일을 직권으로 정하거나, 감정평가를 새로이 하여 최저매각가격을 다시 정해야 한다.

써 매각대금의 일부가 되는 매수신청의 보증금과 차순위매수신고인의 매수신고액의 합이 최고가매수신고인의 매수신청액을 초과하므로(같은 법 제114조 제2항 참조) 재매각을 실시하지 아니하고 당해 매각 절차를 속행할 수 있도록 한다는 데 있다고 볼 것이다. 그런데 최고가매수신고인에 대한 매각불허가가 있는 경우에는 그 매수신청의 보증금이 매각대금에 포함되지 아니하므로, 그와 같은 취지를 여기에 적용할 수 없는 것이다(대법원 2011. 2. 15.자 2010마1793 결정).

매각허가결정

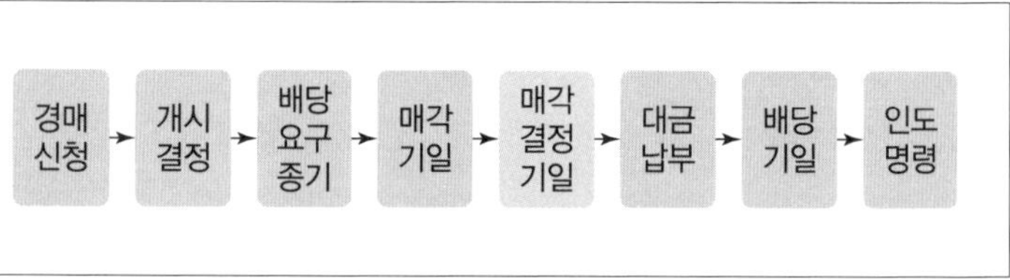

매각결정기일

매각기일에 최고가매수신고인이 정해진 경우에는, 매각기일부터 1주 이내로 '매각결정기일'을 정해야 하고 매각을 허가할 것인지 불허가할 것인지를 결정한다. 매각결정 절차는 반드시 법원 안에서 진행하여야 한다. 매각결정기일에는 이해관계인이 매각허가에 대한 이의를 제기할 사유가 있는 경우에 법원에 출석하여 의견을 진술할 수 있다.

이의를 제기할 수 있는 사유는 「민사집행법」 제121조에 열거된 사유에 한해서만 제기할 수 있고 다른 사유로는 제기할 수 없다.

민사집행법

제121조(매각허가에 대한 이의신청사유)
매각허가에 관한 이의는 다음 각 호 가운데 어느 하나에 해당하는 이유가 있어야 신청할 수 있다.

1. 강제집행을 허가할 수 없거나 집행을 계속 진행할 수 없을 때
2. 최고가매수신고인이 부동산을 매수할 능력이나 자격이 없는 때
3. 부동산을 매수할 자격이 없는 사람이 최고가매수신고인을 내세워 매수신고를 한 때
4. 최고가매수신고인, 그 대리인 또는 최고가매수신고인을 내세워 매수신고를 한 사람이 제108조(매각장소의 질서유지) 각 호 가운데 어느 하나에 해당되는 때
5. 최저매각가격의 결정, 일괄매각의 결정 또는 매각물건명세서의 작성에 중대한 흠이 있는 때
6. 천재지변, 그 밖에 자기가 책임을 질 수 없는 사유로 부동산이 현저하게 훼손된 사실 또는 부동산에 관한 중대한 권리관계가 변동된 사실[77]이 경매 절차의 진행 중에 밝혀진 때
7. 경매 절차에 그 밖의 중대한 잘못이 있는 때

제122조(이의신청의 제한)

이의는 다른 이해관계인의 권리에 관한 이유로 신청하지 못한다.

제123조(매각의 불허)

① 법원은 이의신청이 정당하다고 인정한 때에는 매각을 허가하지 아니한다.

② 제121조에 규정한 사유가 있는 때에는 직권으로 매각을 허가하지 아니한다. 다만, 같은 조 제2호 또는 제3호의 경우에는 능력 또는 자격의 흠이 제거되지 아니한 때에 한한다.

---

77 매각허가에 대한 이의신청사유를 규정한 「민사집행법」 제121조 제6호에서 말하는 '부동산에 관한 중대한 권리관계의 변동'이라 함은 부동산에 물리적 훼손이 없는 경우라도 선순위 근저당권의 존재로 후순위 처분금지가처분(내지 가등기)이나 대항력 있는 임차권 등이 소멸하거나 또는 부동산에 관하여 유치권이 존재하지 않는 것으로 알고 매수신청을 하여 매각허가결정까지 받았으나 그 이후 선순위 근저당권의 소멸로 인하여 처분금지가처분(내지 가등기)이나 임차권의 대항력이 존속하는 것으로 변경되거나 또는 부동산에 관하여 유치권이 존재하는 사실이 새로 밝혀지는 경우와 같이 매수인이 소유권을 취득하지 못하거나 또는 매각 부동산의 부담이 현저히 증가하여 매수인이 인수할 권리가 중대하게 변동되는 경우를 말한다(대법원 2005. 8. 8.자 2005마643 결정).

민사집행법

제124조(과잉매각되는 경우의 매각불허가)

① 여러 개의 부동산을 매각하는 경우에 한 개의 부동산의 매각대금으로 모든 채권자의 채권액과 강제집행비용을 변제하기에 충분하면 다른 부동산의 매각을 허가하지 아니한다. 다만, 제101조 제3항 단서에 따른 일괄매각의 경우에는 그러하지 아니하다.

② 제1항 본문의 경우에 채무자는 그 부동산 가운데 매각할 것을 지정할 수 있다.

제125조(매각을 허가하지 아니할 경우의 새 매각기일)

① 제121조와 제123조의 규정에 따라 매각을 허가하지 아니하고 다시 매각을 명하는 때에는 직권으로 새 매각기일을 정하여야 한다.

② 제121조 제6호의 사유로 제1항의 새 매각기일을 열게 된 때[78]에는 제97조 내지 제105조의 규정을 준용한다.

제126조(매각허가여부의 결정선고)

① 매각을 허가하거나 허가하지 아니하는 결정은 선고하여야 한다.

② 매각결정기일조서에는 민사소송법 제152조 내지 제154조와 제156조 내지 제158조 및 제164조의 규정을 준용한다.

③ 제1항의 결정은 확정되어야 효력을 가진다.

법원이 어떠한 경우에 매각을 '불허가'하는지를 정리해 본다.

- 「민사집행법」 제121조(매각허가에 대한 이의신청사유)에 열거된 사유가 있는 때에는 직권으로 매각불허가결정
- 여러 개의 부동산이 과잉 매각되는 경우(일괄매각[79]은 제외)
- 집행정지결정(강제집행의 일시정지 명령) 정본이 제출된 경우

78 감정평가 및 최저매각가격을 다시 정한다.

79 「민사집행법」 제101조 제3항 단서 : 토지와 그 위의 건물을 일괄매각하는 경우, 분리매각하면 그 경제적 효용이 현저하게 떨어지는 경우, 채무자의 동의가 있는 경우

• 부동산의 훼손 또는 권리[80]관계의 변동이 있는 경우

이 중에서 '부동산의 훼손 또는 권리관계의 변동이 있는 경우'에 이미 매각허가결정이 내려진 이후라면 낙찰자로서는 사후적으로 구제 절차를 밟아야 한다.

매각허가결정이 선고되고 아직 확정되기 전이라면 낙찰자는 매각허가에 대한 '이의신청'을 하거나 '즉시항고' 절차를 이용하면 된다.

매각허가결정이 확정된 뒤에 부동산의 훼손 또는 권리관계의 변동이 밝혀진 경우에는 아직 대금납부 전이라면 매각허가결정의 '취소신청'을 할 수 있다.[81]

그런데 이미 대금납부가 되었다면 낙찰자에게로 권리가 적법하게 이전된 것이므로 법원으로서는 구제해 줄 방법이 없게 되고 낙

---

80 「가등기담보 등에 관한 법률」(이하 「가등기담보법」이라 한다) 제3조, 제4조의 각 규정에 의하면 담보가등기의 경우 청산금의 평가액을 채무자 등에게 통지한 후 채무자에게 정당한 청산금을 지급하거나 지급할 청산금이 없는 경우에는 채무자가 그 청산의 통지를 받은 날로부터 2월의 청산기간이 경과하여야 하는 청산 절차를 거친 후에야 그 가등기에 기한 본등기를 청구할 수 있는데, 위 각 규정을 위반하여 담보가등기에 기한 본등기가 이루어진 경우에는 그 본등기는 무효이고, 다만 가등기권리자가 이러한 청산 절차를 거치면 위 무효인 본등기는 실체적 법률관계에 부합하는 유효한 등기가 될 수 있을 뿐이다(무효의 등기이므로 부동산에 관한 중대한 권리변동에 해당하지 않음). 그리고 「가등기담보법」 제13조, 제14조, 제15조에 의하면, 이러한 청산 절차를 거치기 전에 강제경매 등의 신청이 행하여진 경우 담보가등기권자는 그 가등기에 기한 본등기를 청구할 수 없고, 그 가등기가 부동산의 매각에 의하여 소멸하되 다른 채권자보다 자기 채권을 우선변제받을 권리가 있을 뿐이다.

81 선순위 근저당권의 존재로 후순위 임차권의 대항력이 소멸하는 것으로 알고 부동산을 매수하였으나, 그 이후 선순위 근저당권의 소멸로 인하여 임차권의 대항력이 존속하는 것으로 변경됨으로써 매각 부동산의 부담이 현저히 증가하는 경우에는, 매수인으로서는 제127조 제1항에 의하여 매각허가결정의 취소신청을 할 수 있다(대법원 98마1031 결정).

찰자가 배당받은 자들을 상대로 부당이득 반환의 법리로 '추급'하는 수밖에 없다. 그러나 대금납부 이후에 아직 배당 전이라면 낙찰자는 집행법원에 대하여 '매매의 해제'를 구하여 법원이 보관 중인 낙찰대금의 반환을 받을 수 있다.[82]

일반적으로 법원의 결정은 '재판의 고지'만으로 효력이 발생하지만, 「민사집행법」 제126조의 '매각허가 여부'에 대한 결정은 반드시 '선고'하여야 한다. 또한 선고된 매각 허부의 결정은 7일 이내에 '즉시항고'의 대상이 되는데, 즉시항고 없이 7일을 경과한 경우에 '확정'이 된다. 즉, 허가 또는 불허가결정은 '확정'되어야 효력이 발생하는 것이다.

매각결정기일에 매각불허가결정이 내려지면, 선고한 때에 '고지'의 효력이 발생하므로 따로 송달을 하거나 공고를 할 필요가 없다. 매각불허가결정이 내려진 경우에 최고가매수신고인은 7일 이내에 즉시항고를 할 수 있고, 즉시항고를 하지 않고 7일이 경과한 경우에는 불허가결정이 확정되므로 입찰보증금의 반환을 청구할 수 있다.

이와 같은 매각불허가 사유가 없으면 매각허가결정을 하여야 한다. 즉, 「민사집행법」 제126조 제1항에서는 '집행법원은 이해관계인의 매각허가에 대한 이의가 이유 없다고 인정되고 그 밖의 직권으로 매각불허가할 사유가 없다고 인정되는 때에는 최고가매수신고인에게 매각을 허가한다는 취지의 결정을 한다.'고 규정하고 있다.

매각허가결정 역시 반드시 '선고'하여야 하며, 선고한 때에 '고지'

82 대법원 96그64 결정 참조

의 효력이 발생한다. 매각허가결정은 이해관계인에게 결정정본을 송달할 필요는 없지만 '공고'는 하여야 한다.

매각대금 지급 절차

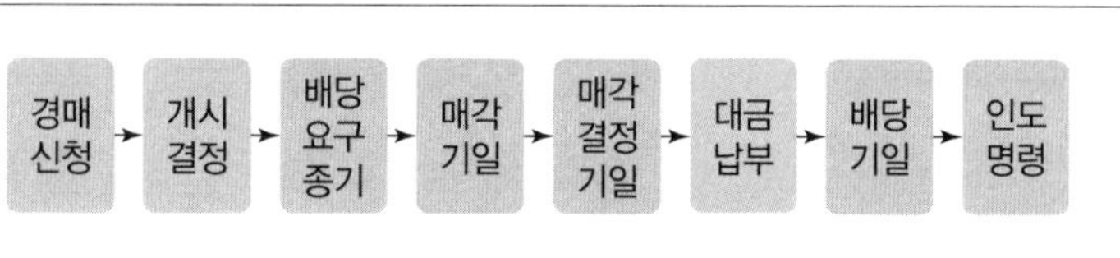

대금납부기한

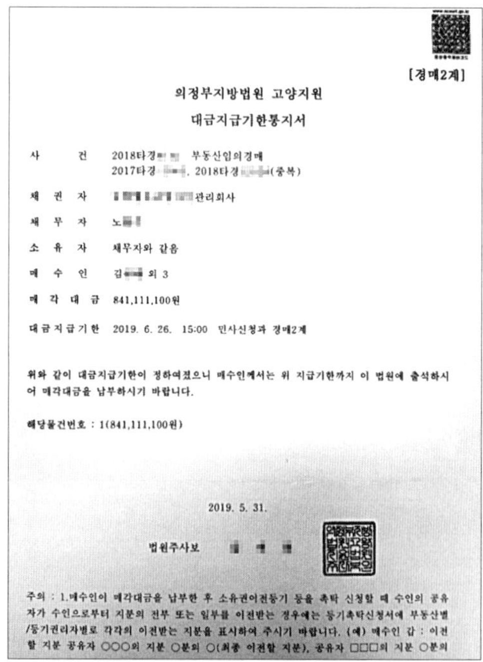

[경매2계]

의정부지방법원 고양지원

대금지급기한통지서

사 건	2018타경[illegible] 부동산임의경매 2017타경[illegible], 2018타경[illegible](중복)
채 권 자	[illegible]관리회사
채 무 자	노[illegible]
소 유 자	채무자와 같음
매 수 인	김[illegible] 외 3
매 각 대 금	841,111,100원
대금지급기한	2019. 6. 26. 15:00 민사신청과 경매2계

위와 같이 대금지급기한이 정하여졌으니 매수인께서는 위 지급기한까지 이 법원에 출석하시어 매각대금을 납부하시기 바랍니다.

해당물건번호 : 1(841,111,100원)

2019. 5. 31.

법원주사보 [illegible]

주의 : 1.매수인이 매각대금을 납부한 후 소유권이전등기 등을 촉탁 신청할 때 수인의 공유자가 수인으로부터 지분의 전부 또는 일부를 이전받는 경우에는 등기촉탁신청서에 부동산별/등기권리자별로 각각의 이전받는 지분을 표시하여 주시기 바랍니다. (예) 매수인 갑 : 이전할 지분 공유자 ○○○의 지분 ○분의 ○(최종 이전할 지분), 공유자 □□□의 지분 ○분의

대금지급기한통지서 예시

매각허가결정이 '확정'되면 법원은 매각허가결정이 확정된 날부터 1월 이내의 기간으로 대금지급기한을 정하여 매수인(낙찰자)과 차순위매수신고인에게 '대금지급기한통지서'를 보낸다.

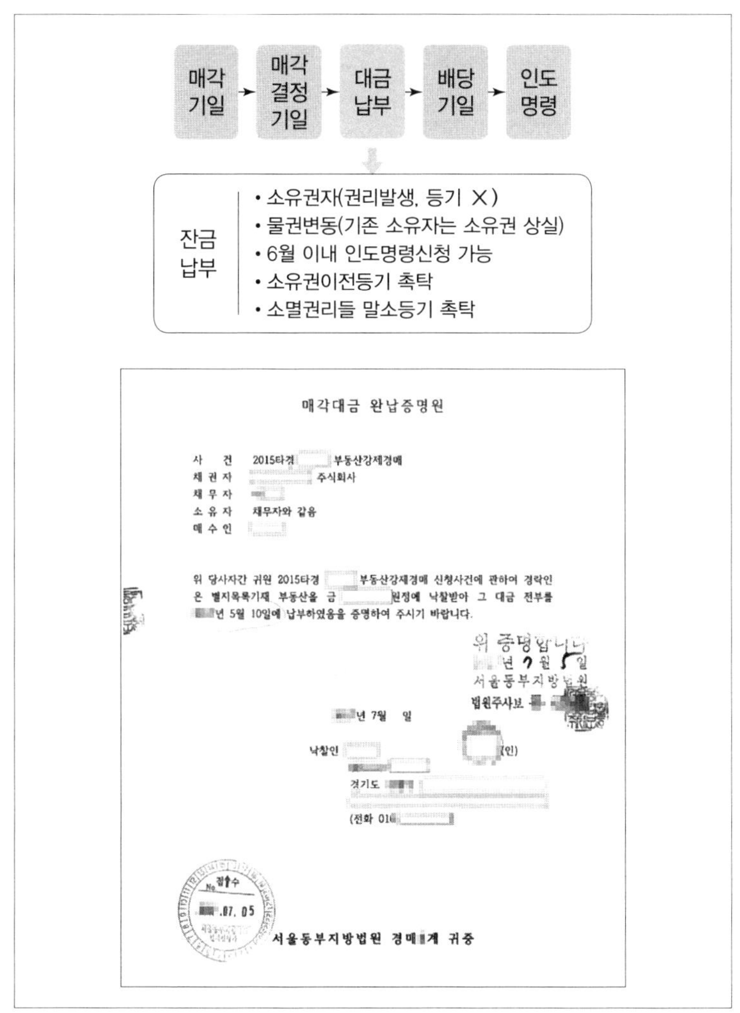

매각대금 완납증명원

사 건 2015타경 부동산강제경매
채 권 자 주식회사
채 무 자
소 유 자 채무자와 같음
매 수 인

위 당사자간 귀원 2015타경 부동산강제경매 신청사건에 관하여 경락인은 별지목록기재 부동산을 금 원정에 낙찰받아 그 대금 전부를 년 5월 10일에 납부하였음을 증명하여 주시기 바랍니다.

위 증명합니다
년 7월 5일
서울동부지방법원
법원주사보

년 7월 일

낙찰인 (인)

경기도

(전화 010

No 접수
.07. 05

서울동부지방법원 경매 계 귀중

대금납부 이후 절차

매각허가결정이 확정된 이후에 「민사집행법」 제49조에 정한 서류(집행정지서류)가 법원에 제출된 경우에는 대금지급기한을 정할 수 없고 이미 기한을 정하였어도 대금을 수령할 수 없다.

대금지급은 매각허가결정이 확정된 매수인의 공법상 의무이기 때문에 이를 일방적으로 포기할 수 없다. 낙찰자와 채무자가 합의하여 매수인의 지위를 포기한다는 합의서를 법원에 제출하여도 효력이 없고 매수인의 지위는 변함이 없다.

낙찰대금은 현금으로 전액 일시 납부하여야 한다. 만약 입찰 당시의 매수신청보증금이 현금이 아니었을 경우에는 전액을 현금으로 납부하여야 하고, 매수신청보증금이 현금이었으면 나머지 금액을 현금 납부하면 된다.

「민사집행법」에서는 대금의 지급방법에 있어서 특별한 경우를 인정해 주고 있는데, ① 매수인이 채무를 인수하는 경우, ② 매수인이 채권자인 경우에 상계를 인정한다.

- **채무인수** : 매수인은 낙찰대금의 한도에서 채권자의 승낙을 얻어서 채무자의 금전채무를 인수함으로써 인수한 금액만큼을 납부할 매각대금에서 감액할 수 있다. 근저당권을 인수하기로 하였다면 해당 근저당권등기는 매각으로 인하여 말소촉탁을 하면 안 되고, 배당표에서는 배당받을 채권자로 표시한다.
- **상계처리(차액지급)** : 매수인이 채권자인 경우에는 매각결정기일이 끝날 때까지 법원에 신고하면 채권자로서 배당받아야 할 금액을 제외한 나머지 낙찰대금을 '배당기일'에 낼 수 있다. 즉,

채권자로서의 받아야 할 채권을 자동채권으로 하여 '상계'처리하고 남은 차액을 지급할 수 있다는 것이다. 이러한 신고가 있는 경우에는 법원은 대금지급기한을 정하지 않고 바로 배당기일을 정하여 차액을 납부할 수 있도록 한다. 일단 차액지급이 허용된 이상 매수인의 채권이 존재하지 않는다는 사정이 뒤늦게 밝혀지더라도 대금납부의 효력(물권변동)에는 영향을 미치지 못한다.[83]

매수인이 대금지급기한까지 납부를 하지 못한 경우에는 매수신청보증금을 반환하지 않고 배당재원으로 남겨두고 '재매각' 절차를 실시한다. 만약 차순위매수신고인이 있다면 재매각을 실시하지 않고 차순위매수신고인에 대하여 매각허가결정을 하고 대금지급기한을 다시 통보한다. 이때 차순위매수신고인에 대하여 매각불허가결정이 확정되는 경우에는 법원이 직권으로 재매각 절차를 실시한다.

---

83 가집행선고부판결을 채무명의로 하여 채무자 소유 부동산에 대하여 강제경매를 신청한 채권자가 스스로 경락인이 되어 경락허가결정이 확정된 다음 경락대금지급에 있어서는 채무명의가 된 가집행선고부판결에서 표시된 채권을 자동채권으로 하여 경락대금 지급채무와 상계신청을 한 결과 「민사소송법」 제660조 제2항(현행 「민사집행법」 제143조 제3항) 소정의 이의가 없어 경락대금납부기일에 그 상계의 효력이 발생하고 경락인이 경매부동산의 소유권을 취득하였다면 위 가집행선고부판결의 집행력이 상계 당시 적법한 절차에 의하여 저지되지 아니한 이상, 위 상계는 채권자가 실제로 경락대금을 납부한 다음 배당기일에 자기의 채권액을 배당받는 경우와 마찬가지의 효력을 발생한다고 할 것이고, 따라서 그 이후에 위 가집행선고부판결이 상소심에서 취소되어 위 상계에 있어서의 자동채권의 존재가 부정되었다 할지라도 위 상계를 비롯하여 이미 완료된 강제경매 절차의 효력에는 아무런 영향을 미치지 아니한다(대법원1991. 2. 8. 선고 90다16177 판결).

민사집행법

제138조(재매각)

① 매수인이 대금지급기한 또는 제142조 제4항의 다시 정한 기한까지 그 의무를 완전히 이행하지 아니하였고, 차순위매수신고인이 없는 때에는 법원은 직권으로 부동산의 재매각을 명하여야 한다.

② 재매각 절차에도 종전에 정한 최저매각가격, 그 밖의 매각 조건을 적용한다.

③ 매수인이 재매각기일의 3일 이전까지 대금, 그 지급기한이 지난 뒤부터 지급일까지의 대금에 대한 대법원규칙이 정하는 이율에 따른 지연이자와 절차비용을 지급한 때에는 재매각 절차를 취소하여야 한다. 이 경우 차순위매수신고인이 매각허가결정을 받았던 때에는 위 금액을 먼저 지급한 매수인이 매매목적물의 권리를 취득한다.

④ 재매각 절차에서는 전의 매수인은 매수신청을 할 수 없으며 매수신청의 보증을 돌려 줄 것을 요구하지 못한다.

재매각 절차는 앞서의 매각실시 절차의 연속선상에서 속행되는 것이므로 새 매각 절차와는 다르며, 저감되지 않고 종전에 정한 최저매각가격 및 기타 매각 조건을 동일하게 적용한다. 재매각 명령이 내려진 이후에는 전 매수인은 매각허가결정에 대하여 취소를 신청할 수 없다.[84]

84 「민사집행법」 제127조 제1항, 제121조 제6호의 취지는 매수인에게 매각허가결정의 취소신청을 할 수 있도록 허용함으로써 매수인의 불이익을 구제하려는 데 있는 점, 「민사집행법」 제138조 제1항에 의하면 재매각명령이 나면 확정된 매각허가결정의 효력이 상실되는 점, 「민사집행법」 제138조 제3항의 취지는 재매각 절차가 전 매수인의 대금지급의무 불이행에 기인하는 것이어서 전 매수인이 법정의 대금 등을 완전히 지급하려고 하는 이상 구태여 번잡하고 시일을 요하는 재매각 절차를 반복하는 것보다는 최초의 매각 절차를 되살려서 그 대금 등을 수령하는 것이 경매의 목적에 합당하다는 데에 있는 점 등을 종합하여 보면, 매수인은 재매각명령이 난 이후에는 매각허가결정의 취소신청을 할 수 없다고 봄이 상당하다(대법원 2009. 5. 6.자 2008마1270 결정).

재매각 절차가 실시되면 전의 매수인은 매수신청보증금을 반환받을 수 없고 반환을 요구하지 못한다.[85] 다만, 매각 절차가 취소되거나 경매신청이 취하되어 매각 절차가 더 이상 진행되지 않게 되는 경우에는 전의 매수인이 낸 입찰보증금에 대하여 환급신청을 할 수 있다.

민사집행법

제135조(소유권의 취득시기)
매수인은 매각대금을 다 낸 때에 매각의 목적인 권리를 취득한다.

매매계약을 체결하고 매수인이 잔금을 지급한 경우에는 소유권이전등기를 청구할 수 있는 채권이 발생할 뿐이고 소유권이전등기가 완료되지 않으면 여전히 소유자가 아닌 채권자에 불과하다. 즉, 법률행위인 계약을 원인으로 하여 소유권을 취득하려면 반드시 '등기'라는 효력발생요건을 갖추어야 한다.[86]

그러나 경매를 통하여 낙찰받은 최고가매수신고인은 대금납부를 하는 즉시 '등기 없이도' 소유권 취득이라는 물권변동의 효과가 발생한다. 이는 「민사집행법」 제135조라는 '법률규정'에 의하여 등

85 매수신청의 보증제도는 진지한 매수의사가 없는 사람의 매수신청을 배제하여 매각의 적정성을 보장하기 위한 것이라는 점에 비추어 볼 때, 매수인이 대금지급기한까지 그 의무를 완전히 이행하지 아니하여 진행되는 재매각 절차에서는 전의 매수인은 매수신청의 보증을 돌려줄 것을 요구하지 못하며, 이는 재매각 절차의 진행 중에 부동산 중 일부에 관한 권리관계가 변동되어 법원이 직권으로 최저매각가격을 변경하였더라도 마찬가지라고 할 것이다(대법원 2008. 9. 12.자 2008마1112 결정).

86 「민법」 제186조(부동산물권변동의 효력) : 부동산에 관한 법률행위로 인한 물권의 득실변경은 등기하여야 그 효력이 생긴다.

기 없이도 권리(소유권)를 취득할 수 있게 되는 것이다.[87]

따라서 낙찰자는 대금납부를 하는 즉시 소유권자가 되고, 채무자인 소유자는 낙찰자가 대금납부를 하는 즉시 소유권을 상실하고 불법점유자(인도대상자)의 지위로 떨어지게 되는 것이다. 즉, 낙찰자의 대금완납증명서가 소유자임을 증명해 주는 것이다. 최고가매수신고인이 대금을 완납하면 차순위매수신고인은 즉시 매수신청보증금을 반환받을 수 있다.

다른 사람 명의로 낙찰을 받고 대금을 납부한 뒤에 실제로 돈을 지급한 사람 앞으로 소유권이전등기를 할 수 있을까? 매가허가결정을 받은 사람의 명의로 소유권이전등기 촉탁이 되므로 낙찰자 명의로 등기가 된 이후에 소유권이전등기를 다시 하는 것은 가능하지만, 매각허가결정을 받은 최고가매수신고인 명의와 다른 사람에게 촉탁등기를 하는 것은 불가하다.

부동산경매 절차에서 부동산을 매수하려는 사람이 매수대금을 자신이 부담하면서 타인의 명의로 매각허가결정을 받기로 함에 따라 그 타인이 경매 절차에 참가하여 매각허가가 이루어진 경우에도 그 경매 절차의 매수인은 어디까지나 그 명의인이므로 경매 목적 부동산의 소유권은 매수대금을 실질적으로 부담한 사람이 누구인가와 상관없이 그 명의인이 취득한다 할 것이고, 이 경우 매수대금을 부담한 사람과 이름을 빌려 준 사람 사이에는 명의신탁관계가

87 「민법」 제187조(등기를 요하지 아니하는 부동산물권취득) 상속, 공용징수, 판결, 경매 기타 법률의 규정에 의한 부동산에 관한 물권의 취득은 등기를 요하지 아니한다. 그러나 등기를 하지 아니하면 이를 처분하지 못한다.

성립한다(대법원 2008. 11. 27. 선고 2008다62687 판결 등 참조). 이러한 경우 매수대금을 부담한 명의신탁자와 명의를 빌려 준 명의수탁자 사이의 명의신탁약정은 「부동산 실권리자명의 등기에 관한 법률」(이하 「부동산실명법」)' 제4조 제1항에 의하여 무효이나(대법원 2009. 9. 10. 선고 2006다73102 판결 등 참조), 경매 절차에서의 소유자가 위와 같은 명의신탁약정 사실을 알고 있었거나 소유자와 명의신탁자가 동일인이라고 하더라도 그러한 사정만으로 그 명의인의 소유권취득이 「부동산실명법」 제4조 제2항에 따라 무효로 된다고 할 것은 아니다. 비록 경매가 사법상 매매의 성질을 보유하고 있기는 하나 다른 한편으로는 법원이 소유자의 의사와 관계없이 그 소유물을 처분하는 공법상 처분으로서의 성질을 아울러 가지고 있고, 소유자는 경매 절차에서 매수인의 결정 과정에 아무런 관여를 할 수 없는 점, 경매 절차의 안정성 등을 고려할 때 경매 부동산의 소유자를 위 제4조 제2항 단서의 '상대방 당사자'라고 볼 수는 없기 때문이다(대법원 2012. 11. 15. 선고 2012다69197 판결).

법원은 대금을 완납한 매수인을 위하여 등기업무를 지원해 준다. 법원사무관은 매각허가결정등본을 첨부하여 매수인 앞으로 소유권이전등기, 소멸되는 부동산 위의 권리에 관한 말소등기, 경매개시결정등기의 말소등기를 등기관에게 촉탁하여야 한다.[88] 만약 매수

---

88 「민사집행법」 제144조 제1항 : 매각대금이 지급되면 법원사무관 등은 매각허가결정의 등본을 붙여 다음 각호의 등기를 촉탁하여야 한다.

1. 매수인 앞으로 소유권을 이전하는 등기
2. 매수인이 인수하지 아니한 부동산의 부담에 관한 기입을 말소하는 등기
3. 제94조 및 제139조 제1항의 규정에 따른 경매개시결정등기를 말소하는 등기

인이 경락잔금대출을 이용하여 대금을 납부하는 경우에는 대출은행이 근저당권자로서 매각 부동산을 담보로 제공받아야 하므로 은행이 지정하는 협약 법무사에게 촉탁서를 교부하여 등기소에 제출하는 방법으로 진행된다.[89]

법원은 대금을 완납한 매수인을 위하여 등기촉탁업무를 지원함으로써 권리에 관한 뒷정리를 도와줄 뿐만 아니라, 물리적 공간의 뒤처리도 지원을 해주고 있다. 대금을 납부한 날부터 6월 이내에 매수인이 법원에 '인도명령'을 신청하면 매각 부동산을 정당한 권원 없이 점유하고 있는 불법점유자(전 소유자 또는 대항력 없는 임차인 등)를 강제로 퇴거시키고 소유자인 매수인 앞으로 점유를 이전할 수 있도록 지원해 준다. 다만, 집행비용은 매수인이 부담하여야 하며, 6월이 지난 경우에는 매수인이 별도로 명도소송을 다시 하여야 한다.

1) 대금납부 이후에 매각허가의 무효를 주장할 수 있나?

경매 절차에 있어서 하자가 있었더라도 매각허가결정이 확정되고 매수인이 대금을 완납하였다면 소유권은 유효하고 적법하게 이전된 것이므로 경매 절차 밖에서 매각허가결정의 무효를 주장하면서 매수인의 소유권의 효력을 다툴 수 없다.

---

89 「민사집행법」 제144조 제2항 : 매각대금을 지급할 때까지 매수인과 부동산을 담보로 제공받으려고 하는 사람이 대법원규칙으로 정하는 바에 따라 공동으로 신청한 경우, 제1항의 촉탁은 등기신청의 대리를 업으로 할 수 있는 사람으로서 신청인이 지정하는 사람에게 촉탁서를 교부하여 등기소에 제출하도록 하는 방법으로 하여야 한다. 이 경우 신청인이 지정하는 사람은 지체 없이 그 촉탁서를 등기소에 제출하여야 한다.

“경매법원이 이해관계인인 채무자에게 경매기일을 통지하지 아니하였다고 하더라도 위와 같은 위법은 경락허가결정에 대한 이의사유로서 경락허가결정에 대한 항고 등으로 다투어야 할 것이지 경락허가결정이 확정된 후에는 위와 같은 사유를 주장하여 경락의 효력을 다툴 수는 없다(대법원 1992. 2. 14. 선고 91다40160 판결).”

“강제집행의 정지사유가 있음에도 불구하고 경매법원이 이를 정지하지 아니하고 대금지급기일을 정하고, 대금납부를 받는 등 경매 절차를 진행하는 경우에 이해관계인은 「민사집행법」 제16조 소정의 집행에 관한 이의, 나아가 즉시항고에 의하여 그 시정을 구할 수 있는바, 이러한 불복의 절차 없이 경매 절차가 그대로 완결된 경우에는 그 집행행위에 의하여 발생된 법률효과는 부인할 수 없다(대법원 1992. 9. 14. 선고 92다28020 판결).”

2) 추후 보완항고(대법원 2002. 12. 24.자 2001마1047 전원합의체 결정)

① 경락허가결정에 대한 즉시항고에 대하여 항고법원이 항고를 기각한 경우 항고인만이 재항고를 할 수 있고 다른 사람은 그 결정에 이해관계가 있다 할지라도 재항고를 할 수 없는 것이지만 항고법원이 항고를 인용하여 원결정을 취소하고 다시 상당한 결정을 하거나 원심법원으로 환송하는 결정을 하였을 때에는 그 새로운 결정에 따라 손해를 볼 이해관계인은 재항고를 할 수 있다.

② 경매법원이 이해관계인에게 입찰기일 및 낙찰기일을 통지하지 아니한 채 입찰기일의 경매 절차를 속행하여 낙찰이 이루어지게 하였다면, 이해관계인이 이러한 기일통지를 받지 못하였더라도 입찰기일을 스스로 알고 그 기일에 출석하여 입찰에 참가함으로써 자신의 권리보호에 필요한 조치를 취할 수 있었다는 등의 사정이 없는 한 그 이해관계인은 이로 인하여 법이 보장하고 있는 절차상의 권리를 침해당한 손해를 받았다고 할 것이어서 낙찰허가결정에 대하여 즉시항고를 할 수 있다고 할 것이며, 입찰기일 또는 낙찰기일을 통지받지 못함으로 인하여 그 이해관계인에게 구체적 또는 추상적으로 재산상의 손해가 발생한 경우에 한하여 그 이해관계인이 즉시항고를 할 수 있는 것은 아니다.

③ 경매법원이 이해관계인 등에게 경매기일 등의 통지를 하지 아니하여 그가 경락허가결정에 대한 항고기간을 준수하지 못하였다면 특단의 사정이 없는 한 그 이해관계인은 자기책임에 돌릴 수 없는 사유로 항고기간을 준수하지 못한 것으로 보아야 하며, 그러한 경우에는 형평의 원칙으로부터 인정된 구제방법으로서의 추완이 허용되어야 할 것이다.

④ 경락허가결정에 대하여 이해관계인이 추완에 의한 항고를 제기한 경우 항고법원에서 추완신청이 허용되었다면 비록 다른 이유로 항고가 이유 없는 경우에도 경락허가결정은 확정되지 아니하고 따라서 그 이전에 이미 경락허가결정이 확정된 것으로 알고 경매법원이 경락대금납부기일을 정하여 경락인으로 하여

금 경락대금을 납부하게 하였다고 하더라도 이는 적법한 경락대금의 납부라고 할 수 없는 것이어서, 배당 절차가 종료됨으로써 경매가 완결되었다고 하여 그 추완신청을 받아들일 수 없는 것은 아니다.

이처럼 추완항고가 허용된 경우에는 대금납부 이후라도 소유권 취득의 효과가 발생하지 않으므로 낙찰자로서는 그 결과에 따라 소유권을 취득하지 못할 수도 있다.

배당 절차

매각대금의 배당

경매신청 → 개시결정 → 배당요구종기 → 매각기일 → 매각결정기일 → 대금납부 → 배당기일 → 인도명령

배당기일

매각대금이 지급되면 법원은 배당 절차를 밟아야 한다. 법원이 매각의 준비와 매각의 실시를 통하여 기나긴 절차를 진행해 온 이유는 바로 채권자에게 배당을 해주기 위한 것이다.

매각대금이 충분하고 넉넉하다면 채권자들에게는 만족할 만한 '잔치'가 되겠지만 일반적으로 낙찰금액은 채권자들 모두가 배당받아 가기에는 항상 부족한 '잔치'이다. 배당재원이 넉넉하든 부족하든 집행 절차에서는 반드시 배당 절차를 밟아야 한다.

매수인이 매각대금을 지급하면 법원은 배당에 관한 진술 및 배당을 실시할 기일을 정하고 이해관계인과 배당을 요구한 채권자에게 이를 통지하여야 한다. 다만, 채무자가 외국에 있거나 있는 곳이 분명하지 아니한 때에는 통지하지 아니한다(「민사집행법」 제146조). 배당받을 금액이 전혀 없는 채권자에게도 배당기일 통지는 하여야 한다.

법원은 배당기일의 지정 및 통지를 하고 배당표 원안을 작성하는데, 배당표에는 매각대금, 채권자의 채권 원금, 이자, 비용, 배당순위 및 배당비율을 기재한다. 배당표 원안이 작성되면 법원은 배당기일 3일 전까지 이를 법원에 비치하고 열람할 수 있게 하여야 한다.

지방법원

배 당 표

사 건 2006타경 부동산임의경매

배 당 할 금 액	금 112,925,912		
명세 - 매 각 대 금	금 112,689,000		
명세 - 지 연 이 자	금 0		
명세 - 전경매보증금	금 0		
명세 - 매각대금이자	금 236,912		
명세 - 항고보증금	금 0		
집 행 비 용	금 2,268,310		
실제배당할 금액	금 110,657,602		
매 각 부동산	계양구 작전동 912-4 도두리마을 동남아파트		
채 권 자		주식회사	
채권금액 - 원 금	21,000,000	76,000,000	394,160
채권금액 - 이 자	0	17,271,016	14,660
채권금액 - 비 용	0	0	0
채권금액 - 계	21,000,000	93,271,016	408,820
배 당 순 위	1,4	2	3
이 유	임차인	채권자	교부권자
채 권 최 고 액	16,241,907	98,800,000	408,820
배 당 액	16,241,907	93,271,016	408,820
잔 여 액	94,415,695	1,144,679	735,859
배 당 비 율	100.00%	100.00%	100.00%
공탁번호 (공탁일)	금제 호 (. . .)	금제 호 (. . .)	금제 호 (. . .)

2-1

배당표의 예

배당할 재원에는 낙찰자가 납부한 매각대금, 낙찰자가 대금미납하여 반환받지 못한 매수신청보증금, 재매각이 취소됨에 따라 매수인이 내는 지연이자, 현금이 아닌 매수보증의 현금화에 따른 지연이자, 이해관계인의 항고가 배척된 경우 반환하지 않는 항고보증금 등이 배당재원에 포함된다.

근저당권자와 배당

근저당권이 담보하는 채권(피담보채권)의 범위는 원금과 이자, 손해배상(지연손해금), 위약금 등을 합산하여 '채권최고액'의 한도 내에서만 근저당권자가 우선변제를 받을 수 있고, 채권최고액을 초과하는 금액은 우선변제를 받을 수 없다.

근저당권설정자와 채무자가 동일한 경우에는 근저당권의 채권최고액은 우선변제받을 수 있는 상한으로서의 의미에 불과하고 최종 결산 채무액이 채권최고액을 초과할 경우 채무자가 채권최고액만을 변제하고 이러한 일부 변제만으로 근저당권설정자인 채무자가 근저당권 말소등기를 청구하지 못한다. 그러나 경매의 배당 절차 내에서는 채권최고액 한도를 초과하는 채권금액은 우선변제권을 행사하지 못하므로 일반채권으로 배당받거나 회수하지 못한 채매각 부동산의 등기에서 말소된다. 다만, 후순위 담보권자나 채권자가 없는 경우에는 근저당권자가 일반채권자로서 남은 배당재원에서 초과 채무를 충당할 수 있다.

한편, 근저당권설정자가 채무자가 아닌 물상보증인일 경우에는 채권최고액을 초과하는 지연손해금을 배당받을 수 없고 남은 금액이 있다면 소유자인 물상보증인에게 돌아가야 한다. 물상보증인은 채권최고액의 한도 내에서만 물적인 책임을 지는 것이기 때문이다.

근저당권의 목적물이 되는 부동산의 제3취득자(소유권, 지상권, 전세권을 취득한 제3자)도 피담보채무를 채권최고액 한도 내에서 변제하고 근저당권의 소멸을 청구할 수 있다.

근저당권의 피담보채권이 확정되는 시점

저당권은 확정채권이 등기되어 있지만, 근저당권은 불확정채권으로서 상한선인 '채권최고액'이 설정되어 있다. 따라서 원인채권인 피담보채권이 언제 확정되는가에 따라 배당기일에 받아갈 금액도 달라지게 된다.

근저당권자가 직접 담보권실행 경매를 신청한 경매신청채권자인 경우에는 '경매를 신청한 때'에 피담보채권이 확정된다. 따라서 경매신청 이후에 새로이 발생한 원금채권은 기존 근저당권에 의하여 담보되지 않는다. 반면, 근저당권자가 아닌 타인에 의하여 경매가 신청되어 진행되는 경우에는 '낙찰자가 매각대금을 납부한 때'에 피담보채권이 확정된다.

선순위 근저당권이 설정되어 있는 부동산에 대하여 근저당권을 취득하는 거래를 하려는 사람들은 선순위 근저당권의 채권최고액만큼의 담보가치는 이미 선순위 근저당권자에 의하여 파악되어 있는 것으로 인정하고 거래를 하는 것이 보통이므로 담보권 실행을 위한 경매 절차가 개시되었음을 선순위 근저당권자가 안 때 이후의 어떤 시점에 선순위 근저당권의 피담보채무액이 증가하더라도 그와 같이 증가한 피담보채무액이 선순위 근저당권의 채권최고액 한도 안에 있다면 경매를 신청한 후순위 근저당권자가 예측하지 못한 손해를 입게 된다고 볼 수 없다. 반면, 선순위 근저당권자는 자신이 경매신청을 하지 아니하였으면서도 경락으로 인하여 근저당권을 상실하게 되는 처지에 있으므로 거래의 안전을 해치지 아니하는 한도 안에서 선순위 근저당권자가 파악한 담보가치를 최대한 활용할 수 있도록 함이 타당하다. 이와 같은 관점에서 보면 후순위 근저당권자가 경매를 신청한 경우 선순위 근저당권의 피담보채권은 그 근저당권이 소멸하는 시기, 즉 경락인이 경락대금을 완납한 때에 확정된다고 보아야 할 것이다(대법원 1999. 9. 21. 선고 99다26085 판결).

2 채권최고액을 초과하는 채권금액의 배당

근저당권을 설정한 채권자가 받아야 할 금액이 채권최고액을 넘어서는 경우에 배당에서 근저당권자인 채권자가 채권최고액 초과 부분을 배당받을 수 있을 것인지가 문제된다.

근저당권의 담보 부동산을 제공한 사람이 채무자인지 아니면 채무자가 아닌 다른 사람의 부동산이 담보로 제공된 것인지에 따라 배당 가능 여부가 달라진다.

1) 근저당권설정자(소유자)가 채무자인 경우

근저당권자가 경매신청을 할 때 또는 채권계산서에 채권최고액을 초과하는 금액까지 기재하여 청구한 경우에는 이를 배당 절차에서 변제 충당할 수 있다. 다만, 우선변제로는 배당받을 수 없고 일반채권으로서 후순위 배당을 받아야 한다.

"경매 절차에 있어 근저당권설정자와 채무자가 동일한 경우에 근저당권의 채권최고액은 후순위 담보권자나 저당목적 부동산의 제3취득자에 대한 우선변제권의 한도로서의 의미를 갖는 것에 불과하고 그 부동산으로써는 그 최고액 범위 내의 채권에 한해서만 변제를 받을 수 있다는 이른바 책임의 한도라고까지는 볼 수 없으므로 제3취득자나 후순위 근저당권자가 없는 한 근저당권자의 채권액이 근저당권의 최고액을 초과하는 경우에 경락대금 중 그 채권최고액을 초과하는 금액이 있더라도 이는 근저당권설정자에게 반환할 것은 아니고 근저당권자의 채권최고액을 초과하는 채무의 변제에 충당하여야 할 것이다(대법원 1992. 5. 26. 선고 92다1896 판결).

2) 근저당권설정자(소유자)가 채무자가 아닌 경우

근저당권설정자가 물상보증인이거나, 매각 부동산에 제3취득자가 생긴 경우에는 채권최고액을 초과하는 채권액을 근저당권자에게 배당해 줄 수 없고 물상보증인이나 제3취득자에게 돌려주어야 한다. 근저당권자가 초과 채권액을 배당받으려면 일반채권으로서 가압류집행을 하거나 집행력 있는 정본에 의하여 별도의 배당요구를 하거나 배당요구 종기까지 강제경매신청을 한 경우에는 일반채권자로서 안분배당을 받을 수 있다.

3 근저당권자 vs 일부 대위변제자

변제할 정당한 이익이 있는 자가 채무자를 위하여 채권의 일부를 대위변제할 경우에 대위변제자는 변제한 가액의 범위 내에서 종래 채권자가 가지고 있던 채권 및 담보에 관한 권리를 취득하게 되고 따라서 채권자가 부동산에 대하여 저당권을 가지고 있는 경우에는 채권자는 대위변제자에게 일부 대위변제에 따른 저당권의 일부 이전의 부기등기를 경료해 주어야 할 의무가 있다 할 것이나 이 경우에도 채권자는 일부 대위변제자에 대하여 우선변제권을 가지고 있다 할 것이다(대법원 1988. 9. 27. 선고 88다카1797 판결).

채권의 일부에 관하여 대위변제가 있는 때에는 대위자는 그 변제한 가액에 비례하여 채권자와 함께 그 권리를 행사한다(「민법」 제483조 제1항).

대법원 2011. 6. 10. 선고 2011다9013 판결

변제할 정당한 이익이 있는 사람이 채무자를 위하여 근저당권 피담보채무의 일부를 대위변제한 경우에는 대위변제자는 근저당권 일부 이전의 부기등기 경료 여부에 관계없이 변제한 가액 범위 내에서 채권자가 가지고 있던 채권 및 담보에 관한 권리를 법률상 당연히 취득한다. 한편, 수인이 시기를 달리하여 채권의 일부씩을 대위변제한 경우 그들은 각 일부 대위변제자로서 변제한 가액에 비례하여 근저당권을 준공유한다고 보아야 하나, 그 경우에도 채권자는 특별한 사정이 없는 한 채권의 일부씩을 대위변제한 일부 대위변제자들에 대하여 우선변제권을 가지고, 채권자의 우선변제권은 채권최고액을 한도로 자기가 보유하고 있는 잔존 채권액 전액에 미치므로, 결국 근저당권을 실행하여 배당할 때에는 채권자가 자신의 잔존 채권액을 일부 대위변제자들보다 우선하여 배당받고, 일부 대위변제자들은 채권자가 우선 배당받고 남은 한도액을 각 대위변제액에 비례하여 안분 배당받는 것이 원칙이다.

다만, 채권자가 어느 일부 대위변제자와 변제 순위나 배당금 충당에 관하여 따로 약정을 한 경우에는 약정에 따라 배당방법이 정해지는데, 이 경우에 채권자와 다른 일부 대위변제자들 사이에 동일한 내용의 약정이 있는 등 특별한 사정이 없는 한 약정의 효력은 약정 당사자에게만 미치므로, 약정 당사자가 아닌 다른 일부 대위변제자가 대위변제액에 비례하여 안분 배당받을 권리를 침해할 수는 없다. 따라서 경매법원으로서는 ① 채권자와 일부 대위변제자들 전부 사이에 변제 순위나 배당금 충당에 관하여 동일한 내용의 약정이 있으면 약정 내용에 따라 배당하고, ② 채권자와 어느 일부 대위변제자 사이에만 그와 같은 약정이 있는 경우에는 먼저 원칙적인 배당방법에 따라 채권자의 근저당권 채권최고액 범위 내에서 채권자에게 그의 잔존 채권액을 우선 배당하고, 나머지 한도액을 일부 대위변제자들에게 각 대위변제액에 비례하여 안분 배당하는 방법으로 배당할 금액을 정한 다음, 약정 당사자인 채권자와 일부 대위변제자 사이에서 약정 내용을 반영하여 배당액을 조정하는 방법으로 배당하여야 한다.

담보가등기와 배당

압류등기 전에 이루어진 담보가등기권리가 매각에 의하여 소멸되면 채권신고를 한 경우에만 그 채권자는 매각대금을 배당받거나 변제금을 받을 수 있다.[90] 가등기담보권자가 권리신고를 한 경우에는 채권신고서를 제출한 것과 마찬가지로 보아 등기상의 순위에 따른 배당을 받을 수 있다. 가등기담보권자의 배당순위는 가등기가 된 때에 저당권의 설정등기가 된 것으로 보므로 저당권처럼 판단하면 된다.

만약 가등기권자가 배당요구 종기까지 권리신고를 하지 않아서 그 정체를 파악할 수 없는 경우에는 등기원인이 '매매예약'인지 '대물반환예약'인지에 따라 형식적으로 구분하면 안 되고, 순위보전가등기로 처리하여야 한다. 이러한 가등기가 최선순위에 있다면 담보가등기임이 확인되지 않는 한 낙찰자에게 인수되므로 가등기에 의한 본등기가 됨에 따라 낙찰자의 소유권은 직권으로 말소되어 버린다.

한편, 순위보전의 가등기가 말소기준등기보다 후순위인 경우에는 매각으로 인하여 말소되며 따로 채권신고를 하지 않은 가등기

90 「가등기담보 등에 관한 법률」 제16조 제2항

는 배당할 필요도 없다.

따라서 가등기권자가 채권을 담보로 한 담보가등기권자일 경우에는 배당요구 종기까지 권리신고 및 배당요구를 하여야만 배당에 참가할 수 있고, 선순위 가등기인 경우에는 저당권과 같이 최선순위설정의 말소기준등기로 작동한다.

가등기권자가 배당요구 종기까지 권리신고 및 배당요구를 하였는지는 문건처리내역을 확인하면 알 수 있다.

문건처리내역

순번	접수일	접수내역
1	2022.05.10	기타 주OOO OOOO 접수증명
2	2022.05.10	채권자 주OOO OOOO 보정서 제출
3	2022.05.12	채권자 주OOO OOOO 취하서 제출
4	2022.05.12	기타 주OOO OOOO 접수증명
5	2022.05.13	채권자 주OOO OOOO 보정서 제출
6	2022.05.17	등기소 대OOOOO OOO 등기필증 제출
7	2022.05.30	채권자 주OOO OOOO 주소보정서(대OOOOOOOOOO) 제출
8	2022.06.15	채권자 주OOO OOOO 주소보정서(대OOOOOOOOOO) 제출
9	2022.06.24	집행관 김OO 현황조사보고서 제출
10	2022.06.29	채권자 주OOO OOOO 보정서 제출
11	2022.07.14	교부권자 대OOOO OO 교부청구서 제출
12	2022.07.18	가압류권자 이OO 권리신고 및 배당요구신청서 제출
13	2022.07.20	교부권자 국OOOOOOO OOOOOO 교부청구서 제출
14	2022.07.26	가등기권자 주OOOOOO 권리신고 및 배당요구신청서 제출
15	2022.08.04	채권자 주OOO OOOO 의견서 제출
16	2022.08.04	채권자 주OOO OOOO 의견서 제출

가등기권자의 문서 제출 내역

전세권과 배당

최선순위의 전세권은 낙찰자에게 인수되는 용익물권이다. 그러나 최선순위 전세권자가 배당요구를 하면 용익물권으로서의 기능은 소멸하고 담보물권으로서 '전세금(돈)'을 배당에서 우선변제받겠다는 전세권자의 의지가 작동하게 된다.

1 전세금반환채권의 양도

전세권의 용익권능이 소멸(존속기간의 만료, 합의해지 등)하면, 전세권자가 '전세금반환채권'을 가지고 전세금을 돌려받기 위하여 경매청구권(담보권실행경매)과 우선변제권을 행사할 수 있다.

전세권이 담보물권적 성격도 가지는 이상 부종성과 수반성이 있는 것이므로 전세권을 담보하는 전세금반환채권과 분리하여 양도하는 것은 허용되지 않는다고 할 것이나, 한편 담보물권의 수반성이란 피담보채권의 처분이 있으면 언제나 담보물권도 함께 처분된다는 것이 아니라, 채권 담보라고 하는 담보물권제도의 존재 목적에 비추어 볼 때 특별한 사정이 없는 한 피담보채권의 처분에는 담보물권의 처분도 포함된다고 보는 것이 합리적이라는 것일 뿐이므로, 전세권이 존속기간의 만료로 소멸한 경우이거나 전세계약의 합의해지 또는 당사자 간의 특약에 의하여 전세권반환채권의 처분에도 불구하고, 전세권의 처분이 따르지 않는 경우 등의 특별한 사정이 있는 때에는 채권양수인은 담보물권이 없는 무담보의 채권을 양수한 것이 된다(대법원 1997. 11. 25. 선고 97다29790 판결).

전세권은 전세금을 지급하고 타인의 부동산을 그 용도에 따라 사용 · 수익하는 권리로서 전세금의 지급이 없으면 전세권은 성립하지 아니하는 등으로 전세금은 전세권과 분리될 수 없는 요소일 뿐 아니라, 전세권에 있어서는 그 설정행위에서 금지하지 아니하는 한 전세권자는 전세권 자체를 처분하여 전세금으로 지출한 자본을 회수할 수 있도록 되어 있으므로 전세권이 존속하는 동안은 전세권을 존속시키기로 하면서 전세금반환채권만을 전세권과 분리하여 확정적으로 양도하는 것은 허용되지 않는 것이며, 다만 전세권 존속 중에는 장래에 그 전세권이 소멸하는 경우에 전세금 반환채권이 발생하는 것을 조건으로 그 장래의 조건부 채권을 양도할 수 있을 뿐이라 할 것이다(대법원 2002. 8. 23. 선고 2001다69122 판결).

전세권설정계약의 당사자 사이에 그 계약이 합의해지된 경우 전세권설정등기는 전세금반환채권을 담보하는 효력은 있다고 할 것이나, 그 후 당사자 간의 약정에 의하여 전세권의 처분이 따르지 않는 전세금반환채권만의 분리양도가 이루어진 경우에는 양수인은 유효하게 전세금반환채권을 양수하였다고 할 것이고, 그로 인하여 전세금반환채권을 담보하는 물권으로서의 전세권마저 소멸된 이상 그 전세권에 관하여 가압류부기등기가 경료되었다고 하더라도 아무런 효력이 없다(대법원 1999. 2. 5. 선고 97다33997 판결).

따라서 전세금반환채권을 분리하여 양도받은 양수인은 경매청구권과 우선변제권이 없고 배당요구도 할 수 없다. 등기부상의 전세권은 소멸한 것이므로 낙찰자에게 인수될 전세금도 존재하지 아니한다.

2 전세권부 저당권

대법원 1999. 9. 17. 선고 98다31301 판결

[1] 전세권이 기간만료로 종료된 경우 전세권은 전세권설정등기의 말소등기 없이도 당연히 소멸하고, 저당권의 목적물인 전세권이 소멸하면 저당권도 당연히 소멸하는 것이므로 전세권을 목적으로 한 저당권자는 전세권의 목적물인 부동산의 소유자에게 더 이상 저당권을 주장할 수 없다.

[2] 전세권에 대하여 저당권이 설정된 경우 그 저당권의 목적물은 물권인 전세권 자체이지 전세금반환채권은 그 목적물이 아니고, 전세권의 존속기간이 만료되면 전세권은 소멸하므로 더 이상 전세권 자체에 대하여 저당권을 실행할 수 없게 되고, 이러한 경우에는 「민법」 제370조, 제342조 및 「민사소송법」 제733조(현행 「민사집행법」 제273조)에 의하여 저당권의 목적물인 전세권에 갈음하여 존속하는 것으로 볼 수 있는 전세금반환채권에 대하여 압류 및 추심명령 또는 전부명령을 받거나 제3자가 전세금반환채권에 대하여 실시한 강제집행 절차에서 배당요구를 하는 등의 방법으로 자신의 권리를 행사하여 비로소 전세권설정자에 대해 전세금의 지급을 구할 수 있게 된다는 점, 원래 동시이행항변권은 공평의 관념과 신의칙에 입각하여 각 당사자가 부담하는 채무가 서로 대가적 의미를 가지고 관련되어 있을 때 그 이행에 있어서 견련관계를 인정하여 당사자 일방은 상대방이 채무를 이행하거

나 이행의 제공을 하지 아니한 채 당사자 일방의 채무의 이행을 청구할 때에는 자기의 채무이행을 거절할 수 있도록 하는 제도인 점, 전세권을 목적물로 하는 저당권의 설정은 전세권의 목적물 소유자의 의사와는 상관없이 전세권자의 동의만 있으면 가능한 것이고, 원래 전세권에 있어 전세권설정자가 부담하는 전세금반환의무는 전세금반환채권에 대한 제3자의 압류 등이 없는 한 전세권자에 대해 전세금을 지급함으로써 그 의무이행을 다할 뿐이라는 점에 비추어 볼 때, 전세권저당권이 설정된 경우에도 전세권이 기간만료로 소멸되면 전세권설정자는 전세금반환채권에 대한 제3자의 압류 등이 없는 한 전세권자에 대하여만 전세금반환의무를 부담한다고 보아야 한다.

3 선순위 전세권자의 채권자가 전세권에 대한 배당요구

전세권이 존속기간의 만료나 합의해지 등으로 종료되면 전세권의 용익물권적 권능은 소멸하고 단지 전세금반환채권을 담보하는 담보물권적 권능의 범위 내에서 전세금의 반환 시까지 전세권설정등기의 효력이 존속하므로, 전세권이 존속기간의 만료 등으로 종료한 경우라면 최선순위 전세권자의 채권자는 전세권이 설정된 부동산에 대한 경매 절차에서 채권자대위권에 기하거나 전세금반환채권에 대하여 압류 및 추심명령을 받은 다음 추심권한에 기하여 자기 이름으로 전세권에 대한 배당요구를 할 수 있다. 다만, 경매의 매각 절차에서 집행법원은 원래 전세권의 존속기간 만료 여부 등을 직접 조사하지는 아니하는 점, 또 건물에 대한 전세권이 법정갱신된 경우에는 등기된 존속기간의 경과 여부만 보고 실제 존속기간의 만료 여부를 판단할 수는 없는 점 및 「민사집행규칙」

제48조 제2항은 "배당요구서에는 배당요구의 자격을 소명하는 서면을 붙여야 한다."라고 규정하고 있는 점 등에 비추어 보면, 최선순위 전세권자의 채권자가 채권자대위권이나 추심권한에 기하여 전세권에 대한 배당요구를 할 때에는 채권자대위권 행사의 요건을 갖추었다거나 전세금반환채권에 대하여 압류 및 추심명령을 받았다는 점과 아울러 전세권이 존속기간의 만료 등으로 종료하였다는 점에 관한 소명자료를 배당요구의 종기까지 제출하여야 한다(대법원 2015. 11. 17. 선고 2014다10694 판결).

4 전세권자이면서 대항력 있는 임차인의 지위를 갖춘 자

주택임차인으로서의 우선변제를 받을 수 있는 권리와 전세권자로서 우선변제를 받을 수 있는 권리는 근거규정 및 성립요건을 달리하는 별개의 것이므로, 「주택임대차보호법」상 대항력을 갖춘 임차인이 임차주택에 관하여 전세권설정등기를 경료하였다거나 전세권자로서 배당 절차에 참가하여 전세금의 일부에 대하여 우선변제를 받은 사유만으로는 변제받지 못한 나머지 보증금에 기한 대항력 행사에 어떤 장애가 있다고 볼 수 없다(대법원 1993. 12. 24. 선고 93다39676 판결).

주택에 관하여 임대차계약을 체결한 임차인이 자신의 지위를 강화하기 위한 방편으로 따로 전세권설정계약서를 작성하고 전세권설정등기를 한 경우에, 따로 작성된 전세권설정계약서가 원래의 임대차계약서와 계약일자가 다르다고 하여도 계약당사자, 계약목적물 및 보증금액(전세금액) 등에 비추어 동일성을 인정할 수 있다면 그 전세권설정계약서 또한 원래의 임대차계약에 관한 증서로 볼 수 있고, 등기필증에 찍힌 등기관의 접수인은 첨부된 등기원인 계약서에 대하여 「민법」 부칙 제3조 제4항 후단에 의한 확정일자에 해당한다고 할 것이므로, 위와 같은 전세권설정계약서가 첨부된 등기필증에 등기관의 접수인이 찍혀 있다면 그 원래의 임대차에 관한 계약증서에 확정일자가 있는 것으로 보아야 할 것이고, 이 경우 원래의 임대차는 대지 및 건물 전부에 관한 것이나 사정에 의하여 전세권설정계약서는 건물에 관하여만 작성되고 전세권등기도 건물에 관하여만 마쳐졌다고 하더라도 전세금액이 임대차보증금액과 동일한 금액으로 기재된 이상 대지 및 건물 전부에 관한 임대차의 계약증서에 확정일자가 있는 것으로 봄이 상당하다(대법원 2002. 11. 8. 선고 2001다51725 판결).

갑이 주택소유자로서 1986. 4. 24. 주민등록전입신고를 하고 거주하여 오다가 을에게 주택을 매도하면서 1990. 11. 27. 을과 사이에 주택 1층에 관하여 전세계약을 체결하고 계속 거주하던 중 1991. 7. 6. 전세권설정등기를 경료하였는데, 을이 1991. 4. 13. 병에게 근저당권을 설정하였고 병의 임의경매신청으로 정이 1991. 12. 19. 경락을 받은 경우 갑이 전세권설정등기를 한 이유가, 「주택임대차보호법」 소정의 임차인의 대항력을 갖추었지만 그의 지위를 강화시키기 위한 것이었다면, 갑 명의의 전세권설정등기가 선순위의 근저당권의 실행에 따른 경락으로 인하여 말소된다 하더라도 그 때문에 갑이 위 전세권설정등기 전에 건물소유자와 전세계약을 맺고 주민등록을 함으로써 「주택임대차보호법」 제12조, 제3조 제1항에 의하여 확보된 대항력마저 상실하게 되는 것은 아니다(대법원 1993. 11. 23. 선고 93다10552, 93다10569 판결).

임차권과 배당

1 임차권등기와 배당요구

임차권등기명령에 의하여 임차권등기를 한 임차인은 우선변제권을 가지며, 임차권등기는 임차인으로 하여금 기왕의 대항력이나 우선변제권을 유지하도록 해주는 담보적 기능을 주목적으로 하고 있으므로, 임차권등기가 첫 경매개시결정등기 전에 등기된 경우, 배당받을 채권자의 범위에 관하여 규정하고 있는 「민사집행법」 제148조 제4호의 '저당권 · 전세권, 그 밖의 우선변제청구권으로서 첫 경매개시결정 등기 전에 등기되었고 매각으로 소멸하는 것을 가진 채권자'에 준하여, 그 임차인은 별도로 배당요구를 하지 않아도 당연히 배당받을 채권자에 속하는 것으로 보아야 한다(대법원 2005. 9. 15. 선고 2005다33039 판결).

2 대항력 발생요건 & 존속요건

상가건물의 임차인이 임대차보증금 반환채권에 대하여 「상가건물 임대차보호법」 제3조 제1항 소정의 대항력 또는 같은 법 제5조

제2항 소정의 우선변제권을 가지려면 임대차의 목적인 상가건물의 인도 및 「부가가치세법」 등에 의한 사업자등록을 구비하고, 관할세무서장으로부터 확정일자를 받아야 하며, 그중 사업자등록은 대항력 또는 우선변제권의 취득요건일 뿐만 아니라 존속요건이기도 하므로, 배당요구의 종기까지 존속하고 있어야 한다(대법원 2006. 1. 13. 선고 2005다64002 판결).

3 무허가 건물, 미등기 건물의 임차인

「주택임대차보호법」은 주택의 임대차에 관하여 「민법」에 대한 특례를 규정함으로써 국민의 주거생활의 안정을 보장함을 목적으로 하고 있고, 주택의 전부 또는 일부의 임대차에 관하여 적용된다고 규정하고 있을 뿐 임차주택이 관할관청의 허가를 받은 건물인지, 등기를 마친 건물인지 아닌지를 구별하고 있지 아니하므로, 어느 건물이 국민의 주거생활의 용도로 사용되는 주택에 해당하는 이상 비록 그 건물에 관하여 아직 등기를 마치지 아니하였거나 등기가 이루어질 수 없는 사정이 있다고 하더라도 다른 특별한 규정이 없는 한 같은 법의 적용대상이 된다(대법원 2007. 6. 21. 선고 2004다26133 전원합의체 판결).

4 대항력의 발생시기

갑이 주택에 관하여 소유권이전등기를 경료하고 주민등록 전입신고까지 마친 다음 처와 함께 거주하다가 을에게 매도함과 동시에 그로부터 이를 다시 임차하여 계속 거주하기로 약정하고 임차인을 갑의 처로 하는 임대차계약을 체결한 후에야 을 명의의 소유권이전등기가 경료된 경우, 제3자로서는 주택에 관하여 갑으로부터 을 앞으로 소유권이전등기가 경료되기 전에는 갑의 처의 주민등록이 소유권 아닌 임차권을 매개로 하는 점유라는 것을 인식하기 어려웠다 할 것이므로, 갑의 처의 주민등록은 주택에 관하여 을 명의의 소유권이전등기가 경료되기 전에는 주택임대차의 대항력 인정의 요건이 되는 적법한 공시방법으로서의 효력이 없고 을 명의의 소유권이전등기가 경료된 날에야 비로소 갑의 처와 을 사이의 임대차를 공시하는 유효한 공시방법이 된다고 할 것이며, 「주택임대차보호법」 제3조 제1항에 의하여 유효한 공시방법을 갖춘 다음날인 을 명의의 소유권이전등기일 익일부터 임차인으로서 대항력을 갖는다(대법원 2000. 2. 11. 선고 99다59306 판결).

근로채권과 배당

「근로기준법」 제30조의2 제2항에서 규정한 근로자의 최종 3월분의 임금에 대한 우선특권은 사용자의 총 재산에 대하여 일반 담보물권의 효력을 일부 제한하고 임금채권을 우선 변제받을 수 있는 권리로서, 근로자의 최저 생활을 보장하고자 하는 공익적 요청에서 나온 규정이므로, 이에 의하여 보호되는 임금채권의 범위는 퇴직의 시기를 묻지 아니하고 사용자로부터 지급받지 못한 최종 3월분의 임금을 말하고, 반드시 사용자의 도산 등 사업 폐지 시로부터 소급하여 3월 내에 퇴직한 근로자의 임금채권에 한정하여 보호하는 취지라고 볼 수 없다(대법원 1996. 2. 23. 선고 95다48650 판결).

「근로기준법」 제37조 제2항은 근로자의 최종 3월분의 임금 채권, 최종 3년간의 퇴직금 채권, 재해보상금 채권은 사용자의 총재산에 대하여 질권 또는 저당권에 의하여 담보된 채권, 조세, 공과금 및 다른 채권에 우선하여 변제되어야 한다고 규정하고 있는바, 위 규정상의 최종 3월분의 임금 채권이란 최종 3개월 사이에 지급사유가 발생한 임금 채권을 의미하는 것이 아니라, 최종 3개월간 근무한 부분의 임금 채권을 말한다(대법원 2002. 3. 29. 선고 2001다83838 판결).

우선변제의 특권의 보호를 받는 임금채권의 범위는, 임금채권에 대한 근로자의 배당요구 당시 근로자와 사용자의 근로계약관계가 이미 종료하였다면 그 종료 시부터 소급하여 3개월 사이에 지급사유가 발생한 임금 중 미지급분을 말한다(대법원 2008. 6. 26. 선고 2006다1930 판결).

1 근로채권의 배당순위

최종 3개월분의 근로채권, 재해보상금, 소액임차보증금은 최우선변제로서 모두 동순위 배당이다. 최우선변제에 해당하지 않는 나머지 근로채권은 당해세를 포함한 조세 및 일반채권보다 우선한다. 그런데 근로관계채권은 조세채권보다는 선순위이지만 저당권보다는 앞설 수 없다. 따라서 조세채권 중에서 당해세가 있는 경우에 당해세는 원칙적으로 저당권에 우선하므로, 근로관계채권과 당해세 등 조세채권 및 저당권에 의하여 담보되는 채권을 동시에 배당할 때에는 당해세가 근로관계채권보다 선순위가 된다.

2 임금채권의 대위변제자

타인의 채무를 변제하고 채권자를 대위하는 대위변제의 경우 채권자의 채권은 동일성을 유지한 채 법률상 당연히 변제자에게 이전하고, 이러한 법리는 채권이 「근로기준법」상의 임금채권이라 하더라도 그대로 적용되므로, 「근로기준법」 제30조의2 제2항에 규정된 우선변제권이 있는 임금채권을 변제한 자는 채무자인 사용자에 대한 임금채권자로서 사용자의 총재산에 대한 강제집행 절차나 임의경매 절차가 개시된 경우에 경락기일까지 배당요구를 하여 그 배당 절차에서 저당권의 피담보채권이나 일반채권보다 우선하여 변제받을 수 있다(대법원 1996. 2. 23. 선고 94다21160 판결).

고용노동부장관으로부터 권한을 위탁받은 근로복지공단이 근로자가 지급받지 못한 임금 등을 사업주를 대신하여 지급한 경우에, 그 지급된 임금 등(이하 '체당금'이라 한다)의 금액의 한도에서 근로자가 해당 사업주에 대하여 가지는 임금 등 채권을 대위하고, 이때 그 근로자의 임금 등 채권에 인정되는 우선변제권은 근로복지공단이 대위하는 권리에 당연히 존속한다. 그리고 이처럼 근로복지공단이 개별 근로자의 임금 등 채권을 대위하여 행사함에 따라 어느 경매 절차에서 우선배당받은 경우에, 저당권자는 앞에서 본 선순위 임금채권자가 직접 우선배당받은 경우와 마찬가지로 근로복지공단이 대위한 해당 근로자의 임금 등 채권을 다시 대위하여 다른 경매 절차에서 우선하여 배당받을 수 있으나, 해당 근로자 또는 그를 대위한 근로복지공단이 그의 임금 등 채권에 관하여 위와 같이 배당요구의 종기까지 배당요구를 한 경우에 한하여 배당을 받을 수 있다(대법원 2014. 6. 26. 선고 2014다204857 판결).

3 임금채권과 가압류

민사집행 절차의 안정성을 보장하여야 하는 절차법적 요청과 근로자의 임금채권을 보호하여야 하는 실체법적 요청을 형량하여 보면 「근로기준법」상 우선변제청구권이 있는 임금채권자가 경매 절차 개시 전에 경매 목적 부동산을 가압류한 경우에는 경락 시까지 우선권 있는 임금채권임을 소명하지 않았다고 하더라도 배당표가 확정되기 전까지 그 가압류의 청구채권이 우선권 있는 임금채권임을 입증하면 우선배당을 받을 수 있다(대법원 2002. 5. 14. 선고 2002다4870 판결).

조세채권과 배당

조세채권은 원칙적으로 교부청구의 선후에 상관없이 동순위로 우열이 없으나, 부동산에 압류가 집행된 경우에는 '압류선착주의'에 따라 압류에 관계된 조세가 다른 조세채권보다 우선한다. 압류선착주의는 먼저 압류된 조세가 우선한다는 것이 아니고, '압류'와 '교부청구'가 경합될 때에는 압류가 우선한다는 원칙이다. 즉, A, B, C의 압류가 순차적으로 등기되어 있는 경우에 A는 1순위 압류로서 우선권이 있으나, B와 C는 2, 3순위의 참가압류로서 교부청구로서의 효력만 있으므로 서로 동순위 안분배당이 된다. 그러나 당해세에는 압류선착주의가 적용되지 않는다.

1 당해세 우선의 원칙

당해세는 매각 부동산 자체에 부과된 조세(국세, 지방세)와 그 가산금을 말하는데, 법정기일이 담보권설정일보다 늦은 경우에도 우선배당받을 수 있는 '순위 깡패'로서 「국세기본법」과 「지방세기본법」에 근거를 둔다. 국세 중에서는 상속세, 증여세, 종합부동산세 등이 당해세에 해당하고, 지방세 중에서는 재산세, 자동차세, 지역자원시설세, 지방교육세 등이 해당한다. 단, 취득세와 등록세는 당해세가 아니다.

공시를 수반하는 담보물권과 관련하여 거래의 안전을 보장하려는 사법적 요청과 조세채권의 실현을 확보하려는 공익적 요청을 적절하게 조화시키려는 데 그 입법의 취지가 있으므로, 당해세가 담보물권에 의하여 담보되는 채권에 우선한다고 하더라도 이로써 담보물권의 본질적 내용까지 침해되어서는 아니 되고, 따라서 위에서 말하는 '그 재산에 대하여 부과된 지방세'라 함은 담보물권을 취득하는 사람이 장래 그 재산에 대하여 부과될 것을 상당한 정도로 예측할 수 있는 것으로서 오로지 당해 재산을 소유하고 있는 것 자체에 담세력을 인정하여 부과되는 지방세만을 의미하는 것으로 보아야 할 것이다(대법원 2001. 2. 23. 선고 2000다58088 판결).

2 공과금채권

「국세징수법」상에 체납처분의 예에 의하여 징수할 수 있는 채권을 공과금채권이라 하는데, 국민건강보험료, 국민연금보험료, 산업재해보상보험료 등이 있다. 공과금채권도 저당권과 법정기일의 선후에 따라 배당순위가 정해진다.

3 벌금, 과태료

벌금과 과태료는 일반조세채권과는 달리 우선배당에 관한 법률의 규정이 없으므로 일반채권과 동순위로 배당된다.

필요비와 유익비 채권과 배당

매각 부동산의 제3취득자가 보존 및 개량을 위하여 부동산에 비용을 지출한 경우에는 경매대금에서 집행비용과 함께 가장 먼저 공제받을 수 있다. 지출에 관한 증빙과 증명을 하여 배당요구의 종기까지 배당요구를 하여야만 배당 절차에서 우선변제를 받을 수 있다.

 제3취득자

「민법」 제367조가 저당물의 제3취득자가 그 부동산에 관한 필요비 또는 유익비를 지출한 때에는 저당물의 경매대가에서 우선상환을 받을 수 있다고 규정한 취지는 저당권설정자가 아닌 제3취득자가 저당물에 관한 필요비 또는 유익비를 지출하여 저당물의 가치가 유지 · 증가된 경우, 매각대금 중 그로 인한 부분은 일종의 공익비용과 같이 보아 제3취득자가 경매대가에서 우선상환을 받을 수 있도록 한 것으로 보아야 할 것이다. 그렇다면 저당물에 관한 지상권, 전세권을 취득한 자만이 아니고 소유권을 취득한 자도 「민법」 제367조 소정의 제3취득자에 해당하는 것으로 보는 것이 타당하다(대법원 2004. 10. 15. 선고 2004다36604 판결).

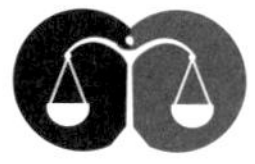

배당 후 남은 금액의 처리

배당받을 채권자에게 모두 배당을 하고도 남은 금액이 있는 경우에는 매각 부동산의 소유자에게 돌려주는 것이 원칙이다. 다만, 배당에 참가하지 못한 소유자의 다른 채권자들이 잉여금에 대하여 압류나 가압류를 한 경우에는 소유자에게 돌려주지 않고 법원이 보관한다.

배당재원 중에 항고보증금이 포함되어 있는 경우에는 남은 금액 중에서 편입된 금액 범위 내에서 항고인에게 돌려준다.

경매개시결정등기 후에 소유권이전등기를 마친 제3취득자가 있는 경우에는 남은 금액을 제3취득자에게 지급하여야 한다.

사해행위 취소소송에 의하여 수익자로부터 채무자에게로 환원된 부동산의 강제매각으로 배당을 하고 남은 금액은 채무자에게 지급하지 않고 수익자에게 돌려주어야 한다. 「민법」 제406조의 채권자취소권의 행사로 인한 사해행위의 취소와 일탈재산의 원상회복은 채권자와 수익자 또는 전득자에 대한 관계에 있어서만 그 효력이 발생할 뿐이고 채무자가 직접 권리를 취득하는 것이 아니므로 채권자가 수익자와 전득자를 상대로 사해행위 취소와 일탈재산의 원상회복을 구하는 판결을 받아 그 등기 명의를 원상회복시켰다고 하더라도 재산세 납세의무자인 사실상의 소유자는 수익자라고 할 것이다(대법원 2000. 12. 8. 선고 98두11458 판결).

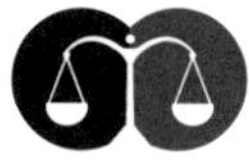

당해세 우선의 원칙 vs 주택임대차보증금

매수신청을 하려는 입찰자들이 권리 분석을 하고 입찰가격을 결정함에 있어서 배당의 결과를 신경써야 하는 경우가 있다. 바로 말소기준보다 선순위인 '대항력 있는 임차인'이 배당요구 종기까지 '배당요구'를 한 경우이다. 이때에는 입찰가격을 결정할 때에 임차인의 보증금을 배당에서 전부 받아 갈 수 있도록 입찰금액에 임차인의 보증금이 포함되도록 금액을 산정하게 되는데, 만약 배당 절차에서 당해세나 근로채권의 금액이 고액일 경우에는 임차인이 전부 배당을 받지 못하게 되고, 그러면 낙찰자는 임차인이 배당받지 못한 잔여 보증금을 인수해야 하므로 경매 절차 밖에서 추가로 자금이 지출되는 변수가 발생하게 된다.

조세채권의 경우에는 입찰자가 낙찰을 받기 전에는 금액이나 당해세 여부를 확인할 수 없기 때문에 불확실성을 야기시키는 것이다. 특히, 당해세는 조세법정기일의 선후에 상관없이 임차인보다 앞서서 배당을 받아가기 때문에, 대항력 있는 임차인이 배당에서 당해세에게 '빰' 맞고 낙찰자에게 '화' 내는 격이 되어 왔었다.

그러나 「전세사기특별법」이 시행될 정도로 임차인의 보증금 피해가 전국적으로 큰 사회적 문제가 되자, 정부와 국회가 2022년 급하게 세법 3종 세트(「국세기본법」, 「지방세기본법」, 「국세징수법」)를 개정하면서 당해세 우선의 원칙에 '예외'를 두기로 한 것이다. 즉, 주택임대차(상가는 제외)보증금은 배당 절차에서 당해세의 법정기일보다 대항요건을 먼저 갖추었을 경우에는 당해세가 '순위깡패'짓을 하지 않겠다는 취지의 조항이 신설된 것이다. 이에 따라 부동산경매의 입찰자들에게도 절반의 리스크가 줄어든 셈이다. 2023년 4월 1일부터 시행된 개정 세법에 따라 2023년 4월 1일 이후에 매각허가결정을 받은 매각 부동산의 배당 절차에서는 개정된 법률이 적용되었다.

개정된 법률조항과 함께 개정 전과 개정 후의 배당 절차의 예시를 다음의 표로 제시한다.

2023년 4월 1일 이후 매각허가결정분부터 적용되는 「국세기본법」 제35조 개정법률 적용 전과 적용 후의 배당액 비교

구분	권리	금액	비고
2021. 01. 20	근저당권	1억 원	
2022. 12. 01	임차인 전입	2억 원	확정일자 ○, 배당요구 ○
2023. 10. 01	압류(당해세)	1억 원	조세법정기일 2023. 7. 1

※ 총배당액 : 3억 원

개정 전 배당액			개정 후 배당액		
순위	권리	배당금	순위	권리	배당금
1	당해세	1억 원	1	당해세 배당액 중 임차인에게 우선 배당	1억 원
2	근저당권	1억 원	2	근저당권	1억 원
3	임차인	1억 원	3	임차인	1억 원
			4	당해세	0원
임차인 총배당액 : 1억 원			임차인 총배당액 : 2억 원		

구분	권리	금액	비고
2022. 01. 20	임차인 전입	2억 원	확정일자 ○, 배당요구 ○
2022. 05. 01	근저당권	1억 원	
2023. 10. 01	압류(당해세)	1억 원	조세법정기일 2022. 9. 1

※ 총배당액 : 2억 5,000만 원

개정 전 배당액			개정 후 배당액		
순위	권리	배당금	순위	권리	배당금
1	당해세	1억 원	1	당해세 배당액 중 임차인에게 우선 배당	1억 원
2	임차인	1.5억 원	2	임차인	1억 원
3	근저당권	0원	3	당해세	5,000만 원
			4	근저당권	0원
임차인 총배당액 : 1.5억 원			임차인 총배당액 : 2억 원		

↳ 낙찰자가 5,000만 원 인수

국세기본법

제35조(국세의 우선)

⑦ 제3항에도 불구하고 「주택임대차보호법」 제3조의2 제2항에 따라 대항요건과 확정일자를 갖춘 임차권에 의하여 담보된 임대차보증금반환채권 또는 같은 법 제2조에 따른 주거용 건물에 설정된 전세권에 의하여 담보된 채권(이하 이 항에서 "임대차보증금반환채권 등"이라 한다)은 해당 임차권 또는 전세권이 설정된 재산이 국세의 강제징수 또는 경매 절차를 통하여 매각되어 그 매각금액에서 국세를 징수하는 경우 그 확정일자 또는 설정일보다 법정기일이 늦은 해당 재산에 대하여 부과된 상속세, 증여세 및 종합부동산세의 우선 징수 순서에 대신하여 변제될 수 있다. 이 경우 대신 변제되는 금액은 우선 징수할 수 있었던 해당 재산에 대하여 부과된 상속세, 증여세 및 종합부동산세의 징수액에 한정하며, 임대차보증금반환채권 등보다 우선 변제되는 저당권 등의 변제액과 제3항에 따라 해당 재산에 대하여 부과된 상속세, 증여세 및 종합부동산세를 우선 징수하는 경우에 배분받을 수 있었던 임대차보증금반환채권 등의 변제액에는 영향을 미치지 아니한다. 〈신설 2022. 12. 31. 시행일 2023. 4. 1.〉

부칙 제3조(국세의 우선에 관한 적용례)

제35조의 개정규정은 같은 개정규정 시행 이후 「국세징수법」 제84조에 따른 매각결정 또는 「민사집행법」 제128조에 따른 매각허가결정을 하는 경우부터 적용한다.

경매에서의 충당 순서

「민법」상 변제의 충당방식은 합의충당 → 지정충당 → 법정충당의 순서로 변제가 이루어진다. 그러나 임의경매나 강제경매에서는 합의충당이 인정되지 않고 법정충당의 방법에 의한다. 단, 조세의 충당은 법정충당을 따르지 않아도 된다.

「민사집행법」 제145조는 경매 절차의 매각대금은 「민법」, 「상법」, 그 밖의 법률에 의한 우선순위에 따라 배당하여야 한다고 규정하고 있으나, 동일 채권자에게 배당된 배당금이 그 채권자가 갖고 있는 복수의 채권 전부를 소멸시키기에 부족한 경우의 충당에 관하여는 아무런 규정도 두고 있지 않으며, 「국세징수법」도 동일 징수권자의 복수의 국세들의 충당에 관하여 규정하고 있지 않은 점, 조세채권의 특성 등에 비추어 볼 때, 「민사집행법」상의 강제집행 절차에서 세무서장이 「국세징수법」 제56조에 따라 집행법원에 체납국세에 대한 교부청구를 한 결과 배당된 배당금이 당해 배당 절차에서 교부청구된 여러 국세의 총액에 부족한 경우의 충당에 있어서, 「국세징수법」에 의한 체납처분 절차에서의 배분대금의 충당과 다른 법리에 의하도록 하는 것은 적절하다고 할 수 없으므로, 세무서장이 경매 절차에서 받은 배당금을 「민법」상 법정변제충당의 법리에 따르지 아니하고 어느 국세에 먼저 충당하였다고 하더라도,

체납자의 변제이익을 해하는 것과 같은 특별한 사정이 없는 한 이를 위법하다고는 할 수 없다(대법원 2007. 12. 14. 선고 2005다11848 판결).

근저당권의 피담보채권 중 지연이자는 근저당권의 채권최고액의 한도 내에서 그 전액이 담보되는 것이므로, 공동근저당의 목적 부동산 중 일부에 대해 경매가 실행되어 그 경매 대가로 피담보채권의 일부가 변제되었다 하여도 잔존 원본에 대한 지연이자가 다시 발생하였다면 그 이후에 실행된 다른 목적 부동산의 경매 대가에 의해 채권최고액의 범위 안에서 그 지연이자도 원본에 앞서 변제되어야 할 것이므로, 공동근저당 목적 부동산이 일부씩 나누어 순차로 경매 실행됨으로써 근저당권자가 배당받은 원본 및 지연이자의 합산액이 결과적으로 채권최고액으로 되어 있는 금액을 초과하였더라도 그것만으로 책임한도 범위 내의 피담보채권이 모두 소멸하였다고 볼 수는 없다(대법원 2009. 12. 10. 선고 2008다72318 판결).

부록 1 APPENDIX

경매 실전

소액임차인의 범위(주택임대차)

기준시점	지역	임차인 보증금 범위	보증금 중 일정액의 범위
1984. 6. 14~	서울특별시, 직할시	300만 원 이하	300만 원
	기타 지역	200만 원 이하	200만 원
1987. 12. 1~	서울특별시, 직할시	500만 원 이하	500만 원
	기타 지역	400만 원 이하	400만 원
1990. 2. 19~	서울특별시, 직할시	2,000만 원 이하	700만 원
	기타 지역	1,500만 원 이하	500만 원
1995. 10. 19~	특별시 및 광역시(군지역 제외)	3,000만 원 이하	1,200만 원
	기타 지역	2,000만 원 이하	800만 원
2001. 9. 15~	「수도권정비계획법」에 의한 수도권 중 과밀억제권역	4,000만 원 이하	1,600만 원
	광역시(군지역과 인천광역시지역 제외)	3,500만 원 이하	1,400만 원
	그 밖의 지역	3,000만 원 이하	1,200만 원
2008. 8. 21~	「수도권정비계획법」에 따른 수도권 중 과밀억제권역	6,000만 원 이하	2,000만 원
	광역시(군지역과 인천광역시지역 제외)	5,000만 원 이하	1,700만 원
	그 밖의 지역	4,000만 원 이하	1,400만 원
2010. 7. 26~	서울특별시	7,500만 원 이하	2,500만 원
	「수도권정비계획법」에 따른 과밀억제권역(서울특별시 제외)	6,500만 원 이하	2,200만 원
	광역시(「수도권정비계획법」에 따른 과밀억제권역에 포함된 지역과 군지역 제외), 안산시, 용인시, 김포시 및 광주시	5,500만 원 이하	1,900만 원
	그 밖의 지역	4,000만 원 이하	1,400만 원
2014. 1. 1~	서울특별시	9,500만 원 이하	3,200만 원
	「수도권정비계획법」에 따른 과밀억제권역(서울특별시 제외)	8,000만 원 이하	2,700만 원
	광역시(「수도권정비계획법」에 따른 과밀억제권역에 포함된 지역과 군지역 제외), 안산시, 용인시, 김포시 및 광주시	6,000만 원 이하	2,000만 원
	그 밖의 지역	4,500만 원 이하	1,500만 원
2016. 3. 31~	서울특별시	1억 원 이하	3,400만 원
	「수도권정비계획법」에 따른 과밀억제권역(서울특별시 제외)	8,000만 원 이하	2,700만 원
	광역시(「수도권정비계획법」에 따른 과밀억제권역에 포함된 지역과 군지역 제외), 세종특별자치시, 안산시, 안산시, 용인시, 김포시 및 광주시	6,000만 원 이하	2,000만 원
	그 밖의 지역	5,000만 원 이하	1,700만 원

기준시점	지역	임차인 보증금 범위	보증금 중 일정액의 범위
2018. 9. 18~	서울특별시	1억 1,000만 원 이하	3,700만 원
	「수도권정비계획법」에 따른 과밀억제권역(서울특별시 제외), 용인시, 세종특별자치시, 화성시	1억 원 이하	3,400만 원
	광역시(「수도권정비계획법」에 따른 과밀억제권역에 포함된 지역과 군지역 제외), 안산시, 김포시, 광주시 및 파주시	6,000만 원 이하	2,000만 원
	그 밖의 지역	5,000만 원 이하	1,700만 원
2021. 5. 11~	서울특별시	1억 5,000만 원 이하	5,000만 원
	「수도권정비계획법」에 따른 과밀억제권역(서울특별시 제외), 세종특별자치시, 용인시, 화성시 및 김포시	1억 3,000만 원 이하	4,300만 원
	광역시(「수도권정비계획법」에 따른 과밀억제권역에 포함된 지역과 군지역 제외), 안산시, 광주시, 파주시, 이천시 및 평택시	7,000만 원 이하	2,300만 원
	그 밖의 지역	6,000만 원 이하	2,000만 원
2023. 2. 21~	서울특별시	1억 6,500만 원 이하	5,500만 원
	「수도권정비계획법」에 따른 과밀억제권역(서울특별시 제외), 세종특별자치시, 용인시, 화성시 및 김포시	1억 4,500만 원 이하	4,800만 원
	광역시(「수도권정비계획법」에 따른 과밀억제권역에 포함된 지역과 군지역 제외), 안산시, 광주시, 파주시, 이천시 및 평택시	8,500만 원 이하	2,800만 원
	그 밖의 지역	7,500만 원 이하	2,500만 원

주 : 1) 기준시첨 : 최초 근저당권설정일을 기준으로 한다.

2) 과밀억제권역(2017. 6. 20~)

- 서울특별시
- 인천광역시(강화군, 옹진군, 서구 대곡동 · 불로동 · 마전동 · 금곡동 · 오류동 · 왕길동 · 당하동 · 원당동, 인천경제자유구역(경제자유구역에서 해제된 지역을 포함한다) 및 남동 국가산업단지는 각 제외)
- 경기도 중 의정부시, 구리시, 남양주시(호평동, 평내동, 금곡동, 일패동, 이패동, 삼패동, 가운동, 수석동, 지금동, 도농동만 해당), 하남시, 고양시, 수원시, 성남시, 안양시, 부천시, 광명시, 과천시, 의왕시, 군포시, 시흥시[반월특수지역(반월특수지역에서 해제된 지역 포함) 제외]

출처 : 대법원인터넷등기소

소액임차인의 범위(상가건물임대차)

기준시점	지역	적용범위	임차인 보증금 범위	보증금 중 일정액의 범위
2002. 11. 1~	서울특별시	2억 4,000만 원 이하	4,500만 원 이하	1,350만 원
	「수도권정비계획법」에 의한 수도권 중 과밀억제권역(서울특별시 제외)	1억 9,000만 원 이하	3,900만 원 이하	1,170만 원
	광역시(군지역과 인천광역시 지역을 제외)	1억 5,000만 원 이하	3,000만 원 이하	900만 원
	그 밖의 지역	1억 4,000만 원 이하	2,500만 원 이하	750만 원
2008. 8. 21~	서울특별시	2억 6,000만 원 이하	4,500만 원 이하	1,350만 원
	「수도권정비계획법」에 의한 수도권 중 과밀억제권역(서울특별시 제외)	2억 1,000만 원 이하	3,900만 원 이하	1,170만 원
	광역시(「수도권정비계획법」에 의한 과밀억제권역에 퐘된 지역과 군지역은 제외)	1억 6,000만 원 이하	3,000만 원 이하	900만 원
	그 밖의 지역	1억 5,000만 원 이하	2,500만 원 이하	750만 원
2010. 7. 26~	서울특별시	3억 원 이하	5,000만 원 이하	1,500만 원
	「수도권정비계획법」에 의한 수도권 중 과밀억제권역(서울특별시 제외)	2억 5,000만 원 이하	4,500만 원 이하	1,350만 원
	광역시(「수도권정비계획법」에 따른 과밀억제권역에 포함된 지역과 군지역은 제외), 안산시, 용인시, 김포시 및 광주시	1억 8,000만 원 이하	3,000만 원 이하	900만 원
	그 밖의 지역	1억 5,000만 원 이하	2,500만 원 이하	750만 원
2014. 1 .1~	서울특별시	4억 원 이하	6,500만 원 이하	2,200만 원
	「수도권정비계획법」에 따른 수도권 중 과밀억제권역(서울특별시 제외)	3억 원 이하	5,500만 원 이하	1,900만 원
	광역시(「수도권정비계획법」에 따른 과밀억제권역에 포함된 지역과 군지역은 제외)), 안산시, 용인시, 김포시 및 광주시	2억 4,000만 원 이하	3,800만 원 이하	1,300만 원
	그 밖의 지역	1억 8,000만 원 이하	3,000만 원 이하	1,000만 원

기준시점	지역	적용범위	임차인 보증금 범위	보증금 중 일정액의 범위
2018. 1. 26~	서울특별시	6억 1,000만 원 이하	6,500만 원 이하	2,200만 원
	「수도권정비계획법」에 따른 수도권 중 과밀억제권역(서울특별시 제외)	5억 원 이하	5,500만 원 이하	1,900만 원
	부산광역시(기장군 제외)	5억 원 이하	3,800만 원 이하	1,300만 원
	부산광역시(기장군)	5억 원 이하	3,000만 원 이하	1,000만 원
2018. 1. 26~	광역시(「수도권정비계획법」에 따른 과밀억제권역에 포한된 지역과 군지역, 부산광역시 제외), 안산시, 용인시, 김포시 및 광주시	3억 9,000만 원 이하	3,800만 원 이하	1,300만 원
	세종특별자치시, 파주시, 화성시	3억 9,000만 원 이하	3,000만 원 이하	1,000만 원
	그 밖의 지역	2억 7,000만 원 이하	3,000만 원 이하	1,000만 원
2019. 4. 2~	서울특별시	9억 원 이하	6,500만 원 이하	2,200만 원
	「수도권정비계획법」에 따른 과밀억제권역(서울특별시 제외)	6억 9,000만 원 이하	5,500만 원 이하	1,900만 원
	부산광역시(기장군 제외)	6억 9,000만 원 이하	3,800만 원 이하	1,300만 원
	부산광역시(기장군)	6억 9,000만 원 이하	3,000만 원 이하	1,000만 원
	광역시(「수도권정비계획법」에 따른 과밀억제권역에 포한된 지역과 군지역, 부산광역시 제외), 안산시, 용인시, 김포시 및 광주시	5억 4,000만 원 이하	3,800만 원 이하	1,300만 원
	세종특별자치시, 파주시, 화성시	5억 4,000만 원 이하	3,000만 원 이하	1,000만 원
	그 밖의 지역	3억 7,000만 원 이하	3,000만 원 이하	1,000만 원
보증금 + (월세×100) = 환산보증금(적용대상 판단 기준금액)				

주 : 1) 기준시점 : 최초 근저당권설정일을 기준으로 한다.

2) 과밀억제권역(2017. 6. 20~)

- 서울특별시
- 인천광역시(강화군, 옹진군, 서구 대곡동·불로동·마전동·금곡동·오류동·왕길동·당하동·원당동, 인천경제자유구역(경제자유구역에서 해제된 지역을 포함한다) 및 남동 국가산업단지는 각 제외)
- 경기도 중 의정부시, 구리시, 남양주시(호평동, 평내동, 금곡동, 일패동, 이패동, 삼패동, 가운동, 수석동, 지금동, 도농동만 해당), 하남시, 고양시, 수원시, 성남시, 안양시, 부천시, 광명시, 과천시, 의왕시, 군포시, 시흥시[반월특수지역(반월특수지역에서 해제된 지역 포함) 제외]

출처 : 대법원인터넷등기소

서울동부지방법원 2022타경 53843

서울동부1계 2022타경 53843

서울동부지방법원 경매1계 (02-2204-2405)

소재지(지번)	서울 광진구 광장동 250, 102동 1층[illegible] (광장동,광장동신동아파밀리에)				
소재지(도로명)	서울 광진구 아차산로 599, 102동 1층[illegible] (광장동,광장동신동아파밀리에)				
물건종별	아파트	사건접수	2022-07-12	경매구분	임의경매
대지권	50.93㎡	건물면적	84.78㎡		
소유자	박창수	채무자	[illegible]	채권자	[illegible]저축은행
배당종기일	2022-09-28	감정가	1,490,000,000	최저가	(41%)610,304,000
보증금	61,030,400	매각조건	대항력있는임차인		

구분	입찰기일	최저매각가격	결과
신건	2023-06-05	1,490,000,000	유찰
2차	2023-07-10	1,192,000,000	유찰
3차	2023-08-14	953,600,000	유찰
4차	2023-09-18	762,880,000	매각
1등 낙찰금액 964,522,990원(65%) 매수인:[illegible] 입찰인원 1명 매각결정기일 : 2023-09-25 불허가			
4차	2023-12-11	762,880,000	유찰
5차	2024-02-19	610,304,000	매각
1등 낙찰금액 696,165,000원 (47%) 매수인: [illegible] 입찰인원 2명 2등 입찰가 656,230,000원 매각결정기일 : 2024-02-26 허가			
대금지급기한 : 2024-03-28 진행			

출처 : 타경닷컴

POINT

아파트의 경우 국토교통부 실거래가 데이터를 분석하여 1차적으로 현재 거래되는 시세를 파악하고 감정평가금액과 차이가 있는지를 확인하여야 한다. 실거래가 거래 건수가 촘촘할수록 신뢰도가 높고, 거래 건수가 많지 않을 경우에는 포털사이트를 추가로 확인해 보고, 아파트의 같은 동이라도 층별로 시세의 차이가 있다는 점도 염두에 두어야 한다. 위 매물은 고층인 경우 한강 조망이 가능해 저층과 가격 차이가 있으므로 층수에 따른 거래가격도 비교해야 한다.

서울중앙지방법원 2023타경 103773

서울중앙7계 2023타경 103773 서울중앙지방법원 경매7계 (02-530-1819)

소재지(지번)	서울특별시 종로구 부암동 382-69				
소재지(도로명)	서울 종로구 창의문로9길 24				
물건종별	대지	사건접수	2023-03-21	경매구분	강제경매
토지면적	73㎡	건물면적	42㎡		
소유자	김■■	채무자	김■■	채권자	김■■
배당종기일	2023-06-02	감정가	379,850,000	최저가	(41%)155,586,000
보증금	15,558,600	매각조건	대항력있는임차인		

구분	입찰기일	최저매각가격	결과
신건	2023-09-14	379,850,000	유찰
2차	2023-10-26	303,880,000	유찰
3차	2023-11-23	243,104,000	유찰
4차	2024-01-11	194,483,000	유찰
5차	2024-02-22	155,586,000	매각

1등 낙찰금액 168,000,000원(44%)
매수인:정■■ 입찰인원 1명
매각결정기일 : 2024-02-29 허가
대금지급기한 : 2024-04-15 진행

출처 : 타경닷컴

POINT

부동산 실거래가 신고에 따라 '매매'를 원인으로 소유권이전등기가 된 경우에는 '거래가액'을 등기부에 기재하므로 과거 거래가액과 현재의 감정가 및 시세와 비교를 해보면 향후 토지 가격의 상승세를 가늠해 볼 수 있다.

서울중앙지방법원 2023타경 105670

서울중앙3계 2023타경 105670

서울중앙지방법원 경매3계 (02-530-1815)

소재지(지번)	서울특별시 동작구 사당동 1026-50				
소재지(도로명)	서울 동작구 사당로28길 50				
물건종별	대지	사건접수	2023-04-27	경매구분	공유물분할을위한경매
토지면적	200.30㎡	건물면적	-		
소유자	김회순	채무자	김	채권자	김
배당종기일	2023-07-24	감정가	2,896,338,000	최저가	(51%)1,482,925,000
보증금	148,292,500	매각조건	건물매각제외,공유물분할경매,대항력있는임차인,법정지상권,선순위가처분,토지만매각		

구분	입찰기일	최저매각가격	결과
신건	2023-10-31	2,896,338,000	유찰
2차	2023-11-21	2,317,070,000	유찰
3차	2024-01-09	1,853,656,000	유찰
4차	2024-02-20	1,482,925,000	매각

1등 낙찰금액 1,703,570,000원 (59%)
매수인: 조 입찰인원 5명
2등 입찰가 1,659,800,000원
매각결정기일 : 2024-02-27 허가
대금지급기한 : 2024-04-04 진행

출처 : 타경닷컴

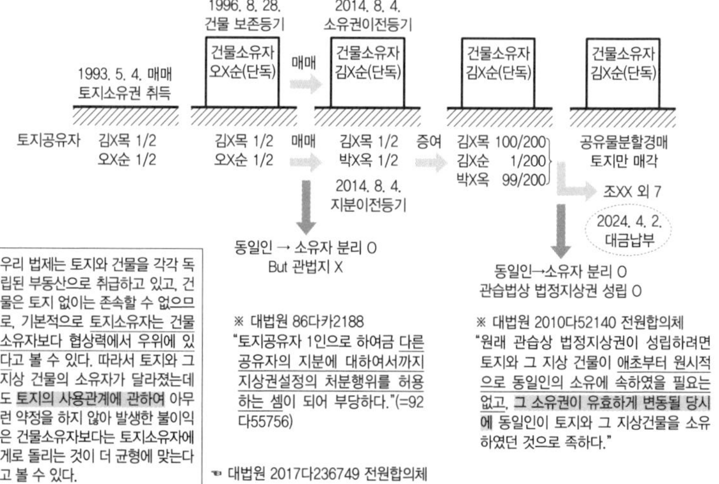

1996. 8. 28.
건물 보존등기
2014. 8. 4.
소유권이전등기
1993. 5. 4. 매매
토지소유권 취득
건물소유자
오X순(단독)
매매
건물소유자
김X순(단독)
건물소유자
김X순(단독)
건물소유자
김X순(단독)
토지공유자
김X목 1/2
오X순 1/2
김X목 1/2
오X순 1/2
매매
김X목 1/2
박X옥 1/2
증여
김X목 100/200
김X순 1/200
박X옥 99/200
공유물분할경매
토지만 매각
조XX 외 7
2014. 8. 4.
지분이전등기
2024. 4. 2.
대금납부
동일인 → 소유자 분리 O
But 관법지 X
동일인→소유자 분리 O
관습법상 법정지상권 성립 O
우리 법제는 토지와 건물을 각각 독립된 부동산으로 취급하고 있고, 건물은 토지 없이는 존속할 수 없으므로, 기본적으로 토지소유자는 건물소유자보다 협상력에서 우위에 있다고 볼 수 있다. 따라서 토지와 그 지상 건물의 소유자가 달라졌는데도 토지의 사용관계에 관하여 아무런 약정을 하지 않아 발생한 불이익은 건물소유자보다는 토지소유자에게로 돌리는 것이 더 균형에 맞는다고 볼 수 있다.
※ 대법원 86다카2188
"토지공유자 1인으로 하여금 다른 공유자의 지분에 대하여서까지 지상권설정의 처분행위를 허용하는 셈이 되어 부당하다."(=92다55756)
※ 대법원 2010다52140 전원합의체
"원래 관습상 법정지상권이 성립하려면 토지와 그 지상 건물이 애초부터 원시적으로 동일인의 소유에 속하였을 필요는 없고, 그 소유권이 유효하게 변동될 당시에 동일인이 토지와 그 지상건물을 소유하였던 것으로 족하다."
☞ 대법원 2017다236749 전원합의체

🔍 법정지상권 성립 여부 검토

남양주지원 2023타경 70770(2)

남양주1계 2023타경 70770 남양주지원 경매1계 (031-869-4421)

소재지(지번)	경기도 남양주시 와부읍 덕소리 612 덕소아이파크아파트 109동 5층504호				
소재지(도로명)	경기도 남양주시 와부읍 월문천로 95, 덕소아이파크아파트 109동 5층504호				
물건종별	아파트	사건접수	2023-01-31	경매구분	임의경매
대지권	47.31㎡	건물면적	84.81㎡		
소유자	김[illegible]	채무자	㈜호[illegible]	채권자	한국[illegible]
배당종기일	2023-05-01	감정가	690,000,000	최저가	(24%)165,669,000
보증금	16,566,900	매각조건	대항력있는임차인		

구분	입찰기일	최저매각가격	결과
신건	2023-09-12	690,000,000	유찰
2차	2023-10-17	483,000,000	유찰
3차	2023-11-21	338,100,000	유찰
4차	2023-12-26	236,670,000	유찰
5차	2024-01-30	165,669,000	매각

1등 낙찰금액 202,290,000원(29%)
매수인:김[illegible] 입찰인원 4명
매각결정기일 : 2024-02-06 허가
대금납부 2024.03.13 / 배당기일

출처 : 타경닷컴

POINT

순위 임차인이 배당요구를 하지 않은 경우 낙찰자는 대항할 수 없으므로 임차인의 보증금을 인수해야 한다. 이 경우에는 낙찰을 받은 이후에 경매 절차 밖에서 임차인에 대한 권리와 의무를 승계하게 된다. 그런데 임차인의 보증금이 얼마인지를 알 수 없다면 정확한 입찰가와 예산을 산정할 수가 없게 된다. 채권자 측에서 사실조회서를 제출하거나 임차인이 배당요구 없이 권리신고만을 해준다면 입찰금액을 정확하게 산정해 낼 수 있겠으나, 그렇지 않은 경우에는 임차인을 직접 찾아가서 보증금이 얼마인지 확인해야 한다.

서울서부지방법원 2022타경 57052

서울서부3계 2022타경 57052 서울서부지방법원 경매3계 (02-3271-1323)

소재지(지번)	서울 용산구 이태원동 253-7, 6층702호 (이태원동,어반메시 남산)				
소재지(도로명)	서울 용산구 회나무로13가길 16, 6층702호 (이태원동,어반메시 남산)				
물건종별	아파트	사건접수	2022-11-29	경매구분	임의경매
대지권	54.24㎡	건물면적	81.74㎡		
소유자	(주)[illegible]	채무자	(주)[illegible]	채권자	[illegible]
배당종기일	2023-02-20	감정가	1,911,000,000	최저가	(21%)400,766,000
보증금	40,076,600	매각조건	대항력있는임차인,선순위전세권		

구분	입찰기일	최저매각가격	결과
신건	2023-06-27	1,911,000,000	유찰
2차	2023-08-01	1,528,800,000	유찰
3차	2023-09-05	1,223,040,000	유찰
4차	2023-10-10	978,432,000	유찰
5차	2023-11-14	782,746,000	유찰
6차	2024-01-02	626,197,000	유찰
7차	2024-02-06	500,958,000	유찰
8차	2024-03-19	400,766,000	유찰
9차	2024-04-23	320,613,000	

출처 : 타경닷컴

POINT

대항력 있는 임차인과 선순위 전세권자가 동일인인 경우에 전세권자로서 배당요구를 하면 말소기준등기가 되어 임차인은 후순위로 대항력 없는 임차인이 되는 모순에 빠지게 된다. 판례는 동일인이 두 지위를 겸해서 가지는 경우에는 권리를 강화하기 위한 것이므로 말소기준권리의 공식을 적용하지 아니하고 임차인의 대항력을 인정하여 낙찰자가 인수하는 것으로 결정하였다.

서울서부지방법원 2022타경 52484

서울서부6계 2022타경 52484

서울서부지방법원 경매6계 (02-3271-1326)

소재지(지번)	서울특별시 은평구 불광동 228-38 4층401호				
소재지(도로명)	서울특별시 은평구 불광로13가길 21-1, 4층401호				
물건종별	다세대(빌라)	사건접수	2022-05-09	경매구분	임의경매
대지권	38.80㎡	건물면적	66.32㎡		
소유자	최[illegible]	채무자	최[illegible]	채권자	이[illegible]
배당종기일	2022-07-21	감정가	675,000,000	최저가	(64%)432,000,000
보증금	43,200,000	매각조건	대항력있는임차인		

구분	입찰기일	최저매각가격	결과
신건	2023-04-18	675,000,000	유찰
	2023-05-23	540,000,000	변경
2차	2024-02-06	540,000,000	유찰
3차	2024-03-19	432,000,000	유찰
4차	2024-04-23	345,600,000	
5차	2024-05-28	0	예정

출처 : 타경닷컴

POINT

정비사업이 추진되고 있는 매물의 경우에는 조합원의 지위를 승계할 수 있느냐가 중요한 사항이므로, 재건축 조합의 설립인가 또는 재개발 조합의 관리처분인가 및 고시가 되었는지 여부를 반드시 파악해야 하며, 인가 이후 단계일 경우에는 조합원의 지위 승계가 가능한지와 추가분담금이 얼마인지를 사전에 확인하여야 한다.

서울중앙지방법원 2023타경 104752

서울중앙1계 2023타경 104752 서울중앙지방법원 경매1계 (02-530-1820)

소재지(지번)	서울 관악구 봉천동 1698-1, 102동 15층1505호 (봉천동,보라매삼성아파트)				
소재지(도로명)	서울 관악구 보라매로 62, 102동 15층1505호 (봉천동,보라매삼성아파트)				
물건종별	아파트	사건접수	2023-04-13	경매구분	임의경매
대지권	33.19㎡	건물면적	84.84㎡		
소유자	이■■	채무자	이■■	채권자	■■■저축은행
배당종기일	2023-07-03	감정가	920,000,000	최저가	(33%)301,466,000
보증금	30,146,600	매각조건	대항력있는임차인		

구분	입찰기일	최저매각가격	결과
신건	2023-08-29	920,000,000	유찰
2차	2023-09-19	736,000,000	유찰
3차	2023-11-07	588,800,000	유찰
4차	2023-12-12	471,040,000	유찰
5차	2024-01-23	376,832,000	유찰
6차	2024-03-12	301,466,000	매각
1등 낙찰금액 301,466,100원(33%) 매수인:윤■■ 입찰인원 1명 매각결정기일 : 2024-03-19 불허가			
6차	2024-04-16	736,000,000	
7차	2024-05-21	0	예정

출처 : 타경닷컴

POINT

선순위 임차인이 배당요구 종기 이후 배당요구를 하였다면 배당에 참가할 수 없다. 그러나 입찰자로서는 대항력 있는 임차인의 보증금을 매각물건명세서를 통하여 확인할 수 있으므로 경매 절차 밖에서 지급할 보증금을 입찰가격에서 감액하여 산정이 가능해 정확한 수익률 계산을 할 수 있다.

서울동부지방법원 2021타경 52881

서울동부3계 2021타경 52881

서울동부지방법원 경매3계 (02-2204-2407)

소재지(지번)	서울특별시 강동구 성내동 446-35 4층402호				
소재지(도로명)	서울특별시 강동구 양재대로91나길 88, 4층402호				
물건종별	다세대(빌라)	사건접수	2021-06-08	경매구분	강제경매
대지권	44.53㎡	건물면적	78.57㎡		
소유자	이■■	채무자	이■■	채권자	엄■■
배당종기일	2021-08-30	감정가	484,000,000	최저가	(64%)309,760,000
보증금	30,976,000	매각조건	대항력있는임차인		

구분	입찰기일	최저매각가격	결과
신건	2024-01-22	484,000,000	유찰
2차	2024-03-11	387,200,000	매각

1등 낙찰금액 400,000,000원 (83%)
매수인: 이■■ 입찰인원 3명
2등 입찰가 387,220,000원

매각결정기일 : 2024-03-18 허가

출처 : 타경닷컴

POINT

공부와 현황이 불일치하는 경우 매각물건명세서에서 점유상태 그대로를 인수한다는 특별매각 조건이 붙어 있지 않다면 등기부상의 부동산이 낙찰자의 소유가 된다. 다만, 뒤바뀐 점유로 인하여 경매사건과 무관한 임차인이 인도대상이 되는 경우가 있으므로 사전에 집행법원에 인도 절차에 관한 확인을 요한다.

서울남부지방법원 2022타경 5076

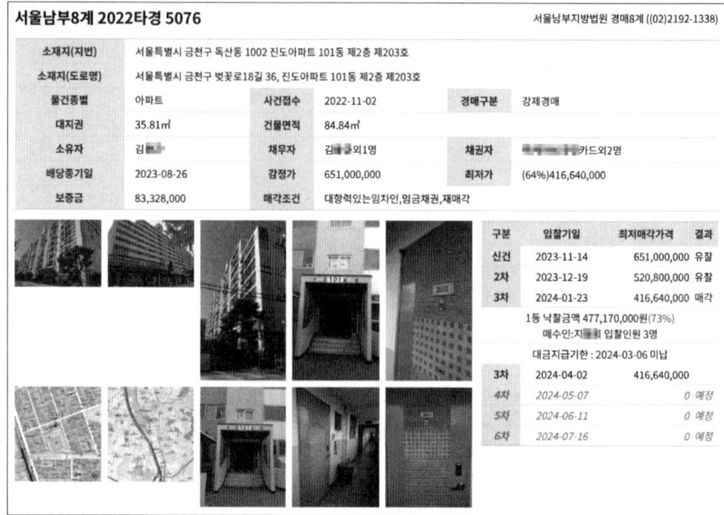

서울남부8계 2022타경 5076

서울남부지방법원 경매8계 ((02)2192-1338)

소재지(지번)	서울특별시 금천구 독산동 1002 진도아파트 101동 제2층 제203호				
소재지(도로명)	서울특별시 금천구 벚꽃로18길 36, 진도아파트 101동 제2층 제203호				
물건종별	아파트	사건접수	2022-11-02	경매구분	강제경매
대지권	35.81㎡	건물면적	84.84㎡		
소유자	김	채무자	김 외1명	채권자	카드외2명
배당종기일	2023-08-26	감정가	651,000,000	최저가	(64%)416,640,000
보증금	83,328,000	매각조건	대항력있는임차인,임금채권,재매각		

구분	입찰기일	최저매각가격	결과
신건	2023-11-14	651,000,000	유찰
2차	2023-12-19	520,800,000	유찰
3차	2024-01-23	416,640,000	매각
1등 낙찰금액 477,170,000원(73%) 매수인:지 입찰인원 3명			
대금지급기한 : 2024-03-06 미납			
3차	2024-04-02	416,640,000	
4차	2024-05-07	0	예정
5차	2024-06-11	0	예정
6차	2024-07-16	0	예정

출처 : 타경닷컴

POINT

경매정보사이트의 지표는 절대적인 것이 아니므로 맹신해서는 안 된다. 경매정보사이트에서 선순위임차인으로 표시되어 있으나, 전입시점과 확정일자 간격이 비정상적으로 긴 기간이므로 등기부를 확인하여 임차인의 대항력 발생시점이 언제인지 재확인해야 한다. 소유자로서의 점유와 임차인으로서의 점유를 나누는 시점이 등기부상 새로운 소유자가 이전등기를 접수한 날의 다음날인 점을 파악하자.

부산서부지원 2022타경 107280

부산서부4계 2022타경 107280 부산서부지원 경매4계 (051-812-1264)

소재지(지번)	부산광역시 북구 구포동 870-16				
소재지(도로명)	부산 북구 낙동북로772번가길 24-5				
물건종별	근린주택	사건접수	2022-11-08	경매구분	강제경매
토지면적	305㎡	건물면적	846.05㎡		
소유자	임	채무자	임	채권자	김 외1명
배당종기일	2023-10-06	감정가	1,760,171,220	최저가	(51%)901,208,000
보증금	90,120,800	매각조건			

구분	입찰기일	최저매각가격	결과
신건	2023-12-13	1,760,171,220	유찰
2차	2024-01-17	1,408,137,000	유찰
3차	2024-02-21	1,126,510,000	유찰
4차	2024-03-27	901,208,000	

출처 : 타경닷컴

POINT

다가구용 단독주택의 일괄매각사건의 경우, 매각물건명세서의 최선순위설정에 말소기준이 2개가 표시된다. 이때 임차인들의 대항력 여부를 판단하기 위한 기준은 무엇일까? 1번은 토지이고 2번은 건물의 말소기준인데, 임차인들은 건물을 사용수익하고 있으므로 2번의 최선순위설정등기를 기준으로 하여 임차인들의 대항력 여부를 판단하여야 한다.

인천지방법원 2023타경 500269

인천7계 2023타경 500269 인천지방법원 경매7계 (032-860-1607)

소재지(지번)	인천 연수구 송도동 21-60, 401동 1층138호 (송도동,인천송도힐스테이트)				
소재지(도로명)	인천 연수구 컨벤시아대로 80, 401동 1층138호 (송도동,인천송도힐스테이트)				
물건종별	근린상가	사건접수	2023-01-03	경매구분	임의경매
대지권	43.26㎡	건물면적	100.80㎡		
소유자	장[illegible]	채무자	장[illegible]	채권자	[illegible]대부
배당종기일	2023-03-27	감정가	669,000,000	최저가	(24%)160,627,000
보증금	16,062,700	매각조건	유치권		

구분	입찰기일	최저매각가격	결과
신건	2023-07-26	669,000,000	유찰
2차	2023-08-30	468,300,000	유찰
3차	2023-10-10	327,810,000	유찰
4차	2023-11-15	229,467,000	유찰
	2023-12-15	160,627,000	변경
5차	2024-03-11	160,627,000	매각

1등 낙찰금액 283,700,000원 (42%)
매수인: [illegible]공유오피스[illegible](주 입찰인원 14명
2등 입찰가 260,000,000원

매각결정기일 : 2024-03-18 허가

출처 : 타경닷컴

POINT

감정평가금액이 약 6억 7,000만 원인 근린상가 매물이 유찰되어 1억 6,000만 원대까지 저감되었다. 그러나 임장을 통해 확인해 본 결과 상권이 죽어 있었고, 1층의 매물 주변을 유흥주점이 둘러싸고 있어서 인근에 활성화되어 있는 학원업종으로 활용하기도 어려운 매물이었다. 가격이 저렴하다는 장점만으로는 낙찰받아도 애물단지일 수 있는 매물이지만, 상권 분석을 통하여 활용이 가능한 점포로 살려낼 방안이 있다면 저가낙찰의 이익을 볼 수 있다.

부천지원 2022타경 34867

부천1계 2022타경 34867 부천지원 경매1계 ((032)320-1131)

소재지(지번)	경기도 부천시 고강동 393-18 테라스 더 시티 5층503호				
소재지(도로명)	경기도 부천시 역곡로496번길 109, 테라스 더 시티 5층503호				
물건종별	다세대(빌라)	사건접수	2022-05-06	경매구분	강제경매
대지권	26.33㎡	건물면적	46.28㎡		
소유자	박	채무자	박	채권자	주택도시보증공사
배당종기일	2022-07-22	감정가	264,000,000	최저가	(49%)129,360,000
보증금	12,936,000	매각조건	대항력있는임차인		

구분	입찰기일	최저매각가격	결과
신건	2022-11-15	264,000,000	유찰
2차	2023-02-07	184,800,000	유찰
3차	2023-03-14	129,360,000	유찰
4차	2023-04-18	90,552,000	유찰
5차	2023-05-23	63,386,000	유찰
6차	2023-06-27	44,370,000	유찰
7차	2023-08-01	31,059,000	유찰
8차	2023-09-05	21,741,000	유찰
신건	2023-10-17	264,000,000	유찰
2차	2023-11-21	184,800,000	매각
	1등 낙찰금액 196,000,000원(74%) 매수인:김 입찰인원 1명		
	매각결정기일 : 2023-11-28 허가		
	대금지급기한 : 2024-01-04 미납		
2차	2024-01-30	184,800,000	유찰
3차	2024-03-05	129,360,000	매각

출처 : 타경닷컴

POINT

전세사기피해로 인하여 최근 주택도시보증공사가 임대차보증금을 대위변제하고 임차인의 보증금반환채권의 양수인으로서 대항력과 우선변제권까지 승계한 매물이 많아지고 있다. 그러나 상당수는 소위 '깡통매물'이기 때문에 아무도 입찰하지 않아서 주택도시보증공사의 고육지책으로 대항력 포기확약서가 제출된다. 이 경우에는 대항력 포기 조건을 특별매각 조건으로 붙여 매각물건명세서를 재작성하고, 최저매각가격을 다시 최초의 감정가격으로 정하여 매각을 실시한다. 낙찰자의 인수부담이 사라지므로 낙찰가율이 높아지게 되어 주택도시보증공사의 손실이 최소화되는 것이다.

안산지원 2023타경 2933(1)

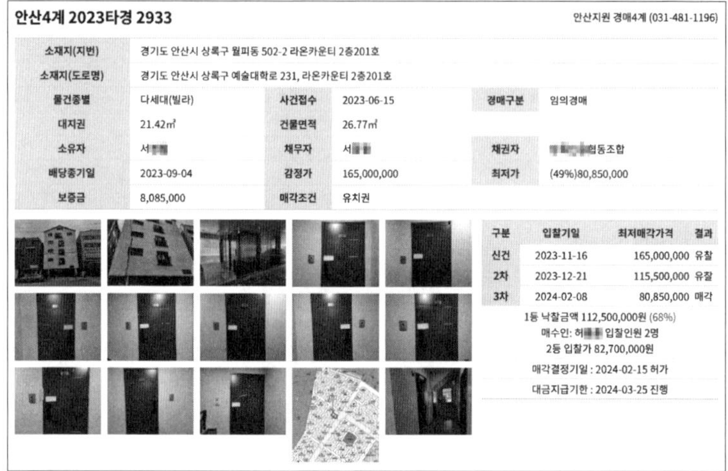

안산4계 2023타경 2933　　　안산지원 경매4계 (031-481-1196)

소재지(지번)	경기도 안산시 상록구 월피동 502-2 라온카운티 2층201호				
소재지(도로명)	경기도 안산시 상록구 예술대학로 231, 라온카운티 2층201호				
물건종별	다세대(빌라)	사건접수	2023-06-15	경매구분	임의경매
대지권	21.42㎡	건물면적	26.77㎡		
소유자	서■■	채무자	서■■	채권자	■■■■협동조합
배당종기일	2023-09-04	감정가	165,000,000	최저가	(49%)80,850,000
보증금	8,085,000	매각조건	유치권		

구분	입찰기일	최저매각가격	결과
신건	2023-11-16	165,000,000	유찰
2차	2023-12-21	115,500,000	유찰
3차	2024-02-08	80,850,000	매각

1등 낙찰금액 112,500,000원 (68%)
매수인: 허■■ 입찰인원 2명
2등 입찰가 82,700,000원
매각결정기일 : 2024-02-15 허가
대금지급기한 : 2024-03-25 진행

출처 : 타경닷컴

POINT

유치권자의 승소 확정판결 vs 채권자의 유치권 배제신청 : 이 매물은 언뜻 보면 유치권자가 승소 확정판결을 받았기 때문에 유치권이 성립되어 인수하는 것으로 착각하기 쉽다. 그러나 사건 내용을 자세히 보면 '공사대금채권'에 대하여 유치권을 주장하는 자가 승소를 하였다는 것이지, '유치권의 존재 또는 부존재'에 관한 판결이 아니다. 따라서 유치권의 성립은 여전히 불분명할 뿐만 아니라, 임차인들이 모두 거주하고 있으므로 사실상 유치권 신고인이 '점유'를 장악한 것이 아니라 소유자가 임차인을 통하여 간접점유하고 있으므로 이 점을 파악한 입찰자가 발빠르게 다세대 전체를 모두 낙찰받은 사례이다.

서울서부지방법원 2022타경 2496

서울서부3계 2022타경 2496

서울서부지방법원 경매3계 (02-3271-1323)

소재지(지번)	서울특별시 은평구 구산동 7-9				
소재지(도로명)	서울 은평구 서오릉로11길 18-2				
물건종별	주택	사건접수	2022-10-24	경매구분	임의경매
토지면적	*전체: 147.80㎡* 매각지분: 24.63㎡	건물면적	전체: 221.07㎡ 매각지분: 36.84㎡		
소유자	최■■외1명	채무자	최■■외1명	채권자	■■■마을금고
배당종기일	2023-02-06	감정가	178,000,000	최저가	(41%)72,909,000
보증금	7,290,900	매각조건	토지및건물 지분매각		

구분	입찰기일	최저매각가격	결과
신건	2023-09-05	178,000,000	유찰
2차	2023-10-10	142,400,000	유찰
3차	2023-11-14	113,920,000	유찰
4차	2024-01-02	91,136,000	유찰
5차	2024-02-06	72,909,000	매각

1등 낙찰금액 87,000,000원(49%)

매수인:정■■ 입찰인원 4명

매각결정기일 : 2024-02-13 허가

대금납부 2024.03.18 / 배당기일 2024-04-25

출처 : 타경닷컴

POINT

구분소유적 공유 지분매각 : 공유자 중의 1인에 대한 지분경매이지만 채무자인 공유자가 상호명의신탁에 의하여 구분소유를 하고 있는 것과 같은 사실상의 점유 및 사용을 하고 있으므로, 낙찰을 받으면 등기상으로는 지분의 공유자로 등기되지만 사실상 구분소유로 사용하고 있는 점유를 그대로 승계하여 사용하거나 임대할 수 있는 매물이다.

서울남부지방법원 2023타경 105683

서울남부6계 2023타경 105683 서울남부지방법원 경매6계 ((02)2192-1973)

소재지(지번)	서울특별시 강서구 가양동 14-3				
소재지(도로명)	서울 강서구 양천로 489, 제102동 제4층 제404호 (가양동, 가양우성아파트)				
물건종별	아파트	사건접수	2023-03-24	경매구분	강제경매
대지권	38.22㎡	건물면적	84.85㎡		
소유자	박OO	채무자	박OO	채권자	사OOOOOOOOOOOOO
배당종기일	2023-08-07	감정가	822,000,000	최저가	(80%)657,600,000
보증금	65,760,000	매각조건			

구분	입찰기일	최저매각가격	결과
신건	2023-12-14	822,000,000	유찰
	2024-01-18	657,600,000	변경
취하된 사건입니다.			

출처 : 타경닷컴

POINT

무잉여 통지와 경매취소 : 매각준비 절차에 있어서 경매신청인인 압류채권자에 우선하는 채권자들의 총금액이 감정가격보다 많으면 남을 가망이 없으므로 무잉여 통지를 하고 경매취소를 하게 된다. 남을 가망 여부는 경매가 진행되는 중에도 유찰되어 저감된 최저매각가격이 우선채권금액보다 낮아지는 경우에도 경매신청 채권자에게 매수통지를 하여 충분한 보증을 제공하고 매수신청하겠다는 의사표시가 없으면 경매를 취소해야 한다. 위 사건은 무잉여로 기각된 것이 아니라 채권자가 스스로 경매를 취하한 사건이다.

제주지방법원 2022타경 2461

2022 타경 2461 제주지방법원 경매3계(064-729-2153) 매각기일 2023-03-21(10:00)

소재지	제주특별자치도 제주시 추자면 대서리 44 지도보기 주소복사				
도로명주소	제주특별자치도 제주시 추자면 대서3길 22-7 주소복사				
물건종별	주택	사건접수	2022.04.28	경매구분	강제경매
토지면적	토지 매각제외	소 유 자	홍	감 정 가	6,166,580
건물면적	59.99㎡ (18.15평)	채 무 자	홍	최 저 가	(34%) 2,115,000
배당종기일	2022-08-01	채 권 자	이	보 증 금	(10%) 211,500
매각조건	건물만매각, 법정지상권				

[입찰진행내용]

구분	입찰기일	최저매각가격	결과
신건	2023-02-14	6,166,580	유찰
2차	2023-03-21	4,317,000	매각
1등 낙찰금액 5,040,000원(82%)			
매수인:남 입찰인원 1명			
매각결정기일 : 2023-03-28 허가			
대금지급기한 : 2023-05-04 미납			
2차	2023-05-30	4,317,000	유찰
3차	2023-07-11	3,022,000	유찰
4차	2023-08-22	2,115,000	매각
1등 낙찰금액 2,150,100원(35%)			
매수인:정 입찰인원 1명			
매각결정기일 : 2023-08-29 허가			
대금납부 / 배당기일 2023-11-24			

출처 : 타경닷컴

POINT

강제경매로 인하여 토지와 건물의 소유자가 분리되는 관습법상의 법정지상권 성립 여부를 검토할 때에는 소유자의 동일인 요건 판단시점이 강제경매개시결정등기(압류의 효력 발생 시점)를 기준으로 한다. 다만, 강제경매의 개시가 가압류에 의한 본압류로 이전되는 경우라면 가압류 효력발생 시(가압류등기 접수일)까지는 동일인 요건을 갖추면 법정지상권 성립을 인정한다.

부천지원 2023타경 37245

부천1계 2023타경 37245 부천지원 경매1계 ((032)320-1131)

소재지(지번)	경기 김포시 고촌읍 전호리 646-1 호텔마리나베이서울 13층1359호				
소재지(도로명)	경기 김포시 고촌읍 아라육로152번길 210-50 호텔마리나베이서울 13층1359호				
물건종별	숙박(콘도등)	사건접수	2023-05-10	경매구분	임의경매
대지권	5.78㎡	건물면적	22.91㎡		
소유자	김	채무자	김	채권자	협동조합
배당종기일	2023-07-21	감정가	171,000,000	최저가	(34%)58,653,000
보증금	5,865,300	매각조건			

구분	입찰기일	최저매각가격	결과
신건	2023-10-17	171,000,000	유찰
2차	2023-11-21	119,700,000	유찰
3차	2024-01-30	83,790,000	유찰
4차	2024-03-05	58,653,000	매각
1등 낙찰금액 63,200,000원 (37%) 매수인: 한 입찰인원 6명 2등 입찰가 60,700,000원			
매각결정기일 : 2024-03-12 허가			
	2024-04-17	0	완료
대금납부 2024.03.21 / 배당기일 2024-04-17			

출처 : 타경닷컴

POINT

수익형 호텔의 개별 호실이 경매로 나온 사례이다. 각 호실별로 구분소유권을 회원에게 이전등기하여 분양하고 위탁업체가 운영방식으로 수익배분을 하는 구조이므로, 호텔의 운영을 위탁받은 업체를 먼저 현장조사하여 수익배분율과 운영방식 등을 미리 파악하고, 향후 영업에 따른 수익성을 확인한 이후에 입찰하여야 한다.

성남지원 2023타경 52227

성남2계 2023타경 52227 성남지원 경매2계 (031-737-1322)

소재지(지번)	경기도 하남시 학암동 633-13				
소재지(도로명)	경기 하남시 위례학암로13번길 38				
물건종별	근린주택	사건접수	2023-02-22	경매구분	임의경매
토지면적	전체: 262㎡ 매각지분: 130.80㎡	건물면적	710.25㎡		
소유자	오■■	채무자	오■■	채권자	■■■■■대부
배당종기일	2023-05-03	감정가	1,971,596,000	최저가	(49%)966,082,000
보증금	96,608,200	매각조건			

구분	입찰기일	최저매각가격	결과
신건	2024-02-05	1,971,596,000	유찰
2차	2024-03-11	1,380,117,000	매각
1등 낙찰금액 1,702,000,000원 (86%) 매수인: 안■■외1 입찰인원 3명 2등 입찰가 1,650,000,000원			
매각결정기일 : 2024-03-18 허가			

출처 : 타경닷컴

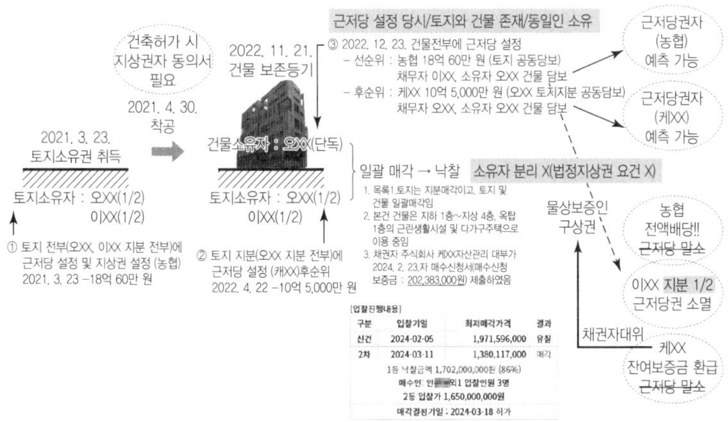

법정지상권 권리 분석

수원지방법원 2023타경 57335

수원2계 2023타경 57335

수원지방법원 경매2계 ((031)210-1262)

소재지(지번)	경기도 수원시 장안구 연무동 255-17 진영빌라 2층302호				
소재지(도로명)	경기도 수원시 장안구 경수대로 750-1, 진영빌라 2층302호				
물건종별	다세대(빌라)	사건접수	2023-03-22	경매구분	강제경매
대지권	26.59㎡	건물면적	42.54㎡		
소유자	김	채무자	김	채권자	보험
배당종기일	2023-06-07	감정가	124,000,000	최저가	(34%)42,532,000
보증금	4,253,200	매각조건			

구분	입찰기일	최저매각가격	결과
신건	2023-11-24	124,000,000	유찰
2차	2024-01-09	86,800,000	유찰
3차	2024-02-13	60,760,000	유찰
4차	2024-03-18	42,532,000	매각

1등 낙찰금액 67,510,000원(54%)

매수인:오 입찰인원 1명

출처 : 타경닷컴

POINT

법원경매는 체납처분 압류에 관한 세부정보(압류금액, 조세법정기일, 당해세 여부 등)를 공개하지 않는다. 입찰자로서는 당해세 우선의 원칙으로 인하여 선순위 임차인이 배당요구한 경우에 간접적인 추가 지출(미배당 보증금의 인수)의 변수에 직면하게 되는데, 2023년 4월 1일자 「국세기본법」 및 「지방세기본법」의 개정 시행으로 그 리스크가 일부 완화되었다. 그러나 여전히 당해세의 조세법정기일이 빠른 경우에는 임차인의 미배당보증금을 낙찰자가 인수해야 하는 변수는 여전히 존재한다. 운 좋게 법원경매가 공매와 동시에 진행되는 사건의 경우에는 공매사건의 재산명세서를 통하여 조세법정기일과 압류금액 및 조세 종류를 확인할 수 있다.

충주지원 2023타경 1810(1)

충주4계 2023타경 1810 충주지원 경매4계 (043-841-9124)

소재지	충청북도 음성군 음성읍 용산리 1257-3				
물건종별	임야	사건접수	2023-06-15	경매구분	임의경매
토지면적	1,651㎡	건물면적	-		
소유자	강**	채무자	강**	채권자	김**
배당종기일	2023-09-20	감정가	105,664,000	최저가	(80%)84,531,000
보증금	8,453,100	매각조건	맹지		

구분	입찰기일	최저매각가격	결과
신건	2024-02-19	105,664,000	유찰
	2024-03-25	84,531,000	변경
변경된 사건입니다.			

출처 : 타경닷컴

POINT

예고등기는 등기원인의 무효 또는 취소로 인한 등기의 말소 또는 회복의 소가 제기된 경우에 그 등기에 의하여 소의 제기가 있었음을 제3자에게 경고하여 계쟁부동산에 관하여 법률행위를 하고자 하는 선의의 제3자로 하여금 소송의 결과 발생할 수도 있는 불측의 손해를 방지하려는 목적에서 하는 것으로서 부동산에 관한 권리관계를 공시하는 등기가 아니므로, 예고등기를 매각물건명세서에 기재하여야 하는 '등기된 부동산에 관한 권리로서 경락에 의하여 그 효력이 소멸되지 아니하는 것'에 해당한다고 볼 수 없다(대법원 2001. 3. 14.자 99마4849 결정). 예고등기제도는 「부동산등기법」(법률 제10580호)이 개정됨에 따라 2011년 10월 13일부터 폐지되었지만, 2011년 10월 13일 이전에 이미 이루어진 예고등기의 말소 절차에 관하여는 종전의 규정에 따르고 있다(「부동산등기법」 부칙 제10580호 2011. 4. 12. 제3조 예고등기에 관한 경과조치).

서울중앙지방법원 2023타경 112616(1)

서울중앙11계 2023타경 112616　　서울중앙지방법원 경매11계 (02-530-1817)

소재지(지번)	서울특별시 관악구 봉천동 900-15 외 1필지				
소재지(도로명)	서울 관악구 봉천로33가길 33-10 외 1필지				
물건종별	다가구(원룸등)	사건접수	2023-09-01	경매구분	임의경매
토지면적	189.40㎡	건물면적	536.51㎡		
소유자	김	채무자	김	채권자	조합
배당종기일	2023-11-21	감정가	2,353,672,560	최저가	(80%)1,882,938,000
보증금	188,293,800	매각조건			

구분	입찰기일	최저매각가격	결과
신건	2024-02-29	2,353,672,560	유찰
2차	2024-04-09	1,882,938,000	
3차	2024-05-16	0	예정
4차	2024-06-20	0	예정

출처 : 타경닷컴

POINT

다중주택과 토지 일괄매각 조건의 매각물건명세서상 임차인 20가구가 있으나, 모두 주택의 선순위 근저당권설정일자(말소기준)보다 후순위로서 대항력 없는 임차인이다. 따라서 인수할 권리의 하자는 존재하지 않지만, 20가구의 임차인을 일시에 명도하는 것이 현실적으로 수월한 것은 아니다. 소액임차인과 일부 배당을 받을 수 있는 임차인은 명도확인서 제공을 협상카드로 사용하고, 계속 거주를 원하는 임차인은 새로운 임대차계약을 협의하며 이사비용을 무리하게 요구하는 임차인은 집행관을 통한 계고와 인도명령을 집행해야 한다. 명도에 대한 전략이 필요하다.

안양지원 2022타경 102391(1)

안양2계 2022타경 102391 안양지원 경매2계 (031-8086-1282)

소재지(지번)	경기도 과천시 원문동 10 과천 위버필드 205동 8층803호				
소재지(도로명)	경기도 과천시 별양로 11, 과천 위버필드 205동 8층803호				
물건종별	아파트	사건접수	2022-06-09	경매구분	강제경매
대지권	전체: 38.77㎡ 매각지분: 19.39㎡	건물면적	전체: 59.94㎡ 매각지분: 29.97㎡		
소유자	송	채무자	송	채권자	김 외3명
배당종기일	2022-08-24	감정가	815,000,000	최저가	(64%)521,600,000
보증금	52,160,000	매각조건	토지및건물 지분매각		

구분	입찰기일	최저매각가격	결과
신건	2024-02-13	815,000,000	유찰
2차	2024-03-12	652,000,000	유찰
3차	2024-04-16	521,600,000	
4차	2024-05-21	0	예정

출처 : 타경닷컴

POINT

선순위 가등기의 접수번호 경정으로 후순위 가등기로 된 사례 : 만약 선순위 가등기였다면 낙찰자가 대금을 납부하고 배당종결된 경우에는 본등기로 인하여 낙찰자의 소유권이 직권말소되므로 법원이 낙찰자의 대금을 반환해줄 방도가 없어진다. 그러나 후순위 가등기는 매각으로 소멸되므로 낙찰자의 인수리스크는 없다.

부천지원 2022타경 35037(3)

부천3계 2022타경 35037

부천지원 경매3계 ((032)320-1133)

소재지(지번)	경기도 부천시 원미동 122-17 백두빌리지 4층403호				
소재지(도로명)	경기도 부천시 조종로36번길 12, 백두빌리지 4층403호				
물건종별	다세대(빌라)	사건접수	2022-05-11	경매구분	강제경매
대지권	29.31㎡	건물면적	46.72㎡		
소유자	정■■	채무자	정■■	채권자	주택도시보증공사
배당종기일	2022-08-23	감정가	242,000,000	최저가	(4%)9,766,000
보증금	976,600	매각조건	대항력있는임차인		

구분	입찰기일	최저매각가격	결과
신건	2023-03-21	242,000,000	유찰
2차	2023-04-25	169,400,000	유찰
3차	2023-05-30	118,580,000	유찰
4차	2023-07-04	83,006,000	유찰
5차	2023-08-08	58,104,000	유찰
6차	2023-09-12	40,673,000	유찰
7차	2023-10-24	28,471,000	유찰
8차	2023-11-28	19,930,000	유찰
9차	2024-02-06	13,951,000	유찰
10차	2024-03-12	9,766,000	매각

1등 낙찰금액 9,900,000원(4%)
매수인:조■■ 입찰인원 1명

출처 : 타경닷컴

POINT

마이너스 낙찰 : 이 경우에는 주택도시보증공사가 포기 확약서를 낼 때까지 기다렸다가 대항력을 포기하면 최초의 감정가로 다시 매각이 실시될 것이므로, 최저가격이 저렴하다는 측면만을 보고 낙찰을 받게 되면 시세보다 비싸게 부동산을 취득하는 마이너스 투자가 되는 것이다.

영월지원 2022타경 1983(2)(3)

영월2계 2022타경 1983

영월지원 경매2계 (033-371-1107)

소재지(지번)	강원도 태백시 창죽동 78-13				
소재지(도로명)	강원 태백시 백두대간로 860				
물건종별	임야	사건접수	2022-12-15	경매구분	임의경매
토지면적	164,294㎡	건물면적	-		
소유자	김	채무자	김	채권자	조합
배당종기일	2023-03-16	감정가	476,452,600	최저가	(70%)332,367,000
보증금	33,236,700	매각조건	건물매각제외,법정지상권,토지만매각,분묘기지권		

구분	입찰기일	최저매각가격	결과
	2023-10-24	474,809,660	변경
	2024-01-09	474,809,660	변경
신건	2024-02-20	474,809,660	유찰
2차	2024-03-19	332,367,000	유찰
3차	2024-04-23	232,657,000	
4차	2024-06-04	0	예정

출처 : 타경닷컴

POINT

산지연금 매도승인 여부 : 산지연금의 대상 임야라고 하더라도 낙찰을 받은 후에 1년간 보유해야 매도승인 신청을 할 수 있다. 입찰하기 전에 산림청에 매도승인이 가능한지 문의를 해보아도 담당자는 확답을 줄 수 없다. 매도승인 신청 당시에 담당공무원이 현장조사를 해야 승인 여부를 알 수 있기 때문이다.

부산지방법원 2023타경 50204

부산1계 2023타경 50204 부산지방법원 경매1계 ((051)590-1812)

소재지(지번)	부산 동래구 사직동 93-8, 102동 5층 503호 (사직동,사직자이)				
소재지(도로명)	부산 동래구 사직로 36, 102동 5층 503호 (사직동,사직자이)				
물건종별	아파트	사건접수	2023-01-06	경매구분	강제경매
대지권	69.24㎡	건물면적	158.54㎡		
소유자	배[illegible]	채무자	배[illegible]	채권자	한[illegible]
배당종기일	2023-03-24	감정가	1,570,000,000	최저가	(64%)1,004,800,000
보증금	100,480,000	매각조건	대항력있는임차인		

구분	입찰기일	최저매각가격	결과
신건	2024-01-23	1,570,000,000	유찰
2차	2024-02-27	1,256,000,000	유찰
3차	2024-04-02	1,004,800,000	
4차	*2024-05-07*	*0*	*예정*

출처 : 타경닷컴

POINT

증액된 보증금의 낙찰자 인수 여부 : 증액된 보증금 1억 8,000만 원에 대해서도 임차인의 확정일자가 최선순위설정 근저당보다 앞서기 때문에 배당에서 전부 배당받지 못하는 경우에는 낙찰자가 인수하게 된다.

순천지원 2022타경 4028(1)

순천2계 2022타경 4028 순천지원 경매2계 ((061)

소재지	전라남도 고흥군 도양읍 장계리 127 외 1필지				
물건종별	임야	사건접수	2022-09-07	경매구분	강제경매
토지면적	전체: 1,190㎡ 매각지분: 238㎡	건물면적	-		
소유자	장[illegible]	채무자	장[illegible]	채권자	[illegible]중앙회
배당종기일	2022-12-06	감정가	809,200	최저가	(100%)809,200
보증금	80,920	매각조건	지분매각,분묘기지권		

구분	입찰기일	최저매각가격	결과
신건	2023-07-17	809,200	매각
1등 낙찰금액 20,980,920원(2593%) 매수인: 입찰인원 0명 매각결정기일 : 2023-07-24 허가 대금지급기한 : 2023-08-31 미납			
신건	2023-10-16	809,200	매각
1등 낙찰금액 5,000,000원(618%) 매수인:공유자 장[illegible] 입찰인원 10명 매각결정기일 : 2023-10-23 허가 대금납부 2023.11.30 / 배당기일 2023-12-19			

출처 : 타경닷컴

POINT

분묘기지권 : 위 물건은 공유자가 낙찰가율 617%에 우선매수하여 낙찰을 받았다. 잘 관리되는 분묘는 연고자가 있는 경우에 적극적으로 매수를 하려고 하기 때문에 단기 매도가 가능한 장점이 있으므로 소액투자 물건으로 급부상하고 있다.

천안지원 2023타경 2106(1)

천안3계 2023타경 2106 천안지원 경매3계 (041-)

소재지(지번)	충청남도 천안시 서북구 쌍용동 1914 주공9단지아파트 414동 5층504호				
소재지(도로명)	충청남도 천안시 서북구 봉서산샛길 65, 주공9단지아파트 414동 5층504호				
물건종별	아파트	사건접수	2023-04-18	경매구분	임의경매
대지권	35.65㎡	건물면적	39.69㎡		
소유자	국**	채무자	국**	채권자	김**
배당종기일	2023-07-26	감정가	100,000,000	최저가	(70%)70,000,000
보증금	7,000,000	매각조건			

구분	입찰기일	최저매각가격	결과
신건	2023-09-11	100,000,000	유찰
2차	2023-10-23	70,000,000	매각

1등 낙찰금액 77,590,000원 (78%)
매수인: 남** 입찰인원 4명
2등 입찰가 74,830,000원
매각결정기일 : 2023-10-30 허가
대금납부 2023.11.20 / 배당기일 2024-01-17

출처 : 타경닷컴

POINT

접수번호가 동일한 동순위 등기의 우열은? 같은 부동산에 관하여 동시에 여러 개의 등기신청이 있는 경우에는 같은 접수번호를 부여하여야 한다(「부동산등기규칙」 제65조 제2항). 처분금지가처분신청이 가압류 신청보다 신청법원에 먼저 접수되었다 하더라도 법원으로부터 동처분금지가처분등기촉탁서와 가압류등기촉탁서를 등기관이 동시에 받았다면 양 등기는 이를 동시 접수 처리하여야 하고 그 등기의 순위는 동일순위등기이다(「등기예규」 제1348호). 동일한 부동산에 관하여 동일 순위로 등기된 가압류와 처분금지가처분의 효력은 그 당해 채권자 상호 간에 한해서는 처분금지적 효력을 서로 주장할 수 없다(대법원 1998. 10. 30.자 98마475 결정).

부록 2 APPENDIX

관계 법률

민사집행법

[시행 2022. 1. 4.]
[법률 제18671호, 2022. 1. 4., 일부개정]

제1편 총칙

제1조(목적) 이 법은 강제집행, 담보권 실행을 위한 경매, 「민법」·「상법」, 그 밖의 법률의 규정에 의한 경매(이하 "민사집행"이라 한다) 및 보전처분의 절차를 규정함을 목적으로 한다.

제2조(집행실시자) 민사집행은 이 법에 특별한 규정이 없으면 집행관이 실시한다.

제3조(집행법원) ① 이 법에서 규정한 집행행위에 관한 법원의 처분이나 그 행위에 관한 법원의 협력사항을 관할하는 집행법원은 법률에 특별히 지정되어 있지 아니하면 집행 절차를 실시할 곳이나 실시한 곳을 관할하는 지방법원이 된다.

② 집행법원의 재판은 변론 없이 할 수 있다.

제4조(집행신청의 방식) 민사집행의 신청은 서면으로 하여야 한다.

제5조(집행관의 강제력 사용) ① 집행관은 집행을 하기 위하여 필요한 경우에는 채무자의 주거·창고 그 밖의 장소를 수색하고, 잠근 문과 기구를 여는 등 적절한 조치를 할 수 있다.

② 제1항의 경우에 저항을 받으면 집행관은 경찰 또는 국군의 원조를 요청할 수 있다.

③ 제2항의 국군의 원조는 법원에 신청하여야 하며, 법원이 국군의 원조를 요청하는 절차는 대법원규칙으로 정한다.

제6조(참여자) 집행관은 집행하는 데 저항을 받거나 채무자의 주거에서 집행을 실시하려는데 채무자나 사리를 분별할 지능이 있는 그 친족·고용인을 만나지 못한 때에는 성년 두 사람이나 특별시·광역시의 구 또는 동 직원, 시·읍·면 직원(도농복합형태의 시의 경우 동지역에서는 시 직원, 읍·면지역에서는 읍·면 직원) 또는 경찰공무원 중 한 사람을 증인으로 참여하게 하여야 한다.

제7조(집행관에 대한 원조요구) ① 집행관 외의 사람으로서 법원의 명령에 의하여 민사집행에 관한 직무를 행하는 사람은 그 신분 또는 자격을 증명하는 문서를 지니고 있다가 관계인이 신청할 때에는 이를 내보여야 한다.

② 제1항의 사람이 그 직무를 집행하는데 저항을 받으면 집행관에게 원조를 요구할 수 있다.

③ 제2항의 원조요구를 받은 집행관은 제5조 및 제6조에 규정된 권한을 행사할 수 있다.

제8조(공휴일·야간의 집행) ① 공휴일과 야간에는 법원의 허가가 있어야 집행행위를 할 수 있다.

② 제1항의 허가명령은 민사집행을 실시할 때에 내보여야 한다.

제9조(기록열람 · 등본부여) 집행관은 이해관계 있는 사람이 신청하면 집행기록을 볼 수 있도록 허가하고, 기록에 있는 서류의 등본을 교부하여야 한다.

제10조(집행조서) ① 집행관은 집행조서(執行調書)를 작성하여야 한다.

② 제1항의 조서(調書)에는 다음 각호의 사항을 밝혀야 한다.

1. 집행한 날짜와 장소
2. 집행의 목적물과 그 중요한 사정의 개요
3. 집행참여자의 표시
4. 집행참여자의 서명날인
5. 집행참여자에게 조서를 읽어 주거나 보여 주고, 그가 이를 승인하고 서명날인한 사실
6. 집행관의 기명날인 또는 서명

③ 제2항제4호 및 제5호의 규정에 따라 서명날인할 수 없는 경우에는 그 이유를 적어야 한다.

제11조(집행행위에 속한 최고, 그 밖의 통지) ① 집행행위에 속한 최고(催告) 그 밖의 통지는 집행관이 말로 하고 이를 조서에 적어야 한다.

② 말로 최고나 통지를 할 수 없는 경우에는 「민사소송법」 제181조 · 제182조 및 제187조의 규정을 준용하여 그 조서의 등본을 송달한다. 이 경우 송달증서를 작성하지 아니한 때에는 조서에 송달한 사유를 적어야 한다.

③ 집행하는 곳과 법원의 관할구역 안에서 제2항의 송달을 할 수 없는 경우에는 최고나 통지를 받을 사람에게 대법원규칙이 정하는 방법으로 조서의 등본을 발송하고 그 사유를 조서에 적어야 한다.

제12조(송달 · 통지의 생략) 채무자가 외국에 있거나 있는 곳이 분명하지 아니한 때에는 집행행위에 속한 송달이나 통지를 하지 아니하여도 된다.

제13조(외국송달의 특례) ① 집행 절차에서 외국으로 송달이나 통지를 하는 경우에는 송달이나 통지와 함께 대한민국 안에 송달이나 통지를 받을 장소와 영수인을 정하여 상당한 기간 이내에 신고하도록 명할 수 있다.

② 제1항의 기간 이내에 신고가 없는 경우에는 그 이후의 송달이나 통지를 하지 아니할 수 있다.

제14조(주소 등이 바뀐 경우의 신고의무) ① 집행에 관하여 법원에 신청이나 신고를 한 사람 또는 법원으로부터 서류를 송달받은 사람이 송달받을 장소를 바꾼 때에는 그 취지를 법원에 바로 신고하여야 한다.

② 제1항의 신고를 하지 아니한 사람에 대한 송달은 달리 송달할 장소를 알 수 없는 경우에는 법원에 신고된 장소 또는 종전에 송달을 받던 장소에 대법원규칙이 정하는 방법으로 발송할 수 있다.

③ 제2항의 규정에 따라 서류를 발송한 경우에는 발송한 때에 송달된 것으로 본다.

제15조(즉시항고) ① 집행 절차에 관한 집행법원의 재판에 대하여는 특별한 규정이 있어야만 즉시항고(卽時抗告)를 할 수 있다.

② 항고인(抗告人)은 재판을 고지받은 날부터 1주의 불변기간 이내에 항고장(抗告狀)을 원심법원에 제출하여야 한다.

③ 항고장에 항고이유를 적지 아니한 때에는 항고인은 항고장을 제출한 날부터 10일 이내에 항고이유서를 원심법원에 제출하여야 한다.

④ 항고이유는 대법원규칙이 정하는 바에 따라 적어야 한다.

⑤ 항고인이 제3항의 규정에 따른 항고이유서를 제출하지 아니하거나 항고이유가 제4항의 규정에 위반한 때 또는 항고가 부적법하고 이를 보정(補正)할 수 없음이 분명한 때에는 원심법원은 결정으로 그 즉시항고를 각하하여야 한다.

⑥ 제1항의 즉시항고는 집행정지의 효력을 가지지 아니한다. 다만, 항고법원(재판기록이 원심법원에 남아 있는 때에는 원심법원)은 즉시항고에 대한 결정이 있을 때까지 담보를 제공하게 하거나 담보를 제공하게 하지 아니하고 원심재판의 집행을 정지하거나 집행 절차의 전부 또는 일부를 정지하도록 명할 수 있고, 담보를 제공하게 하고 그 집행을 계속하도록 명할 수 있다.

⑦ 항고법원은 항고장 또는 항고이유서에 적힌 이유에 대해서만 조사한다. 다만, 원심재판에 영향을 미칠 수 있는 법령위반 또는 사실오인이 있는지에 대하여 직권으로 조사할 수 있다.

⑧ 제5항의 결정에 대하여는 즉시항고를 할 수 있다.

⑨ 제6항 단서의 규정에 따른 결정에 대하여는 불복할 수 없다.

⑩ 제1항의 즉시항고에 대하여는 이 법에 특별한 규정이 있는 경우를 제외하고는 「민사소송법」 제3편 제3장 중 즉시항고에 관한 규정을 준용한다.

제16조(집행에 관한 이의신청) ① 집행법원의 집행 절차에 관한 재판으로서 즉시항고를 할 수 없는 것과, 집행관의 집행처분, 그 밖에 집행관이 지킬 집행 절차에 대하여서는 법원에 이의를 신청할 수 있다.

② 법원은 제1항의 이의신청에 대한 재판에 앞서, 채무자에게 담보를 제공하게 하거나 제공하게 하지 아니하고 집행을 일시정지하도록 명하거나, 채권자에게 담보를 제공하게 하고 그 집행을 계속하도록 명하는 등 잠정처분(暫定處分)을 할 수 있다.

③ 집행관이 집행을 위임받기를 거부하거나 집행행위를 지체하는 경우 또는 집행관이 계산한 수수료에 대하여 다툼이 있는 경우에는 법원에 이의를 신청할 수 있다.

제17조(취소결정의 효력) ① 집행 절차를 취소하는 결정, 집행 절차를 취소한 집행관의 처분에 대한 이의신청을 기각·각하하는 결정 또는 집행관에게 집행 절차의

취소를 명하는 결정에 대하여는 즉시항고를 할 수 있다.
② 제1항의 결정은 확정되어야 효력을 가진다.

제18조(집행비용의 예납 등) ① 민사집행의 신청을 하는 때에는 채권자는 민사집행에 필요한 비용으로서 법원이 정하는 금액을 미리 내야 한다. 법원이 부족한 비용을 미리 내라고 명하는 때에도 또한 같다.
② 채권자가 제1항의 비용을 미리 내지 아니한 때에는 법원은 결정으로 신청을 각하하거나 집행 절차를 취소할 수 있다.
③ 제2항의 규정에 따른 결정에 대하여는 즉시항고를 할 수 있다.

제19조(담보제공 · 공탁 법원) ① 이 법의 규정에 의한 담보의 제공이나 공탁은 채권자나 채무자의 보통재판적(普通裁判籍)이 있는 곳의 지방법원 또는 집행법원에 할 수 있다.
② 당사자가 담보를 제공하거나 공탁을 한 때에는, 법원은 그의 신청에 따라 증명서를 주어야 한다.
③ 이 법에 규정된 담보에는 특별한 규정이 있는 경우를 제외하고는 「민사소송법」 제122조 · 제123조 · 제125조 및 제126조의 규정을 준용한다.

제20조(공공기관의 원조) 법원은 집행을 하기 위하여 필요하면 공공기관에 원조를 요청할 수 있다.

제21조(재판적) 이 법에 정한 재판적(裁判籍)은 전속관할(專屬管轄)로 한다.

제22조(시 · 군법원의 관할에 대한 특례) 다음 사건은 시 · 군법원이 있는 곳을 관할하는 지방법원 또는 지방법원지원이 관할한다.

1. 시 · 군법원에서 성립된 화해 · 조정(「민사조정법」 제34조 제4항의 규정에 따라 재판상의 화해와 동일한 효력이 있는 결정을 포함한다. 이하 같다) 또는 확정된 지급명령에 관한 집행문부여의 소, 청구에 관한 이의의 소 또는 집행문부여에 대한 이의의 소로서 그 집행권원에서 인정된 권리가 「소액사건심판법」의 적용대상이 아닌 사건
2. 시 · 군법원에서 한 보전처분의 집행에 대한 제3자이의의 소
3. 시 · 군법원에서 성립된 화해 · 조정에 기초한 대체집행 또는 간접강제
4. 「소액사건심판법」의 적용대상이 아닌 사건을 본안으로 하는 보전처분

제23조(「민사소송법」의 준용 등) ① 이 법에 특별한 규정이 있는 경우를 제외하고는 민사집행 및 보전처분의 절차에 관하여는 「민사소송법」의 규정을 준용한다.
② 이 법에 정한 것 외에 민사집행 및 보전처분의 절차에 관하여 필요한 사항은 대법원규칙으로 정한다.

제2편 강제집행

제1장 총칙

제24조(강제집행과 종국판결) 강제집행은 확정된 종국판결(終局判決)이나 가집행의

선고가 있는 종국판결에 기초하여 한다.

제25조(집행력의 주관적 범위) ① 판결이 그 판결에 표시된 당사자 외의 사람에게 효력이 미치는 때에는 그 사람에 대하여 집행하거나 그 사람을 위하여 집행할 수 있다. 다만, 「민사소송법」 제71조의 규정에 따른 참가인에 대하여는 그러하지 아니하다.

② 제1항의 집행을 위한 집행문(執行文)을 내어 주는 데 대하여는 제31조 내지 제33조의 규정을 준용한다.

제26조(외국재판의 강제집행) ① 외국법원의 확정판결 또는 이와 동일한 효력이 인정되는 재판(이하 "확정재판 등"이라 한다)에 기초한 강제집행은 대한민국 법원에서 집행판결로 그 강제집행을 허가하여야 할 수 있다. 〈개정 2014. 5. 20.〉

② 집행판결을 청구하는 소(訴)는 채무자의 보통재판적이 있는 곳의 지방법원이 관할하며, 보통재판적이 없는 때에는 「민사소송법」 제11조의 규정에 따라 채무자에 대한 소를 관할하는 법원이 관할한다.

[제목개정 2014. 5. 20.]

제27조(집행판결) ① 집행판결은 재판의 옳고 그름을 조사하지 아니하고 하여야 한다.

② 집행판결을 청구하는 소는 다음 각호 가운데 어느 하나에 해당하면 각하하여야 한다. 〈개정 2014. 5. 20.〉

1. 외국법원의 확정재판 등이 확정된 것을 증명하지 아니한 때
2. 외국법원의 확정재판 등이 「민사소송법」 제217조의 조건을 갖추지 아니한 때

제28조(집행력 있는 정본) ① 강제집행은 집행문이 있는 판결정본(이하 "집행력 있는 정본"이라 한다)이 있어야 할 수 있다.

② 집행문은 신청에 따라 제1심 법원의 법원서기관 · 법원사무관 · 법원주사 또는 법원주사보(이하 "법원사무관 등"이라 한다)가 내어 주며, 소송기록이 상급심에 있는 때에는 그 법원의 법원사무관 등이 내어 준다.

③ 집행문을 내어 달라는 신청은 말로 할 수 있다.

제29조(집행문) ① 집행문은 판결정본의 끝에 덧붙여 적는다.

② 집행문에는 "이 정본은 피고 아무개 또는 원고 아무개에 대한 강제집행을 실시하기 위하여 원고 아무개 또는 피고 아무개에게 준다."라고 적고 법원사무관 등이 기명날인하여야 한다.

제30조(집행문부여) ① 집행문은 판결이 확정되거나 가집행의 선고가 있는 때에만 내어 준다.

② 판결을 집행하는 데에 조건이 붙어 있어 그 조건이 성취되었음을 채권자가 증명하여야 하는 때에는 이를 증명하는 서류를 제출하여야만 집행문을 내어 준다. 다만, 판결의 집행이 담보의 제공을 조건으로 하는 때에는 그러하지 아니하다.

제31조(승계집행문) ① 집행문은 판결에 표시된 채권자의 승계인을 위하여 내어 주거나 판결에 표시된 채무자의 승계인에 대한 집행을 위하여 내어 줄 수 있다. 다

만, 그 승계가 법원에 명백한 사실이거나, 증명서로 승계를 증명한 때에 한한다.
② 제1항의 승계가 법원에 명백한 사실인 때에는 이를 집행문에 적어야 한다.

제32조(재판장의 명령) ① 재판을 집행하는 데에 조건을 붙인 경우와 제31조의 경우에는 집행문은 재판장(합의부의 재판장 또는 단독판사를 말한다. 이하 같다)의 명령이 있어야 내어 준다.
② 재판장은 그 명령에 앞서 서면이나 말로 채무자를 심문(審問) 할 수 있다.
③ 제1항의 명령은 집행문에 적어야 한다.

제33조(집행문부여의 소) 제30조 제2항 및 제31조의 규정에 따라 필요한 증명을 할 수 없는 때에는 채권자는 집행문을 내어 달라는 소를 제1심 법원에 제기할 수 있다.

제34조(집행문부여 등에 관한 이의신청) ① 집행문을 내어 달라는 신청에 관한 법원사무관 등의 처분에 대하여 이의신청이 있는 경우에는 그 법원사무관 등이 속한 법원이 결정으로 재판한다.
② 집행문부여에 대한 이의신청이 있는 경우에는 법원은 제16조 제2항의 처분에 준하는 결정을 할 수 있다.

제35조(여러 통의 집행문의 부여) ① 채권자가 여러 통의 집행문을 신청하거나 전에 내어 준 집행문을 돌려주지 아니하고 다시 집행문을 신청한 때에는 재판장의 명령이 있어야만 이를 내어 준다.
② 재판장은 그 명령에 앞서 서면이나 말로 채무자를 심문할 수 있으며, 채무자를 심문하지 아니하고 여러 통의 집행문을 내어 주거나 다시 집행문을 내어 준 때에는 채무자에게 그 사유를 통지하여야 한다.
③ 여러 통의 집행문을 내어 주거나 다시 집행문을 내어 주는 때에는 그 사유를 원본과 집행문에 적어야 한다.

제36조(판결원본에의 기재) 집행문을 내어 주는 경우에는 판결원본 또는 상소심 판결정본에 원고 또는 피고에게 이를 내어 준다는 취지와 그 날짜를 적어야 한다.

제37조(집행력 있는 정본의 효력) 집행력 있는 정본의 효력은 전국 법원의 관할구역에 미친다.

제38조(여러 통의 집행력 있는 정본에 의한 동시집행) 채권자가 한 지역에서 또는 한 가지 방법으로 강제집행을 하여도 모두 변제를 받을 수 없는 때에는 여러 통의 집행력 있는 정본에 의하여 여러 지역에서 또는 여러 가지 방법으로 동시에 강제집행을 할 수 있다.

제39조(집행개시의 요건) ① 강제집행은 이를 신청한 사람과 집행을 받을 사람의 성명이 판결이나 이에 덧붙여 적은 집행문에 표시되어 있고 판결을 이미 송달하였거나 동시에 송달한 때에만 개시할 수 있다.
② 판결의 집행이 그 취지에 따라 채권자가 증명할 사실에 매인 때 또는 판결에 표시된 채권자의 승계인을 위하여 하는 것이거나 판결에 표시된 채무자의 승계인에 대하여 하는 것일 때에는 집행할 판결 외에, 이에 덧붙여 적은 집행문을 강제집행

을 개시하기 전에 채무자의 승계인에게 송달하여야 한다.

③ 증명서에 의하여 집행문을 내어 준 때에는 그 증명서의 등본을 강제집행을 개시하기 전에 채무자에게 송달하거나 강제집행과 동시에 송달하여야 한다.

제40조(집행개시의 요건) ① 집행을 받을 사람이 일정한 시일에 이르러야 그 채무를 이행하게 되어 있는 때에는 그 시일이 지난 뒤에 강제집행을 개시할 수 있다.

② 집행이 채권자의 담보제공에 매인 때에는 채권자는 담보를 제공한 증명서류를 제출하여야 한다. 이 경우의 집행은 그 증명서류의 등본을 채무자에게 이미 송달하였거나 동시에 송달하는 때에만 개시할 수 있다.

제41조(집행개시의 요건) ① 반대의무의 이행과 동시에 집행할 수 있다는 것을 내용으로 하는 집행권원의 집행은 채권자가 반대의무의 이행 또는 이행의 제공을 하였다는 것을 증명하여야만 개시할 수 있다.

② 다른 의무의 집행이 불가능한 때에 그에 갈음하여 집행할 수 있다는 것을 내용으로 하는 집행권원의 집행은 채권자가 그 집행이 불가능하다는 것을 증명하여야만 개시할 수 있다.

제42조(집행관에 의한 영수증의 작성 · 교부) ① 채권자가 집행관에게 집행력 있는 정본을 교부하고 강제집행을 위임한 때에는 집행관은 특별한 권한을 받지 못하였더라도 지급이나 그 밖의 이행을 받고 그에 대한 영수증서를 작성하고 교부할 수 있다. 집행관은 채무자가 그 의무를 완전히 이행한 때에는 집행력 있는 정본을 채무자에게 교부하여야 한다.

② 채무자가 그 의무의 일부를 이행한 때에는 집행관은 집행력 있는 정본에 그 사유를 덧붙여 적고 영수증서를 채무자에게 교부하여야 한다.

③ 채무자의 채권자에 대한 영수증 청구는 제2항의 규정에 의하여 영향을 받지 아니한다.

제43조(집행관의 권한) ① 집행관은 집행력 있는 정본을 가지고 있으면 채무자와 제3자에 대하여 강제집행을 하고 제42조에 규정된 행위를 할 수 있는 권한을 가지며, 채권자는 그에 대하여 위임의 흠이나 제한을 주장하지 못한다.

② 집행관은 집행력 있는 정본을 가지고 있다가 관계인이 요청할 때에는 그 자격을 증명하기 위하여 이를 내보여야 한다.

제44조(청구에 관한 이의의 소) ① 채무자가 판결에 따라 확정된 청구에 관하여 이의하려면 제1심 판결법원에 청구에 관한 이의의 소를 제기하여야 한다.

② 제1항의 이의는 그 이유가 변론이 종결된 뒤(변론 없이 한 판결의 경우에는 판결이 선고된 뒤)에 생긴 것이어야 한다.

③ 이의이유가 여러 가지인 때에는 동시에 주장하여야 한다.

제45조(집행문부여에 대한 이의의 소) 제30조 제2항과 제31조의 경우에 채무자가 집행문부여에 관하여 증명된 사실에 의한

판결의 집행력을 다투거나, 인정된 승계에 의한 판결의 집행력을 다투는 때에는 제44조의 규정을 준용한다. 다만, 이 경우에도 제34조의 규정에 따라 집행문부여에 대하여 이의를 신청할 수 있는 채무자의 권한은 영향을 받지 아니한다.

제46조(이의의 소와 잠정처분) ① 제44조 및 제45조의 이의의 소는 강제집행을 계속하여 진행하는 데에는 영향을 미치지 아니한다.

② 제1항의 이의를 주장한 사유가 법률상 정당한 이유가 있다고 인정되고, 사실에 대한 소명(疎明)이 있을 때에는 수소법원(受訴法院)은 당사자의 신청에 따라 판결이 있을 때까지 담보를 제공하게 하거나 담보를 제공하게 하지 아니하고 강제집행을 정지하도록 명할 수 있으며, 담보를 제공하게 하고 그 집행을 계속하도록 명하거나 실시한 집행처분을 취소하도록 명할 수 있다.

③ 제2항의 재판은 변론 없이 하며 급박한 경우에는 재판장이 할 수 있다.

④ 급박한 경우에는 집행법원이 제2항의 권한을 행사할 수 있다. 이 경우 집행법원은 상당한 기간 이내에 제2항에 따른 수소법원의 재판서를 제출하도록 명하여야 한다.

⑤ 제4항 후단의 기간을 넘긴 때에는 채권자의 신청에 따라 강제집행을 계속하여 진행한다.

제47조(이의의 재판과 잠정처분) ① 수소법원은 이의의 소의 판결에서 제46조의 명령을 내리고 이미 내린 명령을 취소·변경 또는 인가할 수 있다.

② 판결 중 제1항에 규정된 사항에 대하여는 직권으로 가집행의 선고를 하여야 한다.

③ 제2항의 재판에 대하여는 불복할 수 없다.

제48조(제3자이의의 소) ① 제3자가 강제집행의 목적물에 대하여 소유권이 있다고 주장하거나 목적물의 양도나 인도를 막을 수 있는 권리가 있다고 주장하는 때에는 채권자를 상대로 그 강제집행에 대한 이의의 소를 제기할 수 있다. 다만, 채무자가 그 이의를 다투는 때에는 채무자를 공동피고로 할 수 있다.

② 제1항의 소는 집행법원이 관할한다. 다만, 소송물이 단독판사의 관할에 속하지 아니할 때에는 집행법원이 있는 곳을 관할하는 지방법원의 합의부가 이를 관할한다.

③ 강제집행의 정지와 이미 실시한 집행처분의 취소에 대하여는 제46조 및 제47조의 규정을 준용한다. 다만, 집행처분을 취소할 때에는 담보를 제공하게 하지 아니할 수 있다.

제49조(집행의 필수적 정지·제한) 강제집행은 다음 각호 가운데 어느 하나에 해당하는 서류를 제출한 경우에 정지하거나 제한하여야 한다.

1. 집행할 판결 또는 그 가집행을 취소하는 취지나, 강제집행을 허가하지 아니하거나 그 정지를 명하는 취지

또는 집행처분의 취소를 명한 취지를 적은 집행력 있는 재판의 정본
2. 강제집행의 일시정지를 명한 취지를 적은 재판의 정본
3. 집행을 면하기 위하여 담보를 제공한 증명서류
4. 집행할 판결이 있은 뒤에 채권자가 변제를 받았거나, 의무이행을 미루도록 승낙한 취지를 적은 증서
5. 집행할 판결, 그 밖의 재판이 소의 취하 등의 사유로 효력을 잃었다는 것을 증명하는 조서등본 또는 법원사무관 등이 작성한 증서
6. 강제집행을 하지 아니한다거나 강제집행의 신청이나 위임을 취하한다는 취지를 적은 화해조서(和解調書)의 정본 또는 공정증서(公正證書)의 정본

제50조(집행처분의 취소 · 일시유지) ① 제49조 제1호 · 제3호 · 제5호 및 제6호의 경우에는 이미 실시한 집행처분을 취소하여야 하며, 같은 조 제2호 및 제4호의 경우에는 이미 실시한 집행처분을 일시적으로 유지하게 하여야 한다.

② 제1항에 따라 집행처분을 취소하는 경우에는 제17조의 규정을 적용하지 아니한다.

제51조(변제증서 등의 제출에 의한 집행정지의 제한) ① 제49조 제4호의 증서 가운데 변제를 받았다는 취지를 적은 증서를 제출하여 강제집행이 정지되는 경우 그 정지기간은 2월로 한다.

② 제49조 제4호의 증서 가운데 의무이행을 미루도록 승낙하였다는 취지를 적은 증서를 제출하여 강제집행이 정지되는 경우 그 정지는 2회에 한하며 통산하여 6월을 넘길 수 없다.

제52조(집행을 개시한 뒤 채무자가 죽은 경우) ① 강제집행을 개시한 뒤에 채무자가 죽은 때에는 상속재산에 대하여 강제집행을 계속하여 진행한다.

② 채무자에게 알려야 할 집행행위를 실시할 경우에 상속인이 없거나 상속인이 있는 곳이 분명하지 아니하면 집행법원은 채권자의 신청에 따라 상속재산 또는 상속인을 위하여 특별대리인을 선임하여야 한다.

③ 제2항의 특별대리인에 관하여는 「민사소송법」 제62조 제2항부터 제5항까지의 규정을 준용한다. 〈개정 2016. 2. 3.〉

제53조(집행비용의 부담) ① 강제집행에 필요한 비용은 채무자가 부담하고 그 집행에 의하여 우선적으로 변상을 받는다.

② 강제집행의 기초가 된 판결이 파기된 때에는 채권자는 제1항의 비용을 채무자에게 변상하여야 한다.

제54조(군인 · 군무원에 대한 강제집행) ① 군인 · 군무원에 대하여 병영 · 군사용 청사 또는 군용 선박에서 강제집행을 할 경우 법원은 채권자의 신청에 따라 군판사 또는 부대장(部隊長)이나 선장에게 촉탁하여 이를 행한다.

② 촉탁에 따라 압류한 물건은 채권자가 위임한 집행관에게 교부하여야 한다.

제55조(외국에서 할 집행) ① 외국에서 강제집행을 할 경우에 그 외국 공공기관의 법률상 공조를 받을 수 있는 때에는 제1심 법원이 채권자의 신청에 따라 외국 공공기관에 이를 촉탁하여야 한다.

② 외국에 머물고 있는 대한민국 영사(領事)에 의하여 강제집행을 할 수 있는 때에는 제1심 법원은 그 영사에게 이를 촉탁하여야 한다.

제56조(그 밖의 집행권원) 강제집행은 다음 가운데 어느 하나에 기초하여서도 실시할 수 있다.

1. 항고로만 불복할 수 있는 재판
2. 가집행의 선고가 내려진 재판
3. 확정된 지급명령
4. 공증인이 일정한 금액의 지급이나 대체물 또는 유가증권의 일정한 수량의 급여를 목적으로 하는 청구에 관하여 작성한 공정증서로서 채무자가 강제집행을 승낙한 취지가 적혀 있는 것
5. 소송상 화해, 청구의 인낙(認諾) 등 그 밖에 확정판결과 같은 효력을 가지는 것

제57조(준용규정) 제56조의 집행권원에 기초한 강제집행에 대하여는 제58조 및 제59조에서 규정하는 바를 제외하고는 제28조 내지 제55조의 규정을 준용한다.

제58조(지급명령과 집행) ① 확정된 지급명령에 기한 강제집행은 집행문을 부여받을 필요 없이 지급명령 정본에 의하여 행한다. 다만, 다음 각호 가운데 어느 하나에 해당하는 경우에는 그러하지 아니하다.

1. 지급명령의 집행에 조건을 붙인 경우
2. 당사자의 승계인을 위하여 강제집행을 하는 경우
3. 당사자의 승계인에 대하여 강제집행을 하는 경우

② 채권자가 여러 통의 지급명령 정본을 신청하거나, 전에 내어준 지급명령 정본을 돌려주지 아니하고 다시 지급명령 정본을 신청한 때에는 법원사무관 등이 이를 부여한다. 이 경우 그 사유를 원본과 정본에 적어야 한다.

③ 청구에 관한 이의의 주장에 대하여는 제44조 제2항의 규정을 적용하지 아니한다.

④ 집행문부여의 소, 청구에 관한 이의의 소 또는 집행문부여에 대한 이의의 소는 지급명령을 내린 지방법원이 관할한다.

⑤ 제4항의 경우에 그 청구가 합의사건인 때에는 그 법원이 있는 곳을 관할하는 지방법원의 합의부에서 재판한다.

제59조(공정증서와 집행) ① 공증인이 작성한 증서의 집행문은 그 증서를 보존하는 공증인이 내어 준다.

② 집행문을 내어 달라는 신청에 관한 공증인의 처분에 대하여 이의신청이 있는 때에는 그 공증인의 사무소가 있는 곳을 관할하는 지방법원 단독판사가 결정으로 재판한다.

③ 청구에 관한 이의의 주장에 대하여는 제44조 제2항의 규정을 적용하지 아니한다.

④ 집행문부여의 소, 청구에 관한 이의의

소 또는 집행문부여에 대한 이의의 소는 채무자의 보통재판적이 있는 곳의 법원이 관할한다. 다만, 그러한 법원이 없는 때에는 「민사소송법」 제11조의 규정에 따라 채무자에 대하여 소를 제기할 수 있는 법원이 관할한다.

제60조(과태료의 집행) ① 과태료의 재판은 검사의 명령으로 집행한다.

② 제1항의 명령은 집행력 있는 집행권원과 같은 효력을 가진다.

제2장 금전채권에 기초한 강제집행

제1절 재산명시절차 등

제61조(재산명시신청) ① 금전의 지급을 목적으로 하는 집행권원에 기초하여 강제집행을 개시할 수 있는 채권자는 채무자의 보통재판적이 있는 곳의 법원에 채무자의 재산명시를 요구하는 신청을 할 수 있다. 다만, 「민사소송법」 제213조에 따른 가집행의 선고가 붙은 판결 또는 같은 조의 준용에 따른 가집행의 선고가 붙어 집행력을 가지는 집행권원의 경우에는 그러하지 아니하다.

② 제1항의 신청에는 집행력 있는 정본과 강제집행을 개시하는 데 필요한 문서를 붙여야 한다.

제62조(재산명시신청에 대한 재판) ① 재산명시신청에 정당한 이유가 있는 때에는 법원은 채무자에게 재산상태를 명시한 재산목록을 제출하도록 명할 수 있다.

② 재산명시신청에 정당한 이유가 없거나, 채무자의 재산을 쉽게 찾을 수 있다고 인정한 때에는 법원은 결정으로 이를 기각하여야 한다.

③ 제1항 및 제2항의 재판은 채무자를 심문하지 아니하고 한다.

④ 제1항의 결정은 신청한 채권자 및 채무자에게 송달하여야 하고, 채무자에 대한 송달에서는 결정에 따르지 아니할 경우 제68조에 규정된 제재를 받을 수 있음을 함께 고지하여야 한다.

⑤ 제4항의 규정에 따라 채무자에게 하는 송달은 「민사소송법」 제187조 및 제194조에 의한 방법으로는 할 수 없다.

⑥ 제1항의 결정이 채무자에게 송달되지 아니한 때에는 법원은 채권자에게 상당한 기간을 정하여 그 기간 이내에 채무자의 주소를 보정하도록 명하여야 한다.

⑦ 채권자가 제6항의 명령을 받고도 이를 이행하지 아니한 때에는 법원은 제1항의 결정을 취소하고 재산명시신청을 각하하여야 한다.

⑧ 제2항 및 제7항의 결정에 대하여는 즉시항고를 할 수 있다.

⑨ 채무자는 제1항의 결정을 송달받은 뒤 송달장소를 바꾼 때에는 그 취지를 법원에 바로 신고하여야 하며, 그러한 신고를 하지 아니한 경우에는 「민사소송법」 제185조 제2항 및 제189조의 규정을 준용한다.

제63조(재산명시명령에 대한 이의신청) ① 채무자는 재산명시명령을 송달받은 날부터 1주 이내에 이의신청을 할 수 있다.

② 채무자가 제1항에 따라 이의신청을 한

때에는 법원은 이의신청사유를 조사할 기일을 정하고 채권자와 채무자에게 이를 통지하여야 한다.

③ 이의신청에 정당한 이유가 있는 때에는 법원은 결정으로 재산명시명령을 취소하여야 한다.

④ 이의신청에 정당한 이유가 없거나 채무자가 정당한 사유 없이 기일에 출석하지 아니한 때에는 법원은 결정으로 이의신청을 기각하여야 한다.

⑤ 제3항 및 제4항의 결정에 대하여는 즉시항고를 할 수 있다.

제64조(재산명시기일의 실시) ① 재산명시명령에 대하여 채무자의 이의신청이 없거나 이를 기각한 때에는 법원은 재산명시를 위한 기일을 정하여 채무자에게 출석하도록 요구하여야 한다. 이 기일은 채권자에게도 통지하여야 한다.

② 채무자는 제1항의 기일에 강제집행의 대상이 되는 재산과 다음 각호의 사항을 명시한 재산목록을 제출하여야 한다.

1. 재산명시명령이 송달되기 전 1년 이내에 채무자가 한 부동산의 유상양도(有償讓渡)
2. 재산명시명령이 송달되기 전 1년 이내에 채무자가 배우자, 직계혈족 및 4촌 이내의 방계혈족과 그 배우자, 배우자의 직계혈족과 형제자매에게 한 부동산 외의 재산의 유상양도
3. 재산명시명령이 송달되기 전 2년 이내에 채무자가 한 재산상 무상처분(無償處分). 다만, 의례적인 선물은 제외한다.

③ 재산목록에 적을 사항과 범위는 대법원규칙으로 정한다.

④ 제1항의 기일에 출석한 채무자가 3월 이내에 변제할 수 있음을 소명한 때에는 법원은 그 기일을 3월의 범위내에서 연기할 수 있으며, 채무자가 새 기일에 채무액의 3분의 2 이상을 변제하였음을 증명하는 서류를 제출한 때에는 다시 1월의 범위 내에서 연기할 수 있다.

제65조(선서) ① 채무자는 재산명시기일에 재산목록이 진실하다는 것을 선서하여야한다.

② 제1항의 선서에 관하여는 「민사소송법」 제320조 및 제321조의 규정을 준용한다. 이 경우 선서서(宣誓書)에는 다음과 같이 적어야 한다.

"양심에 따라 사실대로 재산목록을 작성하여 제출하였으며, 만일 숨긴 것이나 거짓 작성한 것이 있으면 처벌을 받기로 맹세합니다."

제66조(재산목록의 정정) ① 채무자는 명시기일에 제출한 재산목록에 형식적인 흠이 있거나 불명확한 점이 있는 때에는 제65조의 규정에 의한 선서를 한 뒤라도 법원의 허가를 얻어 이미 제출한 재산목록을 정정할 수 있다.

② 제1항의 허가에 관한 결정에 대하여는 즉시항고를 할 수 있다.

제67조(재산목록의 열람 · 복사) 채무자에 대하여 강제집행을 개시할 수 있는 채권자는 재산목록을 보거나 복사할 것을 신

청할 수 있다.

제68조(채무자의 감치 및 벌칙) ① 채무자가 정당한 사유 없이 다음 각 호 가운데 어느 하나에 해당하는 행위를 한 경우에는 법원은 결정으로 20일 이내의 감치(監置)에 처한다.

1. 명시기일 불출석
2. 재산목록 제출 거부
3. 선서 거부

② 채무자가 법인 또는 「민사소송법」 제52조의 사단이나 재단인 때에는 그 대표자 또는 관리인을 감치에 처한다.

③ 법원은 감치재판기일에 채무자를 소환하여 제1항 각호의 위반행위에 대하여 정당한 사유가 있는지 여부를 심리하여야 한다.

④ 제1항의 결정에 대하여는 즉시항고를 할 수 있다.

⑤ 채무자가 감치의 집행 중에 재산명시명령을 이행하겠다고 신청한 때에는 법원은 바로 명시기일을 열어야 한다.

⑥ 채무자가 제5항의 명시기일에 출석하여 재산목록을 내고 선서하거나 신청채권자에 대한 채무를 변제하고 이를 증명하는 서면을 낸 때에는 법원은 바로 감치결정을 취소하고 그 채무자를 석방하도록 명하여야 한다.

⑦ 제5항의 명시기일은 신청채권자에게 통지하지 아니하고도 실시할 수 있다. 이 경우 제6항의 사실을 채권자에게 통지하여야 한다.

⑧ 제1항 내지 제7항의 규정에 따른 재판절차 및 그 집행 그 밖에 필요한 사항은 대법원규칙으로 정한다.

⑨ 채무자가 거짓의 재산목록을 낸 때에는 3년 이하의 징역 또는 500만 원 이하의 벌금에 처한다.

⑩ 채무자가 법인 또는 「민사소송법」 제52조의 사단이나 재단인 때에는 그 대표자 또는 관리인을 제9항의 규정에 따라 처벌하고, 채무자는 제9항의 벌금에 처한다.

제69조(명시신청의 재신청) 재산명시신청이 기각 · 각하된 경우에는 그 명시신청을 한 채권자는 기각 · 각하사유를 보완하지 아니하고서는 같은 집행권원으로 다시 재산명시신청을 할 수 없다.

제70조(채무불이행자명부 등재신청) ① 채무자가 다음 각호 가운데 어느 하나에 해당하면 채권자는 그 채무자를 채무불이행자명부(債務不履行者名簿)에 올리도록 신청할 수 있다.

1. 금전의 지급을 명한 집행권원이 확정된 후 또는 집행권원을 작성한 후 6월 이내에 채무를 이행하지 아니하는 때. 다만, 제61조 제1항 단서에 규정된 집행권원의 경우를 제외한다.
2. 제68조 제1항 각호의 사유 또는 같은 조 제9항의 사유 가운데 어느 하나에 해당하는 때

② 제1항의 신청을 할 때에는 그 사유를 소명하여야 한다.

③ 제1항의 신청에 대한 재판은 제1항제1호의 경우에는 채무자의 보통재판적이 있는 곳의 법원이 관할하고, 제1항제2호의 경

우에는 재산명시절차를 실시한 법원이 관할한다.

제71조(등재신청에 대한 재판) ① 제70조의 신청에 정당한 이유가 있는 때에는 법원은 채무자를 채무불이행자명부에 올리는 결정을 하여야 한다.

② 등재신청에 정당한 이유가 없거나 쉽게 강제집행할 수 있다고 인정할 만한 명백한 사유가 있는 때에는 법원은 결정으로 이를 기각하여야 한다.

③ 제1항 및 제2항의 재판에 대하여는 즉시항고를 할 수 있다. 이 경우 「민사소송법」 제447조의 규정은 준용하지 아니한다.

제72조(명부의 비치) ① 채무불이행자명부는 등재결정을 한 법원에 비치한다.

② 법원은 채무불이행자명부의 부본을 채무자의 주소지(채무자가 법인인 경우에는 주된 사무소가 있는 곳) 시(구가 설치되지 아니한 시를 말한다. 이하 같다) · 구 · 읍 · 면의 장(도농복합형태의 시의 경우 동지역은 시 · 구의 장, 읍 · 면지역은 읍 · 면의 장으로 한다. 이하 같다)에게 보내야 한다.

③ 법원은 채무불이행자명부의 부본을 대법원규칙이 정하는 바에 따라 일정한 금융기관의 장이나 금융기관 관련단체의 장에게 보내어 채무자에 대한 신용정보로 활용하게 할 수 있다.

④ 채무불이행자명부나 그 부본은 누구든지 보거나 복사할 것을 신청할 수 있다.

⑤ 채무불이행자명부는 인쇄물 등으로 공표되어서는 아니 된다.

제73조(명부등재의 말소) ① 변제, 그 밖의 사유로 채무가 소멸되었다는 것이 증명된 때에는 법원은 채무자의 신청에 따라 채무불이행자명부에서 그 이름을 말소하는 결정을 하여야 한다.

② 채권자는 제1항의 결정에 대하여 즉시항고를 할 수 있다. 이 경우 「민사소송법」 제447조의 규정은 준용하지 아니한다.

③ 채무불이행자명부에 오른 다음 해부터 10년이 지난 때에는 법원은 직권으로 그 명부에 오른 이름을 말소하는 결정을 하여야 한다.

④ 제1항과 제3항의 결정을 한 때에는 그 취지를 채무자의 주소지(채무자가 법인인 경우에는 주된 사무소가 있는 곳) 시 · 구 · 읍 · 면의 장 및 제72조 제3항의 규정에 따라 채무불이행자명부의 부본을 보낸 금융기관 등의 장에게 통지하여야 한다.

⑤ 제4항의 통지를 받은 시 · 구 · 읍 · 면의 장 및 금융기관 등의 장은 그 명부의 부본에 오른 이름을 말소하여야 한다.

제74조(재산조회) ① 재산명시절차의 관할 법원은 다음 각호의 어느 하나에 해당하는 경우에는 그 재산명시를 신청한 채권자의 신청에 따라 개인의 재산 및 신용에 관한 전산망을 관리하는 공공기관 · 금융기관 · 단체 등에 채무자명의의 재산에 관하여 조회할 수 있다. 〈개정 2005. 1. 27.〉

1. 재산명시절차에서 채권자가 제62조 제6항의 규정에 의한 주소보정명령

을 받고도 「민사소송법」 제194조 제1항의 규정에 의한 사유로 인하여 채권자가 이를 이행할 수 없었던 것으로 인정되는 경우
2. 재산명시절차에서 채무자가 제출한 재산목록의 재산만으로는 집행채권의 만족을 얻기에 부족한 경우
3. 재산명시절차에서 제68조 제1항 각호의 사유 또는 동조 제9항의 사유가 있는 경우

② 채권자가 제1항의 신청을 할 경우에는 조회할 기관 · 단체를 특정하여야 하며 조회에 드는 비용을 미리 내야 한다.

③ 법원이 제1항의 규정에 따라 조회할 경우에는 채무자의 인적 사항을 적은 문서에 의하여 해당 기관 · 단체의 장에게 채무자의 재산 및 신용에 관하여 그 기관 · 단체가 보유하고 있는 자료를 한꺼번에 모아 제출하도록 요구할 수 있다.

④ 공공기관 · 금융기관 · 단체 등은 정당한 사유 없이 제1항 및 제3항의 조회를 거부하지 못한다.

제75조(재산조회의 결과 등) ① 법원은 제74조 제1항 및 제3항의 규정에 따라 조회한 결과를 채무자의 재산목록에 준하여 관리하여야 한다.

② 제74조 제1항 및 제3항의 조회를 받은 기관 · 단체의 장이 정당한 사유 없이 거짓 자료를 제출하거나 자료를 제출할 것을 거부한 때에는 결정으로 500만 원 이하의 과태료에 처한다.

③ 제2항의 결정에 대하여는 즉시항고를 할 수 있다.

제76조(벌칙) ① 누구든지 재산조회의 결과를 강제집행 외의 목적으로 사용하여서는 아니된다.

② 제1항의 규정에 위반한 사람은 2년 이하의 징역 또는 500만 원 이하의 벌금에 처한다.

제77조(대법원규칙) 제74조 제1항 및 제3항의 규정에 따라 조회를 할 공공기관 · 금융기관 · 단체 등의 범위 및 조회절차, 제74조 제2항의 규정에 따라 채권자가 내야 할 비용, 제75조 제1항의 규정에 따른 조회결과의 관리에 관한 사항, 제75조 제2항의 규정에 의한 과태료의 부과절차 등은 대법원규칙으로 정한다.

제2절 부동산에 대한 강제집행

제1관 통칙

제78조(집행방법) ① 부동산에 대한 강제집행은 채권자의 신청에 따라 법원이 한다.

② 강제집행은 다음 각호의 방법으로 한다.
1. 강제경매
2. 강제관리

③ 채권자는 자기의 선택에 의하여 제2항 각호 가운데 어느 한 가지 방법으로 집행하게 하거나 두 가지 방법을 함께 사용하여 집행하게 할 수 있다.

④ 강제관리는 가압류를 집행할 때에도 할 수 있다.

제79조(집행법원) ① 부동산에 대한 강제집행은 그 부동산이 있는 곳의 지방법원이 관할한다.

② 부동산이 여러 지방법원의 관할구역에 있는 때에는 각 지방법원에 관할권이 있다. 이 경우 법원이 필요하다고 인정한 때에는 사건을 다른 관할 지방법원으로 이송할 수 있다.

제2관 강제경매

제80조(강제경매신청서) 강제경매신청서에는 다음 각호의 사항을 적어야 한다.

1. 채권자 · 채무자와 법원의 표시
2. 부동산의 표시
3. 경매의 이유가 된 일정한 채권과 집행할 수 있는 일정한 집행권원

제81조(첨부서류) ① 강제경매신청서에는 집행력 있는 정본 외에 다음 각호 가운데 어느 하나에 해당하는 서류를 붙여야 한다. 〈개정 2011. 4. 12.〉

1. 채무자의 소유로 등기된 부동산에 대하여는 등기사항증명서
2. 채무자의 소유로 등기되지 아니한 부동산에 대하여는 즉시 채무자명의로 등기할 수 있다는 것을 증명할 서류. 다만, 그 부동산이 등기되지 아니한 건물인 경우에는 그 건물이 채무자의 소유임을 증명할 서류, 그 건물의 지번 · 구조 · 면적을 증명할 서류 및 그 건물에 관한 건축허가 또는 건축신고를 증명할 서류

② 채권자는 공적 장부를 주관하는 공공기관에 제1항제2호 단서의 사항들을 증명하여 줄 것을 청구할 수 있다.

③ 제1항제2호 단서의 경우에 건물의 지번 · 구조 · 면적을 증명하지 못한 때에는, 채권자는 경매신청과 동시에 그 조사를 집행법원에 신청할 수 있다.

④ 제3항의 경우에 법원은 집행관에게 그 조사를 하게 하여야 한다.

⑤ 강제관리를 하기 위하여 이미 부동산을 압류한 경우에 그 집행기록에 제1항 각호 가운데 어느 하나에 해당하는 서류가 붙어 있으면 다시 그 서류를 붙이지 아니할 수 있다.

제82조(집행관의 권한) ① 집행관은 제81조 제4항의 조사를 위하여 건물에 출입할 수 있고, 채무자 또는 건물을 점유하는 제3자에게 질문하거나 문서를 제시하도록 요구할 수 있다.

② 집행관은 제1항의 규정에 따라 건물에 출입하기 위하여 필요한 때에는 잠긴 문을 여는 등 적절한 처분을 할 수 있다.

제83조(경매개시결정 등) ① 경매 절차를 개시하는 결정에는 동시에 그 부동산의 압류를 명하여야 한다.

② 압류는 부동산에 대한 채무자의 관리 · 이용에 영향을 미치지 아니한다.

③ 경매 절차를 개시하는 결정을 한 뒤에는 법원은 직권으로 또는 이해관계인의 신청에 따라 부동산에 대한 침해행위를 방지하기 위하여 필요한 조치를 할 수 있다.

④ 압류는 채무자에게 그 결정이 송달된 때 또는 제94조의 규정에 따른 등기가 된 때에 효력이 생긴다.

⑤ 강제경매신청을 기각하거나 각하하는 재판에 대하여는 즉시항고를 할 수 있다.

제84조(배당요구의 종기결정 및 공고) ① 경매개시결정에 따른 압류의 효력이 생긴 때(그 경매개시결정전에 다른 경매개시결정이 있은 경우를 제외한다)에는 집행법원은 절차에 필요한 기간을 고려하여 배당요구를 할 수 있는 종기(終期)를 첫 매각기일 이전으로 정한다. 〈개정 2022. 1. 4.〉

② 배당요구의 종기가 정하여진 때에는 법원은 경매개시결정을 한 취지 및 배당요구의 종기를 공고하고, 제91조 제4항 단서의 전세권자 및 법원에 알려진 제88조 제1항의 채권자에게 이를 고지하여야 한다.

③ 제1항의 배당요구의 종기결정 및 제2항의 공고는 경매개시결정에 따른 압류의 효력이 생긴 때부터 1주 이내에 하여야 한다.

④ 법원사무관 등은 제148조 제3호 및 제4호의 채권자 및 조세, 그 밖의 공과금을 주관하는 공공기관에 대하여 채권의 유무, 그 원인 및 액수(원금 · 이자 · 비용, 그 밖의 부대채권(附帶債權)을 포함한다)를 배당요구의 종기까지 법원에 신고하도록 최고하여야 한다.

⑤ 제148조 제3호 및 제4호의 채권자가 제4항의 최고에 대한 신고를 하지 아니한 때에는 그 채권자의 채권액은 등기사항증명서 등 집행기록에 있는 서류와 증빙(證憑)에 따라 계산한다. 이 경우 다시 채권액을 추가하지 못한다. 〈개정 2011. 4. 12.〉

⑥ 법원은 특별히 필요하다고 인정하는 경우에는 배당요구의 종기를 연기할 수 있다.

⑦ 제6항의 경우에는 제2항 및 제4항의 규정을 준용한다. 다만, 이미 배당요구 또는 채권신고를 한 사람에 대하여는 같은 항의 고지 또는 최고를 하지 아니한다.

제85조(현황조사) ① 법원은 경매개시결정을 한 뒤에 바로 집행관에게 부동산의 현상, 점유관계, 차임(借賃) 또는 보증금의 액수, 그 밖의 현황에 관하여 조사하도록 명하여야 한다.

② 집행관이 제1항의 규정에 따라 부동산을 조사할 때에는 그 부동산에 대하여 제82조에 규정된 조치를 할 수 있다.

제86조(경매개시결정에 대한 이의신청) ① 이해관계인은 매각대금이 모두 지급될 때까지 법원에 경매개시결정에 대한 이의신청을 할 수 있다.

② 제1항의 신청을 받은 법원은 제16조 제2항에 준하는 결정을 할 수 있다.

③ 제1항의 신청에 관한 재판에 대하여 이해관계인은 즉시항고를 할 수 있다.

제87조(압류의 경합) ① 강제경매 절차 또는 담보권 실행을 위한 경매 절차를 개시하는 결정을 한 부동산에 대하여 다른 강제경매의 신청이 있는 때에는 법원은 다시 경매개시결정을 하고, 먼저 경매개시결정을 한 집행 절차에 따라 경매한다.

② 먼저 경매개시결정을 한 경매신청이 취하되거나 그 절차가 취소된 때에는 법원은 제91조 제1항의 규정에 어긋나지 아니하는 한도 안에서 뒤의 경매개시결정에

따라 절차를 계속 진행하여야 한다.

③ 제2항의 경우에 뒤의 경매개시결정이 배당요구의 종기 이후의 신청에 의한 것인 때에는 집행법원은 새로이 배당요구를 할 수 있는 종기를 정하여야 한다. 이 경우 이미 제84조 제2항 또는 제4항의 규정에 따라 배당요구 또는 채권신고를 한 사람에 대하여는 같은 항의 고지 또는 최고를 하지 아니한다.

④ 먼저 경매개시결정을 한 경매 절차가 정지된 때에는 법원은 신청에 따라 결정으로 뒤의 경매개시결정(배당요구의 종기까지 행하여진 신청에 의한 것에 한한다)에 기초하여 절차를 계속하여 진행할 수 있다. 다만, 먼저 경매개시결정을 한 경매 절차가 취소되는 경우 제105조 제1항제3호의 기재사항이 바뀔 때에는 그러하지 아니하다.

⑤ 제4항의 신청에 대한 재판에 대하여는 즉시항고를 할 수 있다.

제88조(배당요구) ① 집행력 있는 정본을 가진 채권자, 경매개시결정이 등기된 뒤에 가압류를 한 채권자, 「민법」·「상법」, 그 밖의 법률에 의하여 우선변제청구권이 있는 채권자는 배당요구를 할 수 있다.

② 배당요구에 따라 매수인이 인수하여야 할 부담이 바뀌는 경우 배당요구를 한 채권자는 배당요구의 종기가 지난 뒤에 이를 철회하지 못한다.

제89조(이중경매신청 등의 통지) 법원은 제87조 제1항 및 제88조 제1항의 신청이 있는 때에는 그 사유를 이해관계인에게 통지하여야 한다.

제90조(경매 절차의 이해관계인) 경매 절차의 이해관계인은 다음 각 호의 사람으로 한다.

1. 압류채권자와 집행력 있는 정본에 의하여 배당을 요구한 채권자
2. 채무자 및 소유자
3. 등기부에 기입된 부동산 위의 권리자
4. 부동산 위의 권리자로서 그 권리를 증명한 사람

제91조(인수주의와 잉여주의의 선택 등) ① 압류채권자의 채권에 우선하는 채권에 관한 부동산의 부담을 매수인에게 인수하게 하거나, 매각대금으로 그 부담을 변제하는 데 부족하지 아니하다는 것이 인정된 경우가 아니면 그 부동산을 매각하지 못한다.

② 매각 부동산 위의 모든 저당권은 매각으로 소멸된다.

③ 지상권 · 지역권 · 전세권 및 등기된 임차권은 저당권 · 압류채권 · 가압류채권에 대항할 수 없는 경우에는 매각으로 소멸된다.

④ 제3항의 경우 외의 지상권 · 지역권 · 전세권 및 등기된 임차권은 매수인이 인수한다. 다만, 그중 전세권의 경우에는 전세권자가 제88조에 따라 배당요구를 하면 매각으로 소멸된다.

⑤ 매수인은 유치권자(留置權者)에게 그 유치권(留置權)으로 담보하는 채권을 변제할 책임이 있다.

제92조(제3자와 압류의 효력) ① 제3자는

권리를 취득할 때에 경매신청 또는 압류가 있다는 것을 알았을 경우에는 압류에 대항하지 못한다.

② 부동산이 압류채권을 위하여 의무를 진 경우에는 압류한 뒤 소유권을 취득한 제3자가 소유권을 취득할 때에 경매신청 또는 압류가 있다는 것을 알지 못하였더라도 경매 절차를 계속하여 진행하여야 한다.

제93조(경매신청의 취하) ① 경매신청이 취하되면 압류의 효력은 소멸된다.

② 매수신고가 있은 뒤 경매신청을 취하하는 경우에는 최고가매수신고인 또는 매수인과 제114조의 차순위매수신고인의 동의를 받아야 그 효력이 생긴다.

③ 제49조 제3호 또는 제6호의 서류를 제출하는 경우에는 제1항 및 제2항의 규정을, 제49조 제4호의 서류를 제출하는 경우에는 제2항의 규정을 준용한다.

제94조(경매개시결정의 등기) ① 법원이 경매개시결정을 하면 법원사무관 등은 즉시 그 사유를 등기부에 기입하도록 등기관(登記官)에게 촉탁하여야 한다.

② 등기관은 제1항의 촉탁에 따라 경매개시결정사유를 기입하여야 한다.

제95조(등기사항증명서의 송부) 등기관은 제94조에 따라 경매개시결정사유를 등기부에 기입한 뒤 그 등기사항증명서를 법원에 보내야 한다. 〈개정 2011. 4. 12.〉

[제목개정 2011. 4. 12.]

제96조(부동산의 멸실 등으로 말미암은 경매취소) ① 부동산이 없어지거나 매각 등으로 말미암아 권리를 이전할 수 없는 사정이 명백하게 된 때에는 법원은 강제경매의 절차를 취소하여야 한다.

② 제1항의 취소결정에 대하여는 즉시항고를 할 수 있다.

제97조(부동산의 평가와 최저매각가격의 결정) ① 법원은 감정인(鑑定人)에게 부동산을 평가하게 하고 그 평가액을 참작하여 최저매각가격을 정하여야 한다.

② 감정인은 제1항의 평가를 위하여 필요하면 제82조 제1항에 규정된 조치를 할 수 있다.

③ 감정인은 제7조의 규정에 따라 집행관의 원조를 요구하는 때에는 법원의 허가를 얻어야 한다.

제98조(일괄매각결정) ① 법원은 여러 개의 부동산의 위치 · 형태 · 이용관계 등을 고려하여 이를 일괄매수하게 하는 것이 알맞다고 인정하는 경우에는 직권으로 또는 이해관계인의 신청에 따라 일괄매각하도록 결정할 수 있다.

② 법원은 부동산을 매각할 경우에 그 위치 · 형태 · 이용관계 등을 고려하여 다른 종류의 재산(금전채권을 제외한다)을 그 부동산과 함께 일괄매수하게 하는 것이 알맞다고 인정하는 때에는 직권으로 또는 이해관계인의 신청에 따라 일괄매각하도록 결정할 수 있다.

③ 제1항 및 제2항의 결정은 그 목적물에 대한 매각기일 이전까지 할 수 있다.

제99조(일괄매각사건의 병합) ① 법원은 각각 경매신청된 여러 개의 재산 또는 다

른 법원이나 집행관에 계속된 경매사건의 목적물에 대하여 제98조 제1항 또는 제2항의 결정을 할 수 있다.

② 다른 법원이나 집행관에 계속된 경매사건의 목적물의 경우에 그 다른 법원 또는 집행관은 그 목적물에 대한 경매사건을 제1항의 결정을 한 법원에 이송한다.

③ 제1항 및 제2항의 경우에 법원은 그 경매사건들을 병합한다.

제100조(일괄매각사건의 관할) 제98조 및 제99조의 경우에는 「민사소송법」 제31조에 불구하고 같은 법 제25조의 규정을 준용한다. 다만, 등기할 수 있는 선박에 관한 경매사건에 대하여서는 그러하지 아니하다.

제101조(일괄매각 절차) ① 제98조 및 제99조의 일괄매각결정에 따른 매각 절차는 이 관의 규정에 따라 행한다. 다만, 부동산 외의 재산의 압류는 그 재산의 종류에 따라 해당되는 규정에서 정하는 방법으로 행하고, 그중에서 집행관의 압류에 따르는 재산의 압류는 집행법원이 집행관에게 이를 압류하도록 명하는 방법으로 행한다.

② 제1항의 매각 절차에서 각 재산의 대금액을 특정할 필요가 있는 경우에는 각 재산에 대한 최저매각가격의 비율을 정하여야 하며, 각 재산의 대금액은 총대금액을 각 재산의 최저매각가격비율에 따라 나눈 금액으로 한다. 각 재산이 부담할 집행비용액을 특정할 필요가 있는 경우에도 또한 같다.

③ 여러 개의 재산을 일괄매각하는 경우에 그 가운데 일부의 매각대금으로 모든 채권자의 채권액과 강제집행비용을 변제하기에 충분하면 다른 재산의 매각을 허가하지 아니한다. 다만, 토지와 그 위의 건물을 일괄매각하는 경우나 재산을 분리하여 매각하면 그 경제적 효용이 현저하게 떨어지는 경우 또는 채무자의 동의가 있는 경우에는 그러하지 아니하다.

④ 제3항 본문의 경우에 채무자는 그 재산 가운데 매각할 것을 지정할 수 있다.

⑤ 일괄매각 절차에 관하여 이 법에서 정한 사항을 제외하고는 대법원규칙으로 정한다.

제102조(남을 가망이 없을 경우의 경매취소) ① 법원은 최저매각가격으로 압류채권자의 채권에 우선하는 부동산의 모든 부담과 절차비용을 변제하면 남을 것이 없겠다고 인정한 때에는 압류채권자에게 이를 통지하여야 한다.

② 압류채권자가 제1항의 통지를 받은 날부터 1주 이내에 제1항의 부담과 비용을 변제하고 남을 만한 가격을 정하여 그 가격에 맞는 매수신고가 없을 때에는 자기가 그 가격으로 매수하겠다고 신청하면서 충분한 보증을 제공하지 아니하면, 법원은 경매 절차를 취소하여야 한다.

③ 제2항의 취소 결정에 대하여는 즉시항고를 할 수 있다.

제103조(강제경매의 매각방법) ① 부동산의 매각은 집행법원이 정한 매각방법에 따른다.

② 부동산의 매각은 매각기일에 하는 호

가경매(呼價競賣), 매각기일에 입찰 및 개찰하게 하는 기일입찰 또는 입찰기간 이내에 입찰하게 하여 매각기일에 개찰하는 기간입찰의 세 가지 방법으로 한다.

③ 부동산의 매각 절차에 관하여 필요한 사항은 대법원규칙으로 정한다.

제104조(매각기일과 매각결정기일 등의 지정) ① 법원은 최저매각가격으로 제102조 제1항의 부담과 비용을 변제하고도 남을 것이 있다고 인정하거나 압류채권자가 제102조 제2항의 신청을 하고 충분한 보증을 제공한 때에는 직권으로 매각기일과 매각결정기일을 정하여 대법원규칙이 정하는 방법으로 공고한다.

② 법원은 매각기일과 매각결정기일을 이해관계인에게 통지하여야 한다.

③ 제2항의 통지는 집행기록에 표시된 이해관계인의 주소에 대법원규칙이 정하는 방법으로 발송할 수 있다.

④ 기간입찰의 방법으로 매각할 경우에는 입찰기간에 관하여도 제1항 내지 제3항의 규정을 적용한다.

제105조(매각물건명세서 등) ① 법원은 다음 각호의 사항을 적은 매각물건명세서를 작성하여야 한다.

1. 부동산의 표시
2. 부동산의 점유자와 점유의 권원, 점유할 수 있는 기간, 차임 또는 보증금에 관한 관계인의 진술
3. 등기된 부동산에 대한 권리 또는 가처분으로서 매각으로 효력을 잃지 아니하는 것
4. 매각에 따라 설정된 것으로 보게 되는 지상권의 개요

② 법원은 매각물건명세서 · 현황조사보고서 및 평가서의 사본을 법원에 비치하여 누구든지 볼 수 있도록 하여야 한다.

제106조(매각기일의 공고내용) 매각기일의 공고내용에는 다음 각호의 사항을 적어야 한다.

1. 부동산의 표시
2. 강제집행으로 매각한다는 취지와 그 매각방법
3. 부동산의 점유자, 점유의 권원, 점유하여 사용할 수 있는 기간, 차임 또는 보증금약정 및 그 액수
4. 매각기일의 일시 · 장소, 매각기일을 진행할 집행관의 성명 및 기간입찰의 방법으로 매각할 경우에는 입찰기간 · 장소
5. 최저매각가격
6. 매각결정기일의 일시 · 장소
7. 매각물건명세서 · 현황조사보고서 및 평가서의 사본을 매각기일 전에 법원에 비치하여 누구든지 볼 수 있도록 제공한다는 취지
8. 등기부에 기입할 필요가 없는 부동산에 대한 권리를 가진 사람은 채권을 신고하여야 한다는 취지
9. 이해관계인은 매각기일에 출석할 수 있다는 취지

제107조(매각장소) 매각기일은 법원 안에서 진행하여야 한다. 다만, 집행관은 법원의 허가를 얻어 다른 장소에서 매각기일

을 진행할 수 있다.

제108조(매각장소의 질서유지) 집행관은 다음 각호 가운데 어느 하나에 해당한다고 인정되는 사람에 대하여 매각장소에 들어오지 못하도록 하거나 매각장소에서 내보내거나 매수의 신청을 하지 못하도록 할 수 있다.

1. 다른 사람의 매수신청을 방해한 사람
2. 부당하게 다른 사람과 담합하거나 그 밖에 매각의 적정한 실시를 방해한 사람
3. 제1호 또는 제2호의 행위를 교사(教唆)한 사람
4. 민사집행 절차에서의 매각에 관하여 「형법」 제136조 · 제137조 · 제140조 · 제140조의2 · 제142조 · 제315조 및 제323조 내지 제327조에 규정된 죄로 유죄판결을 받고 그 판결확정일부터 2년이 지나지 아니한 사람

제109조(매각결정기일) ① 매각결정기일은 매각기일부터 1주 이내로 정하여야 한다.

② 매각결정절차는 법원 안에서 진행하여야 한다.

제110조(합의에 의한 매각 조건의 변경) ① 최저매각가격 외의 매각 조건은 법원이 이해관계인의 합의에 따라 바꿀 수 있다.

② 이해관계인은 배당요구의 종기까지 제1항의 합의를 할 수 있다.

제111조(직권에 의한 매각 조건의 변경) ① 거래의 실상을 반영하거나 경매 절차를 효율적으로 진행하기 위하여 필요한 경우에 법원은 배당요구의 종기까지 매각조건을 바꾸거나 새로운 매각 조건을 설정할 수 있다.

② 이해관계인은 제1항의 재판에 대하여 즉시항고를 할 수 있다.

③ 제1항의 경우에 법원은 집행관에게 부동산에 대하여 필요한 조사를 하게 할 수 있다.

제112조(매각기일의 진행) 집행관은 기일입찰 또는 호가경매의 방법에 의한 매각기일에는 매각물건명세서 · 현황조사보고서 및 평가서의 사본을 볼 수 있게 하고, 특별한 매각 조건이 있는 때에는 이를 고지하며, 법원이 정한 매각방법에 따라 매수가격을 신고하도록 최고하여야 한다.

제113조(매수신청의 보증) 매수신청인은 대법원규칙이 정하는 바에 따라 집행법원이 정하는 금액과 방법에 맞는 보증을 집행관에게 제공하여야 한다.

제114조(차순위매수신고) ① 최고가매수신고인 외의 매수신고인은 매각기일을 마칠 때까지 집행관에게 최고가매수신고인이 대금지급기한까지 그 의무를 이행하지 아니하면 자기의 매수신고에 대하여 매각을 허가하여 달라는 취지의 신고(이하 "차순위매수신고"라 한다)를 할 수 있다.

② 차순위매수신고는 그 신고액이 최고가매수신고액에서 그 보증액을 뺀 금액을 넘는 때에만 할 수 있다.

제115조(매각기일의 종결) ① 집행관은 최고가매수신고인의 성명과 그 가격을 부르고 차순위매수신고를 최고한 뒤, 적법한 차순위매수신고가 있으면 차순위매수신고

인을 정하여 그 성명과 가격을 부른 다음 매각기일을 종결한다고 고지하여야 한다.

② 차순위매수신고를 한 사람이 둘 이상인 때에는 신고한 매수가격이 높은 사람을 차순위매수신고인으로 정한다. 신고한 매수가격이 같은 때에는 추첨으로 차순위매수신고인을 정한다.

③ 최고가매수신고인과 차순위매수신고인을 제외한 다른 매수신고인은 제1항의 고지에 따라 매수의 책임을 벗게 되고, 즉시 매수신청의 보증을 돌려 줄 것을 신청할 수 있다.

④ 기일입찰 또는 호가경매의 방법에 의한 매각기일에서 매각기일을 마감할 때까지 허가할 매수가격의 신고가 없는 때에는 집행관은 즉시 매각기일의 마감을 취소하고 같은 방법으로 매수가격을 신고하도록 최고할 수 있다.

⑤ 제4항의 최고에 대하여 매수가격의 신고가 없어 매각기일을 마감하는 때에는 매각기일의 마감을 다시 취소하지 못한다.

제116조(매각기일조서) ① 매각기일조서에는 다음 각호의 사항을 적어야 한다.

1. 부동산의 표시
2. 압류채권자의 표시
3. 매각물건명세서 · 현황조사보고서 및 평가서의 사본을 볼 수 있게 한 일
4. 특별한 매각 조건이 있는 때에는 이를 고지한 일
5. 매수가격의 신고를 최고한 일
6. 모든 매수신고가격과 그 신고인의 성명 · 주소 또는 허가할 매수가격의 신고가 없는 일
7. 매각기일을 마감할 때까지 허가할 매수가격의 신고가 없어 매각기일의 마감을 취소하고 다시 매수가격의 신고를 최고한 일
8. 최종적으로 매각기일의 종결을 고지한 일시
9. 매수하기 위하여 보증을 제공한 일 또는 보증을 제공하지 아니하므로 그 매수를 허가하지 아니한 일
10. 최고가매수신고인과 차순위매수신고인의 성명과 그 가격을 부른 일

② 최고가매수신고인 및 차순위매수신고인과 출석한 이해관계인은 조서에 서명날인하여야 한다. 그들이 서명날인할 수 없을 때에는 집행관이 그 사유를 적어야 한다.

③ 집행관이 매수신청의 보증을 돌려 준 때에는 영수증을 받아 조서에 붙여야 한다.

제117조(조서와 금전의 인도) 집행관은 매각기일조서와 매수신청의 보증으로 받아 돌려주지 아니한 것을 매각기일부터 3일 이내에 법원사무관 등에게 인도하여야 한다.

제118조(최고가매수신고인 등의 송달영수인신고) ① 최고가매수신고인과 차순위매수신고인은 대한민국 안에 주소 · 거소와 사무소가 없는 때에는 대한민국 안에 송달이나 통지를 받을 장소와 영수인을 정하여 법원에 신고하여야 한다.

② 최고가매수신고인이나 차순위매수신고인이 제1항의 신고를 하지 아니한 때에

는 법원은 그에 대한 송달이나 통지를 하지 아니할 수 있다.

③ 제1항의 신고는 집행관에게 말로 할 수 있다. 이 경우 집행관은 조서에 이를 적어야 한다.

제119조(새 매각기일) 허가할 매수가격의 신고가 없이 매각기일이 최종적으로 마감된 때에는 제91조 제1항의 규정에 어긋나지 아니하는 한도에서 법원은 최저매각가격을 상당히 낮추고 새 매각기일을 정하여야 한다. 그 기일에 허가할 매수가격의 신고가 없는 때에도 또한 같다.

제120조(매각결정기일에서의 진술) ① 법원은 매각결정기일에 출석한 이해관계인에게 매각허가에 관한 의견을 진술하게 하여야 한다.

② 매각허가에 관한 이의는 매각허가가 있을 때까지 신청하여야 한다. 이미 신청한 이의에 대한 진술도 또한 같다.

제121조(매각허가에 대한 이의신청사유) 매각허가에 관한 이의는 다음 각호 가운데 어느 하나에 해당하는 이유가 있어야 신청할 수 있다.

1. 강제집행을 허가할 수 없거나 집행을 계속 진행할 수 없을 때
2. 최고가매수신고인이 부동산을 매수할 능력이나 자격이 없는 때
3. 부동산을 매수할 자격이 없는 사람이 최고가매수신고인을 내세워 매수신고를 한 때
4. 최고가매수신고인, 그 대리인 또는 최고가매수신고인을 내세워 매수신고를 한 사람이 제108조 각호 가운데 어느 하나에 해당되는 때
5. 최저매각가격의 결정, 일괄매각의 결정 또는 매각물건명세서의 작성에 중대한 흠이 있는 때
6. 천재지변, 그 밖에 자기가 책임을 질 수 없는 사유로 부동산이 현저하게 훼손된 사실 또는 부동산에 관한 중대한 권리관계가 변동된 사실이 경매절차의 진행 중에 밝혀진 때
7. 경매 절차에 그 밖의 중대한 잘못이 있는 때

제122조(이의신청의 제한) 이의는 다른 이해관계인의 권리에 관한 이유로 신청하지 못한다.

제123조(매각의 불허) ① 법원은 이의신청이 정당하다고 인정한 때에는 매각을 허가하지 아니한다.

② 제121조에 규정한 사유가 있는 때에는 직권으로 매각을 허가하지 아니한다. 다만, 같은 조 제2호 또는 제3호의 경우에는 능력 또는 자격의 흠이 제거되지 아니한 때에 한한다.

제124조(과잉매각되는 경우의 매각불허가) ① 여러 개의 부동산을 매각하는 경우에 한 개의 부동산의 매각대금으로 모든 채권자의 채권액과 강제집행비용을 변제하기에 충분하면 다른 부동산의 매각을 허가하지 아니한다. 다만, 제101조 제3항 단서에 따른 일괄매각의 경우에는 그러하지 아니하다.

② 제1항 본문의 경우에 채무자는 그 부

동산 가운데 매각할 것을 지정할 수 있다.

제125조(매각을 허가하지 아니할 경우의 새 매각기일) ① 제121조와 제123조의 규정에 따라 매각을 허가하지 아니하고 다시 매각을 명하는 때에는 직권으로 새 매각기일을 정하여야 한다.

② 제121조 제6호의 사유로 제1항의 새 매각기일을 열게 된 때에는 제97조 내지 제105조의 규정을 준용한다.

제126조(매각허가여부의 결정선고) ① 매각을 허가하거나 허가하지 아니하는 결정은 선고하여야 한다.

② 매각결정기일조서에는 「민사소송법」 제152조 내지 제154조와 제156조 내지 제158조 및 제164조의 규정을 준용한다.

③ 제1항의 결정은 확정되어야 효력을 가진다.

제127조(매각허가결정의 취소신청) ① 제121조 제6호에서 규정한 사실이 매각허가결정의 확정 뒤에 밝혀진 경우에는 매수인은 대금을 낼 때까지 매각허가결정의 취소신청을 할 수 있다.

② 제1항의 신청에 관한 결정에 대하여는 즉시항고를 할 수 있다.

제128조(매각허가결정) ① 매각허가결정에는 매각한 부동산, 매수인과 매각가격을 적고 특별한 매각 조건으로 매각한 때에는 그 조건을 적어야 한다.

② 제1항의 결정은 선고하는 외에 대법원규칙이 정하는 바에 따라 공고하여야 한다.

제129조(이해관계인 등의 즉시항고) ① 이해관계인은 매각허가여부의 결정에 따라 손해를 볼 경우에만 그 결정에 대하여 즉시항고를 할 수 있다.

② 매각허가에 정당한 이유가 없거나 결정에 적은 것 외의 조건으로 허가하여야 한다고 주장하는 매수인 또는 매각허가를 주장하는 매수신고인도 즉시항고를 할 수 있다.

③ 제1항 및 제2항의 경우에 매각허가를 주장하는 매수신고인은 그 신청한 가격에 대하여 구속을 받는다.

제130조(매각허가여부에 대한 항고) ① 매각허가결정에 대한 항고는 이 법에 규정한 매각허가에 대한 이의신청사유가 있다거나, 그 결정절차에 중대한 잘못이 있다는 것을 이유로 드는 때에만 할 수 있다.

② 「민사소송법」 제451조 제1항 각호의 사유는 제1항의 규정에 불구하고 매각허가 또는 불허가결정에 대한 항고의 이유로 삼을 수 있다.

③ 매각허가결정에 대하여 항고를 하고자 하는 사람은 보증으로 매각대금의 10분의 1에 해당하는 금전 또는 법원이 인정한 유가증권을 공탁하여야 한다.

④ 항고를 제기하면서 항고장에 제3항의 보증을 제공하였음을 증명하는 서류를 붙이지 아니한 때에는 원심법원은 항고장을 받은 날부터 1주 이내에 결정으로 이를 각하하여야 한다.

⑤ 제4항의 결정에 대하여는 즉시항고를 할 수 있다.

⑥ 채무자 및 소유자가 한 제3항의 항고

가 기각된 때에는 항고인은 보증으로 제공한 금전이나 유가증권을 돌려 줄 것을 요구하지 못한다.

⑦ 채무자 및 소유자 외의 사람이 한 제3항의 항고가 기각된 때에는 항고인은 보증으로 제공한 금전이나, 유가증권을 현금화한 금액 가운데 항고를 한 날부터 항고기각결정이 확정된 날까지의 매각대금에 대한 대법원규칙이 정하는 이율에 의한 금액(보증으로 제공한 금전이나, 유가증권을 현금화한 금액을 한도로 한다)에 대하여는 돌려 줄 것을 요구할 수 없다. 다만, 보증으로 제공한 유가증권을 현금화하기 전에 위의 금액을 항고인이 지급한 때에는 그 유가증권을 돌려 줄 것을 요구할 수 있다.

⑧ 항고인이 항고를 취하한 경우에는 제6항 또는 제7항의 규정을 준용한다.

제131조(항고심의 절차) ① 항고법원은 필요한 경우에 반대진술을 하게 하기 위하여 항고인의 상대방을 정할 수 있다.

② 한 개의 결정에 대한 여러 개의 항고는 병합한다.

③ 항고심에는 제122조의 규정을 준용한다.

제132조(항고법원의 재판과 매각허가여부 결정) 항고법원이 집행법원의 결정을 취소하는 경우에 그 매각허가여부의 결정은 집행법원이 한다.

제133조(매각을 허가하지 아니하는 결정의 효력) 매각을 허가하지 아니한 결정이 확정된 때에는 매수인과 매각허가를 주장한 매수신고인은 매수에 관한 책임이 면제된다.

제134조(최저매각가격의 결정부터 새로 할 경우) 제127조의 규정에 따라 매각허가결정을 취소한 경우에는 제97조 내지 제105조의 규정을 준용한다.

제135조(소유권의 취득시기) 매수인은 매각대금을 다 낸 때에 매각의 목적인 권리를 취득한다.

제136조(부동산의 인도명령 등) ① 법원은 매수인이 대금을 낸 뒤 6월 이내에 신청하면 채무자 · 소유자 또는 부동산 점유자에 대하여 부동산을 매수인에게 인도하도록 명할 수 있다. 다만, 점유자가 매수인에게 대항할 수 있는 권원에 의하여 점유하고 있는 것으로 인정되는 경우에는 그러하지 아니하다.

② 법원은 매수인 또는 채권자가 신청하면 매각허가가 결정된 뒤 인도할 때까지 관리인에게 부동산을 관리하게 할 것을 명할 수 있다.

③ 제2항의 경우 부동산의 관리를 위하여 필요하면 법원은 매수인 또는 채권자의 신청에 따라 담보를 제공하게 하거나 제공하게 하지 아니하고 제1항의 규정에 준하는 명령을 할 수 있다.

④ 법원이 채무자 및 소유자 외의 점유자에 대하여 제1항 또는 제3항의 규정에 따른 인도명령을 하려면 그 점유자를 심문하여야 한다. 다만, 그 점유자가 매수인에게 대항할 수 있는 권원에 의하여 점유하고 있지 아니함이 명백한 때 또는 이미 그 점유자를 심문한 때에는 그러하지 아니하다.

⑤ 제1항 내지 제3항의 신청에 관한 결정에 대하여는 즉시항고를 할 수 있다.
⑥ 채무자 · 소유자 또는 점유자가 제1항과 제3항의 인도명령에 따르지 아니할 때에는 매수인 또는 채권자는 집행관에게 그 집행을 위임할 수 있다.

제137조(차순위매수신고인에 대한 매각허가여부결정) ① 차순위매수신고인이 있는 경우에 매수인이 대금지급기한까지 그 의무를 이행하지 아니한 때에는 차순위매수신고인에게 매각을 허가할 것인지를 결정하여야 한다. 다만, 제142조 제4항의 경우에는 그러하지 아니하다.
② 차순위매수신고인에 대한 매각허가결정이 있는 때에는 매수인은 매수신청의 보증을 돌려 줄 것을 요구하지 못한다.

제138조(재매각) ① 매수인이 대금지급기한 또는 제142조 제4항의 다시 정한 기한까지 그 의무를 완전히 이행하지 아니하였고, 차순위매수신고인이 없는 때에는 법원은 직권으로 부동산의 재매각을 명하여야 한다.
② 재매각 절차에도 종전에 정한 최저매각가격, 그 밖의 매각 조건을 적용한다.
③ 매수인이 재매각기일의 3일 이전까지 대금, 그 지급기한이 지난 뒤부터 지급일까지의 대금에 대한 대법원규칙이 정하는 이율에 따른 지연이자와 절차비용을 지급한 때에는 재매각 절차를 취소하여야 한다. 이 경우 차순위매수신고인이 매각허가결정을 받았던 때에는 위 금액을 먼저 지급한 매수인이 매매목적물의 권리를 취득한다.
④ 재매각 절차에서는 전의 매수인은 매수신청을 할 수 없으며 매수신청의 보증을 돌려 줄 것을 요구하지 못한다.

제139조(공유물지분에 대한 경매) ① 공유물지분을 경매하는 경우에는 채권자의 채권을 위하여 채무자의 지분에 대한 경매개시결정이 있음을 등기부에 기입하고 다른 공유자에게 그 경매개시결정이 있다는 것을 통지하여야 한다. 다만, 상당한 이유가 있는 때에는 통지하지 아니할 수 있다.
② 최저매각가격은 공유물 전부의 평가액을 기본으로 채무자의 지분에 관하여 정하여야 한다. 다만, 그와 같은 방법으로 정확한 가치를 평가하기 어렵거나 그 평가에 부당하게 많은 비용이 드는 등 특별한 사정이 있는 경우에는 그러하지 아니하다.

제140조(공유자의 우선매수권) ① 공유자는 매각기일까지 제113조에 따른 보증을 제공하고 최고매수신고가격과 같은 가격으로 채무자의 지분을 우선매수하겠다는 신고를 할 수 있다.
② 제1항의 경우에 법원은 최고가매수신고가 있더라도 그 공유자에게 매각을 허가하여야 한다.
③ 여러 사람의 공유자가 우선매수하겠다는 신고를 하고 제2항의 절차를 마친 때에는 특별한 협의가 없으면 공유지분의 비율에 따라 채무자의 지분을 매수하게 한다.
④ 제1항의 규정에 따라 공유자가 우선

매수신고를 한 경우에는 최고가매수신고인을 제114조의 차순위매수신고인으로 본다.

제141조(경매개시결정등기의 말소) 경매신청이 매각허가 없이 마쳐진 때에는 법원사무관 등은 제94조와 제139조 제1항의 규정에 따른 기입을 말소하도록 등기관에게 촉탁하여야 한다.

제142조(대금의 지급) ① 매각허가결정이 확정되면 법원은 대금의 지급기한을 정하고, 이를 매수인과 차순위매수신고인에게 통지하여야 한다.

② 매수인은 제1항의 대금지급기한까지 매각대금을 지급하여야 한다.

③ 매수신청의 보증으로 금전이 제공된 경우에 그 금전은 매각대금에 넣는다.

④ 매수신청의 보증으로 금전 외의 것이 제공된 경우로서 매수인이 매각대금 중 보증액을 뺀 나머지 금액만을 낸 때에는, 법원은 보증을 현금화하여 그 비용을 뺀 금액을 보증액에 해당하는 매각대금 및 이에 대한 지연이자에 충당하고, 모자라는 금액이 있으면 다시 대금지급기한을 정하여 매수인으로 하여금 내게 한다.

⑤ 제4항의 지연이자에 대하여는 제138조 제3항의 규정을 준용한다.

⑥ 순위매수신고인은 매수인이 대금을 모두 지급한 때 매수의 책임을 벗게 되고 즉시 매수신청의 보증을 돌려 줄 것을 요구할 수 있다.

제143조(특별한 지급방법) ① 매수인은 매각 조건에 따라 부동산의 부담을 인수하는 외에 배당표(配當表)의 실시에 관하여 매각대금의 한도에서 관계채권자의 승낙이 있으면 대금의 지급에 갈음하여 채무를 인수할 수 있다.

② 채권자가 매수인인 경우에는 매각결정기일이 끝날 때까지 법원에 신고하고 배당받아야 할 금액을 제외한 대금을 배당기일에 낼 수 있다.

③ 제1항 및 제2항의 경우에 매수인이 인수한 채무나 배당받아야 할 금액에 대하여 이의가 제기된 때에는 매수인은 배당기일이 끝날 때까지 이에 해당하는 대금을 내야 한다.

제144조(매각대금 지급 뒤의 조치) ① 매각대금이 지급되면 법원사무관 등은 매각허가결정의 등본을 붙여 다음 각호의 등기를 촉탁하여야 한다.

1. 매수인 앞으로 소유권을 이전하는 등기
2. 매수인이 인수하지 아니한 부동산의 부담에 관한 기입을 말소하는 등기
3. 제94조 및 제139조 제1항의 규정에 따른 경매개시결정등기를 말소하는 등기

② 매각대금을 지급할 때까지 매수인과 부동산을 담보로 제공받으려고 하는 사람이 대법원규칙으로 정하는 바에 따라 공동으로 신청한 경우, 제1항의 촉탁은 등기신청의 대리를 업으로 할 수 있는 사람으로서 신청인이 지정하는 사람에게 촉탁서를 교부하여 등기소에 제출하도록 하는 방법으로 하여야 한다. 이 경우 신청인이 지정하는 사람은 지체 없이 그 촉탁서를

등기소에 제출하여야 한다. 〈신설 2010. 7. 23.〉

③ 제1항의 등기에 드는 비용은 매수인이 부담한다. 〈개정 2010. 7. 23.〉

제145조(매각대금의 배당) ① 매각대금이 지급되면 법원은 배당 절차를 밟아야 한다.

② 매각대금으로 배당에 참가한 모든 채권자를 만족하게 할 수 없는 때에는 법원은 「민법」·「상법」, 그 밖의 법률에 의한 우선순위에 따라 배당하여야 한다.

제146조(배당기일) 매수인이 매각대금을 지급하면 법원은 배당에 관한 진술 및 배당을 실시할 기일을 정하고 이해관계인과 배당을 요구한 채권자에게 이를 통지하여야 한다. 다만, 채무자가 외국에 있거나 있는 곳이 분명하지 아니한 때에는 통지하지 아니한다.

제147조(배당할 금액 등) ① 배당할 금액은 다음 각호에 규정한 금액으로 한다.

1. 대금
2. 제138조 제3항 및 제142조 제4항의 경우에는 대금지급기한이 지난 뒤부터 대금의 지급 · 충당까지의 지연이자
3. 제130조 제6항의 보증(제130조 제8항에 따라 준용되는 경우를 포함한다.)
4. 제130조 제7항 본문의 보증 가운데 항고인이 돌려 줄 것을 요구하지 못하는 금액 또는 제130조 제7항 단서의 규정에 따라 항고인이 낸 금액(각각 제130조 제8항에 따라 준용되는 경우를 포함한다.)
5. 제138조 제4항의 규정에 의하여 매수인이 돌려줄 것을 요구할 수 없는 보증(보증이 금전 외의 방법으로 제공되어 있는 때에는 보증을 현금화하여 그 대금에서 비용을 뺀 금액)

② 제1항의 금액 가운데 채권자에게 배당하고 남은 금액이 있으면, 제1항제4호의 금액의 범위 안에서 제1항제4호의 보증 등을 제공한 사람에게 돌려준다.

③ 제1항의 금액 가운데 채권자에게 배당하고 남은 금액으로 제1항제4호의 보증 등을 돌려주기 부족한 경우로서 그 보증 등을 제공한 사람이 여럿인 때에는 제1항 제4호의 보증 등의 비율에 따라 나누어 준다.

제148조(배당받을 채권자의 범위) 제147조 제1항에 규정한 금액을 배당받을 채권자는 다음 각호에 규정된 사람으로 한다.

1. 배당요구의 종기까지 경매신청을 한 압류채권자
2. 배당요구의 종기까지 배당요구를 한 채권자
3. 첫 경매개시결정등기전에 등기된 가압류채권자
4. 저당권 · 전세권, 그 밖의 우선변제청구권으로서 첫 경매개시결정등기전에 등기되었고 매각으로 소멸하는 것을 가진 채권자

제149조(배당표의 확정) ① 법원은 채권자와 채무자에게 보여 주기 위하여 배당기일의 3일 전에 배당표원안(配當表原案)을

작성하여 법원에 비치하여야 한다.

② 법원은 출석한 이해관계인과 배당을 요구한 채권자를 심문하여 배당표를 확정하여야 한다.

제150조(배당표의 기재 등) ① 배당표에는 매각대금, 채권자의 채권의 원금, 이자, 비용, 배당의 순위와 배당의 비율을 적어야 한다.

② 출석한 이해관계인과 배당을 요구한 채권자가 합의한 때에는 이에 따라 배당표를 작성하여야 한다.

제151조(배당표에 대한 이의) ① 기일에 출석한 채무자는 채권자의 채권 또는 그 채권의 순위에 대하여 이의할 수 있다.

② 제1항의 규정에 불구하고 채무자는 제149조 제1항에 따라 법원에 배당표원안이 비치된 이후 배당기일이 끝날 때까지 채권자의 채권 또는 그 채권의 순위에 대하여 서면으로 이의할 수 있다.

③ 기일에 출석한 채권자는 자기의 이해에 관계되는 범위 안에서는 다른 채권자를 상대로 그의 채권 또는 그 채권의 순위에 대하여 이의할 수 있다.

제152조(이의의 완결) ① 제151조의 이의에 관계된 채권자는 이에 대하여 진술하여야 한다.

② 관계인이 제151조의 이의를 정당하다고 인정하거나 다른 방법으로 합의한 때에는 이에 따라 배당표를 경정(更正)하여 배당을 실시하여야 한다.

③ 제151조의 이의가 완결되지 아니한 때에는 이의가 없는 부분에 한하여 배당을 실시하여야 한다.

제153조(불출석한 채권자) ① 기일에 출석하지 아니한 채권자는 배당표와 같이 배당을 실시하는 데에 동의한 것으로 본다.

② 기일에 출석하지 아니한 채권자가 다른 채권자가 제기한 이의에 관계된 때에는 그 채권자는 이의를 정당하다고 인정하지 아니한 것으로 본다.

제154조(배당이의의 소 등) ① 집행력 있는 집행권원의 정본을 가지지 아니한 채권자(가압류채권자를 제외한다)에 대하여 이의한 채무자와 다른 채권자에 대하여 이의한 채권자는 배당이의의 소를 제기하여야 한다.

② 집행력 있는 집행권원의 정본을 가진 채권자에 대하여 이의한 채무자는 청구이의의 소를 제기하여야 한다.

③ 이의한 채권자나 채무자가 배당기일부터 1주 이내에 집행법원에 대하여 제1항의 소를 제기한 사실을 증명하는 서류를 제출하지 아니한 때 또는 제2항의 소를 제기한 사실을 증명하는 서류와 그 소에 관한 집행정지재판의 정본을 제출하지 아니한 때에는 이의가 취하된 것으로 본다.

제155조(이의한 사람 등의 우선권 주장) 이의한 채권자가 제154조 제3항의 기간을 지키지 아니한 경우에도 배당표에 따른 배당을 받은 채권자에 대하여 소로 우선권 및 그 밖의 권리를 행사하는 데 영향을 미치지 아니한다.

제156조(배당이의의 소의 관할) ① 제154조 제1항의 배당이의의 소는 배당을 실시

한 집행법원이 속한 지방법원의 관할로 한다. 다만, 소송물이 단독판사의 관할에 속하지 아니할 경우에는 지방법원의 합의부가 이를 관할한다.

② 여러 개의 배당이의의 소가 제기된 경우에 한 개의 소를 합의부가 관할하는 때에는 그 밖의 소도 함께 관할한다.

③ 이의한 사람과 상대방이 이의에 관하여 단독판사의 재판을 받을 것을 합의한 경우에는 제1항 단서와 제2항의 규정을 적용하지 아니한다.

제157조(배당이의의 소의 판결) 배당이의의 소에 대한 판결에서는 배당액에 대한 다툼이 있는 부분에 관하여 배당을 받을 채권자와 그 액수를 정하여야 한다. 이를 정하는 것이 적당하지 아니하다고 인정한 때에는 판결에서 배당표를 다시 만들고 다른 배당 절차를 밟도록 명하여야 한다.

제158조(배당이의의 소의 취하간주) 이의한 사람이 배당이의의 소의 첫 변론기일에 출석하지 아니한 때에는 소를 취하한 것으로 본다.

제159조(배당실시절차 · 배당조서) ① 법원은 배당표에 따라 제2항 및 제3항에 규정된 절차에 의하여 배당을 실시하여야 한다.

② 채권 전부의 배당을 받을 채권자에게는 배당액지급증을 교부하는 동시에 그가 가진 집행력 있는 정본 또는 채권증서를 받아 채무자에게 교부하여야 한다.

③ 채권 일부의 배당을 받을 채권자에게는 집행력 있는 정본 또는 채권증서를 제출하게 한 뒤 배당액을 적어서 돌려주고 배당액지급증을 교부하는 동시에 영수증을 받아 채무자에게 교부하여야 한다.

④ 제1항 내지 제3항의 배당실시절차는 조서에 명확히 적어야 한다.

제160조(배당금액의 공탁) ① 배당을 받아야 할 채권자의 채권에 대하여 다음 각호 가운데 어느 하나의 사유가 있으면 그에 대한 배당액을 공탁하여야 한다.

1. 채권에 정지조건 또는 불확정기한이 붙어 있는 때
2. 가압류채권자의 채권인 때
3. 제49조 제2호 및 제266조 제1항제5호에 규정된 문서가 제출되어 있는 때
4. 저당권설정의 가등기가 마쳐져 있는 때
5. 제154조 제1항에 의한 배당이의의 소가 제기된 때
6. 「민법」 제340조 제2항 및 같은 법 제370조에 따른 배당금액의 공탁청구가 있는 때

② 채권자가 배당기일에 출석하지 아니한 때에는 그에 대한 배당액을 공탁하여야 한다.

제161조(공탁금에 대한 배당의 실시) ① 법원이 제160조 제1항의 규정에 따라 채권자에 대한 배당액을 공탁한 뒤 공탁의 사유가 소멸한 때에는 법원은 공탁금을 지급하거나 공탁금에 대한 배당을 실시하여야 한다.

② 제1항에 따라 배당을 실시함에 있어서 다음 각호 가운데 어느 하나에 해당하는

때에는 법원은 배당에 대하여 이의하지 아니한 채권자를 위하여서도 배당표를 바꾸어야 한다.

1. 제160조 제1항제1호 내지 제4호의 사유에 따른 공탁에 관련된 채권자에 대하여 배당을 실시할 수 없게 된 때
2. 제160조 제1항제5호의 공탁에 관련된 채권자가 채무자로부터 제기당한 배당이의의 소에서 진 때
3. 제160조 제1항제6호의 공탁에 관련된 채권자가 저당물의 매각대가로부터 배당을 받은 때

③ 제160조 제2항의 채권자가 법원에 대하여 공탁금의 수령을 포기하는 의사를 표시한 때에는 그 채권자의 채권이 존재하지 아니하는 것으로 보고 배당표를 바꾸어야 한다.

④ 제2항 및 제3항의 배당표변경에 따른 추가 배당기일에 제151조의 규정에 따라 이의할 때에는 종전의 배당기일에서 주장할 수 없었던 사유만을 주장할 수 있다.

제162조(공동경매) 여러 압류채권자를 위하여 동시에 실시하는 부동산의 경매 절차에는 제80조 내지 제161조의 규정을 준용한다.

제3관 강제관리

제163조(강제경매규정의 준용) 강제관리에는 제80조 내지 제82조, 제83조 제1항 · 제3항 내지 제5항, 제85조 내지 제89조 및 제94조 내지 제96조의 규정을 준용한다.

제164조(강제관리개시결정) ① 강제관리를 개시하는 결정에는 채무자에게는 관리사무에 간섭하여서는 아니되고 부동산의 수익을 처분하여서도 아니된다고 명하여야 하며, 수익을 채무자에게 지급할 제3자에게는 관리인에게 이를 지급하도록 명하여야 한다.

② 수확하였거나 수확할 과실(果實)과, 이행기에 이르렀거나 이르게 될 과실은 제1항의 수익에 속한다.

③ 강제관리개시결정은 제3자에게는 결정서를 송달하여야 효력이 생긴다.

④ 강제관리신청을 기각하거나 각하하는 재판에 대하여는 즉시항고를 할 수 있다.

제165조(강제관리개시결정 등의 통지) 법원은 강제관리를 개시하는 결정을 한 부동산에 대하여 다시 강제관리의 개시결정을 하거나 배당요구의 신청이 있는 때에는 관리인에게 이를 통지하여야 한다.

제166조(관리인의 임명 등) ① 관리인은 법원이 임명한다. 다만, 채권자는 적당한 사람을 관리인으로 추천할 수 있다.

② 관리인은 관리와 수익을 하기 위하여 부동산을 점유할 수 있다. 이 경우 저항을 받으면 집행관에게 원조를 요구할 수 있다.

③ 관리인은 제3자가 채무자에게 지급할 수익을 추심(推尋)할 권한이 있다.

제167조(법원의 지휘 · 감독) ① 법원은 관리에 필요한 사항과 관리인의 보수를 정하고, 관리인을 지휘 · 감독한다.

② 법원은 관리인에게 보증을 제공하도록

명할 수 있다.

③ 관리인에게 관리를 계속할 수 없는 사유가 생긴 경우에는 법원은 직권으로 또는 이해관계인의 신청에 따라 관리인을 해임할 수 있다. 이 경우 관리인을 심문하여야 한다.

제168조(준용규정) 제3자가 부동산에 대한 강제관리를 막을 권리가 있다고 주장하는 경우에는 제48조의 규정을 준용한다.

제169조(수익의 처리) ① 관리인은 부동산 수익에서 그 부동산이 부담하는 조세, 그 밖의 공과금을 뺀 뒤에 관리비용을 변제하고, 그 나머지 금액을 채권자에게 지급한다.

② 제1항의 경우 모든 채권자를 만족하게 할 수 없는 때에는 관리인은 채권자 사이의 배당협의에 따라 배당을 실시하여야 한다.

③ 채권자 사이에 배당협의가 이루어지지 못한 경우에 관리인은 그 사유를 법원에 신고하여야 한다.

④ 제3항의 신고가 있는 경우에는 제145조 · 제146조 및 제148조 내지 제161조의 규정을 준용하여 배당표를 작성하고 이에 따라 관리인으로 하여금 채권자에게 지급하게 하여야 한다.

제170조(관리인의 계산보고) ① 관리인은 매년 채권자 · 채무자와 법원에 계산서를 제출하여야 한다. 그 업무를 마친 뒤에도 또한 같다.

② 채권자와 채무자는 계산서를 송달받은 날부터 1주 이내에 집행법원에 이에 대한 이의신청을 할 수 있다.

③ 제2항의 기간 이내에 이의신청이 없는 때에는 관리인의 책임이 면제된 것으로 본다.

④ 제2항의 기간 이내에 이의신청이 있는 때에는 관리인을 심문한 뒤 결정으로 재판하여야 한다. 신청한 이의를 매듭 지은 때에는 법원은 관리인의 책임을 면제한다.

제171조(강제관리의 취소) ① 강제관리의 취소는 법원이 결정으로 한다.

② 채권자들이 부동산수익으로 전부 변제를 받았을 때에는 법원은 직권으로 제1항의 취소결정을 한다.

③ 제1항 및 제2항의 결정에 대하여는 즉시항고를 할 수 있다.

④ 강제관리의 취소결정이 확정된 때에는 법원사무관 등은 강제관리에 관한 기입등기를 말소하도록 촉탁하여야 한다.

제3절 선박 등에 대한 강제집행

제172조(선박에 대한 강제집행) 등기할 수 있는 선박에 대한 강제집행은 부동산의 강제경매에 관한 규정에 따른다. 다만, 사물의 성질에 따른 차이가 있거나 특별한 규정이 있는 경우에는 그러하지 아니하다.

제173조(관할법원) 선박에 대한 강제집행의 집행법원은 압류 당시에 그 선박이 있는 곳을 관할하는 지방법원으로 한다.

제174조(선박국적증서 등의 제출) ① 법원은 경매개시결정을 한 때에는 집행관에게 선박국적증서 그 밖에 선박운행에 필요한

문서(이하 "선박국적증서 등"이라 한다)를 선장으로부터 받아 법원에 제출하도록 명하여야 한다.

② 경매개시결정이 송달 또는 등기되기 전에 집행관이 선박국적증서 등을 받은 경우에는 그때에 압류의 효력이 생긴다.

제175조(선박집행신청 전의 선박국적증서 등의 인도명령) ① 선박에 대한 집행의 신청 전에 선박국적증서 등을 받지 아니하면 집행이 매우 곤란할 염려가 있을 경우에는 선적(船籍)이 있는 곳을 관할하는 지방법원(선적이 없는 때에는 대법원규칙이 정하는 법원)은 신청에 따라 채무자에게 선박국적증서 등을 집행관에게 인도하도록 명할 수 있다. 급박한 경우에는 선박이 있는 곳을 관할하는 지방법원도 이 명령을 할 수 있다.

② 집행관은 선박국적증서 등을 인도받은 날부터 5일 이내에 채권자로부터 선박집행을 신청하였음을 증명하는 문서를 제출받지 못한 때에는 그 선박국적증서 등을 돌려 주어야 한다.

③ 제1항의 규정에 따른 재판에 대하여는 즉시항고를 할 수 있다.

④ 제1항의 규정에 따른 재판에는 제292조 제2항 및 제3항의 규정을 준용한다.

제176조(압류선박의 정박) ① 법원은 집행절차를 행하는 동안 선박이 압류 당시의 장소에 계속 머무르도록 명하여야 한다.

② 법원은 영업상의 필요, 그 밖에 상당한 이유가 있다고 인정할 경우에는 채무자의 신청에 따라 선박의 운행을 허가할 수 있다. 이 경우 채권자 · 최고가매수신고인 · 차순위매수신고인 및 매수인의 동의가 있어야 한다.

③ 제2항의 선박운행허가결정에 대하여는 즉시항고를 할 수 있다.

④ 제2항의 선박운행허가결정은 확정되어야 효력이 생긴다.

제177조(경매신청의 첨부서류) ① 강제경매신청을 할 때에는 다음 각호의 서류를 내야 한다.

1. 채무자가 소유자인 경우에는 소유자로서 선박을 점유하고 있다는 것을, 선장인 경우에는 선장으로서 선박을 지휘하고 있다는 것을 소명할 수 있는 증서
2. 선박에 관한 등기사항을 포함한 등기부의 초본 또는 등본

② 채권자는 공적 장부를 주관하는 공공기관이 멀리 떨어진 곳에 있는 때에는 제1항제2호의 초본 또는 등본을 보내주도록 법원에 신청할 수 있다.

제178조(감수 · 보존처분) ① 법원은 채권자의 신청에 따라 선박을 감수(監守)하고 보존하기 위하여 필요한 처분을 할 수 있다.

② 제1항의 처분을 한 때에는 경매개시결정이 송달되기 전에도 압류의 효력이 생긴다.

제179조(선장에 대한 판결의 집행) ① 선장에 대한 판결로 선박채권자를 위하여 선박을 압류하면 그 압류는 소유자에 대하여도 효력이 미친다. 이 경우 소유자도

이해관계인으로 본다.

② 압류한 뒤에 소유자나 선장이 바뀌더라도 집행 절차에는 영향을 미치지 아니한다.

③ 압류한 뒤에 선장이 바뀐 때에는 바뀐 선장만이 이해관계인이 된다.

제180조(관할위반으로 말미암은 절차의 취소) 압류 당시 선박이 그 법원의 관할 안에 없었음이 판명된 때에는 그 절차를 취소하여야 한다.

제181조(보증의 제공에 의한 강제경매 절차의 취소) ① 채무자가 제49조 제2호 또는 제4호의 서류를 제출하고 압류채권자 및 배당을 요구한 채권자의 채권과 집행비용에 해당하는 보증을 매수신고 전에 제공한 때에는 법원은 신청에 따라 배당 절차 외의 절차를 취소하여야 한다.

② 제1항에 규정한 서류를 제출함에 따른 집행정지가 효력을 잃은 때에는 법원은 제1항의 보증금을 배당하여야 한다.

③ 제1항의 신청을 기각한 재판에 대하여는 즉시항고를 할 수 있다.

④ 제1항의 규정에 따른 집행취소결정에는 제17조 제2항의 규정을 적용하지 아니한다.

⑤ 제1항의 보증의 제공에 관하여 필요한 사항은 대법원규칙으로 정한다.

제182조(사건의 이송) ① 압류된 선박이 관할구역 밖으로 떠난 때에는 집행법원은 선박이 있는 곳을 관할하는 법원으로 사건을 이송할 수 있다.

② 제1항의 규정에 따른 결정에 대하여는 불복할 수 없다.

제183조(선박국적증서 등을 넘겨받지 못한 경우의 경매 절차취소) 경매개시결정이 있은 날부터 2월이 지나기까지 집행관이 선박국적증서 등을 넘겨받지 못하고, 선박이 있는 곳이 분명하지 아니한 때에는 법원은 강제경매 절차를 취소할 수 있다.

제184조(매각기일의 공고) 매각기일의 공고에는 선박의 표시와 그 정박한 장소를 적어야 한다.

제185조(선박지분의 압류명령) ① 선박의 지분에 대한 강제집행은 제251조에서 규정한 강제집행의 예에 따른다.

② 채권자가 선박의 지분에 대하여 강제집행신청을 하기 위해서는 채무자가 선박의 지분을 소유하고 있다는 사실을 증명할 수 있는 선박등기부의 등본이나 그 밖의 증명서를 내야 한다.

③ 압류명령은 채무자 외에 「상법」 제764조에 의하여 선임된 선박관리인(이하 이 조에서 "선박관리인"이라 한다)에게도 송달하여야 한다. 〈개정 2007. 8. 3.〉

④ 압류명령은 선박관리인에게 송달되면 채무자에게 송달된 것과 같은 효력을 가진다.

제186조(외국선박의 압류) 외국선박에 대한 강제집행에는 등기부에 기입할 절차에 관한 규정을 적용하지 아니한다.

제187조(자동차 등에 대한 강제집행) 자동차 · 건설기계 · 소형선박(「자동차 등 특정동산 저당법」 제3조 제2호에 따른 소형선박을 말한다) 및 항공기(「자동차 등 특

정동산 저당법」 제3조 제4호에 따른 항공기 및 경량항공기를 말한다)에 대한 강제집행 절차는 제2편제2장제2절부터 제4절까지의 규정에 준하여 대법원규칙으로 정한다. 〈개정 2007. 8. 3., 2009. 3. 25., 2015. 5. 18.〉

제4절 동산에 대한 강제집행

제1관 통칙

제188조(집행방법, 압류의 범위) ① 동산에 대한 강제집행은 압류에 의하여 개시한다.

② 압류는 집행력 있는 정본에 적은 청구금액의 변제와 집행비용의 변상에 필요한 한도 안에서 하여야 한다.

③ 압류물을 현금화하여도 집행비용 외에 남을 것이 없는 경우에는 집행하지 못한다.

제2관 유체동산에 대한 강제집행

제189조(채무자가 점유하고 있는 물건의 압류) ① 채무자가 점유하고 있는 유체동산의 압류는 집행관이 그 물건을 점유함으로써 한다. 다만, 채권자의 승낙이 있거나 운반이 곤란한 때에는 봉인(封印), 그 밖의 방법으로 압류물임을 명확히 하여 채무자에게 보관시킬 수 있다.

② 다음 각호 가운데 어느 하나에 해당하는 물건은 이 법에서 유체동산으로 본다.

1. 등기할 수 없는 토지의 정착물로서 독립하여 거래의 객체가 될 수 있는 것
2. 토지에서 분리하기 전의 과실로서 1월 이내에 수확할 수 있는 것
3. 유가증권으로서 배서가 금지되지 아니한 것

③ 집행관은 채무자에게 압류의 사유를 통지하여야 한다.

제190조(부부공유 유체동산의 압류) 채무자와 그 배우자의 공유로서 채무자가 점유하거나 그 배우자와 공동으로 점유하고 있는 유체동산은 제189조의 규정에 따라 압류할 수 있다.

제191조(채무자 외의 사람이 점유하고 있는 물건의 압류) 채권자 또는 물건의 제출을 거부하지 아니하는 제3자가 점유하고 있는 물건은 제189조의 규정을 준용하여 압류할 수 있다.

제192조(국고금의 압류) 국가에 대한 강제집행은 국고금을 압류함으로써 한다.

제193조(압류물의 인도) ① 압류물을 제3자가 점유하게 된 경우에는 법원은 채권자의 신청에 따라 그 제3자에 대하여 그 물건을 집행관에게 인도하도록 명할 수 있다.

② 제1항의 신청은 압류물을 제3자가 점유하고 있는 것을 안 날부터 1주 이내에 하여야 한다.

③ 제1항의 재판은 상대방에게 송달되기 전에도 집행할 수 있다.

④ 제1항의 재판은 신청인에게 고지된 날부터 2주가 지난 때에는 집행할 수 없다.

⑤ 제1항의 재판에 대하여는 즉시항고를 할 수 있다.

제194조(압류의 효력) 압류의 효력은 압류

물에서 생기는 천연물에도 미친다.

제195조(압류가 금지되는 물건) 다음 각호의 물건은 압류하지 못한다. 〈개정 2005. 1. 27.〉

1. 채무자 및 그와 같이 사는 친족(사실상 관계에 따른 친족을 포함한다. 이하 이 조에서 "채무자 등"이라 한다)의 생활에 필요한 의복 · 침구 · 가구 · 부엌기구, 그 밖의 생활필수품
2. 채무자 등의 생활에 필요한 2월간의 식료품 · 연료 및 조명재료
3. 채무자 등의 생활에 필요한 1월간의 생계비로서 대통령령이 정하는 액수의 금전
4. 주로 자기 노동력으로 농업을 하는 사람에게 없어서는 아니될 농기구 · 비료 · 가축 · 사료 · 종자, 그 밖에 이에 준하는 물건
5. 주로 자기의 노동력으로 어업을 하는 사람에게 없어서는 아니될 고기잡이 도구 · 어망 · 미끼 · 새끼고기, 그 밖에 이에 준하는 물건
6. 전문직 종사자 · 기술자 · 노무자, 그 밖에 주로 자기의 정신적 또는 육체적 노동으로 직업 또는 영업에 종사하는 사람에게 없어서는 아니 될 제복 · 도구, 그 밖에 이에 준하는 물건
7. 채무자 또는 그 친족이 받은 훈장 · 포장 · 기장, 그 밖에 이에 준하는 명예증표
8. 위패 · 영정 · 묘비, 그 밖에 상례 · 제사 또는 예배에 필요한 물건
9. 족보 · 집안의 역사적인 기록 · 사진첩, 그 밖에 선조숭배에 필요한 물건
10. 채무자의 생활 또는 직무에 없어서는 아니 될 도장 · 문패 · 간판, 그 밖에 이에 준하는 물건
11. 채무자의 생활 또는 직업에 없어서는 아니 될 일기장 · 상업장부, 그 밖에 이에 준하는 물건
12. 공표되지 아니한 저작 또는 발명에 관한 물건
13. 채무자 등이 학교 · 교회 · 사찰, 그 밖의 교육기관 또는 종교단체에서 사용하는 교과서 · 교리서 · 학습용구, 그 밖에 이에 준하는 물건
14. 채무자 등의 일상생활에 필요한 안경 · 보청기 · 의치 · 의수족 · 지팡이 · 장애보조용 바퀴의자, 그 밖에 이에 준하는 신체보조기구
15. 채무자 등의 일상생활에 필요한 자동차로서 「자동차관리법」이 정하는 바에 따른 장애인용 경형자동차
16. 재해의 방지 또는 보안을 위하여 법령의 규정에 따라 설비하여야 하는 소방설비 · 경보기구 · 피난시설, 그 밖에 이에 준하는 물건

제196조(압류금지 물건을 정하는 재판) ① 법원은 당사자가 신청하면 채권자와 채무자의 생활형편, 그 밖의 사정을 고려하여 유체동산의 전부 또는 일부에 대한 압류를 취소하도록 명하거나 제195조의 유체동산을 압류하도록 명할 수 있다.

② 제1항의 결정이 있은 뒤에 그 이유가

소멸되거나 사정이 바뀐 때에는 법원은 직권으로 또는 당사자의 신청에 따라 그 결정을 취소하거나 바꿀 수 있다.

③ 제1항 및 제2항의 경우에 법원은 제16조 제2항에 준하는 결정을 할 수 있다.

④ 제1항 및 제2항의 결정에 대하여는 즉시항고를 할 수 있다.

⑤ 제3항의 결정에 대하여는 불복할 수 없다.

제197조(일괄매각) ① 집행관은 여러 개의 유체동산의 형태, 이용관계 등을 고려하여 일괄매수하게 하는 것이 알맞다고 인정하는 때에는 직권으로 또는 이해관계인의 신청에 따라 일괄하여 매각할 수 있다.

② 제1항의 경우에는 제98조 제3항, 제99조, 제100조, 제101조 제2항 내지 제5항의 규정을 준용한다.

제198조(압류물의 보존) ① 압류물을 보존하기 위하여 필요한 때에는 집행관은 적당한 처분을 하여야 한다.

② 제1항의 경우에 비용이 필요한 때에는 채권자로 하여금 이를 미리 내게 하여야 한다. 채권자가 여럿인 때에는 요구하는 액수에 비례하여 미리 내게 한다.

③ 제49조 제2호 또는 제4호의 문서가 제출된 경우에 압류물을 즉시 매각하지 아니하면 값이 크게 내릴 염려가 있거나, 보관에 지나치게 많은 비용이 드는 때에는 집행관은 그 물건을 매각할 수 있다.

④ 집행관은 제3항의 규정에 따라 압류물을 매각하였을 때에는 그 대금을 공탁하여야 한다.

제199조(압류물의 매각) 집행관은 압류를 실시한 뒤 입찰 또는 호가경매의 방법으로 압류물을 매각하여야 한다.

제200조(값비싼 물건의 평가) 매각할 물건 가운데 값이 비싼 물건이 있는 때에는 집행관은 적당한 감정인에게 이를 평가하게 하여야 한다.

제201조(압류금전) ① 압류한 금전은 채권자에게 인도하여야 한다.

② 집행관이 금전을 추심한 때에는 채무자가 지급한 것으로 본다. 다만, 담보를 제공하거나 공탁을 하여 집행에서 벗어날 수 있도록 채무자에게 허가한 때에는 그러하지 아니하다.

제202조(매각일) 압류일과 매각일 사이에는 1주 이상 기간을 두어야 한다. 다만, 압류물을 보관하는 데 지나치게 많은 비용이 들거나, 시일이 지나면 그 물건의 값이 크게 내릴 염려가 있는 때에는 그러하지 아니하다.

제203조(매각장소) ① 매각은 압류한 유체동산이 있는 시 · 구 · 읍 · 면(도농복합형태의 시의 경우 동지역은 시 · 구, 읍 · 면지역은 읍 · 면)에서 진행한다. 다만, 압류채권자와 채무자가 합의하면 합의된 장소에서 진행한다.

② 매각일자와 장소는 대법원규칙이 정하는 방법으로 공고한다. 공고에는 매각할 물건을 표시하여야 한다.

제204조(준용규정) 매각장소의 질서유지에 관하여는 제108조의 규정을 준용한다.

제205조(매각 · 재매각) ① 집행관은 최고

가매수신고인의 성명과 가격을 말한 뒤 매각을 허가한다.
② 매각물은 대금과 서로 맞바꾸어 인도하여야 한다.
③ 매수인이 매각 조건에 정한 지급기일에 대금의 지급과 물건의 인도청구를 게을리한 때에는 재매각을 하여야 한다. 지급기일을 정하지 아니한 경우로서 매각기일의 마감에 앞서 대금의 지급과 물건의 인도청구를 게을리한 때에도 또한 같다.
④ 제3항의 경우에는 전의 매수인은 재매각 절차에 참가하지 못하며, 뒤의 매각대금이 처음의 매각대금보다 적은 때에는 그 부족한 액수를 부담하여야 한다.

제206조(배우자의 우선매수권) ① 제190조의 규정에 따라 압류한 유체동산을 매각하는 경우에 배우자는 매각기일에 출석하여 우선매수할 것을 신고할 수 있다.
② 제1항의 우선매수신고에는 제140조 제1항 및 제2항의 규정을 준용한다.

제207조(매각의 한도) 매각은 매각대금으로 채권자에게 변제하고 강제집행비용을 지급하기에 충분하게 되면 즉시 중지하여야 한다. 다만, 제197조 제2항 및 제101조 제3항 단서에 따른 일괄매각의 경우에는 그러하지 아니하다.

제208조(집행관이 매각대금을 영수한 효과) 집행관이 매각대금을 영수한 때에는 채무자가 지급한 것으로 본다. 다만, 담보를 제공하거나 공탁을 하여 집행에서 벗어날 수 있도록 채무자에게 허가한 때에는 그러하지 아니하다.

제209조(금 · 은붙이의 현금화) 금 · 은붙이는 그 금 · 은의 시장가격 이상의 금액으로 일반 현금화의 규정에 따라 매각하여야 한다. 시장가격 이상의 금액으로 매수하는 사람이 없는 때에는 집행관은 그 시장가격에 따라 적당한 방법으로 매각할 수 있다.

제210조(유가증권의 현금화) 집행관이 유가증권을 압류한 때에는 시장가격이 있는 것은 매각하는 날의 시장가격에 따라 적당한 방법으로 매각하고 그 시장가격이 형성되지 아니한 것은 일반 현금화의 규정에 따라 매각하여야 한다.

제211조(기명유가증권의 명의개서) 유가증권이 기명식인 때에는 집행관은 매수인을 위하여 채무자에 갈음하여 배서 또는 명의개서에 필요한 행위를 할 수 있다.

제212조(어음 등의 제시의무) ① 집행관은 어음 · 수표 그 밖의 금전의 지급을 목적으로 하는 유가증권(이하 "어음 등"이라 한다)으로서 일정한 기간 안에 인수 또는 지급을 위한 제시 또는 지급의 청구를 필요로 하는 것을 압류하였을 경우에 그 기간이 개시되면 채무자에 갈음하여 필요한 행위를 하여야 한다.
② 집행관은 미완성 어음 등을 압류한 경우에 채무자에게 기한을 정하여 어음 등에 적을 사항을 보충하도록 최고하여야 한다.

제213조(미분리과실의 매각) ① 토지에서 분리되기 전에 압류한 과실은 충분히 익은 다음에 매각하여야 한다.
② 집행관은 매각하기 위하여 수확을 하

게 할 수 있다.

제214조(특별한 현금화 방법) ① 법원은 필요하다고 인정하면 직권으로 또는 압류채권자, 배당을 요구한 채권자 또는 채무자의 신청에 따라 일반 현금화의 규정에 의하지 아니하고 다른 방법이나 다른 장소에서 압류물을 매각하게 할 수 있다. 또한 집행관에게 위임하지 아니하고 다른 사람으로 하여금 매각하게 하도록 명할 수 있다.

② 제1항의 재판에 대하여는 불복할 수 없다.

제215조(압류의 경합) ① 유체동산을 압류하거나 가압류한 뒤 매각기일에 이르기 전에 다른 강제집행이 신청된 때에는 집행관은 집행신청서를 먼저 압류한 집행관에게 교부하여야 한다. 이 경우 더 압류할 물건이 있으면 이를 압류한 뒤에 추가압류조서를 교부하여야 한다.

② 제1항의 경우에 집행에 관한 채권자의 위임은 먼저 압류한 집행관에게 이전된다.

③ 제1항의 경우에 각 압류한 물건은 강제집행을 신청한 모든 채권자를 위하여 압류한 것으로 본다.

④ 제1항의 경우에 먼저 압류한 집행관은 뒤에 강제집행을 신청한 채권자를 위하여 다시 압류한다는 취지를 덧붙여 그 압류조서에 적어야 한다.

제216조(채권자의 매각최고) ① 상당한 기간이 지나도 집행관이 매각하지 아니하는 때에는 압류채권자는 집행관에게 일정한 기간 이내에 매각하도록 최고할 수 있다.

② 집행관이 제1항의 최고에 따르지 아니하는 때에는 압류채권자는 법원에 필요한 명령을 신청할 수 있다.

제217조(우선권자의 배당요구) 「민법」·「상법」, 그 밖의 법률에 따라 우선변제청구권이 있는 채권자는 매각대금의 배당을 요구할 수 있다.

제218조(배당요구의 절차) 제217조의 배당요구는 이유를 밝혀 집행관에게 하여야 한다.

제219조(배당요구 등의 통지) 제215조 제1항 및 제218조의 경우에는 집행관은 그 사유를 배당에 참가한 채권자와 채무자에게 통지하여야 한다.

제220조(배당요구의 시기) ① 배당요구는 다음 각호의 시기까지 할 수 있다.

1. 집행관이 금전을 압류한 때 또는 매각대금을 영수한 때
2. 집행관이 어음·수표 그 밖의 금전의 지급을 목적으로 한 유가증권에 대하여 그 금전을 지급받은 때

② 제198조 제4항에 따라 공탁된 매각대금에 대하여는 동산집행을 계속하여 진행할 수 있게 된 때까지, 제296조 제5항 단서에 따라 공탁된 매각대금에 대하여는 압류의 신청을 한 때까지 배당요구를 할 수 있다.

제221조(배우자의 지급요구) ① 제190조의 규정에 따라 압류한 유체동산에 대하여 공유지분을 주장하는 배우자는 매각대금을 지급하여 줄 것을 요구할 수 있다.

② 제1항의 지급요구에는 제218조 내지

제220조의 규정을 준용한다.

③ 제219조의 통지를 받은 채권자가 배우자의 공유주장에 대하여 이의가 있는 때에는 배우자를 상대로 소를 제기하여 공유가 아니라는 것을 확정하여야 한다.

④ 제3항의 소에는 제154조 제3항, 제155조 내지 제158조, 제160조 제1항제5호 및 제161조 제1항 · 제2항 · 제4항의 규정을 준용한다.

제222조(매각대금의 공탁) ① 매각대금으로 배당에 참가한 모든 채권자를 만족하게 할 수 없고 매각허가된 날부터 2주 이내에 채권자 사이에 배당협의가 이루어지지 아니한 때에는 매각대금을 공탁하여야 한다.

② 여러 채권자를 위하여 동시에 금전을 압류한 경우에도 제1항과 같다.

③ 제1항 및 제2항의 경우에 집행관은 집행 절차에 관한 서류를 붙여 그 사유를 법원에 신고하여야 한다.

제3관 채권과 그 밖의 재산권에 대한 강제집행

제223조(채권의 압류명령) 제3자에 대한 채무자의 금전채권 또는 유가증권, 그 밖의 유체물의 권리이전이나 인도를 목적으로 한 채권에 대한 강제집행은 집행법원의 압류명령에 의하여 개시한다.

제224조(집행법원) ① 제223조의 집행법원은 채무자의 보통재판적이 있는 곳의 지방법원으로 한다.

② 제1항의 지방법원이 없는 경우 집행법원은 압류한 채권의 채무자(이하 "제3채무자"라 한다)의 보통재판적이 있는 곳의 지방법원으로 한다. 다만, 이 경우에 물건의 인도를 목적으로 하는 채권과 물적 담보권 있는 채권에 대한 집행법원은 그 물건이 있는 곳의 지방법원으로 한다.

③ 가압류에서 이전되는 채권압류의 경우에 제223조의 집행법원은 가압류를 명한 법원이 있는 곳을 관할하는 지방법원으로 한다.

제225조(압류명령의 신청) 채권자는 압류명령신청에 압류할 채권의 종류와 액수를 밝혀야 한다.

제226조(심문의 생략) 압류명령은 제3채무자와 채무자를 심문하지 아니하고 한다.

제227조(금전채권의 압류) ① 금전채권을 압류할 때에는 법원은 제3채무자에게 채무자에 대한 지급을 금지하고 채무자에게 채권의 처분과 영수를 금지하여야 한다.

② 압류명령은 제3채무자와 채무자에게 송달하여야 한다.

③ 압류명령이 제3채무자에게 송달되면 압류의 효력이 생긴다.

④ 압류명령의 신청에 관한 재판에 대하여는 즉시항고를 할 수 있다.

제228조(저당권이 있는 채권의 압류) ① 저당권이 있는 채권을 압류할 경우 채권자는 채권압류사실을 등기부에 기입하여 줄 것을 법원사무관 등에게 신청할 수 있다. 이 신청은 채무자의 승낙 없이 법원에 대한 압류명령의 신청과 함께 할 수 있다.

② 법원사무관 등은 의무를 지는 부동산 소

유자에게 압류명령이 송달된 뒤에 제1항의 신청에 따른 등기를 촉탁하여야 한다.

제229조(금전채권의 현금화방법) ① 압류한 금전채권에 대하여 압류채권자는 추심명령(推尋命令)이나 전부명령(轉付命令)을 신청할 수 있다.

② 추심명령이 있는 때에는 압류채권자는 대위절차(代位節次) 없이 압류채권을 추심할 수 있다.

③ 전부명령이 있는 때에는 압류된 채권은 지급에 갈음하여 압류채권자에게 이전된다.

④ 추심명령에 대하여는 제227조 제2항 및 제3항의 규정을, 전부명령에 대하여는 제227조 제2항의 규정을 각각 준용한다.

⑤ 전부명령이 제3채무자에게 송달될 때까지 그 금전채권에 관하여 다른 채권자가 압류·가압류 또는 배당요구를 한 경우에는 전부명령은 효력을 가지지 아니한다.

⑥ 제1항의 신청에 관한 재판에 대하여는 즉시항고를 할 수 있다.

⑦ 전부명령은 확정되어야 효력을 가진다.

⑧ 전부명령이 있은 뒤에 제49조 제2호 또는 제4호의 서류를 제출한 것을 이유로 전부명령에 대한 즉시항고가 제기된 경우에는 항고법원은 다른 이유로 전부명령을 취소하는 경우를 제외하고는 항고에 관한 재판을 정지하여야 한다.

제230조(저당권이 있는 채권의 이전) 저당권이 있는 채권에 관하여 전부명령이 있는 경우에는 제228조의 규정을 준용한다.

제231조(전부명령의 효과) 전부명령이 확정된 경우에는 전부명령이 제3채무자에게 송달된 때에 채무자가 채무를 변제한 것으로 본다. 다만, 이전된 채권이 존재하지 아니한 때에는 그러하지 아니하다.

제232조(추심명령의 효과) ① 추심명령은 그 채권전액에 미친다. 다만, 법원은 채무자의 신청에 따라 압류채권자를 심문하여 압류액수를 그 채권자의 요구액수로 제한하고 채무자에게 그 초과된 액수의 처분과 영수를 허가할 수 있다.

② 제1항 단서의 제한부분에 대하여 다른 채권자는 배당요구를 할 수 없다.

③ 제1항의 허가는 제3채무자와 채권자에게 통지하여야 한다.

제233조(지시채권의 압류) 어음·수표 그 밖에 배서로 이전할 수 있는 증권으로서 배서가 금지된 증권채권의 압류는 법원의 압류명령으로 집행관이 그 증권을 점유하여 한다.

제234조(채권증서) ① 채무자는 채권에 관한 증서가 있으면 압류채권자에게 인도하여야 한다.

② 채권자는 압류명령에 의하여 강제집행의 방법으로 그 증서를 인도받을 수 있다.

제235조(압류의 경합) ① 채권 일부가 압류된 뒤에 그 나머지 부분을 초과하여 다시 압류명령이 내려진 때에는 각 압류의 효력은 그 채권 전부에 미친다.

② 채권 전부가 압류된 뒤에 그 채권 일부에 대하여 다시 압류명령이 내려진 때 그 압류의 효력도 제1항과 같다.

제236조(추심의 신고) ① 채권자는 추심한

채권액을 법원에 신고하여야 한다.

② 제1항의 신고 전에 다른 압류 · 가압류 또는 배당요구가 있었을 때에는 채권자는 추심한 금액을 바로 공탁하고 그 사유를 신고하여야 한다.

제237조(제3채무자의 진술의무) ① 압류채권자는 제3채무자로 하여금 압류명령을 송달받은 날부터 1주 이내에 서면으로 다음 각호의 사항을 진술하게 하도록 법원에 신청할 수 있다.

1. 채권을 인정하는지의 여부 및 인정한다면 그 한도
2. 채권에 대하여 지급할 의사가 있는지의 여부 및 의사가 있다면 그 한도
3. 채권에 대하여 다른 사람으로부터 청구가 있는지의 여부 및 청구가 있다면 그 종류
4. 다른 채권자에게 채권을 압류당한 사실이 있는지의 여부 및 그 사실이 있다면 그 청구의 종류

② 법원은 제1항의 진술을 명하는 서면을 제3채무자에게 송달하여야 한다.

③ 제3채무자가 진술을 게을리한 때에는 법원은 제3채무자에게 제1항의 사항을 심문할 수 있다.

제238조(추심의 소제기) 채권자가 명령의 취지에 따라 제3채무자를 상대로 소를 제기할 때에는 일반규정에 의한 관할법원에 제기하고 채무자에게 그 소를 고지하여야 한다. 다만, 채무자가 외국에 있거나 있는 곳이 분명하지 아니한 때에는 고지할 필요가 없다.

제239조(추심의 소홀) 채권자가 추심할 채권의 행사를 게을리한 때에는 이로써 생긴 채무자의 손해를 부담한다.

제240조(추심권의 포기) ① 채권자는 추심명령에 따라 얻은 권리를 포기할 수 있다. 다만, 기본채권에는 영향이 없다.

② 제1항의 포기는 법원에 서면으로 신고하여야 한다. 법원사무관 등은 그 등본을 제3채무자와 채무자에게 송달하여야 한다.

제241조(특별한 현금화방법) ① 압류된 채권이 조건 또는 기한이 있거나, 반대의무의 이행과 관련되어 있거나 그 밖의 이유로 추심하기 곤란할 때에는 법원은 채권자의 신청에 따라 다음 각호의 명령을 할 수 있다.

1. 채권을 법원이 정한 값으로 지급함에 갈음하여 압류채권자에게 양도하는 양도명령
2. 추심에 갈음하여 법원이 정한 방법으로 그 채권을 매각하도록 집행관에게 명하는 매각명령
3. 관리인을 선임하여 그 채권의 관리를 명하는 관리명령
4. 그 밖에 적당한 방법으로 현금화하도록 하는 명령

② 법원은 제1항의 경우 그 신청을 허가하는 결정을 하기 전에 채무자를 심문하여야 한다. 다만, 채무자가 외국에 있거나 있는 곳이 분명하지 아니한 때에는 심문할 필요가 없다.

③ 제1항의 결정에 대하여는 즉시항고를 할 수 있다.

④ 제1항의 결정은 확정되어야 효력을 가진다.
⑤ 압류된 채권을 매각한 경우에는 집행관은 채무자를 대신하여 제3채무자에게 서면으로 양도의 통지를 하여야 한다.
⑥ 양도명령에는 제227조 제2항 · 제229조 제5항 · 제230조 및 제231조의 규정을, 매각명령에 의한 집행관의 매각에는 제108조의 규정을, 관리명령에는 제227조 제2항의 규정을, 관리명령에 의한 관리에는 제167조, 제169조 내지 제171조, 제222조 제2항 · 제3항의 규정을 각각 준용한다.

제242조(유체물인도청구권 등에 대한 집행) 부동산 · 유체동산 · 선박 · 자동차 · 건설기계 · 항공기 · 경량항공기 등 유체물의 인도나 권리이전의 청구권에 대한 강제집행에 대하여는 제243조부터 제245조까지의 규정을 우선적용하는 것을 제외하고는 제227조부터 제240조까지의 규정을 준용한다. 〈개정 2015. 5. 18.〉

제243조(유체동산에 관한 청구권의 압류) ① 유체동산에 관한 청구권을 압류하는 경우에는 법원이 제3채무자에 대하여 그 동산을 채권자의 위임을 받은 집행관에게 인도하도록 명한다.
② 채권자는 제3채무자에 대하여 제1항의 명령의 이행을 구하기 위하여 법원에 추심명령을 신청할 수 있다.
③ 제1항의 동산의 현금화에 대하여는 압류한 유체동산의 현금화에 관한 규정을 적용한다.

제244조(부동산청구권에 대한 압류) ① 부동산에 관한 인도청구권의 압류에 대하여는 그 부동산소재지의 지방법원은 채권자 또는 제3채무자의 신청에 의하여 보관인을 정하고 제3채무자에 대하여 그 부동산을 보관인에게 인도할 것을 명하여야 한다.
② 부동산에 관한 권리이전청구권의 압류에 대하여는 그 부동산소재지의 지방법원은 채권자 또는 제3채무자의 신청에 의하여 보관인을 정하고 제3채무자에 대하여 그 부동산에 관한 채무자명의의 권리이전등기절차를 보관인에게 이행할 것을 명하여야 한다.
③ 제2항의 경우에 보관인은 채무자명의의 권리이전등기신청에 관하여 채무자의 대리인이 된다.
④ 채권자는 제3채무자에 대하여 제1항 또는 제2항의 명령의 이행을 구하기 위하여 법원에 추심명령을 신청할 수 있다.

제245조(전부명령 제외) 유체물의 인도나 권리이전의 청구권에 대하여는 전부명령을 하지 못한다.

제246조(압류금지채권) ① 다음 각호의 채권은 압류하지 못한다. 〈개정 2005. 1. 27., 2010. 7. 23., 2011. 4. 5., 2022. 1. 4.〉

1. 법령에 규정된 부양료 및 유족부조료(遺族扶助料)
2. 채무자가 구호사업이나 제3자의 도움으로 계속 받는 수입
3. 병사의 급료
4. 급료 · 연금 · 봉급 · 상여금 · 퇴직연

금, 그 밖에 이와 비슷한 성질을 가진 급여채권의 2분의 1에 해당하는 금액. 다만, 그 금액이 「국민기초생활 보장법」에 의한 최저생계비를 고려하여 대통령령이 정하는 금액에 미치지 못하는 경우 또는 표준적인 가구의 생계비를 고려하여 대통령령이 정하는 금액을 초과하는 경우에는 각각 당해 대통령령이 정하는 금액으로 한다.

5. 퇴직금 그 밖에 이와 비슷한 성질을 가진 급여채권의 2분의 1에 해당하는 금액
6. 「주택임대차보호법」 제8조, 같은 법 시행령의 규정에 따라 우선변제를 받을 수 있는 금액
7. 생명, 상해, 질병, 사고 등을 원인으로 채무자가 지급받는 보장성보험의 보험금(해약환급 및 만기환급금을 포함한다). 다만, 압류금지의 범위는 생계유지, 치료 및 장애 회복에 소요될 것으로 예상되는 비용 등을 고려하여 대통령령으로 정한다.
8. 채무자의 1월간 생계유지에 필요한 예금(적금 · 부금 · 예탁금과 우편대체를 포함한다). 다만, 그 금액은 「국민기초생활 보장법」에 따른 최저생계비, 제195조 제3호에서 정한 금액 등을 고려하여 대통령령으로 정한다.

② 법원은 제1항제1호부터 제7호까지에 규정된 종류의 금원이 금융기관에 개설된 채무자의 계좌에 이체되는 경우 채무자의 신청에 따라 그에 해당하는 부분의 압류명령을 취소하여야 한다. 〈신설 2011. 4. 5.〉

③ 법원은 당사자가 신청하면 채권자와 채무자의 생활형편, 그 밖의 사정을 고려하여 압류명령의 전부 또는 일부를 취소하거나 제1항의 압류금지채권에 대하여 압류명령을 할 수 있다. 〈개정 2011. 4. 5.〉

④ 제3항의 경우에는 제196조 제2항 내지 제5항의 규정을 준용한다. 〈개정 2011. 4. 5.〉

제247조(배당요구) ① 「민법」 · 「상법」, 그 밖의 법률에 의하여 우선변제청구권이 있는 채권자와 집행력 있는 정본을 가진 채권자는 다음 각호의 시기까지 법원에 배당요구를 할 수 있다.

1. 제3채무자가 제248조 제4항에 따른 공탁의 신고를 한 때
2. 채권자가 제236조에 따른 추심의 신고를 한 때
3. 집행관이 현금화한 금전을 법원에 제출한 때

② 전부명령이 제3채무자에게 송달된 뒤에는 배당요구를 하지 못한다.

③ 제1항의 배당요구에는 제218조 및 제219조의 규정을 준용한다.

④ 제1항의 배당요구는 제3채무자에게 통지하여야 한다.

제248조(제3채무자의 채무액의 공탁) ① 제3채무자는 압류에 관련된 금전채권의 전액을 공탁할 수 있다.

② 금전채권에 관하여 배당요구서를 송달받은 제3채무자는 배당에 참가한 채권자

의 청구가 있으면 압류된 부분에 해당하는 금액을 공탁하여야 한다.
③ 금전채권 중 압류되지 아니한 부분을 초과하여 거듭 압류명령 또는 가압류명령이 내려진 경우에 그 명령을 송달받은 제3채무자는 압류 또는 가압류채권자의 청구가 있으면 그 채권의 전액에 해당하는 금액을 공탁하여야 한다.
④ 제3채무자가 채무액을 공탁한 때에는 그 사유를 법원에 신고하여야 한다. 다만, 상당한 기간 이내에 신고가 없는 때에는 압류채권자, 가압류채권자, 배당에 참가한 채권자, 채무자, 그 밖의 이해관계인이 그 사유를 법원에 신고할 수 있다.
제249조(추심의 소) ① 제3채무자가 추심절차에 대하여 의무를 이행하지 아니하는 때에는 압류채권자는 소로써 그 이행을 청구할 수 있다.
② 집행력 있는 정본을 가진 모든 채권자는 공동소송인으로 원고 쪽에 참가할 권리가 있다.
③ 소를 제기당한 제3채무자는 제2항의 채권자를 공동소송인으로 원고 쪽에 참가하도록 명할 것을 첫 변론기일까지 신청할 수 있다.
④ 소에 대한 재판은 제3항의 명령을 받은 채권자에 대하여 효력이 미친다.
제250조(채권자의 추심최고) 압류채권자가 추심절차를 게을리한 때에는 집행력 있는 정본으로 배당을 요구한 채권자는 일정한 기간 내에 추심하도록 최고하고, 최고에 따르지 아니한 때에는 법원의 허가를 얻어 직접 추심할 수 있다.
제251조(그 밖의 재산권에 대한 집행) ① 앞의 여러 조문에 규정된 재산권 외에 부동산을 목적으로 하지 아니한 재산권에 대한 강제집행은 이 관의 규정 및 제98조 내지 제101조의 규정을 준용한다.
② 제3채무자가 없는 경우에 압류는 채무자에게 권리처분을 금지하는 명령을 송달한 때에 효력이 생긴다.

제4관 배당 절차

제252조(배당 절차의 개시) 법원은 다음 각호 가운데 어느 하나에 해당하는 경우에는 배당 절차를 개시한다.
1. 제222조의 규정에 따라 집행관이 공탁한 때
2. 제236조의 규정에 따라 추심채권자가 공탁하거나 제248조의 규정에 따라 제3채무자가 공탁한 때
3. 제241조의 규정에 따라 현금화된 금전을 법원에 제출한 때

제253조(계산서 제출의 최고) 법원은 채권자들에게 1주 이내에 원금 · 이자 · 비용, 그 밖의 부대채권의 계산서를 제출하도록 최고하여야 한다.
제254조(배당표의 작성) ① 제253조의 기간이 끝난 뒤에 법원은 배당표를 작성하여야 한다.
② 제1항의 기간을 지키지 아니한 채권자의 채권은 배당요구서와 사유신고서의 취지 및 그 증빙서류에 따라 계산한다. 이 경우 다시 채권액을 추가하지 못한다.

제255조(배당기일의 준비) 법원은 배당을 실시할 기일을 지정하고 채권자와 채무자에게 이를 통지하여야 한다. 다만, 채무자가 외국에 있거나 있는 곳이 분명하지 아니한 때에는 통지하지 아니한다.

제256조(배당표의 작성과 실시) 배당표의 작성, 배당표에 대한 이의 및 그 완결과 배당표의 실시에 대하여는 제149조 내지 제161조의 규정을 준용한다.

제3장 금전채권 외의 채권에 기초한 강제집행

제257조(동산인도청구의 집행) 채무자가 특정한 동산이나 대체물의 일정한 수량을 인도하여야 할 때에는 집행관은 이를 채무자로부터 빼앗아 채권자에게 인도하여야 한다.

제258조(부동산 등의 인도청구의 집행) ① 채무자가 부동산이나 선박을 인도하여야 할 때에는 집행관은 채무자로부터 점유를 빼앗아 채권자에게 인도하여야 한다.

② 제1항의 강제집행은 채권자나 그 대리인이 인도받기 위하여 출석한 때에만 한다.

③ 강제집행의 목적물이 아닌 동산은 집행관이 제거하여 채무자에게 인도하여야 한다.

④ 제3항의 경우 채무자가 없는 때에는 집행관은 채무자와 같이 사는 사리를 분별할 지능이 있는 친족 또는 채무자의 대리인이나 고용인에게 그 동산을 인도하여야 한다.

⑤ 채무자와 제4항에 적은 사람이 없는 때에는 집행관은 그 동산을 채무자의 비용으로 보관하여야 한다.

⑥ 채무자가 그 동산의 수취를 게을리한 때에는 집행관은 집행법원의 허가를 받아 동산에 대한 강제집행의 매각 절차에 관한 규정에 따라 그 동산을 매각하고 비용을 뺀 뒤에 나머지 대금을 공탁하여야 한다.

제259조(목적물을 제3자가 점유하는 경우) 인도할 물건을 제3자가 점유하고 있는 때에는 채권자의 신청에 따라 금전채권의 압류에 관한 규정에 따라 채무자의 제3자에 대한 인도청구권을 채권자에게 넘겨야 한다.

제260조(대체집행) ①「민법」 제389조 제2항 후단과 제3항의 경우에는 제1심 법원은 채권자의 신청에 따라「민법」의 규정에 의한 결정을 하여야 한다.

② 채권자는 제1항의 행위에 필요한 비용을 미리 지급할 것을 채무자에게 명하는 결정을 신청할 수 있다. 다만, 뒷날 그 초과비용을 청구할 권리는 영향을 받지 아니한다.

③ 제1항과 제2항의 신청에 관한 재판에 대하여는 즉시항고를 할 수 있다.

제261조(간접강제) ① 채무의 성질이 간접강제를 할 수 있는 경우에 제1심 법원은 채권자의 신청에 따라 간접강제를 명하는 결정을 한다. 그 결정에는 채무의 이행의무 및 상당한 이행기간을 밝히고, 채무자가 그 기간 이내에 이행을 하지 아니하는

때에는 늦어진 기간에 따라 일정한 배상을 하도록 명하거나 즉시 손해배상을 하도록 명할 수 있다.

② 제1항의 신청에 관한 재판에 대하여는 즉시항고를 할 수 있다.

제262조(채무자의 심문) 제260조 및 제261조의 결정은 변론 없이 할 수 있다. 다만, 결정하기 전에 채무자를 심문하여야 한다.

제263조(의사표시의무의 집행) ① 채무자가 권리관계의 성립을 인낙한 때에는 그 조서로, 의사의 진술을 명한 판결이 확정된 때에는 그 판결로 권리관계의 성립을 인낙하거나 의사를 진술한 것으로 본다.

② 반대의무가 이행된 뒤에 권리관계의 성립을 인낙하거나 의사를 진술할 것인 경우에는 제30조와 제32조의 규정에 따라 집행문을 내어 준 때에 그 효력이 생긴다.

제3편 담보권 실행 등을 위한 경매

제264조(부동산에 대한 경매신청) ① 부동산을 목적으로 하는 담보권을 실행하기 위한 경매신청을 함에는 담보권이 있다는 것을 증명하는 서류를 내야 한다.

② 담보권을 승계한 경우에는 승계를 증명하는 서류를 내야 한다.

③ 부동산 소유자에게 경매개시결정을 송달할 때에는 제2항의 규정에 따라 제출된 서류의 등본을 붙여야 한다.

제265조(경매개시결정에 대한 이의신청사유) 경매 절차의 개시결정에 대한 이의신청사유로 담보권이 없다는 것 또는 소멸되었다는 것을 주장할 수 있다.

제266조(경매 절차의 정지) ① 다음 각호 가운데 어느 하나에 해당하는 문서가 경매법원에 제출되면 경매 절차를 정지하여야 한다. 〈개정 2011. 4. 12.〉

1. 담보권의 등기가 말소된 등기사항증명서
2. 담보권 등기를 말소하도록 명한 확정판결의 정본
3. 담보권이 없거나 소멸되었다는 취지의 확정판결의 정본
4. 채권자가 담보권을 실행하지 아니하기로 하거나 경매신청을 취하하겠다는 취지 또는 피담보채권을 변제받았거나 그 변제를 미루도록 승낙한다는 취지를 적은 서류
5. 담보권 실행을 일시정지하도록 명한 재판의 정본

② 제1항제1호 내지 제3호의 경우와 제4호의 서류가 화해조서의 정본 또는 공정증서의 정본인 경우에는 경매법원은 이미 실시한 경매 절차를 취소하여야 하며, 제5호의 경우에는 그 재판에 따라 경매 절차를 취소하지 아니한 때에만 이미 실시한 경매 절차를 일시적으로 유지하게 하여야 한다.

③ 제2항의 규정에 따라 경매 절차를 취소하는 경우에는 제17조의 규정을 적용하지 아니한다.

제267조(대금완납에 따른 부동산취득의 효과) 매수인의 부동산 취득은 담보권 소

멸로 영향을 받지 아니한다.

제268조(준용규정) 부동산을 목적으로 하는 담보권 실행을 위한 경매 절차에는 제79조 내지 제162조의 규정을 준용한다.

제269조(선박에 대한 경매) 선박을 목적으로 하는 담보권 실행을 위한 경매 절차에는 제172조 내지 제186조, 제264조 내지 제268조의 규정을 준용한다.

제270조(자동차 등에 대한 경매) 자동차 · 건설기계 · 소형선박(「자동차 등 특정동산 저당법」 제3조 제2호에 따른 소형선박을 말한다) 및 항공기(「자동차 등 특정동산 저당법」 제3조 제4호에 따른 항공기 및 경량항공기를 말한다)를 목적으로 하는 담보권 실행을 위한 경매 절차는 제264조부터 제269조까지, 제271조 및 제272조의 규정에 준하여 대법원규칙으로 정한다. 〈개정 2007. 8. 3., 2009. 3. 25., 2015. 5. 18.〉

제271조(유체동산에 대한 경매) 유체동산을 목적으로 하는 담보권 실행을 위한 경매는 채권자가 그 목적물을 제출하거나, 그 목적물의 점유자가 압류를 승낙한 때에 개시한다.

제272조(준용규정) 제271조의 경매 절차에는 제2편 제2장 제4절 제2관의 규정과 제265조 및 제266조의 규정을 준용한다.

제273조(채권과 그 밖의 재산권에 대한 담보권의 실행) ① 채권, 그 밖의 재산권을 목적으로 하는 담보권의 실행은 담보권의 존재를 증명하는 서류(권리의 이전에 관하여 등기나 등록을 필요로 하는 경우에는 그 등기사항증명서 또는 등록원부의 등본)가 제출된 때에 개시한다. 〈개정 2011. 4. 12.〉

② 「민법」 제342조에 따라 담보권설정자가 받을 금전, 그 밖의 물건에 대하여 권리를 행사하는 경우에도 제1항과 같다.

③ 제1항과 제2항의 권리실행절차에는 제2편 제2장 제4절 제3관의 규정을 준용한다.

제274조(유치권 등에 의한 경매) ① 유치권에 의한 경매와 「민법」 · 「상법」, 그 밖의 법률이 규정하는 바에 따른 경매(이하 "유치권 등에 의한 경매"라 한다)는 담보권 실행을 위한 경매의 예에 따라 실시한다.

② 유치권 등에 의한 경매 절차는 목적물에 대하여 강제경매 또는 담보권 실행을 위한 경매 절차가 개시된 경우에는 이를 정지하고, 채권자 또는 담보권자를 위하여 그 절차를 계속하여 진행한다.

③ 제2항의 경우에 강제경매 또는 담보권 실행을 위한 경매가 취소되면 유치권 등에 의한 경매 절차를 계속하여 진행하여야 한다.

제275조(준용규정) 이 편에 규정한 경매 등 절차에는 제42조 내지 제44조 및 제46조 내지 제53조의 규정을 준용한다.

제4편 보전처분

제276조(가압류의 목적) ① 가압류는 금전채권이나 금전으로 환산할 수 있는 채권에 대하여 동산 또는 부동산에 대한 강제

집행을 보전하기 위하여 할 수 있다.

② 제1항의 채권이 조건이 붙어 있는 것이거나 기한이 차지 아니한 것인 경우에도 가압류를 할 수 있다.

제277조(보전의 필요) 가압류는 이를 하지 아니하면 판결을 집행할 수 없거나 판결을 집행하는 것이 매우 곤란할 염려가 있을 경우에 할 수 있다.

제278조(가압류법원) 가압류는 가압류할 물건이 있는 곳을 관할하는 지방법원이나 본안의 관할법원이 관할한다.

제279조(가압류신청) ① 가압류신청에는 다음 각호의 사항을 적어야 한다.

1. 청구채권의 표시, 그 청구채권이 일정한 금액이 아닌 때에는 금전으로 환산한 금액
2. 제277조의 규정에 따라 가압류의 이유가 될 사실의 표시

② 청구채권과 가압류의 이유는 소명하여야 한다.

제280조(가압류명령) ① 가압류신청에 대한 재판은 변론 없이 할 수 있다.

② 청구채권이나 가압류의 이유를 소명하지 아니한 때에도 가압류로 생길 수 있는 채무자의 손해에 대하여 법원이 정한 담보를 제공한 때에는 법원은 가압류를 명할 수 있다.

③ 청구채권과 가압류의 이유를 소명한 때에도 법원은 담보를 제공하게 하고 가압류를 명할 수 있다.

④ 담보를 제공한 때에는 그 담보의 제공과 담보제공의 방법을 가압류명령에 적어야 한다.

제281조(재판의 형식) ① 가압류신청에 대한 재판은 결정으로 한다. 〈개정 2005. 1. 27.〉

② 채권자는 가압류신청을 기각하거나 각하하는 결정에 대하여 즉시항고를 할 수 있다.

③ 담보를 제공하게 하는 재판, 가압류신청을 기각하거나 각하하는 재판과 제2항의 즉시항고를 기각하거나 각하하는 재판은 채무자에게 고지할 필요가 없다.

제282조(가압류해방금액) 가압류명령에는 가압류의 집행을 정지시키거나 집행한 가압류를 취소시키기 위하여 채무자가 공탁할 금액을 적어야 한다.

제283조(가압류결정에 대한 채무자의 이의신청) ① 채무자는 가압류결정에 대하여 이의를 신청할 수 있다.

② 제1항의 이의신청에는 가압류의 취소나 변경을 신청하는 이유를 밝혀야 한다.

③ 이의신청은 가압류의 집행을 정지하지 아니한다.

제284조(가압류이의신청사건의 이송) 법원은 가압류이의신청사건에 관하여 현저한 손해 또는 지연을 피하기 위한 필요가 있는 때에는 직권으로 또는 당사자의 신청에 따라 결정으로 그 가압류사건의 관할권이 있는 다른 법원에 사건을 이송할 수 있다. 다만, 그 법원이 심급을 달리하는 경우에는 그러하지 아니하다.

제285조(가압류이의신청의 취하) ①채무자는 가압류이의신청에 대한 재판이 있기

전까지 가압류이의신청을 취하할 수 있다. 〈개정 2005. 1. 27.〉

② 제1항의 취하에는 채권자의 동의를 필요로 하지 아니한다.

③ 가압류이의신청의 취하는 서면으로 하여야 한다. 다만, 변론기일 또는 심문기일에서는 말로 할 수 있다. 〈개정 2005. 1. 27.〉

④ 가압류이의신청서를 송달한 뒤에는 취하의 서면을 채권자에게 송달하여야 한다.

⑤ 제3항 단서의 경우에 채권자가 변론기일 또는 심문기일에 출석하지 아니한 때에는 그 기일의 조서등본을 송달하여야 한다. 〈개정 2005. 1. 27.〉

제286조(이의신청에 대한 심리와 재판) ① 이의신청이 있는 때에는 법원은 변론기일 또는 당사자 쌍방이 참여할 수 있는 심문기일을 정하고 당사자에게 이를 통지하여야 한다.

② 법원은 심리를 종결하고자 하는 경우에는 상당한 유예기간을 두고 심리를 종결할 기일을 정하여 이를 당사자에게 고지하여야 한다. 다만, 변론기일 또는 당사자 쌍방이 참여할 수 있는 심문기일에는 즉시 심리를 종결할 수 있다.

③ 이의신청에 대한 재판은 결정으로 한다.

④ 제3항의 규정에 의한 결정에는 이유를 적어야 한다. 다만, 변론을 거치지 아니한 경우에는 이유의 요지만을 적을 수 있다.

⑤ 법원은 제3항의 규정에 의한 결정으로 가압류의 전부나 일부를 인가·변경 또는 취소할 수 있다. 이 경우 법원은 적당한 담보를 제공하도록 명할 수 있다.

⑥ 법원은 제3항의 규정에 의하여 가압류를 취소하는 결정을 하는 경우에는 채권자가 그 고지를 받은 날부터 2주를 넘지 아니하는 범위 안에서 상당하다고 인정하는 기간이 경과하여야 그 결정의 효력이 생긴다는 뜻을 선언할 수 있다.

⑦ 제3항의 규정에 의한 결정에 대하여는 즉시항고를 할 수 있다. 이 경우 「민사소송법」 제447조의 규정을 준용하지 아니한다.

[전문개정 2005. 1. 27.]

제287조(본안의 제소명령) ① 가압류법원은 채무자의 신청에 따라 변론 없이 채권자에게 상당한 기간 이내에 본안의 소를 제기하여 이를 증명하는 서류를 제출하거나 이미 소를 제기하였으면 소송계속사실을 증명하는 서류를 제출하도록 명하여야 한다.

② 제1항의 기간은 2주 이상으로 정하여야 한다.

③ 채권자가 제1항의 기간 이내에 제1항의 서류를 제출하지 아니한 때에는 법원은 채무자의 신청에 따라 결정으로 가압류를 취소하여야 한다.

④ 제1항의 서류를 제출한 뒤에 본안의 소가 취하되거나 각하된 경우에는 그 서류를 제출하지 아니한 것으로 본다.

⑤ 제3항의 신청에 관한 결정에 대하여는 즉시항고를 할 수 있다. 이 경우 「민사소송법」 제447조의 규정은 준용하지 아니한다.

제288조(사정변경 등에 따른 가압류취소) ① 채무자는 다음 각호의 어느 하나에 해

당하는 사유가 있는 경우에는 가압류가 인가된 뒤에도 그 취소를 신청할 수 있다. 제3호에 해당하는 경우에는 이해관계인도 신청할 수 있다.

1. 가압류이유가 소멸되거나 그 밖에 사정이 바뀐 때
2. 법원이 정한 담보를 제공한 때
3. 가압류가 집행된 뒤에 3년간 본안의 소를 제기하지 아니한 때

② 제1항의 규정에 의한 신청에 대한 재판은 가압류를 명한 법원이 한다. 다만, 본안이 이미 계속된 때에는 본안법원이 한다.

③ 제1항의 규정에 의한 신청에 대한 재판에는 제286조 제1항 내지 제4항 · 제6항 및 제7항을 준용한다.

[전문개정 2005. 1. 27.]

제289조(가압류취소결정의 효력정지) ① 가압류를 취소하는 결정에 대하여 즉시항고가 있는 경우에, 불복의 이유로 주장한 사유가 법률상 정당한 사유가 있다고 인정되고 사실에 대한 소명이 있으며, 그 가압류를 취소함으로 인하여 회복할 수 없는 손해가 생길 위험이 있다는 사정에 대한 소명이 있는 때에는, 법원은 당사자의 신청에 따라 담보를 제공하게 하거나 담보를 제공하지 아니하게 하고 가압류취소결정의 효력을 정지시킬 수 있다.

② 제1항의 규정에 의한 소명은 보증금을 공탁하거나 주장이 진실함을 선서하는 방법으로 대신할 수 없다.

③ 재판기록이 원심법원에 있는 때에는 원심법원이 제1항의 규정에 의한 재판을 한다.

④ 항고법원은 항고에 대한 재판에서 제1항의 규정에 의한 재판을 인가 · 변경 또는 취소하여야 한다.

⑤ 제1항 및 제4항의 규정에 의한 재판에 대하여는 불복할 수 없다.

[전문개정 2005. 1. 27.]

제290조(가압류이의신청규정의 준용) ① 제287조 제3항, 제288조 제1항에 따른 재판의 경우에는 제284조의 규정을 준용한다. 〈개정 2005. 1. 27.〉

② 제287조 제1항 · 제3항 및 제288조 제1항에 따른 신청의 취하에는 제285조의 규정을 준용한다. 〈개정 2005. 1. 27.〉

제291조(가압류집행에 대한 본집행의 준용) 가압류의 집행에 대하여는 강제집행에 관한 규정을 준용한다. 다만, 아래의 여러 조문과 같이 차이가 나는 경우에는 그러하지 아니하다.

제292조(집행개시의 요건) ① 가압류에 대한 재판이 있은 뒤에 채권자나 채무자의 승계가 이루어진 경우에 가압류의 재판을 집행하려면 집행문을 덧붙여야 한다.

② 가압류에 대한 재판의 집행은 채권자에게 재판을 고지한 날부터 2주를 넘긴 때에는 하지 못한다. 〈개정 2005. 1. 27.〉

③ 제2항의 집행은 채무자에게 재판을 송달하기 전에도 할 수 있다.

제293조(부동산가압류집행) ① 부동산에 대한 가압류의 집행은 가압류재판에 관한 사항을 등기부에 기입하여야 한다.

② 제1항의 집행법원은 가압류재판을 한 법원으로 한다.
③ 가압류등기는 법원사무관 등이 촉탁한다.
제294조(가압류를 위한 강제관리) 가압류의 집행으로 강제관리를 하는 경우에는 관리인이 청구채권액에 해당하는 금액을 지급받아 공탁하여야 한다.
제295조(선박가압류집행) ① 등기할 수 있는 선박에 대한 가압류를 집행하는 경우에는 가압류등기를 하는 방법이나 집행관에게 선박국적증서 등을 선장으로부터 받아 집행법원에 제출하도록 명하는 방법으로 한다. 이들 방법은 함께 사용할 수 있다.
② 가압류등기를 하는 방법에 의한 가압류집행은 가압류명령을 한 법원이, 선박국적증서 등을 받아 제출하도록 명하는 방법에 의한 가압류집행은 선박이 정박하여 있는 곳을 관할하는 지방법원이 집행법원으로서 관할한다.
③ 가압류등기를 하는 방법에 의한 가압류의 집행에는 제293조 제3항의 규정을 준용한다.
제296조(동산가압류집행) ① 동산에 대한 가압류의 집행은 압류와 같은 원칙에 따라야 한다.
② 채권가압류의 집행법원은 가압류명령을 한 법원으로 한다.
③ 채권의 가압류에는 제3채무자에 대하여 채무자에게 지급하여서는 아니 된다는 명령만을 하여야 한다.
④ 가압류한 금전은 공탁하여야 한다.
⑤ 가압류물은 현금화를 하지 못한다. 다만, 가압류물을 즉시 매각하지 아니하면 값이 크게 떨어질 염려가 있거나 그 보관에 지나치게 많은 비용이 드는 경우에는 집행관은 그 물건을 매각하여 매각대금을 공탁하여야 한다.
제297조(제3채무자의 공탁) 제3채무자가 가압류 집행된 금전채권액을 공탁한 경우에는 그 가압류의 효력은 그 청구채권액에 해당하는 공탁금액에 대한 채무자의 출급청구권에 대하여 존속한다.
제298조(가압류취소결정의 취소와 집행) ① 가압류의 취소결정을 상소법원이 취소한 경우로서 법원이 그 가압류의 집행기관이 되는 때에는 그 취소의 재판을 한 상소법원이 직권으로 가압류를 집행한다. 〈개정 2005. 1. 27.〉
② 제1항의 경우에 그 취소의 재판을 한 상소법원이 대법원인 때에는 채권자의 신청에 따라 제1심 법원이 가압류를 집행한다.
[제목개정 2005. 1. 27.]
제299조(가압류집행의 취소) ① 가압류명령에 정한 금액을 공탁한 때에는 법원은 결정으로 집행한 가압류를 취소하여야 한다. 〈개정 2005. 1. 27.〉
② 삭제 〈2005. 1. 27.〉
③ 제1항의 취소결정에 대하여는 즉시항고를 할 수 있다.
④ 제1항의 취소결정에 대하여는 제17조 제2항의 규정을 준용하지 아니한다.
제300조(가처분의 목적) ① 다툼의 대상에 관한 가처분은 현상이 바뀌면 당사자

가 권리를 실행하지 못하거나 이를 실행하는 것이 매우 곤란할 염려가 있을 경우에 한다.

② 가처분은 다툼이 있는 권리관계에 대하여 임시의 지위를 정하기 위하여도 할 수 있다. 이 경우 가처분은 특히 계속하는 권리관계에 끼칠 현저한 손해를 피하거나 급박한 위험을 막기 위하여, 또는 그 밖의 필요한 이유가 있을 경우에 하여야 한다.

제301조(가압류절차의 준용) 가처분절차에는 가압류절차에 관한 규정을 준용한다. 다만, 아래의 여러 조문과 같이 차이가 나는 경우에는 그러하지 아니하다.

제302조 삭제 〈2005. 1. 27.〉

제303조(관할법원) 가처분의 재판은 본안의 관할법원 또는 다툼의 대상이 있는 곳을 관할하는 지방법원이 관할한다.

제304조(임시의 지위를 정하기 위한 가처분) 제300조 제2항의 규정에 의한 가처분의 재판에는 변론기일 또는 채무자가 참석할 수 있는 심문기일을 열어야 한다. 다만, 그 기일을 열어 심리하면 가처분의 목적을 달성할 수 없는 사정이 있는 때에는 그러하지 아니하다.

제305조(가처분의 방법) ① 법원은 신청목적을 이루는 데 필요한 처분을 직권으로 정한다.

② 가처분으로 보관인을 정하거나, 상대방에게 어떠한 행위를 하거나 하지 말도록, 또는 급여를 지급하도록 명할 수 있다.

③ 가처분으로 부동산의 양도나 저당을 금지한 때에는 법원은 제293조의 규정을 준용하여 등기부에 그 금지한 사실을 기입하게 하여야 한다.

제306조(법인임원의 직무집행정지 등 가처분의 등기촉탁) 법원사무관 등은 법원이 법인의 대표자 그 밖의 임원으로 등기된 사람에 대하여 직무의 집행을 정지하거나 그 직무를 대행할 사람을 선임하는 가처분을 하거나 그 가처분을 변경 · 취소한 때에는, 법인의 주사무소 및 분사무소 또는 본점 및 지점이 있는 곳의 등기소에 그 등기를 촉탁하여야 한다. 다만, 이 사항이 등기하여야 할 사항이 아닌 경우에는 그러하지 아니하다.

제307조(가처분의 취소) ① 특별한 사정이 있는 때에는 담보를 제공하게 하고 가처분을 취소할 수 있다.

② 제1항의 경우에는 제284조, 제285조 및 제286조 제1항 내지 제4항 · 제6항 · 제7항의 규정을 준용한다. 〈개정 2005. 1. 27.〉

제308조(원상회복재판) 가처분을 명한 재판에 기초하여 채권자가 물건을 인도받거나, 금전을 지급받거나 또는 물건을 사용 · 보관하고 있는 경우에는, 법원은 가처분을 취소하는 재판에서 채무자의 신청에 따라 채권자에 대하여 그 물건이나 금전을 반환하도록 명할 수 있다.

제309조(가처분의 집행정지) ① 소송물인 권리 또는 법률관계가 이행되는 것과 같은 내용의 가처분을 명한 재판에 대하여 이의신청이 있는 경우에, 이의신청으로 주장한 사유가 법률상 정당한 사유가 있

다고 인정되고 주장사실에 대한 소명이 있으며, 그 집행에 의하여 회복할 수 없는 손해가 생길 위험이 있다는 사정에 대한 소명이 있는 때에는, 법원은 당사자의 신청에 따라 담보를 제공하게 하거나 담보를 제공하게 하지 아니하고 가처분의 집행을 정지하도록 명할 수 있고, 담보를 제공하게 하고 집행한 처분을 취소하도록 명할 수 있다.

② 제1항에서 규정한 소명은 보증금을 공탁하거나 주장이 진실함을 선서하는 방법으로 대신할 수 없다.

③ 재판기록이 원심법원에 있는 때에는 원심법원이 제1항의 규정에 의한 재판을 한다.

④ 법원은 이의신청에 대한 결정에서 제1항의 규정에 의한 명령을 인가·변경 또는 취소하여야 한다.

⑤ 제1항·제3항 또는 제4항의 규정에 의한 재판에 대하여는 불복할 수 없다.

[전문개정 2005. 1. 27.]

제310조(준용규정) 제301조에 따라 준용되는 제287조 제3항, 제288조 제1항 또는 제307조의 규정에 따른 가처분취소신청이 있는 경우에는 제309조의 규정을 준용한다.

[전문개정 2005. 1. 27.]

제311조(본안의 관할법원) 이 편에 규정한 본안법원은 제1심 법원으로 한다. 다만, 본안이 제2심에 계속된 때에는 그 계속된 법원으로 한다.

제312조(재판장의 권한) 급박한 경우에 재판장은 이 편의 신청에 대한 재판을 할 수 있다. 〈개정 2005. 1. 27.〉

부칙 〈제18671호, 2022. 1. 4.〉

이 법은 공포한 날부터 시행한다.

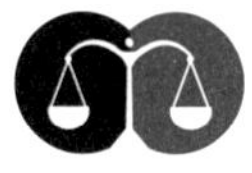

주택임대차보호법

[시행 2023. 7. 19.]
[법률 제19356호, 2023. 4. 18., 일부개정]

제1조(목적) 이 법은 주거용 건물의 임대차(賃貸借)에 관하여 「민법」에 대한 특례를 규정함으로써 국민 주거생활의 안정을 보장함을 목적으로 한다.
[전문개정 2008. 3. 21.]

제2조(적용 범위) 이 법은 주거용 건물(이하 "주택"이라 한다)의 전부 또는 일부의 임대차에 관하여 적용한다. 그 임차주택(賃借住宅)의 일부가 주거 외의 목적으로 사용되는 경우에도 또한 같다.
[전문개정 2008. 3. 21.]

제3조(대항력 등) ① 임대차는 그 등기(登記)가 없는 경우에도 임차인(賃借人)이 주택의 인도(引渡)와 주민등록을 마친 때에는 그 다음 날부터 제삼자에 대하여 효력이 생긴다. 이 경우 전입신고를 한 때에 주민등록이 된 것으로 본다.
② 주택도시기금을 재원으로 하여 저소득층 무주택자에게 주거생활 안정을 목적으로 전세임대주택을 지원하는 법인이 주택을 임차한 후 지방자치단체의 장 또는 그 법인이 선정한 입주자가 그 주택을 인도받고 주민등록을 마쳤을 때에는 제1항을 준용한다. 이 경우 대항력이 인정되는 법인은 대통령령으로 정한다. 〈개정 2015. 1. 6.〉
③ 「중소기업기본법」 제2조에 따른 중소기업에 해당하는 법인이 소속 직원의 주거용으로 주택을 임차한 후 그 법인이 선정한 직원이 해당 주택을 인도받고 주민등록을 마쳤을 때에는 제1항을 준용한다. 임대차가 끝나기 전에 그 직원이 변경된 경우에는 그 법인이 선정한 새로운 직원이 주택을 인도받고 주민등록을 마친 다음 날부터 제삼자에 대하여 효력이 생긴다. 〈신설 2013. 8. 13.〉
④ 임차주택의 양수인(讓受人)(그 밖에 임대할 권리를 승계한 자를 포함한다)은 임대인(賃貸人)의 지위를 승계한 것으로 본다. 〈개정 2013. 8. 13.〉
⑤ 이 법에 따라 임대차의 목적이 된 주택이 매매나 경매의 목적물이 된 경우에는 「민법」 제575조 제1항 · 제3항 및 같은 법 제578조를 준용한다. 〈개정 2013. 8. 13.〉
⑥ 제5항의 경우에는 동시이행의 항변권(抗辯權)에 관한 「민법」 제536조를 준용한다. 〈개정 2013. 8. 13.〉
[전문개정 2008. 3. 21.]

제3조의2(보증금의 회수) ① 임차인(제3조 제2항 및 제3항의 법인을 포함한다. 이하 같다)이 임차주택에 대하여 보증금반환청구소송의 확정판결이나 그 밖에 이에 준하는 집행권원(執行權原)에 따라서 경매를 신청하는 경우에는 집행개시(執行開

始)요건에 관한 「민사집행법」 제41조에도 불구하고 반대의무(反對義務)의 이행이나 이행의 제공을 집행개시의 요건으로 하지 아니한다. 〈개정 2013. 8. 13.〉

② 제3조 제1항 · 제2항 또는 제3항의 대항요건(對抗要件)과 임대차계약증서(제3조 제2항 및 제3항의 경우에는 법인과 임대인 사이의 임대차계약증서를 말한다) 상의 확정일자(確定日字)를 갖춘 임차인은 「민사집행법」에 따른 경매 또는 「국세징수법」에 따른 공매(公賣)를 할 때에 임차주택(대지를 포함한다)의 환가대금(換價代金)에서 후순위권리자(後順位權利者)나 그 밖의 채권자보다 우선하여 보증금을 변제(辨濟)받을 권리가 있다. 〈개정 2013. 8. 13.〉

③ 임차인은 임차주택을 양수인에게 인도하지 아니하면 제2항에 따른 보증금을 받을 수 없다.

④ 제2항 또는 제7항에 따른 우선변제의 순위와 보증금에 대하여 이의가 있는 이해관계인은 경매법원이나 체납처분청에 이의를 신청할 수 있다. 〈개정 2013. 8. 13.〉

⑤ 제4항에 따라 경매법원에 이의를 신청하는 경우에는 「민사집행법」 제152조부터 제161조까지의 규정을 준용한다.

⑥ 제4항에 따라 이의신청을 받은 체납처분청은 이해관계인이 이의신청일부터 7일 이내에 임차인 또는 제7항에 따라 우선변제권을 승계한 금융기관 등을 상대로 소(訴)를 제기한 것을 증명하면 해당 소송이 끝날 때까지 이의가 신청된 범위에서 임차인 또는 제7항에 따라 우선변제권을 승계한 금융기관 등에 대한 보증금의 변제를 유보(留保)하고 남은 금액을 배분하여야 한다. 이 경우 유보된 보증금은 소송의 결과에 따라 배분한다. 〈개정 2013. 8. 13.〉

⑦ 다음 각 호의 금융기관 등이 제2항, 제3조의3제5항, 제3조의4제1항에 따른 우선변제권을 취득한 임차인의 보증금반환채권을 계약으로 양수한 경우에는 양수한 금액의 범위에서 우선변제권을 승계한다. 〈신설 2013. 8. 13., 2015. 1. 6., 2016. 5. 29.〉

1. 「은행법」에 따른 은행
2. 「중소기업은행법」에 따른 중소기업은행
3. 「한국산업은행법」에 따른 한국산업은행
4. 「농업협동조합법」에 따른 농협은행
5. 「수산업협동조합법」에 따른 수협은행
6. 「우체국예금 · 보험에 관한 법률」에 따른 체신관서
7. 「한국주택금융공사법」에 따른 한국주택금융공사
8. 「보험업법」 제4조 제1항제2호라목의 보증보험을 보험종목으로 허가받은 보험회사
9. 「주택도시기금법」에 따른 주택도시보증공사
10. 그 밖에 제1호부터 제9호까지에 준하는 것으로서 대통령령으로 정하는 기관

⑧ 제7항에 따라 우선변제권을 승계한 금융기관 등(이하 "금융기관등"이라 한다)은

다음 각 호의 어느 하나에 해당하는 경우에는 우선변제권을 행사할 수 없다. 〈신설 2013. 8. 13.〉

1. 임차인이 제3조 제1항 · 제2항 또는 제3항의 대항요건을 상실한 경우
2. 제3조의3제5항에 따른 임차권등기가 말소된 경우
3. 「민법」 제621조에 따른 임대차등기가 말소된 경우

⑨ 금융기관 등은 우선변제권을 행사하기 위하여 임차인을 대리하거나 대위하여 임대차를 해지할 수 없다. 〈신설 2013. 8. 13.〉

[전문개정 2008. 3. 21.]

제3조의3(임차권등기명령) ① 임대차가 끝난 후 보증금이 반환되지 아니한 경우 임차인은 임차주택의 소재지를 관할하는 지방법원 · 지방법원지원 또는 시 · 군 법원에 임차권등기명령을 신청할 수 있다. 〈개정 2013. 8. 13.〉

② 임차권등기명령의 신청서에는 다음 각 호의 사항을 적어야 하며, 신청의 이유와 임차권등기의 원인이 된 사실을 소명(疎明)하여야 한다. 〈개정 2013. 8. 13.〉

1. 신청의 취지 및 이유
2. 임대차의 목적인 주택(임대차의 목적이 주택의 일부분인 경우에는 해당 부분의 도면을 첨부한다)
3. 임차권등기의 원인이 된 사실(임차인이 제3조 제1항 · 제2항 또는 제3항에 따른 대항력을 취득하였거나 제3조의2제2항에 따른 우선변제권을 취득한 경우에는 그 사실)
4. 그 밖에 대법원규칙으로 정하는 사항

③ 다음 각 호의 사항 등에 관하여는 「민사집행법」 제280조 제1항, 제281조, 제283조, 제285조, 제286조, 제288조 제1항, 같은 조 제2항 본문, 제289조, 제290조 제2항 중 제288조 제1항에 대한 부분, 제291조, 제292조 제3항 및 제293조를 준용한다. 이 경우 "가압류"는 "임차권등기"로, "채권자"는 "임차인"으로, "채무자"는 "임대인"으로 본다. 〈개정 2023. 4. 18.〉

1. 임차권등기명령의 신청에 대한 재판
2. 임차권등기명령의 결정에 대한 임대인의 이의신청 및 그에 대한 재판
3. 임차권등기명령의 취소신청 및 그에 대한 재판
4. 임차권등기명령의 집행

④ 임차권등기명령의 신청을 기각(棄却)하는 결정에 대하여 임차인은 항고(抗告)할 수 있다.

⑤ 임차인은 임차권등기명령의 집행에 따른 임차권등기를 마치면 제3조 제1항 · 제2항 또는 제3항에 따른 대항력과 제3조의2제2항에 따른 우선변제권을 취득한다. 다만, 임차인이 임차권등기 이전에 이미 대항력이나 우선변제권을 취득한 경우에는 그 대항력이나 우선변제권은 그대로 유지되며, 임차권등기 이후에는 제3조 제1항 · 제2항 또는 제3항의 대항요건을 상실하더라도 이미 취득한 대항력이나 우선변제권을 상실하지 아니한다. 〈개정 2013. 8. 13.〉

⑥ 임차권등기명령의 집행에 따른 임차권등기가 끝난 주택(임대차의 목적이 주택의 일부분인 경우에는 해당 부분으로 한정한다)을 그 이후에 임차한 임차인은 제8조에 따른 우선변제를 받을 권리가 없다.

⑦ 임차권등기의 촉탁(囑託), 등기관의 임차권등기 기입(記入) 등 임차권등기명령을 시행하는 데에 필요한 사항은 대법원규칙으로 정한다. 〈개정 2011. 4. 12.〉

⑧ 임차인은 제1항에 따른 임차권등기명령의 신청과 그에 따른 임차권등기와 관련하여 든 비용을 임대인에게 청구할 수 있다.

⑨ 금융기관 등은 임차인을 대위하여 제1항의 임차권등기명령을 신청할 수 있다. 이 경우 제3항 · 제4항 및 제8항의 "임차인"은 "금융기관등"으로 본다. 〈신설 2013. 8. 13.〉

[전문개정 2008. 3. 21.]

제3조의4(「민법」에 따른 주택임대차등기의 효력 등) ① 「민법」 제621조에 따른 주택임대차등기의 효력에 관하여는 제3조의3 제5항 및 제6항을 준용한다.

② 임차인이 대항력이나 우선변제권을 갖추고 「민법」 제621조 제1항에 따라 임대인의 협력을 얻어 임대차등기를 신청하는 경우에는 신청서에 「부동산등기법」 제74조 제1호부터 제6호까지의 사항 외에 다음 각 호의 사항을 적어야 하며, 이를 증명할 수 있는 서면(임대차의 목적이 주택의 일부분인 경우에는 해당 부분의 도면을 포함한다)을 첨부하여야 한다. 〈개정 2011. 4. 12., 2020. 2. 4.〉

1. 주민등록을 마친 날
2. 임차주택을 점유(占有)한 날
3. 임대차계약증서상의 확정일자를 받은 날

[전문개정 2008. 3. 21.]

제3조의5(경매에 의한 임차권의 소멸) 임차권은 임차주택에 대하여 「민사집행법」에 따른 경매가 행하여진 경우에는 그 임차주택의 경락(競落)에 따라 소멸한다. 다만, 보증금이 모두 변제되지 아니한, 대항력이 있는 임차권은 그러하지 아니하다.

[전문개정 2008. 3. 21.]

제3조의6(확정일자 부여 및 임대차 정보제공 등) ① 제3조의2제2항의 확정일자는 주택 소재지의 읍 · 면사무소, 동 주민센터 또는 시(특별시 · 광역시 · 특별자치시는 제외하고, 특별자치도는 포함한다) · 군 · 구(자치구를 말한다)의 출장소, 지방법원 및 그 지원과 등기소 또는 「공증인법」에 따른 공증인(이하 이 조에서 "확정일자부여기관"이라 한다)이 부여한다.

② 확정일자부여기관은 해당 주택의 소재지, 확정일자 부여일, 차임 및 보증금 등을 기재한 확정일자부를 작성하여야 한다. 이 경우 전산처리정보조직을 이용할 수 있다.

③ 주택의 임대차에 이해관계가 있는 자는 확정일자부여기관에 해당 주택의 확정일자 부여일, 차임 및 보증금 등 정보의 제공을 요청할 수 있다. 이 경우 요청을 받은 확정일자부여기관은 정당한 사유 없

이 이를 거부할 수 없다.

④ 임대차계약을 체결하려는 자는 임대인의 동의를 받아 확정일자부여기관에 제3항에 따른 정보제공을 요청할 수 있다.

⑤ 제1항 · 제3항 또는 제4항에 따라 확정일자를 부여받거나 정보를 제공받으려는 자는 수수료를 내야 한다.

⑥ 확정일자부에 기재하여야 할 사항, 주택의 임대차에 이해관계가 있는 자의 범위, 확정일자부여기관에 요청할 수 있는 정보의 범위 및 수수료, 그 밖에 확정일자부여사무와 정보제공 등에 필요한 사항은 대통령령 또는 대법원규칙으로 정한다.

[본조신설 2013. 8. 13.]

제3조의7(임대인의 정보 제시 의무) 임대차계약을 체결할 때 임대인은 다음 각 호의 사항을 임차인에게 제시하여야 한다.

1. 제3조의6제3항에 따른 해당 주택의 확정일자 부여일, 차임 및 보증금 등 정보. 다만, 임대인이 임대차계약을 체결하기 전에 제3조의6제4항에 따라 동의함으로써 이를 갈음할 수 있다.
2. 「국세징수법」 제108조에 따른 납세증명서 및 「지방세징수법」 제5조 제2항에 따른 납세증명서. 다만, 임대인이 임대차계약을 체결하기 전에 「국세징수법」 제109조 제1항에 따른 미납국세와 체납액의 열람 및 「지방세징수법」 제6조 제1항에 따른 미납지방세의 열람에 각각 동의함으로써 이를 갈음할 수 있다.

[본조신설 2023. 4. 18.]

제4조(임대차기간 등) ① 기간을 정하지 아니하거나 2년 미만으로 정한 임대차는 그 기간을 2년으로 본다. 다만, 임차인은 2년 미만으로 정한 기간이 유효함을 주장할 수 있다.

② 임대차기간이 끝난 경우에도 임차인이 보증금을 반환받을 때까지는 임대차관계가 존속되는 것으로 본다.

[전문개정 2008. 3. 21.]

제5조 삭제 〈1989. 12. 30.〉

제6조(계약의 갱신) ① 임대인이 임대차기간이 끝나기 6개월 전부터 2개월 전까지의 기간에 임차인에게 갱신거절(更新拒絕)의 통지를 하지 아니하거나 계약조건을 변경하지 아니하면 갱신하지 아니한다는 뜻의 통지를 하지 아니한 경우에는 그 기간이 끝난 때에 전 임대차와 동일한 조건으로 다시 임대차한 것으로 본다. 임차인이 임대차기간이 끝나기 2개월 전까지 통지하지 아니한 경우에도 또한 같다. 〈개정 2020. 6. 9.〉

② 제1항의 경우 임대차의 존속기간은 2년으로 본다. 〈개정 2009. 5. 8.〉

③ 2기(期)의 차임액(借賃額)에 달하도록 연체하거나 그 밖에 임차인으로서의 의무를 현저히 위반한 임차인에 대하여는 제1항을 적용하지 아니한다.

[전문개정 2008. 3. 21.]

제6조의2(묵시적 갱신의 경우 계약의 해지) ① 제6조 제1항에 따라 계약이 갱신된 경우 같은 조 제2항에도 불구하고 임차인은 언제든지 임대인에게 계약해지(契約解止)

를 통지할 수 있다. 〈개정 2009. 5. 8.〉

② 제1항에 따른 해지는 임대인이 그 통지를 받은 날부터 3개월이 지나면 그 효력이 발생한다.

[전문개정 2008. 3. 21.]

제6조의3(계약갱신 요구 등) ① 제6조에도 불구하고 임대인은 임차인이 제6조 제1항 전단의 기간 이내에 계약갱신을 요구할 경우 정당한 사유 없이 거절하지 못한다. 다만, 다음 각 호의 어느 하나에 해당하는 경우에는 그러하지 아니하다.

1. 임차인이 2기의 차임액에 해당하는 금액에 이르도록 차임을 연체한 사실이 있는 경우
2. 임차인이 거짓이나 그 밖의 부정한 방법으로 임차한 경우
3. 서로 합의하여 임대인이 임차인에게 상당한 보상을 제공한 경우
4. 임차인이 임대인의 동의 없이 목적 주택의 전부 또는 일부를 전대(轉貸)한 경우
5. 임차인이 임차한 주택의 전부 또는 일부를 고의나 중대한 과실로 파손한 경우
6. 임차한 주택의 전부 또는 일부가 멸실되어 임대차의 목적을 달성하지 못할 경우
7. 임대인이 다음 각 목의 어느 하나에 해당하는 사유로 목적 주택의 전부 또는 대부분을 철거하거나 재건축하기 위하여 목적 주택의 점유를 회복할 필요가 있는 경우
   가. 임대차계약 체결 당시 공사시기 및 소요기간 등을 포함한 철거 또는 재건축 계획을 임차인에게 구체적으로 고지하고 그 계획에 따르는 경우
   나. 건물이 노후 · 훼손 또는 일부 멸실되는 등 안전사고의 우려가 있는 경우
   다. 다른 법령에 따라 철거 또는 재건축이 이루어지는 경우
8. 임대인(임대인의 직계존속 · 직계비속을 포함한다)이 목적 주택에 실제 거주하려는 경우
9. 그 밖에 임차인이 임차인으로서의 의무를 현저히 위반하거나 임대차를 계속하기 어려운 중대한 사유가 있는 경우

② 임차인은 제1항에 따른 계약갱신요구권을 1회에 한하여 행사할 수 있다. 이 경우 갱신되는 임대차의 존속기간은 2년으로 본다.

③ 갱신되는 임대차는 전 임대차와 동일한 조건으로 다시 계약된 것으로 본다. 다만, 차임과 보증금은 제7조의 범위에서 증감할 수 있다.

④ 제1항에 따라 갱신되는 임대차의 해지에 관하여는 제6조의2를 준용한다.

⑤ 임대인이 제1항제8호의 사유로 갱신을 거절하였음에도 불구하고 갱신요구가 거절되지 아니하였더라면 갱신되었을 기간이 만료되기 전에 정당한 사유 없이 제3자에게 목적 주택을 임대한 경우 임대인

은 갱신거절로 인하여 임차인이 입은 손해를 배상하여야 한다.

⑥ 제5항에 따른 손해배상액은 거절 당시 당사자 간에 손해배상액의 예정에 관한 합의가 이루어지지 않는 한 다음 각 호의 금액 중 큰 금액으로 한다.

1. 갱신거절 당시 월차임(차임 외에 보증금이 있는 경우에는 그 보증금을 제7조의2 각 호 중 낮은 비율에 따라 월 단위의 차임으로 전환한 금액을 포함한다. 이하 "환산월차임"이라 한다)의 3개월분에 해당하는 금액
2. 임대인이 제3자에게 임대하여 얻은 환산월차임과 갱신거절 당시 환산월차임 간 차액의 2년분에 해당하는 금액
3. 제1항제8호의 사유로 인한 갱신거절로 인하여 임차인이 입은 손해액

[본조신설 2020. 7. 31.]

제7조(차임 등의 증감청구권) ① 당사자는 약정한 차임이나 보증금이 임차주택에 관한 조세, 공과금, 그 밖의 부담의 증감이나 경제사정의 변동으로 인하여 적절하지 아니하게 된 때에는 장래에 대하여 그 증감을 청구할 수 있다. 이 경우 증액청구는 임대차계약 또는 약정한 차임이나 보증금의 증액이 있은 후 1년 이내에는 하지 못한다. 〈개정 2020. 7. 31.〉

② 제1항에 따른 증액청구는 약정한 차임이나 보증금의 20분의 1의 금액을 초과하지 못한다. 다만, 특별시 · 광역시 · 특별자치시 · 도 및 특별자치도는 관할 구역 내의 지역별 임대차 시장 여건 등을 고려하여 본문의 범위에서 증액청구의 상한을 조례로 달리 정할 수 있다. 〈신설 2020. 7. 31.〉

[전문개정 2008. 3. 21.]

제7조의2(월차임 전환 시 산정률의 제한) 보증금의 전부 또는 일부를 월 단위의 차임으로 전환하는 경우에는 그 전환되는 금액에 다음 각 호 중 낮은 비율을 곱한 월차임(月借賃)의 범위를 초과할 수 없다. 〈개정 2010. 5. 17., 2013. 8. 13., 2016. 5. 29.〉

1. 「은행법」에 따른 은행에서 적용하는 대출금리와 해당 지역의 경제 여건 등을 고려하여 대통령령으로 정하는 비율
2. 한국은행에서 공시한 기준금리에 대통령령으로 정하는 이율을 더한 비율

[전문개정 2008. 3. 21.]

제8조(보증금 중 일정액의 보호) ① 임차인은 보증금 중 일정액을 다른 담보물권자(擔保物權者)보다 우선하여 변제받을 권리가 있다. 이 경우 임차인은 주택에 대한 경매신청의 등기 전에 제3조 제1항의 요건을 갖추어야 한다.

② 제1항의 경우에는 제3조의2제4항부터 제6항까지의 규정을 준용한다.

③ 제1항에 따라 우선변제를 받을 임차인 및 보증금 중 일정액의 범위와 기준은 제8조의2에 따른 주택임대차위원회의 심의를 거쳐 대통령령으로 정한다. 다만, 보증금 중 일정액의 범위와 기준은 주택가액(대지의 가액을 포함한다)의 2분의 1을 넘

지 못한다. 〈개정 2009. 5. 8.〉
[전문개정 2008. 3. 21.]

제8조의2(주택임대차위원회) ① 제8조에 따라 우선변제를 받을 임차인 및 보증금 중 일정액의 범위와 기준을 심의하기 위하여 법무부에 주택임대차위원회(이하 "위원회"라 한다)를 둔다.

② 위원회는 위원장 1명을 포함한 9명 이상 15명 이하의 위원으로 성별을 고려하여 구성한다. 〈개정 2020. 7. 31.〉

③ 위원회의 위원장은 법무부차관이 된다.

④ 위원회의 위원은 다음 각 호의 어느 하나에 해당하는 사람 중에서 위원장이 임명하거나 위촉하되, 제1호부터 제5호까지에 해당하는 위원을 각각 1명 이상 임명하거나 위촉하여야 하고, 위원 중 2분의 1 이상은 제1호 · 제2호 또는 제6호에 해당하는 사람을 위촉하여야 한다. 〈개정 2013. 3. 23., 2020. 7. 31.〉

1. 법학 · 경제학 또는 부동산학 등을 전공하고 주택임대차 관련 전문지식을 갖춘 사람으로서 공인된 연구기관에서 조교수 이상 또는 이에 상당하는 직에 5년 이상 재직한 사람
2. 변호사 · 감정평가사 · 공인회계사 · 세무사 또는 공인중개사로서 5년 이상 해당 분야에서 종사하고 주택임대차 관련 업무경험이 풍부한 사람
3. 기획재정부에서 물가 관련 업무를 담당하는 고위공무원단에 속하는 공무원
4. 법무부에서 주택임대차 관련 업무를 담당하는 고위공무원단에 속하는 공무원(이에 상당하는 특정직 공무원을 포함한다)
5. 국토교통부에서 주택사업 또는 주거복지 관련 업무를 담당하는 고위공무원단에 속하는 공무원
6. 그 밖에 주택임대차 관련 학식과 경험이 풍부한 사람으로서 대통령령으로 정하는 사람

⑤ 그 밖에 위원회의 구성 및 운영 등에 필요한 사항은 대통령령으로 정한다.
[본조신설 2009. 5. 8.]

제9조(주택 임차권의 승계) ① 임차인이 상속인 없이 사망한 경우에는 그 주택에서 가정공동생활을 하던 사실상의 혼인 관계에 있는 자가 임차인의 권리와 의무를 승계한다.

② 임차인이 사망한 때에 사망 당시 상속인이 그 주택에서 가정공동생활을 하고 있지 아니한 경우에는 그 주택에서 가정공동생활을 하던 사실상의 혼인 관계에 있는 자와 2촌 이내의 친족이 공동으로 임차인의 권리와 의무를 승계한다.

③ 제1항과 제2항의 경우에 임차인이 사망한 후 1개월 이내에 임대인에게 제1항과 제2항에 따른 승계 대상자가 반대의사를 표시한 경우에는 그러하지 아니하다.

④ 제1항과 제2항의 경우에 임대차 관계에서 생긴 채권 · 채무는 임차인의 권리의무를 승계한 자에게 귀속된다.
[전문개정 2008. 3. 21.]

제10조(강행규정) 이 법에 위반된 약정(約定)으로서 임차인에게 불리한 것은 그 효

력이 없다.
[전문개정 2008. 3. 21.]

제10조의2(초과 차임 등의 반환청구) 임차인이 제7조에 따른 증액비율을 초과하여 차임 또는 보증금을 지급하거나 제7조의2에 따른 월차임 산정률을 초과하여 차임을 지급한 경우에는 초과 지급된 차임 또는 보증금 상당금액의 반환을 청구할 수 있다.
[본조신설 2013. 8. 13.]

제11조(일시사용을 위한 임대차) 이 법은 일시사용하기 위한 임대차임이 명백한 경우에는 적용하지 아니한다.
[전문개정 2008. 3. 21.]

제12조(미등기 전세에의 준용) 주택의 등기를 하지 아니한 전세계약에 관하여는 이 법을 준용한다. 이 경우 "전세금"은 "임대차의 보증금"으로 본다.
[전문개정 2008. 3. 21.]

제13조(「소액사건심판법」의 준용) 임차인이 임대인에 대하여 제기하는 보증금반환청구소송에 관하여는 「소액사건심판법」 제6조, 제7조, 제10조 및 제11조의2를 준용한다.
[전문개정 2008. 3. 21.]

제14조(주택임대차분쟁조정위원회) ① 이 법의 적용을 받는 주택임대차와 관련된 분쟁을 심의·조정하기 위하여 대통령령으로 정하는 바에 따라 「법률구조법」 제8조에 따른 대한법률구조공단(이하 "공단"이라 한다)의 지부, 「한국토지주택공사법」에 따른 한국토지주택공사(이하 "공사"라 한다)의 지사 또는 사무소 및 「한국감정원법」에 따른 한국감정원(이하 "감정원"이라 한다)의 지사 또는 사무소에 주택임대차분쟁조정위원회(이하 "조정위원회"라 한다)를 둔다. 특별시·광역시·특별자치시·도 및 특별자치도(이하 "시·도"라 한다)는 그 지방자치단체의 실정을 고려하여 조정위원회를 둘 수 있다. 〈개정 2020. 7. 31.〉

② 조정위원회는 다음 각 호의 사항을 심의·조정한다.

1. 차임 또는 보증금의 증감에 관한 분쟁
2. 임대차 기간에 관한 분쟁
3. 보증금 또는 임차주택의 반환에 관한 분쟁
4. 임차주택의 유지·수선 의무에 관한 분쟁
5. 그 밖에 대통령령으로 정하는 주택임대차에 관한 분쟁

③ 조정위원회의 사무를 처리하기 위하여 조정위원회에 사무국을 두고, 사무국의 조직 및 인력 등에 필요한 사항은 대통령령으로 정한다.

④ 사무국의 조정위원회 업무담당자는 「상가건물 임대차보호법」 제20조에 따른 상가건물임대차분쟁조정위원회 사무국의 업무를 제외하고 다른 직위의 업무를 겸직하여서는 아니 된다. 〈개정 2018. 10. 16.〉
[본조신설 2016. 5. 29.]

제15조(예산의 지원) 국가는 조정위원회의 설치·운영에 필요한 예산을 지원할 수 있다.

[본조신설 2016. 5. 29.]

제16조(조정위원회의 구성 및 운영) ① 조정위원회는 위원장 1명을 포함하여 5명 이상 30명 이하의 위원으로 성별을 고려하여 구성한다. 〈개정 2020. 7. 31.〉

② 조정위원회의 위원은 조정위원회를 두는 기관에 따라 공단 이사장, 공사 사장, 감정원 원장 또는 조정위원회를 둔 지방자치단체의 장이 각각 임명하거나 위촉한다. 〈개정 2020. 7. 31.〉

③ 조정위원회의 위원은 주택임대차에 관한 학식과 경험이 풍부한 사람으로서 다음 각 호의 어느 하나에 해당하는 사람으로 한다. 이 경우 제1호부터 제4호까지에 해당하는 위원을 각 1명 이상 위촉하여야 하고, 위원 중 5분의 2 이상은 제2호에 해당하는 사람이어야 한다.

1. 법학 · 경제학 또는 부동산학 등을 전공하고 대학이나 공인된 연구기관에서 부교수 이상 또는 이에 상당하는 직에 재직한 사람
2. 판사 · 검사 또는 변호사로 6년 이상 재직한 사람
3. 감정평가사 · 공인회계사 · 법무사 또는 공인중개사로서 주택임대차 관계 업무에 6년 이상 종사한 사람
4. 「사회복지사업법」에 따른 사회복지법인과 그 밖의 비영리법인에서 주택임대차분쟁에 관한 상담에 6년 이상 종사한 경력이 있는 사람
5. 해당 지방자치단체에서 주택임대차 관련 업무를 담당하는 4급 이상의 공무원
6. 그 밖에 주택임대차 관련 학식과 경험이 풍부한 사람으로서 대통령령으로 정하는 사람

④ 조정위원회의 위원장은 제3항제2호에 해당하는 위원 중에서 위원들이 호선한다.

⑤ 조정위원회위원장은 조정위원회를 대표하여 그 직무를 총괄한다.

⑥ 조정위원회위원장이 부득이한 사유로 직무를 수행할 수 없는 경우에는 조정위원회위원장이 미리 지명한 조정위원이 그 직무를 대행한다.

⑦ 조정위원의 임기는 3년으로 하되 연임할 수 있으며, 보궐위원의 임기는 전임자의 남은 임기로 한다.

⑧ 조정위원회는 조정위원회위원장 또는 제3항제2호에 해당하는 조정위원 1명 이상을 포함한 재적위원 과반수의 출석과 출석위원 과반수의 찬성으로 의결한다.

⑨ 그 밖에 조정위원회의 설치, 구성 및 운영 등에 필요한 사항은 대통령령으로 정한다.

[본조신설 2016. 5. 29.]

제17조(조정부의 구성 및 운영) ① 조정위원회는 분쟁의 효율적 해결을 위하여 3명의 조정위원으로 구성된 조정부를 둘 수 있다.

② 조정부에는 제16조 제3항제2호에 해당하는 사람이 1명 이상 포함되어야 하며, 그중에서 조정위원회위원장이 조정부의 장을 지명한다.

③ 조정부는 다음 각 호의 사항을 심의 ·

조정한다.

1. 제14조 제2항에 따른 주택임대차분쟁 중 대통령령으로 정하는 금액 이하의 분쟁
2. 조정위원회가 사건을 특정하여 조정부에 심의 · 조정을 위임한 분쟁

④ 조정부는 조정부의 장을 포함한 재적위원 과반수의 출석과 출석위원 과반수의 찬성으로 의결한다.

⑤ 제4항에 따라 조정부가 내린 결정은 조정위원회가 결정한 것으로 본다.

⑥ 그 밖에 조정부의 설치, 구성 및 운영 등에 필요한 사항은 대통령령으로 정한다.

[본조신설 2016. 5. 29.]

제18조(조정위원의 결격사유) 「국가공무원법」 제33조 각 호의 어느 하나에 해당하는 사람은 조정위원이 될 수 없다.

[본조신설 2016. 5. 29.]

제19조(조정위원의 신분보장) ① 조정위원은 자신의 직무를 독립적으로 수행하고 주택임대차분쟁의 심리 및 판단에 관하여 어떠한 지시에도 구속되지 아니한다.

② 조정위원은 다음 각 호의 어느 하나에 해당하는 경우를 제외하고는 그 의사에 반하여 해임 또는 해촉되지 아니한다.

1. 제18조에 해당하는 경우
2. 신체상 또는 정신상의 장애로 직무를 수행할 수 없게 된 경우

[본조신설 2016. 5. 29.]

제20조(조정위원의 제척 등) ① 조정위원이 다음 각 호의 어느 하나에 해당하는 경우 그 직무의 집행에서 제척된다.

1. 조정위원 또는 그 배우자나 배우자이었던 사람이 해당 분쟁사건의 당사자가 되는 경우
2. 조정위원이 해당 분쟁사건의 당사자와 친족관계에 있거나 있었던 경우
3. 조정위원이 해당 분쟁사건에 관하여 진술, 감정 또는 법률자문을 한 경우
4. 조정위원이 해당 분쟁사건에 관하여 당사자의 대리인으로서 관여하거나 관여하였던 경우

② 사건을 담당한 조정위원에게 제척의 원인이 있는 경우에는 조정위원회는 직권 또는 당사자의 신청에 따라 제척의 결정을 한다.

③ 당사자는 사건을 담당한 조정위원에게 공정한 직무집행을 기대하기 어려운 사정이 있는 경우 조정위원회에 기피신청을 할 수 있다.

④ 기피신청에 관한 결정은 조정위원회가 하고, 해당 조정위원 및 당사자 쌍방은 그 결정에 불복하지 못한다.

⑤ 제3항에 따른 기피신청이 있는 때에는 조정위원회는 그 신청에 대한 결정이 있을 때까지 조정절차를 정지하여야 한다.

⑥ 조정위원은 제1항 또는 제3항에 해당하는 경우 조정위원회의 허가를 받지 아니하고 해당 분쟁사건의 직무집행에서 회피할 수 있다.

[본조신설 2016. 5. 29.]

제21조(조정의 신청 등) ① 제14조 제2항 각 호의 어느 하나에 해당하는 주택임대차분쟁의 당사자는 해당 주택이 소재하는 지

역을 관할하는 조정위원회에 분쟁의 조정을 신청할 수 있다. 〈개정 2020. 7. 31.〉

② 조정위원회는 신청인이 조정을 신청할 때 조정 절차 및 조정의 효력 등 분쟁조정에 관하여 대통령령으로 정하는 사항을 안내하여야 한다.

③ 조정위원회의 위원장은 다음 각 호의 어느 하나에 해당하는 경우 신청을 각하한다. 이 경우 그 사유를 신청인에게 통지하여야 한다. 〈개정 2020. 6. 9.〉

1. 이미 해당 분쟁조정사항에 대하여 법원에 소가 제기되거나 조정 신청이 있은 후 소가 제기된 경우
2. 이미 해당 분쟁조정사항에 대하여 「민사조정법」에 따른 조정이 신청된 경우나 조정신청이 있은 후 같은 법에 따른 조정이 신청된 경우
3. 이미 해당 분쟁조정사항에 대하여 이 법에 따른 조정위원회에 조정이 신청된 경우나 조정신청이 있은 후 조정이 성립된 경우
4. 조정신청 자체로 주택임대차에 관한 분쟁이 아님이 명백한 경우
5. 피신청인이 조정절차에 응하지 아니한다는 의사를 통지한 경우
6. 신청인이 정당한 사유 없이 조사에 응하지 아니하거나 2회 이상 출석요구에 응하지 아니한 경우

[본조신설 2016. 5. 29.]

제22조(조정절차) ① 조정위원회의 위원장은 신청인으로부터 조정신청을 접수한 때에는 지체 없이 조정절차를 개시하여야 한다. 〈개정 2020. 6. 9.〉

② 조정위원회의 위원장은 제1항에 따라 조정신청을 접수하면 피신청인에게 조정신청서를 송달하여야 한다. 이 경우 제21조 제2항을 준용한다. 〈개정 2020. 6. 9.〉

③ 조정서류의 송달 등 조정절차에 관하여 필요한 사항은 대통령령으로 정한다.

[본조신설 2016. 5. 29.]

제23조(처리기간) ① 조정위원회는 분쟁의 조정신청을 받은 날부터 60일 이내에 그 분쟁조정을 마쳐야 한다. 다만, 부득이한 사정이 있는 경우에는 조정위원회의 의결을 거쳐 30일의 범위에서 그 기간을 연장할 수 있다.

② 조정위원회는 제1항 단서에 따라 기간을 연장한 경우에는 기간 연장의 사유와 그 밖에 기간 연장에 관한 사항을 당사자에게 통보하여야 한다.

[본조신설 2016. 5. 29.]

제24조(조사 등) ① 조정위원회는 조정을 위하여 필요하다고 인정하는 경우 신청인, 피신청인, 분쟁 관련 이해관계인 또는 참고인에게 출석하여 진술하게 하거나 조정에 필요한 자료나 물건 등을 제출하도록 요구할 수 있다.

② 조정위원회는 조정을 위하여 필요하다고 인정하는 경우 조정위원 또는 사무국의 직원으로 하여금 조정 대상물 및 관련 자료에 대하여 조사하게 하거나 자료를 수집하게 할 수 있다. 이 경우 조정위원이나 사무국의 직원은 그 권한을 표시하는 증표를 지니고 이를 관계인에게 내보여야

한다.

③ 조정위원회위원장은 특별시장, 광역시장, 특별자치시장, 도지사 및 특별자치도지사(이하 "시 · 도지사"라 한다)에게 해당 조정업무에 참고하기 위하여 인근지역의 확정일자 자료, 보증금의 월차임 전환율 등 적정 수준의 임대료 산정을 위한 자료를 요청할 수 있다. 이 경우 시 · 도지사는 정당한 사유가 없으면 조정위원회위원장의 요청에 따라야 한다.

[본조신설 2016. 5. 29.]

제25조(조정을 하지 아니하는 결정) ① 조정위원회는 해당 분쟁이 그 성질상 조정을 하기에 적당하지 아니하다고 인정하거나 당사자가 부당한 목적으로 조정을 신청한 것으로 인정할 때에는 조정을 하지 아니할 수 있다.

② 조정위원회는 제1항에 따라 조정을 하지 아니하기로 결정하였을 때에는 그 사실을 당사자에게 통지하여야 한다.

[본조신설 2016. 5. 29.]

제26조(조정의 성립) ① 조정위원회가 조정안을 작성한 경우에는 그 조정안을 지체 없이 각 당사자에게 통지하여야 한다.

② 제1항에 따라 조정안을 통지받은 당사자가 통지받은 날부터 14일 이내에 수락의 의사를 서면으로 표시하지 아니한 경우에는 조정을 거부한 것으로 본다. 〈개정 2020. 6. 9.〉

③ 제2항에 따라 각 당사자가 조정안을 수락한 경우에는 조정안과 동일한 내용의 합의가 성립된 것으로 본다.

④ 제3항에 따른 합의가 성립한 경우 조정위원회위원장은 조정안의 내용을 조정서로 작성한다. 조정위원회위원장은 각 당사자 간에 금전, 그 밖의 대체물의 지급 또는 부동산의 인도에 관하여 강제집행을 승낙하는 취지의 합의가 있는 경우에는 그 내용을 조정서에 기재하여야 한다.

[본조신설 2016. 5. 29.]

제27조(집행력의 부여) 제26조 제4항 후단에 따라 강제집행을 승낙하는 취지의 내용이 기재된 조정서의 정본은 「민사집행법」 제56조에도 불구하고 집행력 있는 집행권원과 같은 효력을 가진다. 다만, 청구에 관한 이의의 주장에 대하여는 같은 법 제44조 제2항을 적용하지 아니한다.

[본조신설 2016. 5. 29.]

제28조(비밀유지의무) 조정위원, 사무국의 직원 또는 그 직에 있었던 자는 다른 법률에 특별한 규정이 있는 경우를 제외하고는 직무상 알게 된 정보를 타인에게 누설하거나 직무상 목적 외에 사용하여서는 아니 된다.

[본조신설 2016. 5. 29.]

제29조(다른 법률의 준용) 조정위원회의 운영 및 조정절차에 관하여 이 법에서 규정하지 아니한 사항에 대하여는 「민사조정법」을 준용한다.

[본조신설 2016. 5. 29.]

제30조(주택임대차표준계약서 사용) 주택임대차계약을 서면으로 체결할 때에는 법무부장관이 국토교통부장관과 협의하여 정하는 주택임대차표준계약서를 우선적

으로 사용한다. 다만, 당사자가 다른 서식을 사용하기로 합의한 경우에는 그러하지 아니하다. 〈개정 2020. 7. 31.〉
[본조신설 2016. 5. 29.]

제31조(벌칙 적용에서 공무원 의제) 공무원이 아닌 주택임대차위원회의 위원 및 주택임대차분쟁조정위원회의 위원은 「형법」 제127조, 제129조부터 제132조까지의 규정을 적용할 때에는 공무원으로 본다.
[본조신설 2016. 5. 29.]

부칙 〈제19520호, 2023. 7. 11.〉
이 법은 공포한 날부터 시행한다.

전세사기피해자 지원 및 주거안정에 관한 특별법
(약칭 : 전세사기피해자법)

[시행 2023. 7. 2.]
[법률 제19425호, 2023. 6. 1., 제정]

제1장 총칙

제1조(목적) 이 법은 전세사기로 피해를 입은 임차인에게 경·공매 절차 및 조세 징수 등에 관한 특례를 부여함으로써 전세사기피해자를 지원하고 주거안정을 도모함을 목적으로 한다.

제2조(정의) 이 법에서 사용하는 용어의 정의는 다음과 같다.

1. "주택"이란 「주택임대차보호법」 제2조에 따른 주거용 건물(공부상 주거용 건물이 아니라도 임대차계약 체결 당시 임대차목적물의 구조와 실질이 주거용 건물이고 임차인의 실제 용도가 주거용인 경우를 포함한다)을 말한다.
2. "임대인 등"이란 임대인 또는 다음 각 목의 어느 하나에 해당하는 자를 말한다.

   가. 임대인의 대리인, 그 밖에 임대

인을 위하여 주택의 임대에 관하여 업무를 처리하는 자

나. 임대인의 의뢰를 받은 공인중개사(중개보조인을 포함한다)

다. 임대인을 위하여 임차인을 모집하는 자(그 피고용인을 포함한다)

라. 다수 임대인의 배후에 있는 동일인

마. 라목의 동일인이 지배하거나 경제적 이익을 공유하는 조직

바. 라목의 동일인이나 마목의 조직을 배후에 둔 다수의 임대인

3. "전세사기피해자"란 제3조의 요건을 모두 갖춘 자로서 제6조에 따른 전세사기피해지원위원회의 심의·의결을 거쳐 국토교통부장관이 결정한 임차인을 말한다.

4. "전세사기피해자 등"이란 다음 각 목의 어느 하나에 해당하는 자를 말한다.

가. 전세사기피해자

나. 제3조 제1항제1호·제3호 및 제4호의 요건을 모두 충족하는 임차인(같은 조 제2항 각 호의 어느 하나에 해당하는 경우는 제외한다)

다. 제3조 제1항제2호 및 제4호의 요건을 모두 충족하는 임차인으로서 임차주택(적법한 임대권한을 가지지 아니한 자와 임대차계약이 체결된 주택을 포함한다)을 인도(인도받았던 경우를 포함한다)받고, 「주민등록법」 제16조에 따라 전입신고를 하였으며, 그 임대차계약증서상의 확정일자를 받은 자(제3조 제2항 각 호의 어느 하나에 해당하는 경우는 제외한다)

5. "전세사기피해주택"이란 전세사기피해자가 임차인인 임대차계약의 목적물인 주택(「주택임대차보호법」 제3조의3에 따라 임대차가 끝난 후 임차권등기를 마친 주택도 포함한다)을 말한다.

제3조(전세사기피해자의 요건) ① 제14조에 따라 전세사기피해자로 결정받고자 하는 임차인(자연인에 한정한다. 이하 같다)은 다음 각 호의 요건을 모두 갖추어야 한다. 다만, 경매 또는 공매 절차가 완료된 임차인의 경우에는 제1호 및 제3호의 요건은 제외한다.

1. 「주택임대차보호법」 제3조에 따라 주택의 인도와 주민등록을 마치고(이 경우 전입신고를 한 때 주민등록을 한 것으로 본다) 같은 법 제3조의2제2항에 따라 임대차계약증서상의 확정일자(이하 "확정일자"라 한다)를 갖출 것(「주택임대차보호법」 제3조의3에 따른 임차권등기를 마친 경우도 포함한다)

2. 임차인의 임차보증금이 3억 원 이하일 것. 다만, 임차보증금의 상한액은 제6조에 따른 전세사기피해지원위원회가 시·도별 여건 및 피해자의 여건 등을 고려하여 2억 원의 범위에서 상향 조정할 수 있다.

3. 임대인의 파산 또는 회생 절차 개시, 임차주택의 경매 또는 공매절차의 개

시(국세 또는 지방세의 체납으로 인하여 임차주택이 압류된 경우도 포함한다), 임차인의 집행권원 확보 등에 해당하여 다수의 임차인에게 임차보증금반환채권의 변제를 받지 못하는 피해가 발생하였거나 발생할 것이 예상될 것

4. 임대인 등에 대한 수사 개시, 임대인 등의 기망, 임차보증금을 반환할 능력이 없는 자에 대한 임차주택의 양도 또는 임차보증금을 반환할 능력 없이 다수의 주택 취득·임대 등 임대인이 임차보증금반환채무를 이행하지 아니할 의도가 있었다고 의심할 만한 상당한 이유가 있을 것

② 다음 각 호의 어느 하나에 해당하는 경우는 제1항의 적용대상에서 제외한다.

1. 임차인이 임차보증금 반환을 위한 보증 또는 보험에 가입하였거나 임대인이 임차보증금 반환을 위한 보증에 가입하여 임차인에게 보증금의 전액 반환이 가능한 경우
2. 임차인의 보증금 전액이 최우선변제가 가능한 「주택임대차보호법」 제8조 제1항에 따른 보증금 중 일정액에 해당하는 경우
3. 임차인이 「주택임대차보호법」에 따라 대항력 또는 우선변제권 행사를 통하여 보증금 전액을 자력으로 회수할 수 있다고 판단되는 경우

제4조(임차인보호대책의 수립) 국가 및 지방자치단체는 전세사기피해자 지원을 위하여 다음 각 호의 보호대책을 수립하여야 한다.

1. 피해사실의 조사에 필요한 대책
2. 전세사기피해주택의 매입 대책
3. 전세사기피해자에 대한 법률상담지원 대책
4. 전세사기피해자에 대한 금융지원 대책
5. 전세사기피해자에 대한 주거지원 대책
6. 그 밖에 임차인 보호를 위하여 제6조에 따른 전세사기피해지원위원회가 필요하다고 인정하는 대책

제5조(다른 법률과의 관계) 이 법은 전세사기피해자의 피해 및 주거안정 지원에 관하여 다른 법률에 우선하여 적용한다.

제2장 전세사기피해지원위원회 등

제6조(전세사기피해지원위원회) ① 제14조에 따른 전세사기피해자 등 결정에 관한 심의와 그 밖에 전세사기피해지원에 관한 중요 사항을 심의하기 위하여 국토교통부에 전세사기피해지원위원회(이하 "위원회"라 한다)를 둔다.

② 위원회는 다음 각 호의 사항을 심의·의결한다.

1. 제14조 및 제15조에 따른 전세사기피해자 등 결정
2. 제17조에 따른 경매의 유예·정지, 제18조 및 제19조에 따른 압류주택의 매각 유예·정지 등에 관한 협조 요청
3. 전세사기피해지원 정책에 관한 사항
4. 그 밖에 전세사기피해지원에 관한 중

요한 사항으로서 국토교통부장관이 회의에 부치는 사항

③ 위원회는 위원장 1명을 포함한 30명 이내의 위원으로 구성한다.

④ 위원은 다음 각 호의 어느 하나에 해당하는 사람 중에서 국토교통부장관이 임명하거나 위촉하되, 제5호부터 제9호까지에 해당하는 위원을 각각 1명 이상 임명하여야 한다.

1. 판사 · 검사 · 변호사의 직에 5년 이상 재직한 사람
2. 법학 · 경제학 또는 부동산학 등을 전공하고 주택임대차 관련 전문지식을 갖춘 사람으로서 공인된 연구기관에서 조교수 이상 또는 이에 상당하는 직에 5년 이상 재직한 사람
3. 법무사 · 감정평가사 · 공인회계사 · 세무사 또는 공인중개사로서 해당 분야에서 5년 이상 종사하고 주택임대차 관련 경험이 풍부한 사람
4. 주거복지 · 소비자보호 등 공익적 분야에 관한 학식과 경험이 풍부한 사람 중에서 해당 분야에서 5년 이상 종사한 경력이 있는 사람
5. 기획재정부에서 국세 관련 업무를 담당하는 고위공무원단에 속하는 공무원
6. 법무부에서 주택임대차 관련 업무를 담당하는 고위공무원단에 속하는 공무원
7. 행정안전부에서 지방세 관련 업무를 담당하는 고위공무원단에 속하는 공무원
8. 국토교통부에서 전세사기피해지원 관련 업무를 담당하는 고위공무원단에 속하는 공무원
9. 금융위원회에서 가계대출 관련 업무를 담당하는 고위공무원단에 속하는 공무원
10. 그 밖에 전세사기피해지원에 관한 전문지식과 경험이 풍부한 사람으로서 국토교통부장관이 필요하다고 인정하는 사람

⑤ 위원회의 위원장은 제4항제1호부터 제4호까지에 따른 위원 중 해당 경력이 10년 이상인 사람 중에서 국토교통부장관이 위촉한다.

⑥ 위원의 임기는 2년으로 한다. 다만, 공무원인 위원의 임기는 그 직위에 재직하는 기간으로 한다.

⑦ 위원회의 회의는 구성원 과반수의 출석과 출석위원 과반수의 찬성으로 의결한다. 이 경우 공무원인 위원이 부득이한 사유로 위원회의 회의에 출석하지 못할 때에는 그 바로 하위 직위에 있는 공무원이 대리로 출석하여 그 직무를 대행할 수 있다.

⑧ 제7항에도 불구하고 위원장은 심의안건의 내용이 경미하거나 그 밖에 부득이한 경우에는 서면으로 심의 · 의결할 수 있다.

⑨ 위원회는 업무를 효율적으로 수행하기 위하여 필요한 경우 임차인, 임대인 등, 이해관계인, 참고인, 관계 행정기관, 공공기관, 법인 · 단체 또는 전문가에게 자료제출, 의견진술 등의 필요한 협조를 요청

할 수 있다.

⑩ 위원장은 위원회의 심의 · 의결에 필요하다고 인정하면 관계 행정기관의 공무원, 전문가 등을 위원회 회의에 참석하게 하여 의견을 들을 수 있다.

⑪ 위원회에 출석한 위원, 참고인 및 의견을 제출한 전문가 등에게는 예산의 범위에서 수당과 여비를 지급할 수 있다. 다만, 공무원이 그 소관 업무와 직접적으로 관련하여 위원회에 출석하는 경우에는 그러하지 아니하다.

⑫ 그 밖에 위원회의 조직과 운영에 필요한 사항은 국토교통부장관이 정한다.

제7조(위원의 결격사유) ① 다음 각 호의 어느 하나에 해당하는 사람은 위원이 될 수 없다.

1. 피성년후견인, 피한정후견인 또는 파산선고를 받고 복권되지 아니한 사람
2. 금고 이상의 실형을 선고받고 그 집행이 종료되거나(집행이 종료된 것으로 보는 경우를 포함한다) 집행이 면제된 날부터 2년이 지나지 아니한 사람
3. 금고 이상의 형의 집행유예를 선고받고 그 유예기간 중에 있는 사람
4. 벌금형을 선고받고 2년이 지나지 아니한 사람
5. 법원의 판결 또는 다른 법률에 따라 자격이 상실되거나 정지된 사람

② 위원이 제1항 각 호의 어느 하나에 해당하게 된 때에는 당연히 퇴직한다.

제8조(위원의 제척 · 기피 · 회피) ① 위원은 본인 또는 그 배우자나 배우자이었던 자가 제12조에 따라 전세사기피해자 등 결정을 신청한 임차인 또는 해당 임차인의 임대인 등과 친족(「민법」 제777조에 따른 친족을 말한다) 관계에 있거나 있었던 경우에는 제14조에 따른 전세사기피해자 등 결정과 관련된 사항의 심의 · 의결에서 제척된다.

② 임차인, 임대인 등 또는 이해관계인은 위원에게 공정한 심리 · 의결을 기대하기 어려운 사정이 있는 경우에는 그 사유를 적어 기피 신청을 할 수 있다. 이 경우 위원장은 기피 신청에 대하여 위원회의 의결을 거치지 아니하고 기피 여부를 결정한다.

③ 위원이 제1항 또는 제2항의 사유에 해당할 때에는 스스로 해당 심의 대상 안건의 심의를 회피할 수 있다.

제9조(분과위원회) ① 다음 각 호의 사항을 효율적으로 심의 · 의결하기 위하여 위원회에 분과위원회를 둘 수 있다.

1. 제14조 및 제15조에 따른 전세사기피해자 등 결정
2. 제17조에 따른 경매의 유예 · 정지, 제18조 및 제19조에 따른 압류주택의 매각 유예 · 정지 등에 관한 협조 요청
3. 위원회에서 위임한 사항

② 분과위원회는 분과위원장 1명을 포함하여 4명 이상 10명 이하의 위원으로 구성한다.

③ 분과위원장과 분과위원은 위원회 위원 중에서 위원장이 지명한다.

④ 제1항제1호에 관하여 분과위원회가 심의·의결한 사항은 위원회에 의결을 요청하여야 하며, 이 경우 분과위원회의 의견을 첨부하여야 한다.
⑤ 제1항제2호 및 제3호에 대한 분과위원회의 의결은 위원회의 의결로 보며, 분과위원장은 회의의 결과를 위원회에 보고하여야 한다.
⑥ 분과위원회의 심의·의결 등 회의에 관하여는 제6조 제7항부터 제11항까지 및 제8조를 준용한다. 이 경우 "위원회"는 "분과위원회"로, "위원장"은 "분과위원장"으로 본다.

제10조(전세사기피해지원단) ① 전세사기피해지원 정책의 수립 및 전세사기피해자 등 결정 등 위원회의 사무를 지원하기 위하여 국토교통부에 전세사기피해지원단(이하 "지원단"이라 한다)을 설치한다.
② 국토교통부장관은 지원단의 원활한 업무수행을 위하여 필요한 때에는 관계 중앙행정기관의 장, 지방자치단체의 장, 관계기관·법인·단체 등에 소속 공무원 또는 임직원의 파견을 요청할 수 있다.
③ 그 밖에 지원단의 구성 및 운영 등에 필요한 사항은 대통령령으로 정한다.

제11조(전세피해지원센터) ① 다음 각 호의 자는 전세사기피해자 등(제12조에 따라 전세사기피해자 등 결정을 신청하려는 자를 포함한다)에 대하여 법률상담 및 금융·주거지원의 연계 등을 수행하기 위하여 전세피해지원센터(이하 "전세피해지원센터"라 한다)를 설치·운영할 수 있다.

1. 국가 또는 지방자치단체
2. 「공공기관의 운영에 관한 법률」 제4조에 따른 공공기관
3. 「지방공기업법」에 따른 지방공사
4. 그 밖에 제1호부터 제3호까지에 준하는 자로서 대통령령으로 정하는 자

② 국토교통부령으로 정하는 주택의 임차인은 제3조 제1항 각 호의 요건에 해당하는지 여부와 관계없이 전세피해지원센터에 법률상담 및 금융·주거지원의 연계 등을 신청할 수 있다.
③ 그 밖에 전세피해지원센터의 설치·운영 등에 필요한 사항은 국토교통부령으로 정한다.

제3장 전세사기피해자 등 결정

제12조(임차인의 신청) ① 제14조에 따른 전세사기피해자 등 결정을 받으려는 임차인은 국토교통부장관에게 신청하여야 한다.
② 그 밖에 전세사기피해자 등 결정의 신청 방법 및 절차 등에 필요한 사항은 국토교통부령으로 정한다.

제13조(피해사실의 조사) ① 국토교통부장관은 제12조 제1항에 따른 신청이 있는 경우 제14조에 따른 전세사기피해자 등 결정 등을 위하여 임차주택의 가격 및 실태, 임차주택의 권리관계, 임대인의 채무 등 필요한 정보나 자료를 조사할 수 있다.
② 국토교통부장관은 제1항의 조사를 수행하는 경우 다음 각 호의 어느 하나에 해당하는 조치를 할 수 있다.

1. 임차인, 임대인 등, 이해관계인 및 참

고인에 대한 진술서 제출 요구

2. 임차인, 임대인 등, 이해관계인 및 참고인에 대한 관련 자료 제출 요구

③ 국토교통부장관은 제1항에 따른 조사를 위하여 필요한 경우에는 다음 각 호의 구분에 따라 국가기관, 공공기관, 금융기관 등에 대하여 자료 또는 정보의 제공을 요청할 수 있다. 이 경우 요청을 받은 기관의 장은 정당한 사유가 없으면 이에 따라야 한다.

1. 주택 매각 절차의 현황 및 권리관계 : 법원, 「한국자산관리공사 설립 등에 관한 법률」 제6조에 따라 설립된 한국자산관리공사(이하 "한국자산관리공사"라 한다)
2. 임대인이 보유한 주택 등의 소유 현황 : 법원, 국토교통부(제29조 제1항에 따라 국토교통부장관의 권한을 위임받은 특별시장 · 광역시장 · 특별자치시장 · 도지사 · 특별자치도지사가 자료 또는 정보의 제공을 요청하는 경우에 한정한다. 이하 이 항에서 같다)
3. 임대인이 임대한 주택에 대한 「주택임대차보호법」 제3조의6제3항 및 제6항에 따른 확정일자 정보 : 국토교통부
4. 임대인 등의 「부동산 거래신고 등에 관한 법률」 제3조 및 제3조의2에 따른 부동산 거래, 해제 등 신고 내역 : 국토교통부
5. 「부동산 거래신고 등에 관한 법률」 제6조의2 및 제6조의3에 따른 주택 임대차계약의 신고 내역, 변경 및 해제 신고 내역 : 국토교통부
6. 임대인의 미지급 임금 등의 사항 : 「산업재해보상보험법」에 따른 근로복지공단
7. 임대인에게 부과되거나 납부의무가 발생한 국세 및 지방세의 부과 · 징수 · 납부에 관한 사항 : 국세청, 지방자치단체, 행정안전부
8. 임대인의 산업재해보상보험료, 고용보험료, 국민연금보험료, 국민건강보험료 등의 부과 · 징수 · 납부에 관한 사항 : 「산업재해보상보험법」에 따른 근로복지공단, 「국민연금법」에 따른 국민연금공단, 「국민건강보험법」에 따른 국민건강보험공단
9. 금융기관 등의 보전처분, 압류, 저당권 등 담보권의 설정 관련 권리관계 : 「금융산업의 구조개선에 관한 법률」에 따른 금융기관, 「예금자보호법」에 따른 부보금융회사 및 예금보험공사, 「한국자산관리공사 설립 등에 관한 법률」에 따른 금융회사 등 및 한국자산관리공사, 「대부업 등의 등록 및 금융이용자 보호에 관한 법률」에 따른 대부업자 · 대부중개업자 및 그 밖의 대통령령으로 정하는 법률에 따라 금융업무 등을 하는 기관
10. 임대인 등에 대한 수사 개시 여부 및 피해자 현황 : 검찰청, 경찰청
11. 임차인 및 임대인의 전세보증금반환보증 등 가입 여부 : 「주택도시기금법」 제16조에 따른 주택도시보증

공사(이하 "주택도시보증공사"라 한다), 「한국주택금융공사법」에 따른 한국주택금융공사, 서울보증보험

12. 그 밖에 임차인의 임차보증금 피해 조사를 위하여 필요한 국토교통부령으로 정하는 자료 및 정보 : 관련 국가기관, 공공기관, 금융기관 등

④ 제3항에 따라 제공되는 자료 또는 정보에 대하여는 사용료와 수수료 등을 면제한다.

⑤ 국토교통부장관은 제12조 제1항에 따른 신청을 받은 날부터 30일 이내에 제1항에 따른 조사를 마쳐야 한다.

⑥ 그 밖에 피해사실의 조사 방법 및 절차 등에 필요한 사항은 국토교통부령으로 정한다.

제14조(전세사기피해자 등 결정) ① 국토교통부장관은 제13조 제1항에 따른 조사를 마치면 다음 각 호의 자료를 첨부하여 위원회에 심의를 요청하여야 한다.

1. 제13조에 따른 피해사실의 조사 결과
2. 전세사기피해자 등 결정 여부에 대한 검토의견
3. 그 밖에 위원회의 심의에 필요한 자료

② 위원회는 신청인이 제3조의 요건 등을 충족하였는지 판단하여 전세사기피해자 등 결정안을 심의 · 의결하여야 한다.

③ 위원회는 안건이 상정된 날부터 30일 이내에 제2항에 따른 심의 · 의결을 마쳐야 한다. 다만, 이 기간 내에 심의를 마칠 수 없는 부득이한 사유가 있는 경우에는 15일 이내의 범위에서 한 차례만 그 기간을 연장할 수 있다.

④ 국토교통부장관은 위원회의 심의를 위하여 필요하다고 인정하는 경우 조사를 추가로 실시할 수 있다. 추가 조사에 관하여는 제13조 제1항부터 제4항까지 및 같은 조 제6항을 준용한다.

⑤ 국토교통부장관은 위원회의 심의 · 의결에 따라 전세사기피해자 등 결정을 하여야 한다.

⑥ 국토교통부장관은 결정문 정본을 국토교통부령으로 정하는 바에 따라 신청인에게 송달하여야 한다.

⑦ 국토교통부장관은 전세사기피해자 등이 동의한 경우 법원행정처장, 관계 중앙행정기관의 장, 지방자치단체의 장, 공공기관의 장 등 피해지원과 관련된 기관에 전세사기피해자 등의 정보를 제공할 수 있다.

⑧ 국토교통부장관은 결정의 실효성을 확보하기 위하여 필요하다고 인정하는 경우에는 위원회에 제6조 제2항제2호의 심의를 요청할 수 있다.

⑨ 그 밖에 전세사기피해자 등 결정의 방법 및 절차 등에 필요한 사항은 국토교통부령으로 정한다.

제15조(이의신청) ① 제14조에 따른 전세사기피해자 등 결정에 관하여 이의가 있는 신청인은 결정을 송달받은 날부터 30일 이내에 국토교통부장관에게 이의를 신청할 수 있다.

② 국토교통부장관은 제1항에 따른 이의신청을 받은 날부터 20일 이내에 결정하

여야 한다. 이 경우 국토교통부장관은 위원회에 재심의를 요청하고, 위원회가 재심의하여 의결한 전세사기피해자 등 결정안에 따라 전세사기피해자 등 결정을 하여야 한다.

③ 제2항에 따른 재심의에 관하여는 제14조 제2항 · 제4항 및 제6항부터 제9항까지를 준용한다.

④ 제1항부터 제3항까지에서 규정한 사항 외에 이의신청에 관한 사항은 「행정기본법」 제36조에 따른다.

제16조(정보체계의 구축 · 운용 등) ① 국토교통부장관은 제14조에 따른 전세사기피해자 등 결정 및 지원에 관한 업무를 효율적으로 수행하기 위하여 정보체계를 구축 · 운용할 수 있다.

② 국토교통부장관은 정보체계의 운용을 위하여 필요한 경우 관계 기관에 자료의 제공을 요청할 수 있다. 이 경우 요청을 받은 기관은 정당한 사유가 없으면 이에 따라야 한다.

③ 제1항에 따른 정보체계는 「부동산 거래신고 등에 관한 법률」 제25조에 따른 부동산정보체계와 전자적으로 연계하여 활용할 수 있다.

④ 그 밖에 정보체계의 구축 · 운용 등에 필요한 사항은 국토교통부장관이 정한다.

제4장 전세사기피해자 등 지원

제17조(경매의 유예 · 정지) ① 전세사기피해주택에 대하여 「민사집행법」 제78조 또는 같은 법 제264조에 따른 경매 절차가 진행 중인 경우 전세사기피해자는 법원에 매각기일의 지정을 보류하거나 지정된 매각기일의 취소 및 변경 등 경매 절차의 유예 · 정지(이하 "경매유예 등"이라 한다)를 신청할 수 있다.

② 위원회가 제6조 제2항제2호에 관한 사항을 심의 · 의결한 경우 국토교통부장관은 법원에 경매유예 등의 협조를 요청할 수 있다.

③ 법원은 「민사집행법」 제104조에도 불구하고 제1항에 따른 신청이나 제2항에 따른 요청이 있고, 전세사기피해자(제12조에 따라 전세사기피해자 등 결정을 신청한 자를 포함한다)가 임차보증금을 반환받지 못하여 생계나 주거안정에 지장을 줄 것이 우려되는 경우에는 채권자 및 채무자의 생활형편 등을 고려하여 경매유예 등을 결정할 수 있다.

④ 제3항에 따른 경매유예 등의 기간은 그 유예 또는 정지한 날의 다음 날부터 1년 이내로 한다. 다만, 법원은 제3항에 따른 경매유예 등의 사유가 해소되지 아니하였다고 인정되는 경우 직권으로 또는 전세사기피해자의 신청을 받아 그 기간을 연장할 수 있다.

제18조(국세의 체납으로 인하여 압류된 주택의 매각 유예 · 정지) ① 전세사기피해자는 전세사기피해주택이 「국세징수법」 제31조에 따라 압류되었거나 같은 법 제64조에 따른 매각 절차가 진행 중인 경우 매각결정기일 전까지 관할 세무서장에게 매각 절차의 유예 또는 정지(이하 이 조에서 "매각유

예 등"이라 한다)를 신청할 수 있다.

② 위원회가 제6조 제2항제2호에 관한 사항을 심의 · 의결한 경우 국토교통부장관은 관할 세무서장에게 매각유예 등에 대한 협조를 요청할 수 있다.

③ 관할 세무서장은 「국세징수법」 제88조 제2항 및 같은 법 제105조 제1항에도 불구하고 제1항에 따른 신청이나 제2항에 따른 요청이 있고, 전세사기피해자(제12조에 따라 전세사기피해자 등 결정을 신청한 자를 포함한다)가 임차보증금을 반환받지 못하여 생계나 주거안정에 지장을 줄 것이 우려되는 경우에는 채권자 및 채무자의 생활형편 등을 고려하여 매각유예 등을 할 수 있다.

④ 제3항에 따른 매각유예 등의 기간은 그 유예 또는 정지한 날의 다음 날부터 1년 이내로 한다. 다만, 관할 세무서장은 제3항에 따른 매각유예 등의 사유가 해소되지 아니하였다고 인정되는 경우 직권으로 또는 전세사기피해자의 신청을 받아 그 기간을 연장할 수 있다.

제19조(지방세의 체납으로 인하여 압류된 주택의 매각 유예 · 중지) ① 전세사기피해자는 전세사기피해주택이 「지방세징수법」 제33조에 따라 압류되었거나 같은 법 제71조에 따른 매각 절차가 진행 중인 경우 매각결정기일 전까지 지방자치단체의 장에게 매각 절차의 유예 또는 중지(이하 이 조에서 "매각유예 등"이라 한다)를 신청할 수 있다.

② 위원회가 제6조 제2항제2호에 관한 사항을 심의 · 의결한 경우 국토교통부장관은 지방자치단체의 장에게 매각유예 등에 대한 협조를 요청할 수 있다.

③ 지방자치단체의 장은 「지방세징수법」 제83조 제1항 및 같은 법 제105조 제1항에도 불구하고 제1항에 따른 신청이나 제2항에 따른 요청이 있고, 전세사기피해자(제12조에 따라 전세사기피해자 등 결정을 신청한 자를 포함한다)가 임차보증금을 반환받지 못하여 생계나 주거안정에 지장을 줄 것이 우려되는 경우에는 채권자 및 채무자의 생활형편 등을 고려하여 매각유예 등을 할 수 있다.

④ 제3항에 따른 매각유예 등의 기간은 그 유예 또는 중지한 날의 다음 날부터 1년 이내로 한다. 다만, 지방자치단체의 장은 제3항에 따른 매각유예 등의 사유가 해소되지 아니하였다고 인정되는 경우 직권으로 또는 전세사기피해자의 신청을 받아 그 기간을 연장할 수 있다.

제20조(경매 절차에서의 우선매수권) ① 전세사기피해주택을 「민사집행법」에 따라 경매하는 경우 전세사기피해자는 매각기일까지 같은 법 제113조에 따른 보증을 제공하고 최고매수신고가격과 같은 가격으로 우선매수하겠다는 신고를 할 수 있다.

② 제1항의 경우에 법원은 최고가매수신고가 있더라도 제1항의 전세사기피해자에게 매각을 허가하여야 한다.

③ 제1항에 따라 전세사기피해자가 우선매수신고를 한 경우에는 최고가매수신고인을 「민사집행법」 제114조에 따른 차순

위매수신고인으로 본다.

제21조(「국세징수법」에 따른 공매절차에서의 우선매수권) ① 전세사기피해주택이 「국세징수법」에 따라 공매되는 경우 전세사기피해자는 매각결정기일 전까지 같은 법 제71조에 따른 공매보증을 제공하고 다음 각 호의 구분에 따른 가격으로 그 주택을 우선매수하겠다는 신청을 할 수 있다.

1. 「국세징수법」 제82조에 따른 최고가 매수신청인이 있는 경우 : 최고가 매수가격
2. 「국세징수법」 제82조에 따른 최고가 매수신청인이 없는 경우 : 공매예정가격

② 관할 세무서장은 제1항에 따른 우선매수 신청이 있는 경우 「국세징수법」 제84조에도 불구하고 전세사기피해자에게 매각결정을 하여야 한다.

③ 제1항에 따라 전세사기피해자가 우선매수 신청을 한 경우 「국세징수법」 제82조에 따른 최고가 매수신청인을 같은 법 제83조에 따른 차순위 매수신청인으로 본다.

제22조(「지방세징수법」에 따른 공매절차에서의 우선매수권) ① 전세사기피해주택이 「지방세징수법」에 따라 공매되는 경우 전세사기피해자는 매각결정기일 전까지 같은 법 제76조에 따른 공매보증금을 제공하고 다음 각 호의 구분에 따른 가격으로 그 주택을 우선매수하겠다는 신청을 할 수 있다.

1. 「지방세징수법」 제88조에 따른 최고액 입찰자가 있는 경우 : 최고액 입찰가
2. 「지방세징수법」 제88조에 따른 최고액 입찰자가 없는 경우 : 매각예정가격

② 지방자치단체의 장은 제1항에 따른 우선매수 신청이 있는 경우 「지방세징수법」 제92조에도 불구하고 전세사기피해자에게 매각결정을 하여야 한다.

③ 제1항에 따라 전세사기피해자가 우선매수 신청을 한 경우 「지방세징수법」 제88조에 따른 최고액 입찰자를 같은 법 제90조에 따른 차순위 매수신고자로 본다.

제23조(국세의 우선 징수에 대한 특례) ① 관할 세무서장은 국세의 강제징수 또는 경매 절차 등을 통하여 임대인의 국세를 징수하려 할 때 다음 각 호의 요건을 모두 충족하는 경우에는 해당 임대인의 국세를 「국세기본법」 제35조 제1항에도 불구하고 대통령령으로 정하는 기준에 따라 해당 임대인이 보유한 모든 주택에 각각의 가격비율에 따라 안분하여 징수할 수 있다. 이 경우 안분된 국세의 우선권은 「국세기본법」에 따른다.

1. 임대인이 2개 이상의 주택을 보유하고 있을 것
2. 제1호의 주택의 전부 또는 일부에 대하여 전세사기피해자 또는 제2조 제4호나목에 따른 임차인의 임차권에 의하여 담보된 임차보증금반환채권 또는 「주택임대차보호법」 제2조에 따른 주거용 건물에 설정된 전세권에 의하여 담보된 채권보다 우선징수가 가능한 국세가 존재할 것

3. 전세사기피해자 또는 제2조 제4호나목에 따른 임차인의 제3항에 따른 안분 적용 신청이 있을 것

② 제1항에 따라 안분하는 국세에는 「국세기본법」 제35조 제3항에 따른 해당 재산에 대하여 부과된 국세는 제외한다.

③ 제1항에 따른 국세의 안분을 적용받으려는 전세사기피해자 또는 제2조 제4호나목에 따른 임차인은 관할 세무서장, 경매 등을 주관하는 법원 또는 공매를 대행하는 한국자산관리공사에 안분 적용을 신청하여야 한다. 이 경우 안분 적용 신청을 받은 법원 또는 한국자산관리공사는 그 신청사실을 즉시 관할 세무서장에게 통지하여야 한다.

④ 국세청장은 제1항에 따른 안분을 하기 위하여 필요한 경우 법원행정처장 또는 국토교통부장관에게 임대인에 대한 정보 및 임대인이 보유한 주택현황에 대한 정보를 요구할 수 있다.

⑤ 그 밖에 국세의 안분방법, 신청 등에 필요한 사항은 대통령령으로 정한다.

제24조(지방세의 우선 징수에 대한 특례)

① 지방자치단체의 장은 지방세의 체납처분 또는 경매 절차 등을 통하여 임대인의 지방세(가산금을 포함한다. 이하 이 조에서 같다)를 징수하려 할 때 다음 각 호의 요건을 모두 충족하는 경우에는 해당 임대인의 지방세를 「지방세기본법」 제71조 제1항에도 불구하고 대통령령으로 정하는 기준에 따라 해당 임대인이 보유한 모든 주택에 각각의 가격비율에 따라 안분하여 징수할 수 있다. 이 경우 안분된 지방세의 우선권은 「지방세기본법」에 따른다.

1. 임대인이 2개 이상의 주택을 보유하고 있을 것
2. 제1호의 주택의 전부 또는 일부에 대하여 전세사기피해자 또는 제2조 제4호나목에 따른 임차인의 임차권에 의하여 담보된 임차보증금반환채권 또는 「주택임대차보호법」 제2조에 따른 주거용 건물에 설정된 전세권에 의하여 담보된 채권보다 우선징수가 가능한 지방세가 존재할 것
3. 전세사기피해자 또는 제2조 제4호나목에 따른 임차인의 제3항에 따른 안분 적용 신청이 있을 것

② 제1항에 따라 안분하는 지방세에는 체납처분 대상 주택에 대하여 부과된 다음 각 호의 지방세는 제외한다.

1. 재산세
2. 지역자원시설세(소방분에 대한 지역자원시설세만 해당한다)
3. 지방교육세(재산세에 부가되는 지방교육세만 해당한다)

③ 제1항에 따른 지방세의 안분을 적용받으려는 전세사기피해자 또는 제2조 제4호나목에 따른 임차인은 지방자치단체의 장, 경매 등을 주관하는 법원 또는 공매를 대행하는 한국자산관리공사 등에 안분 적용을 신청하여야 한다. 이 경우 안분 적용 신청을 받은 법원 또는 한국자산관리공사는 그 신청사실을 즉시 지방자치단체의 장에게 통지하여야 한다.

④ 행정안전부장관 또는 지방자치단체의 장은 제1항에 따른 안분을 하기 위하여 필요한 경우 법원행정처장 또는 국토교통부장관에게 임대인에 대한 정보 및 임대인이 보유한 주택현황에 대한 정보를 요구할 수 있다.
⑤ 그 밖에 지방세의 안분방법, 신청 등에 필요한 사항은 대통령령으로 정한다.
제25조(공공주택사업자의 전세사기피해주택 매입) ① 전세사기피해자는 「공공주택 특별법」 제4조 제1항 제2호 또는 제3호에 따른 공공주택사업자와 사전에 협의하여 전세사기피해주택의 매입을 요청할 수 있다.
② 전세사기피해자가 제1항에 따라 매입을 요청한 경우에는 제20조부터 제22조까지에 따른 우선 매수할 수 있는 권리를 공공주택사업자에게 양도한 것으로 간주한다. 이 경우 공공주택사업자는 「민사집행법」 제113조, 「국세징수법」 제71조 및 「지방세징수법」 제76조에 따른 보증의 제공 없이 우선매수 신고를 할 수 있다.
③ 제2항에 따라 우선 매수할 수 있는 권리를 양수한 공공주택사업자가 「민사집행법」에 따른 경매, 「국세징수법」 또는 「지방세징수법」에 따른 공매의 방법으로 전세사기피해주택을 취득한 경우에는 「공공주택 특별법」 제2조 제1호가목에 따른 공공임대주택으로 공급하되, 해당 주택의 전세사기피해자에게 우선 공급할 수 있다.
④ 공공주택사업자는 전세사기피해주택의 매입을 위하여 필요한 경우 제14조 제7항에 따라 전세사기피해자 정보의 제공을 국토교통부장관에게 요청할 수 있다.
⑤ 전세사기피해주택의 매입기준, 임대조건 등은 국토교통부장관이 정하는 바에 따른다.
제26조(경매 및 공매의 지원) ① 주택도시보증공사는 전세사기피해자의 신청을 받아 「민사집행법」 제78조 또는 같은 법 제264조에 따른 경매나 「국세징수법」 제64조 또는 「지방세징수법」 제71조에 따른 매각 절차와 관련하여 경매 및 공매의 지원서비스를 제공할 수 있다.
② 국가는 제1항에 따른 경매 및 공매의 지원서비스 제공에 필요한 비용의 일부를 「주택도시기금법」 제9조에 따라 지원할 수 있다.
제27조(금융지원 등) ① 국가 및 지방자치단체는 전세사기피해자 및 제2조 제4호다목에 따른 임차인의 긴박한 주거안정을 보호하기 위하여 필요한 자금을 융자하거나 그 밖에 필요한 지원을 할 수 있다.
② 국가는 「주택임대차보호법」 제8조에 따른 우선변제를 받지 못하여 시급한 지원이 필요하다고 인정되는 전세사기피해자에게 「주택도시기금법」에 따른 주택도시기금에서 주택의 임대차에 필요한 자금을 융자할 수 있다.
③ 「한국자산관리공사 설립 등에 관한 법률」에 따른 금융회사 등은 전세사기피해자 또는 제2조 제4호다목에 따른 임차인의 보증금이 모두 변제되지 아니한 경우 「신용정보의 이용 및 보호에 관한 법률」 제25조에 따른 신용정보집중기관이 같은

법 제26조의 신용정보집중관리위원회를 통하여 정한 기준에 따라 이들의 해당 전세 관련 대출에 대한 채무의 불이행 및 대위변제의 등록을 유예할 수 있다.

제28조(「긴급복지지원법」에 대한 특례) ① 전세사기피해자, 제2조 제4호다목에 따른 임차인 또는 그 임차인(전세사기피해자를 포함한다)과 생계 및 주거를 같이 하고 있는 가구의 구성원은 「긴급복지지원법」 제5조에 따른 긴급지원대상자로 본다.

② 제1항에 따른 지원의 기준 · 기간 · 종류 · 방법 및 절차 등에 필요한 사항은 「긴급복지지원법」에 따른다.

제5장 보칙

제29조(권한 등의 위임 · 위탁) ① 이 법에 따른 국토교통부장관의 권한 중 다음 각 호의 사항을 특별시장 · 광역시장 · 특별자치시장 · 도지사 · 특별자치도지사에게 위임한다.

1. 제12조에 따른 신청의 접수
2. 제13조에 따른 피해사실의 조사 및 그 수행에 필요한 조치
3. 그 밖에 대통령령으로 정하는 권한

② 이 법에 따른 국토교통부장관의 업무는 그 일부를 대통령령으로 정하는 바에 따라 법인, 단체 또는 기관에 위탁할 수 있다.

③ 국가는 제2항에 따라 위탁받은 법인, 단체 또는 기관에 그 위탁 업무의 처리에 드는 비용을 지원할 수 있다.

제30조(고유식별정보 등의 처리) 국토교통부장관(제29조에 따라 권한 또는 업무를 위임 · 위탁받은 기관을 포함한다), 주택도시보증공사 또는 제11조에 따라 전세피해지원센터를 설치 · 운영하는 자는 조사 및 지원 사무를 수행하기 위하여 필요한 경우 「개인정보 보호법」 제24조 제1항에 따른 고유식별정보(주민등록번호를 포함한다) 등 개인정보가 포함된 자료를 수집 · 이용 · 처리할 수 있다. 이 경우 해당 정보를 「개인정보 보호법」에 따라 보호하여야 한다.

제31조(비밀준수 의무) ① 제12조부터 제16조까지에 따른 업무에 종사하거나 종사하였던 자는 제공받은 자료 및 정보를 이 법에서 정한 목적 외의 다른 용도로 사용하거나 다른 사람 또는 기관에 제공하거나 누설하여서는 아니 된다.

② 위원회의 위원 또는 위원이었던 자, 제13조에 따른 조사 또는 제14조 제4항에 따른 추가 조사(제15조 제3항에서 준용하는 경우를 포함한다)에 참여하거나 업무를 수행한 전문가 또는 민간단체와 그 관계자는 직무상 비밀을 누설하거나 직무수행 이외의 목적을 위하여 이용하여서는 아니 된다.

제32조(벌칙 적용 시 공무원 의제) 다음 각 호의 어느 하나에 해당하는 사람은 「형법」 제129조부터 제132조까지를 적용할 때에는 공무원으로 본다.

1. 위원회 위원 중 공무원이 아닌 위원
2. 제29조 제2항에 따라 위탁받은 업무에 종사하는 법인, 단체 또는 기관의 임직원

제6장 벌칙

제33조(벌칙) ① 제31조 제1항을 위반하여 자료 또는 정보를 사용 · 제공 또는 누설한 자는 5년 이하의 징역 또는 5천만 원 이하의 벌금에 처한다.

② 제31조 제2항을 위반하여 직무상 비밀을 누설하거나 직무수행 이외의 목적을 위하여 이용한 자는 2년 이하의 징역 또는 2천만 원 이하의 벌금에 처한다.

제34조(과태료) 제13조에 따른 조사 또는 제14조 제4항에 따른 추가 조사(제15조 제3항에서 준용하는 경우를 포함한다)를 정당한 사유 없이 거부 · 방해 · 기피하거나 거짓의 진술서 또는 자료를 제출한 자에게는 3천만 원 이하의 과태료를 부과한다.

부칙 〈제19425호, 2023. 6. 1.〉

제1조(시행일) 이 법은 공포한 날부터 시행한다. 다만, 제10조, 제23조 및 제24조는 공포 후 1개월이 경과한 날부터 시행한다.

제2조(유효기간) 이 법은 시행 후 2년이 경과하는 날까지 효력을 가진다.

제3조(적용례) 제3조 제1항 각 호 외의 부분 단서는 이 법 시행일부터 소급하여 2년이 되는 날 이후부터 이 법 시행일 이전까지 경매 또는 공매 절차가 완료된 임차인의 경우에 한정하여 적용한다.

제4조(이 법의 유효기간 만료에 따른 경과조치) 이 법의 유효기간 만료 전에 전세사기피해자 등으로 결정된 사람과 제12조에 따른 전세사기피해자 등 신청을 한 사람에 대해서는 이 법의 유효기간이 만료된 이후에도 이 법을 적용한다.

제5조(존속기간) ① 위원회는 이 법의 유효기간 만료일 이후에도 제14조에 따른 전세사기피해자 등 결정에 관한 심의 등을 위하여 이 법의 유효기간 만료일 이후 6개월간 존속하며, 필요하다고 인정되는 경우 3개월의 범위에서 그 존속기간을 연장할 수 있다.

② 지원단은 위원회의 잔존사무를 처리하기 위하여 위원회 활동종료 후 6개월간 존속하며, 필요하다고 인정되는 경우 3개월의 범위에서 그 존속기간을 연장할 수 있다.

부동산경매
절차와 권리 분석

발행일 | 2024년 6월 10일 초판 발행
저 자 | 박상준
발행인 | 정용수
발행처 | 예문사

주 소 | 경기도 파주시 직지길460(출판도시) 도서출판 예문사
T. 031) 955-0550 F. 031) 955-0660
등록번호 | 11-76호

• 예문사 홈페이지 http : //www.yeamoonsa.com

정가 : 20,000원
ISBN 978-89-274-5448-9 13320